교회와 신학의 역사 원전

고 대 교 회

리 터(A. M. Ritter)
공 성 철 옮김

한국신학연구소

교회와 신학의 역사 원전

고 대 교 회

2006년 10월 15일 / 초판 1쇄
2023년 8월 25일 / 초판 3쇄

원문 발췌, 원문 번역 및 주석 / 아돌프 마르틴 리터
옮긴이 / 공성철
펴낸이 / 김성일
펴낸곳 / 한국신학연구소

등록 / 1973년 6월 28일 제 300-2002-10호
주소 / 서울시 서대문구 경기대로 55 선교교육원 내
전화 · 02)738-3265   FAX · 02)738-0167
E-mail / ktsi@chollian.net
홈페이지 / http://ktsi.or.kr

Kirchen-und Theologiegeschichte in Quellen Vol. I: Alte Kirche
Excerpted, translated and commented by Adolf Martin Ritter

값 25,000원

ISBN 89-487-0313-7 93230

파본은 교환해 드립니다.

교회와 신학의 역사 원전

고 대 교 회

리터(A. M. Ritter) · 공성철 옮김

편집자들의 머리말

이 책으로 시작된 “교회와 신학의 역사 원전” 시리즈가 가진 목적은 강의 및 독학을 위한 원전 모음을 통해서 교회사와 신학사 분야의 아카데믹한 강의를 위해 오래전부터 요구되어 왔던 갈망을 채워주는 것이다. 이 모음집에서 제시된, 목적에 걸맞게 이끌어주는 설명을 곁들인 원전들은, 교회사가와 일반사가들의 교부문서와 철학자들의 문헌, 공의회 기록, 국가의 종교법, 교회법서들, 대학의 쟁론과 신앙고백서들에서 온 것들이다. 그리고 이 책은 사용자들이 다룬 각각의 시대와 영향사적으로 가장 중요한 현상들을 가능한 한 직접적으로 만나게 할 것이다. 게다가 특별하지 않는 한 연대기적으로 나열된 본문들의 순서는 고대인들의 단어로 보도된 개별적인 사건들과 문제들을 그 각각의 역사적 맥락에서 관찰할 수 있게 한다. 또한 그러한 본문을 선택하도록 이끈 목적은 교회사를 관점의 다양성 속에서 대면하도록 하며-예를 들면 한쪽으로 치우친 신학사적인 방향은 피하려는 것이다.

경우에 따라서는 처음부터 끝까지 번역된 원전들이 제공되되, 원어상의 중요한 개념과 용례 및 심각한 이해의 문제를 주고 그래서 본래의 본문으로 되돌아가야만 하는 그러한 구절에는 원어를 첨부하였다. 이것을 우리 입장에서는 실업학교 교사와 인문계학교 교사들, 곧 우리 원전 작업에 흥미를 가질 가능성이 있는 자들에 대한 배려라고 여겼다; 심지어 목사라는 직업을 목적으로 신학 공부를 하는 학생들에게도 충분한 언어적 지식이 점점 덜 요구되고 있다는 상황을 고려해야만 하였다. 하지만 물론 과거의 중요한 본문을 번역으로라도 아는 것이 전혀 모르는 것보다 낫다는 것은 분명하다.

우리의 모음집을 좀 더 쉽게 이용할 수 있도록 각 권에 함께 제시된 많은 색인을 통한 분류도 도움을 주고 있다.

우리가 분명히 바라는 것처럼 이 모든 것과 함께 교회사, 교리사, 신조사 공부를 위한 실질적인 보조도구가 나타나기도 했고, 그러한 와중에 있다. 이 도구 "강독교재"는 교회사와 신학사의 각 시대에 관한 천연색의 그림을 전하고 있다.

마지막으로 마음에서 우러나오는 감사의 말씀을 드리되, 한편으로는 같은 분야의 동역자들에게 드린다. 이들은 "신학을 위한 학문적 모임" 안에 있는 교회사의 여러 학회에서 혹은 우리의 질문에 대해서 편지로 이 프로젝트 구상 전체에 그리고 세부적으로는 본문 선정에 조언하였고 자기들의 전문 분야를 이해하게 만드는 비판으로 도와주었다; 이렇게 노련한 동반자적인 협력 작업은 이 모음집과 각 권의 편집인과 편역자로서의 우리 노력이 얻은 가장 행복한 일들에 속한다. 다른 한편 이 시리즈를 출간하는 모험을 짊어지되, 매력적인 장정, 학생들과 우리의 주 대상들이 조달 가능한 가격으로 배려하여 준 출판사에 감사드리지 않을 수 없다.

오버만(H. A. Oberman)

리터(A. M. Ritter)

크룸비데(H. -W. Krumwiede)

머리말

편집자들의 머리말에서의 언급 다음으로 이 첫 번째 고대교회본의 편역자인 나의 남은 할 일은 동역자들을 호명하며 감사하는 일일 것이다. 저들은 나의 본문 선택 계획에 광범위한 입장표명을 하며 조언을 주는 노력을 아끼지 않았다. 그들은 함께 편집한 분들 외에 동역자들인 에를랑엔의 바이슐락(K. Beyschlag), 하이델베르크의 캄펜하우젠(H. von Campenhausen), 본 대학의 카르프(H. Karpp), 키일의 크라프트(H. Kraft), 베델의 루박흐(G. Ruhbach), 보쿰의 텟츠(M. Tetz)이다. 이 외에 1975년 9월 베델에서 가졌던 교회사 학회에 참여했던 교부학자들이 있다. 곧 뮌스터의 알란트(K. Aland), 함부르크의 엘체(M. Elze), 뮌헨의 마이(G. May), 하이델베르크의 슈타아츠(R. Staats)를 말한다. 특별히 로마 가톨릭의 동역자 후라이부르크의 프랑크(K. Suso Franks)의 세심한 의견이 나에게 주어진 것에 감사한다. 이것은 고대교회사와 신학사의 초보적인 과정과 문제들에 관한 이해는 신앙고백의 경계를 넘어서 아무런 어려움이 없이 가능하다는 것을 가르쳐 주었다. 그리고 강의와 연구를 목적으로 하는 이 책은 독일어를 사용하는 지역 안에 있는 가톨릭-신학과에서도 사용할 수 있다는 것을 지적해주는 것으로 받아들여야 한다.

물론 원전의 최종적 선택과 본문을 제시하는 것에 대해서는 오직 내가 책임을 져야 한다; 준비하는 과정에서 제기된 문제들이 단번에 그리고 첫 판에서 벌써 해결되어야만 하는 것이 아님도 내가 충분히 알고 있는 것처럼 말이다. 그러므로 동역자들과 학생 신분의 사용자들에게 이 작업에 대하여 앞으로도 비판적으로 동행하여 줄 것을 부탁한다.

괴팅엔 1976년 10월 리터(A. M. Ritter)

일곱 번째 증보판의 머리말

마지막 6판에서와 같이 일련의 수정과 보충이 무엇보다도 참고문헌에서 이루어졌는데, 그렇다고 거기에서만 이루어진 것은 아니다. 더 심도 있는 수정은 다음 판으로 유보시켰다. 이는 이 책이 서점과 교육현장에서 너무 오랫동안 자취를 감추게 되지 않도록 하려 함이다.

이 책 "고대교회"의 특별히 세심한 독자이며 힘을 실어주는 독자가 있다면 그는 한때 나의 괴팅엔 동료 베른트 묄러다. 이 때문에 앞으로 원전 모음집을 그에게 헌정하되, 동시에 그의 70세 생일에 대해 때 지난 선물로 감사와 우정의 마음을 담아서 드린다.

하이델베르크 2001년 성탄절 리터(A. M. Ritter)

역자의 말

긴 작업 끝에 번역을 마친 자로서 한마디를 하게 되었다. 사실 작업으로 본다면 그렇게 길 것도 없는데 해야겠다고 마음을 먹는 데 더 많은 시간이 들었다. 하이델베르크대학의 교부학자 리터가 편집한 이 책은 역자가 독일에서 공부하던 때에도 독일 신학생들과 학자들이 많이 애용하던 자료집이다. 그 사실도 알고, 때로는 이용도 했으면서도, 더 귀한 일을 해보겠다고 하며, 그렇게 하지도 못하면서 이 작업, 저 강의를 하면서 몇 년을 보냈다. 그리고 2000년부터 몸담고 있는 대전신학대학에 와서 나름대로 잘 가르쳐보겠다고 하면서 원전들을 찾아서 사적으로 번역을 해서 학생들로 하여금 일차자료를 보면서 역사공부를 하게도 하였다. 또 고대교회를 사용하고 번역도 하였지만, 이 책을 번역하여 출판하겠다는 생각은 하지 않고 다시 4-5년이 흘러갔다. 그동안도 이 책을 번역하라고 권고를 하는 학문의 동반자가 있었다. 하지만 더 중요해 보이는 일들이 눈에 들어오는 통에 하지를 못했다. 그러다가 2004년 7월부터 2005년 1월까지 예일대학 참고문헌들이 소장되어 있는 방에 갔을 때 마음을 고쳐먹게 되었다. 책을 읽다가 관심이 들어서 거슬러 찾아 들어가면 들어갈수록 자료만을 모아 둔 수많은 자료집들을 대하면서 회개하는 마음이 들었다. 이제라도, 그리고 비록 작더라도 교회와 신학에 깊은 관심을 가진 자들이 이차문헌들을 읽다가 본래는 어떠했을까, 여기에는 어떠한 연구들이 있었을까 하는 마음을 가졌을 때 볼 수 있는 책을 제공하는 일을 해야겠다 라는 생각을 하게 되었다. 이러한 관심과 욕구를 충족시켜주는 큰 첫 걸음을 제시하는 데에는 리터의 고대교회가 가장 걸맞는다는 판단을 하게 되었다. 그래서 그때까지 개인적으로 번역해 두었던 부분들을 모아서 좀 더 자세하고 정확하게 번역하게 되었다.

본래 희랍어와 라틴어, 때로는 시리아어로 기록된 다양한 문서들을 리터 교수가 독일어로 번역한 것이다. 많은 교회사 연구에서 중요한 문헌들을 찾아서 가장 중요한 부분을 발췌해서 번역하고, 배경 설명을 붙이고, 각주를 첨부하고, 연구사라고 할 수 있는 원전과 참고문헌을 제시한 것이다. 이미 여기에 유럽의 신학이 축적되어 있는 것을 알 수 있다. 고전어에서 독일어로 된 번역을 한국어로 한 역자의 번역은, 번역의 번역이라고 해야 하겠다. 리터 교수는 모호한 곳, 중요한 단어에 원어를 친절하게 괄호 속에 넣어서 제시함으로 정확성과 정직성을 높이고, 함께 머리를 맞대는 동역의 가능성을 열어놓았다. 하지만 전체적인 내용에서 중역이 갖는 한계에 많이 부딪혔다. 독자의 이해를 위해서 읽기 쉬운 번역에 치중을 하면 때로는 신학적, 교리적으로 눈여겨야 할 부분들이 강조가 되지 못하는 것을 극복해야 했다. 그렇다고 독일어에 충실하다는 것은, 때로 본래 고전어를 가지고 애를 쓰는 것과는 전혀 다른 의미가 된다고도 해야 한다. 본 번역은 이러한 생각을 가지고 이루어졌는데, 그러한 흔적이 얼마나 남아있는지는 모르겠다.

번역을 마치기는 2005년 늦여름이라고 할 수 있다. 한국신학연구소와 연결이 되고 나서, 출판을 추진하는 과정이 그리 쉽지 않았다. 인터넷으로 판권을 가지고 있는 독일 출판사와 논의를 하는데, 최소한 4-5번 보내면 그곳에서는 한 번 받아 보는 때도 있었다. 반대로 4-5차례 의견을 보내었는데, 첫 번째 온 회신에 본인들은 4-5차례 동일한 답변을 했다는 내용이 있기도 하였다. 그리고 또 반복되는 긴 사연들이 있었다. 이러한 과정에 화가 변하여 복이 되게 하시는 하나님께서 좋은 교분을 쌓게 하셨다. 다름이 아니라 한국에 리터 교수의 제자인 김광채 교수님(개혁신학대학원대학교)을 알게 되었다. 그런데 그분 또한 리터 교수의 부탁으로 고대교회를 번역해서 2006년 봄에 마무리를 한 것이다. 이러한 사실을 김 교수님으로부터 알게 되고는 서로 만나게 되었는데, 서로에게 너무나 귀한 만남이었다. 전철을 타고 가면서 작년 여름에 마무리한 책이 출판이 늦어진 것이 이분을 만나게 하시는 하나님의 뜻인가 하는 기대를 하게 되었다. 본 역자는 누가 권리가 있고 없고를 떠나서 학자의 노력을 공으로 돌릴 수 없어서 공역할 것을 제안하였고, 그분은 또 여러 가지 이유를 들면서 그래도 몇 살 아래인 제가 기회를 갖는 것을 극구 권하셨다. 타이틀로 공역이라고 하시 말고 독일에서 익숙하게 볼 수 있는 Mitarbeiter로 하라고 하시면서 리터 교수 또한 그렇게 하였던 예화까지 제시하면서 저의 마음을 편하게 해주셨다. 두 개의 번역을 하나로 만드는 작업이란 거의 불가능한 것이기에 번역은 본인의 것으로 하고, 김 교수님께서 경험의 누적에서 정한 하나의 방식을 따라서 하는 것으로 추진하였다. 이 자리를 빌어서 김 교수님께 진심으로 감사의 마음을 드린다. 또 그 사이 리터 교수는 본 시리즈의 2권인 중세판도 번역을 하도록 허락을 해주셨고, 고대교회 9판이 2007년도에 나오는데, 그것을 번역할 마음이 있는지에 대한 친절한 배려를 출판사를 통해서 보여주셨다. 이에 깊은 감사를 드린다. 특별히 이 자리를 빌어서 리터 교수는 역자의 영적 삶의 여정에 아주 중요한 자리를 차지하신 분이라는 사실을 밝힌다. 그리고 열악한 출판 현실에도 좋은 책이라고 여기면 계산을 앞세우지 않고 빛을 보게 해주시는 한국신학연구소와 함승

우 국장님께 감사드린다. 지치지 않고 이 책의 번역을 독려해준 신앙과 신학의 동역자, 연세대학교 원주캠퍼스의 교목인 임 걸 목사님께도 고맙고 기꺼운 마음을 전한다. 그리고 무더운 여름 막바지에 지겨운 색인 작업에 흥미까지 가지고 자발적으로 도와준 아내 혜경에게 고마움과 사랑하는 마음을 보낸다. 멀지 않은 장래에 본 시리즈 2권인 중세편도 빛을 보게 되기를 바라면서 Soli Deo gloria.

2006년 8월

아름다운 마을 아치울에서

목 차

1. 고대 로마의 종교

(키케로(Cicero), 신들의 본성 2, 8, 72; 내장을 살피는 자들의 보고 9, 19)

기독교 초기 선교는 아무리 팔레스타인 밖이라고 하여도 결코 어떤 종교도 없는 공백지대로 들어간 것이 아니다. "이교도라는 말이 말해주듯이 오히려 종교적 확신과 제의에 가득찬 세계로 들어갔던 것이다"(P. Stockmeier). 그중에는 자기들만의 특징을 가진 로마인들의 종교도 있었다. 그 종교의 특징을 아는 것은 고대 교회의 역사와 신학의 역사를 파악하는 데에 매우 중요하다. 그 이유가 기독교를 핍박하던 자들의 종교이기 때문만이 아니다. 특별히 초기 라틴 신학의 특성도 바로 로마식 사고의 전제들, 곧 그중에서 고대 로마의 종교 개념을 비판적으로 수용한 데서부터 이해하여야 하기 때문이다.—로마인들만의 종교성에 관한 가장 중요한 증인 중 하나가 키케로(M. Tullius Cicero, 106-143)이다. 특히, 그의 글 "신들의 본성에 관하여(De natura deorum)" 때문이다. 이 글에서 무엇보다도 먼저 철학자의 강연(2, 7ff.) 중 한 단락을 제시할 수 있을 것이다. 여기에서는 신의 섭리에 대한 증명, 그중에서 로마 역사의 축복과 패배에서 볼 수 있는 것을 다루고 있다. 이렇게 말하고 있다(2, 8):

그들[곧 두 번에 걸친 포에니 전쟁 때의 그 패역한 로마 장군들]의 파멸에서 깨달아야 할 것은 종교적 명령에 순종한 자들(qui religionibus paruissent)의 통치로 말미암아 공공제도들은 확대되었었다는 것이다. 그래서 우리의 위업을 남들과 비교한다면, 다른 면에서는 비슷하거나 심지어는 부족한 상태이다. 하지만 종교, 곧 신들 숭배(religione id est cultu deorum)에 관한 훨씬 앞서 있다.

바로 이 책의 다른 곳에서(2, 72) 키케로는 아래와 같이 말하면서 religio(종교)라는 단어의 어원을 자세하면서도 역사적으로도 설득력 있게 제시하고 있다:

"신들을 숭배하는 것과 관련된 모든 것을 세심하게 생각하며 부지런히 그리고 거듭거듭 묵상하는 자를 "종교적"이라고 한다" (qui…… omnia, quae ad cultum deorum pertinent, diligenter retractarent et tamquam relegerent, sunt dicti religiosi ex relegendo[1]).

키케로의 말 가운데에 나오는 로마인의 종교적 개념의 여러 요인들과 측면들을 요약하는 데는 그의 "내장을 살피는 자들의 보고(9, 19)"의 아래 발췌문이 적격이라 하겠다:

…… 이 거대한 제국이 그들(곧 신들)의 섭리(numen)[2]로 발흥하고, 성장하고 유지되었다는 것을 모르는 정도의 정신상태에 있는 사람이 어디 있겠는가; 왜냐하면 경건(pietas), 종교성(religio) 그리고 신들의 섭리로 모든 것이 다스려지고 인도되고 있다는 것을 깨달은 이 하나의 지혜에서 바로 우리(로마인)는 모든 민족들보다 우수하기 때문이다.[3]

원전 : W. Ax, Cicero, De natura deorum, BT, 1933² (재인쇄 1961); W. Peterson, M. Tulli Ciceronis Orationes, V. Oxford (1911) 1959.—참고문헌: K. Latte, Römische Religionsgeschichte, 1960; A. Wlosok,, Römischer Religions—und Gottesbegriff in heidnischer und christlicher Zeit, AuA 16, 1970, S. 39-53 (m. weit. Lit.); P. Stockmeier, Glaube und Religion in der frühen Kirche, 1973; J. H. W. G. Liebeschütz, Continuity and change in Roman religion, Oxford, 1979.

1) 반면에 기독교인인 락탄츠는 자기의 책 『신성한 가르침들』(*Divinae Institutiones*) 4, 28, 2에서 이렇게 말한다: "우리는 우리를 창조하신 하나님께 바르고도 당연한 순종을(iusta et debita oqsequia) 바치며, 그분만을 인정하고, 그를 청종하기 위해서 태어났다. 이 경건한 의무의 사슬을 통해서 우리는 다시금 그분께 묶여 있는 것이다(obstricti deo et religati); 여기에서 바로 종교가 자기의 이름을 가지게 된 것이지, 키케로가 해석하듯이 "거듭 묵상(relegere)"에서 온 것이 아니다"(여기에 대해서는 A. Wlosok, 위의 책 49를 참조하라). Servius ad Aene. VIII 349도 비슷하게 말하고 있다.
2) numen(nuere에서)은 본래 명령을 내리는 "고개 끄덕임"이다. 결국 이것이 로마인들이 선호하는 신의 명칭이라면 이렇게 해석된다: "신은 로마인들에게…… 무엇보다도 권능에 찬 의지와 요구이다"(A. Wlosok).
3) 로마의 유일한 종교성에 관한 "가르침(dogma)"에 관해서는 터툴리안의 변증 25, 2를 보라. 여기서 터툴리안은 아래 주장에 반대 입장을 펴고 있다: "로마인들은 최고로 견실한 종교성(religiositatis diligentissimae)에 대한 보상으로 그렇게 위대한 데까지 올랐던 것이다".

2. 아우구스투스(Augustus)와 그의 "행위록"에서 보는 로마제국의 견고성

(res gestae divi Augusti)

수에톤(Sueton)에 따르면(아우구스투스 101) 아우구스투스-옥타비아누스(주전 27-주후 14 Princeps)는 임종 직전 베스탈리스(Vestalis, 아래 각주 9를 보라)들에게 4개의 기록을 남겼다. 그중 "자신의 행적에 관한 일러줌"이 있다. 이 문서의 큰 부분이 복사판으로 남겨졌는데, 앙퀴라–앙카라에 있는 아우구스투스–로마신전(Monumentum Ancyranum)의 현관에 라틴어로, 바깥벽에는 희랍어로 번역되어 새겨져 있다. 부분적으로는 분명히 선동적 목적(공화정의 재도입!)으로 편찬했지만, 아우구스투스 행위록에 있는 실제 자료들은 대부분 신빙성이 있는 것으로 여겨진다. 또한 아우구스투스의 정치적인 계획 안에서 옛 종교를 재건하는 것이 얼마만큼의 가치를 가졌는가도 알려 준다; 나아가서 기독교의 확산이 얼마만큼 그의 치하에서 시작되어 전 지중해 지역을 포괄하는 안정화 과정에 의해서 덕을 보았는지, 또 주제어처럼 되어 버린 "아우구스투스의 평화(Pax Augusta)"가 얼마나 불안정한 구절인지도 가늠하게 한다.—아래에 있는 발췌한 번역에서는 라틴어 문장이 못쓰게 되어 그것을 그리스어로부터 보충한 것을 표시하지 않았다.

(1) 내 나이 열아홉에(주전 44년)에 내 자신의 결정에 따라 그리고 나의 재정적 능력으로 군대를 일으켰다. 이들의 도움으로 한 당파 아래에서 포악한 통치(dominatio)로 말미암아 멍에를 지고 있는 나라를 다시금 자유하게 하였다. 이 이유로 판자(C. Pansa)와 히리티우스(A. Hiritius)가 통령으로 있을 때[주전 43년] 원로원은 권위 있는 결정에 따라 나를 자신들의 반열에 받아주었다…… 그리고 나에게 군사통솔권(imperium)을 넘겨주었다…… 하지만 백성들은 두 명의 통령이 실각한 바로 그 해에 국가를 견고하게 할 목적으로(rei publicae consituendae) 나를 통령과 3인방[1]으로 선출하였다.

(3) 나는 바다와 육지와 온 땅(orbis terrarum)에서 다른 민족들과 전쟁을 했던 것처럼 내전도 자주 치렀다. 그리고 승자로서 자비를 간구하는 자들을 살려주었다. 확실히 용서하여 줄 수 있는 이방민족들(gentes)은 없애기보다는 남겨두었다. 거의 50만 명에 달하는 로마 시민들이 나의 군기(sacramentum) 아래 있었다. 나는 전쟁이 끝난 후에 그들 중 30만 명 이상을 식민도시들(coloniae)에 이주시키거나, 혹은 자기들의 공동체(municipia)로 돌려보내고 땅을 주거나 전쟁 참여에 대한 보상으로 돈을 주었다……

(5) 마르켈루스(M. Marcellus)와 아룬티우스(L. Arruntius)

의 통령시절, 내 앞에서 뿐 아니라 내가 없는 자리에서도 백성과 원로원은 나에게 통치권(dictatura)을 부여하였지만, 나는 받아들이지 않았다.

(7)…… 나는 최고 제사장(pontifex maximus)[2], 아우구르[3]였고, 제사를 관장하는 15명 중 한 명이었고[4], 신의 식탁을 관리하는 7인 중 하나였고[5], 아르발 형제단의 구성원이었고[6], 소달리스 티티우스[7]와 훼티알이었다.[8]

(8) 나의 여섯 번째 통치시절 동역자인 아그리피나(M. Agrippina)와 함께 로마의 인구조사를 실시하였다…… 시민의 숫자는 4.063.000명이었다.

(12) …… 스페인과 고을에 있는 속주들의 모든 것을 정상으로 만들어 놓고 내가…… 로마로 돌아왔을 때[주전 13] 원로원은 나의 귀환을 맞아 마르스 평원에 아우구스투스의 평화(Pax Augusta) 제단을 헌정할 것을 약속하였다. 거기에서 원로원의 명령에 따라서 귀족들, 제사장들 그리고 베스탈리스들[9]이 매년 희생제물을 바치게 되는 것이다.

(15) 로마 평민들에게 나는 아버지의 유언을 따라서 나의 5번째 통령시절(주전 29)에 모든 남자에게 300세스터스 씩을 주었고, 내 이름으로 400세스터스 씩을 전쟁 전리품에서 나누어주었다…… 내가 베풀어준 이 혜택은 최소 25000명 이상에게 돌아갔다……

(20) …… 나는 여섯 번째 통치시절에 원로원의 결정에 따라서 80개의 신전을 복구하였다. 복구를 필요로 하는 신전은 하나도 없도록 만들었다……

(26) 주변에 우리 통치(imperium)에 굴복하려고 하지 않는 민족들이 있는 모든 속주지역들로 넓혀 나갔다……

(27) 이집트를 로마 민족의 명령권(imperium)에 복속시켰다……

(34) 여섯 번째와 일곱 번째의 통령 시절, 시민전쟁을 결정적으로 마무리한 이후에, 나는 모든 사람의 일치된 여망에 따라서 최고통수권(potitus rerum omnium) 소유자가 되었다. 그럼에도 불구하고, 나는 내 직책이 가진 권위(potestas)를 가지되, 원로원과 로마 시민의 뜻에 따라서 국가를 떠맡았다. 그리고 이런 나의 공로 때문에 원로원의 결정에 따라서 "아우구스투스(Augustus)" [최고의 통치권자]라는 칭호를 받게 되었다. 아울러 금방패가 율리우스의 회당(청사)에 걸리게 되었다. 곧 원로원과 로마 시민이 나의 공의로움(iustitia)과 경건함(pietas) 때문에 나의 용맹(virtus)과 자비(clementia)에 바친 것이다. 이후로 나는 위엄(dignitas)에서는 모두를 능가하나, 권력(potestas)으로는 동료들보다 더 가지지 않았다.

(35) 내가 13번째 통령권을 가졌을 때[주전 2], 원로원, 기사계급 그리고 로마의 모든 백성들이 나에게 "국부(pater patriae)"라는 이름을 주었다. 그리고 결정하기를, 이것을 나의 아버지 집 현관, 율리우스 회당과 아우구스투스 광장에 있는 원로원의 결정에 의해서 나에게 준 4쌍의 말이 끄는 마차 형상 밑에 새기기로 하였다. 이것을 기록하고 있는 내 나이는 76세이다.

원전 : Th. Mommsen, Res gestae divi Augusti, (1865) 1883[2]. —참고문헌: M. Schade—H. S. Schultz, Ankara und Augustus, 1937 (번역)—A. Alföldi, Octavians Aufstieg zur Macht, 1976; H. Bengtson, Kaiser Augustus, 1981; D. Kienast, Augustus, 1983; ferner die Themenhefte Klio 67, 1985;Historia 34, 1985.

1) "삼두정치 참여". 레피두스(Lepidus)와 안토니우스(Antonius)와 함께 옥타비아누스가 주전 43년에 결성한 삼두정치는 폼페이우스(Pompejus), 시저(Caesar), 크라수스(Crassus)가 주전 60년 결성한 것에 이어 두 번째로 이루어졌다. "두 번

째 삼두정치 결성은 결정적인 공화정 몰락이었다"(K. Heussi).

2) 공적이든 사적이든 모든 제의를 관장하기 위해서 존재하는 로마 사제단의 지배적인 최고 우두머리. 시저와 그의 이후 그라티안(Gratian, 382)까지의 모든 황제가, 주전 3세기부터 로마 백성들에 의해서 종신직으로 선출되는 이 직위를 가졌다는 사실은 이 직책의 중요성과 특별한 명예를 잘 지적해 준다.
3) A.(augere(증가하다) 에서 왔다.)—왕들과 훗날 공화정에서 귀족들에게 징조(새가 나는 모습과 하늘의 징조를 지켜보며 해석하는)를 가져오는 일을 하는 로마 사제회의 구성원들.
4) 이 "십오인회"는 국가의 최고성지에 보관된 "시빌리(sibylli)"의 운명록과 공식적으로 로마에서 행해지는 모든 제의를 관장하였다.
5) 이들은 "로마식"인 "시민" 경기가 진행되는 동안(9월 13일, 11월 13일) 주피터의 향연을 거행하였다. 하지만 아마도 최고사제(pontifex)의 부담을 덜어주기 위해서 또 다른 제의적인 의무들을 맡아 행하였을 것이다.
6) 원래부터도 있었지만 아우구스투스가 다시 회복시켜서 봄철에 강물이 흐르는 것을 축하하는 제의를 맡은 사제직.
7) 원래는 분명히 아우구르 학예를 행하는데 전념하는 소달 티티우스 형제단도 아우구스투스가 다시 일으켜 세울 때는 거의 몰락되었었다; 그 이후에 그들이 어떤 기능을 행사하였는지는 불분명하다.
8) 훼티알회의 20명은 전쟁을 선포하기 전과 평화조약을 맺기 전에 어떤 예식을 하여야 한다. 공화정 말기에는 모든 의미를 상실하였는데, 아우구스투스에 의해서 잠시 동안 재건되었다.
9) 로마 불의 여신 베스타(Vesta)의 6명의 여사제들을 말한다. 로마의 귀족 가문 출신들이며 총 30년에 걸친 입문시절과 사제직을 위해서 처녀로 남아야만 하는 자들로서, 그들은 여신의 신전 근처 광장에서 공동생활을 하면서 최고사제와 밀접한 관계를 유지해야 한다; 그들의 주요 임무는 거룩한 도시의 불을 유지하는 것이었다. 다른 낡은 옛 로마의 제의기관들과 달리 이 제의는 테오도시우스 1세 때까지 기독교의 승리를 견뎌내며 살아남았었다.

3. 주후 50년경의 농경상황

(콜룸멜라(Columella), 농경에 관하여 1권 머리말)

고대문명은 고래로부터 도시생활방식(Polis)에 기반을 두었다. 하지만 기계문명시대가 시작할 때까지의 모든 문명에서 볼 수 있는 것처럼, 농경은 일반적으로 상업과 생산업를 제치고 가장 중요한 경제 분야였다. 주후 1세기에 농경이 어떻게 취급되고 있는가를 당시 지도력 있는 농경이론가 중 한 사람이 펼치는 묘사가 잘 가르쳐 준다.

(1) 거듭거듭 우리 국가의 지도자들이 불만을 토로하는 것을 듣는다. 곧 논밭의 흉작에 대해서, 또는 벌써 오랫동안 작물을 해치는 기후의 원만치 못함 등…… (2) 이 모든 이유들은 내가 확신하건데 진실과는 너무도 동떨어져 있는 것들이다; 곧 창조자가 영원한 결실능력을 부여한 자연이 결실치 못함과 병이 들었다고 믿는 것은 죄악이다…… (3) 그래서 이 모든 것이 하늘이 노해서[혹은: 날씨가 돌봐주지 않아서] (violentia [intemperantia] caeli) 우리에게 이르렀다고 나는 도저히 믿을 수 없다; 오히려 우리 조상들 가운데서도 가장 능력 있는 분들이 최선을 다해서 가꾸었던 농경을 우리가 가장 질이 떨어지는 노예[1] 및 교수형 당할 자에게 벌 대신 맡겼던 우리 스스로의 책임이다…… (20) 그래서 오늘날 "이 라틴, 새턴[Ennius]의 땅", 곧 신들 스스로가 자기 자식들에게 논밭의 생산성[혹은: 경작]을 가르쳤던 곳에서 이 지경에까지 이르렀다: 공식기구를 세우고는 굶어죽지 않으려고 곡식을 물건너 속주들로부터 수입하고 포도주는 퀴크라드와 베이티스[스페인] 또 고을 지역으로부터 우리 지하실로 옮겨오고 있다.[2]

원전 : Columella, Zwölf Bücher über Landwirtschaft ……, lat. u. dt., hg. u. übers. v. W. Richter, I, 1981.－참고문헌: M. Weber, Agrarverhältnisse im Altertum, in: ders., Ges. Aufs. zur Sozial-u. Wirtschaftsgeschichte, 1924; M. Rostovtzeff, Gesellschaft und Wirtschaft im römischen Reich, 1931; K. Ahrens, Columella. Über Landwirtschaft (Übers., Einf., Erl.), Schriften z. Gesch. u. Kultur d. Antike 4, 1972; F. Vittinghoff (Hg.), Handbuch der europäischen Wirtschafts-u. Sozialgeschichte, I, 1990, S. 70ff.

1) 이 시대 노예제도와 농경에서의 그들의 역할에 관해서는 N. Brockmeyer, 위의 책, S. 112f.; 아래 Nr. 17도 함께 비교하라.
2) 이에 대해서는 대 플리니우스의 자연의 역사 18, 35를 비교하라: "옛 사람들은 농토 소유에는 특히 기준이 있어야 한다고 생각했다; 심지어 조금 심고 많이 거두는 것이 더 낫다고도 생각했다…… 진실을 고백한다면 대토지경작(Latifundium)이 이탈리아를 황폐하게 했고, 이것은 아주 속한 시일 내에 속주에서도 일어날 것이다. [겨우] 6명의 토지소유자들이 네로 황제가 그들을 죽일 그 당시에 아프리카의 반을 가졌었다."

4. 학문 연구의 감소

(대 플리니우스(Plinius), 자연의 역사 2, 117f., 세네카(Seneca), 자선에 관하여 7, 1, 3-7와 비교)

기독교가 로마제국의 넓은 지역을 선교적으로 침투하면서 맞닥뜨린 정신적 상태는 헬라 문화의 만개와 비교할 때 눈에 띄게 고갈되어 있었다. 이 현상은 대 플리니우스(주후 79년 사망)가 자기의 훌륭한 책 자연의 역사(Hisoria naturalis, 2, 117f.)에서 통탄한 것처럼 무엇보다도 전문적인 학문 분야에서 뚜렷하게 나타난다.

(117) 이 대상[곧, 바람]에 관하여 20명 이상의 옛 희랍저술가들이 자신들의 관찰한 바를 전해주었다. 더욱이 내가 놀라는 것은 그 땅이 하나되지 못하고 다양한 나라, 곧 각각의 부분으로 나뉘어져 있을 때 그렇게 많은 사람들이 그렇게도 연구하기가 어려운 대상을, 그것도 전쟁 한가운데서 또 안정되지도 못한 나그네의 신

분으로서 연구하였다. 그런데, 오늘날 이렇게도 평화스러운 시기에, 기술적이고 정신적인 진보를 그렇게도 기뻐하는 통치자 밑에서 새로운 연구를 바탕으로 해서 아무런 새로운 것을 더하지 못한다. 옛사람들이 발견한 것들과 근본적으로 걸맞는 것이 전혀 나타나지 않고 있다. (118) 그 보상은 발견한 축복의 위대한 것을 많은 사람들이 나누어 가지는 것에 지나지 않았다. 그리고 대부분의 발견자들이 그 발견을 한 것은 후세가 누릴 수 있다는 것 말고 또 다른 대가 때문에 행한 것이 아니다. 도덕적인 이유에서 그 사람들이 노력했던 것이지, 그 어떤 얻게 될 것[에 대한 관심] 때문에 행한 것이 아니다. 지금은 모든 바다가 열려 있고 모든 해안에 자유롭게 정박할 수 있기 때문에 무수한 사람들이 항해를 하지만, 무엇인가를 얻으려고 하는 것이지, 학문(scientia) 때문이 아니다.[1)]

원전 : K. Mayhoff, C. Plini Secundi Naturalis Historiae libri XXXVII, I, BT, 1906.－참고문헌: O. Gigon, Die antike Kultur und das Christentum, 1966, S. 34-69; E. R. Dodds, Die Griechen und das Irrationale, 1970, S. 123-140 (많은 문헌도 제시); ders, Pagan and Christian in an age of anxiety, Cambridge, 1965 (Nachdr. 1985)도 비교하라.

1) 이 퇴보는 정확히 "지중해의 정신적 환경에서 일어난 일반적 변화의 한 징조에 불과하다"(E. R. Dodds)는 사실을 무엇보다도 철학자 세네카(Seneca, 약 주전 4-주후 65)의 문서도 나타내고 있다. 세네카는 자기의 "자선에 관하여(De beneficiis)"의 7권의 초두에서 교분을 가지고 있는 키닉 철학자 데메트리우스(Demetrius)의 생각에 동의하면서 전개하고 있다. 우리에게는 언제고 가르치고 사용할 수 있는 소수의 철학의 요점을 가지는 것이 아무짝에도 쓰지 못하는 넓은 지식을 갖는 것보다 더 유익하다는 것을 문자적으로 인용한다: (4) 그[데메트리우스]는 말한다. "가장 훌륭한 씨름꾼은 모든 자세와 재주를 다 가지고도 상대를 쓰러뜨릴 기회를 한 번도 갖지 못하는 자가 아니라, 하나 혹은 다른 것을 용기 있게 또 확실하게 연습하고는 참을성을 가지고 그것을 사용할 기회를 기다리는 자이다

(왜냐하면 이기는데 필요한 것을 충분히 알기만 하면, 그는 자기가 얼마나 아는가에 신경 쓰지 않기 때문이다). 이와 같이 이러한 노력(studium)에서도 마찬가지이다: 분명히 기쁘게 하는 일은 많지만 실제로 결정적인 의미를 갖는 것은 별로 없다(multa delectant, pauca vincunt). (5) 너도 알고 싶지 않은가: 무엇이 대양의 간조 만조 시간 변화의 원인인가; 왜 항상 일곱 번째 해가 [인생에서] 한 단계 변화하는 해인가……: 알 수도 없고 유익하지도 않은 일을 피하는 것은 너에게 특별히 손해가 되지 않는다. 여기에 진리가 깊숙이 가려져 있고 숨겨져 있다. (6)…… 이와 반대로 우리를 더 고귀하게 만들며, 우리를 행복하게 하는 것은 바로 이 자리에 노출되어 있거나 아니면 멀리 있지 않다. (7) 그러니까 우리 정신이 덕에 헌신하고 덕이 원하는 길을 달려 왔다고 한다면 죽음은 악의 원천이 아니라 오히려 모든 [악한] 것들의 결말이라는 것을 분명히 볼 수 있는 데까지 이르게 된다…… 그렇게 되면 정신은 무엇이 유익하고 필수불가결한 것인가에 대한 완전한 지식에 도달하게 된다. 그밖에 있을 수 있는 것은 무의미한 시간으로 이끄는 파괴들일 뿐이다."

5. 주후 64년 네로(Nero) 황제 치하에서의 기독교 박해

(타키투스(Tacitus), 연대기 15, 44, 2-5)

네로의 박해는 우리에게 남아 있는 기록으로 볼 때 로마제국이 기독교를 향해 행한 첫 번째 박해이다. 이 박해는 로마 시에 있는 공동체에만 해당된 것으로 보이지만, 고래로부터(터툴리안) 첫 번째 사례일 뿐 아니라, 어떤 의미에서는 데키우스 황제(Decius, 아래 Nr 34번) 때까지 로마제국 안에서 기독교인들이 가진 법적 처지의 근원이라고까지 여겨지고 있다: 어떤 의미에서 그렇게 보아야 하는가는 오늘까지 논쟁이 되고 있다.

세부적으로 볼 때 많은 면에서 불확실하게 전승되고 있고, 해석도 어려운 타키투스의 보고(약 주후 61/62)가 말하는 정황: "우연히 발생했는지 아니면 황제의 책략에서 인지(왜냐하면 이 두 가능성 모두를 원전이 전하고 있기 때문에)……"(연대기 15, 38, 1), 주후 64년 7월 큰 불이 로마의 넓은 지역을 소실시켰다; 즉시로 복구명령이 주어졌고 속죄제의가 거행되었다:

(2) 인간적인 구호나 황제의 하사나 신들에게 드리는 제사를 통해서도 그 악한 소문은 사라질 줄 몰랐다. 오히려 사람들은 최고 통수권자의 명령에 의해서 방화되었다고 믿었다. 그래서 이 소문을 잠재우려고 네로는 다른 사람들에게 책임을 전가시키고 싶어 하였고, 지독한 형벌로 다스렸다. 이들은 배우지 못한 무리들이고, 자신들의 부끄러운 행위(flagitia)[1]로 미움을 받는 자들인데, 그들을 완고한 자들(Chrestianos)[2]이라고 부른다. (3) 이 이름은 그리스도에게서 유래하였다. 그는 디베리우스 황제 때 총독 폰티우스 필라투스 하에서 처형된 자이다. 이 때문에 잠시는 억압되었지만 이 패역한 미신(exitiabilis superstitio)[3]은 다시금 기승을 부렸다. 그런데 이번에는 유대 땅, 곧 이 패역이 시작된 곳뿐 아니라 로마에까지도 나타났다. 곧 온 천하에서 온 각종 폐해와 각종 무리들이 모여들고, 열광적인 동요가 일어나는 곳에까지 말이다. (4) 우선은 [자기들이 그리스도인이라고][4] 고백하는 자들을 체포하였다. 다음에는 고발에 의해서 엄청난 숫자를 잡아들였다. 이들은 방화보다는 [범법자들로 증명된] 사람들이라는 미움[5]이 덮어씌워졌다(Igitur primum correpti qui fatebantur, deinde indicio eorum multitudo ingens[,] haud proinde in crimine incendii quam odio humani generis convicti [v.: coniuncti] sund). 이 이유로 처형을 시키면서 사람들은 자기들의 저주를 몰아내었다: 어떤 사람들은 짐승 가죽을 덮어 꿰매어서는 개들이 물어뜯게 하였고, 어떤 사람들은 십자가에 못 박고(또는 화형에 처했다) 어둠이 찾아오면 밤을 밝히기 위해서 불태웠

다. (5) 이러한 쇼를 위해서 네로는 자기 정원을 제공하였다. 또 서커스를 하게하고는 자기가 마부로 변장해서는 군중들 사이를 누비고 다니거나 경마용 마차를 타고 달리기도 하였다. 그래서 범법을 했고 심한 형벌을 받아 마땅한 자들에 대해서 동정심을 일으켰다. 곧 그들이 마치 공공의 복리를 위해서가 아니라 한 개인의 살상에서 얻는 즐거움을 만끽하려고 희생되는 것처럼 느껴지도록 만들었다.[6)]

원전 : E. Koestermann, Cornelius Tacitus Annales, BT, 1965^2.—참고문헌: A. Wlosok, Rom und die Christen, Zur Auseinandersetzung zwischen Christentum und römischen Staat, Der altsprachl. Unterricht, Beiheft 1 z. R. XIII, 1970, S. 7-27(광범위한 참고문헌); J. Molthagen, Der römische Staat und die Christen im 2. und 3. Jahrhundert, Hypomnemata 28, 1970, S. 21-27 (광범위한 참고문헌).—Tertullian이 말하는 (예를 들면, 이교도들을 향하여 1, 7, 8-9) 소위 "Institutum Neronianum"에 관한 논의에 관해서는 J. W. Ph. Borleffs, Institutum Neronianum, VigChr 6, 1952, S. 129-145(독일어 번역: Das frühe Christentum im römischen Staat, hg. v. R. Klein, WdF 267, 1971, S. 217-235를 보라); J. Zeller, Institutum Neronianum, Loi fantome ou réalité, RHE 50, 1955, S. 393-399 (독일어 번역: 같은 곳, 236-243): Ch. Saumagne, Tertulien et l'Institutum Neronianum, ThZ, 1961, S. 334-355.

1) 이에 대해서는 아래 [Nr. 20]을 보라.
2) 이 독법이 이 외에 입증되고 있는 "Christianos"에 비해서 최상의 독법이다. "Chrestiani는 그리스도인들에 대한 천박한 명칭으로 잘 알려져 있으며, 타키투스는 여기에서 아주 뚜렷하게 그렇게 명명하고 있다. 이 명칭은 '용감한', '정의로운' 이라는 의미를 가진 그리스어 고유명사 크레스토스(Chrestos)로부터 파생된 것이다. 그러니까 Chrestiani는 원래 '박카스 숭배자들' 이나 이와 비슷한 자들을 말한다. 그리고 백성들에게 거의 알려져 있지 않은 의미를 가지고 타키투스는 자기를 우리 입장에 세우고는 빗대어 말하는, 곧 아이러니한 유희를 벌이고 있다" (A. Wlosok, 위의 책 S. 9f.). '완고한 자들' 이라는 표현은 홈멜(H. Hommel,

Theologia Viatorum 3, 1951, S. 16f.)에게서 왔다. 다른 해석 가능성으로는 Chrestiani(χρηστιανοί) = 이오타 형태의 Christiani(χριστιανοί)가 있다.

3) 아래 [Nr. 10]을 참조하라.

4) 그들이 방화를 '자백' 했다고 타키투스가 생각했을 리 없다. 이것을 그의 도입부분 (15, 38, 1)과 연이어 나오는 부분들이 말해주고 있다.

5) 기독교인들 이전에는 특별히 유대인들을 향해 던져진 "인간 혐오"에 관해서는 살전 2, 15의 주석들을 참조하라; 또 A. Wlosok, 위의 책 S. 20ff.(폭넓은 참고문헌 제시)

6) 네로의 기독교인 박해에 관해서 참조하라: Sueton, Nero 16, 2("기독교인들에게 죽임의 형벌이 내려졌다, 새로운 형태이며 공동체를 위태롭게 하는 미신에 빠진 인종들에게"[genus hominum superstitionis novae ac maleficae]); 클레멘스 1서 5. 6은 이와 반대로 도처에 상투적이며, 또 역사적으로 아주 훌륭하게 제시한다. 반면에 술피우스 세베루스(Sulpius Severus)의 역대기 2, 28, 3-29, 4는 타키투스에 의존하고 있다.

6. 유대전쟁(주후 66-70)과 예루살렘의 멸망

(유세비우스(Eusebius), 교회사 3, 5, 3; 요세푸스, 유대전쟁사 7, 216ff.)

예루살렘은 포위하고 있는 로마군의 끈질긴 매서움과 매수, 그리고 여기에 더하여 혁명적인 소수 유대인들의 폭력으로 인해서 결국에는 거의 4년에 걸친 무장 봉기 끝에 멸망(주후 70년 9월)하였다. 이것은 유대교뿐 아니라 신생 기독교에게도 결정적인 의미를 갖는다. 이 사건과 함께 "원시공동체"의 역사가 끝나기 때문이다. 물론 바로 직후에도 예루살렘에 기독교 공동체가 다시금 있었다; 하지만 이 공동체는 교회 전체에 거의 이전과 같은 의미를 가질 수 없었다.—신빙성에 관해서는 논란이 심한 유세비우스 "교회사"에 있는 보고에 따르면 예루살렘 유대인 기독교 공동체는 전쟁이 발발하기 전에 펠라(Pella)로—잠정적으로?—이주하였다. 아래와 같이 말한다(3, 5, 3):

예루살렘 교회는 믿을 만한 사람들(*δόκιμοι*)에게 계시로 주어진 하나님의 뜻에 따라 전쟁 전에 그 도시를 떠나서 베뢰아에 있는 도시 펠라로 가라는 명령을 받아들였다. 그래서 그리스도를 믿는 자들은 예루살렘에서 빠져나왔다. 거룩한 사람들이 유대인들의 왕의 보좌가 있는 도시와 온 유대 땅을 완전히 떠나버리는 것과 같이 말이다. 결국에는 하나님의 심판이 유대인들의 모든 사악함, 곧 그리스도와 그의 사도들에게 행한 악함에 대해서 내려졌다. 그래서 이들을 그 하나님을 믿지 않는 족속들이 짓밟았다.

유대전쟁의 역사와 무시무시한 기근과 끔찍한 살육 끝에 온 예루살렘의 멸망에 관해서는 그 사건의 역사적 증인인 유대인 역사가 요세푸스(Josephus, 2세기 초에 사망)가 자기 책 유대전쟁사(Bellum Iudaicum) 일곱 권에서 아주 상세하게 알려준다. 여기서는 전쟁이 유대민족에게 끼친 결과에 대해서 말하는 한 부분을 제시한다:

(7, 21, 6) 이때 황제[베스파시안, Vespasian]는 바수스(Bassus)[유대땅의 자기 사절]와 리베리우스 막시무스(Liberius[다른 독법으로는 Laberius] Maximus), 곧 당시 총독들에게 유대의 모든 땅을 팔아버리라고 서면으로 명령하였다. 그는 새 도시를 바로 거기에 건설하고 싶지 않았다. 그래서 모든 경작지가 그의 개인 소유가 되었던 것이다. 800명의 군인에게 예루살렘에서 30스타디온 떨어진 엠마오를 맡겼다. 모든 유대인들에게는 그들이 사는 곳에서 매년 인두세로 2드라크마를 내게 하였다. 전에 예루살렘 성전을 위해서 바쳤던 것처럼 주피터를 위해서 바쳤던 것이다. 이토록 당시 유대인들의 처지는 서글펐다.[1)]

원전 : B. Niese, Flavii Josephi Opera, VI, 1894 (O. Michel-O. Bauernfeind, Flavius Josephus. De Bello Iudaivo [서론과 주석과 광범위한 참고문헌을 갖춘 2개 언어 병용판], Bd. II, 2, 1969; e. Schwartz, Eusebius Werke, II: Die Kirchengeschichte (1), GCS 9, 1, 1903.—참고문헌: G. Strecker, Das Judenchristentum in den Pseudoklementinen, TU 70, (1958) 1981², S. 229ff., 283ff.(참고문헌); M. Hengel, Die Zeloten, AGSU 1, 1961; P. Prigent, La fin de Jérusalem, Archéologie Biblique 17, Neuchâtel 1969, S. 17-67; P. Schäfer, Geschichte der Juden in der Antike, 1983, 7장

1) 소위 fiscus iudaicus(유대인세)에 관해서는 카시우스 디오, 로마사 65, 7, 2를 보라: "…… 이 시간부터 명령이 하달되었다-자기 조상의 유전을 지키는 모든 유대인들은 매년 카피톨 언덕에 있는 주피터 신전에 2 드라크마를 내어야 한다." 액수는 적을지라도 이 명령은 전통의식이 강한 유대인들에게는 특별한 수치로 느껴졌다.

7. 클레멘스(Klemens) 1서

도미티안 황제 박해[1](주후 95/96) 직후, 아주 믿을 만하며 오래된 전통에 따르면 로마의 감독 클레멘스가 작성하였다(1, 1 비교). 개인을 작성자라고 하지 않고 고린도에 있는 "나그네 된 하나님의 교회"에 로마 교회의 공동체의 서신이라고 한 이 장편의 편지가 갖는 의미는 무엇보다도 이 편지에서 교회 역사 처음으로 로마의 소리를 들을 수 있다는 것이다! 더욱이 이 편지는 사도 이후 시대의 교회제도와 교회법 발전(Sohm-Harnack의 논쟁), 제의와 선포의 역사에 말할 수 없이 중요한 원전이다. 여기서는 교회제도사의 한 측면을 부각시켜 본다.

a) 구약성경의 제사규정의 모범(40f.)

맥락 : 공동체 성직자들(Presbyter)의 임기에 대해서 고리도 교회 내부에서 일어난 논쟁에서 기인되었다. 이 문서는 무엇보다도 먼저 분열의 위험들과 회개, 순종, 겸손과 화평에 대해서 일반적인 가르침을 주고 있다(4-36장). 그 후에 두 번째 본론(40장 이후로서, 37-39장에 도입부분이 있고 나서)은 수신자들에게 합법적인 성직자들에게 순복할 것을 올바로 권하되 무엇보다도 사제직제와 제사임무에 관한 구약성경의 지시를 제시하고 있다.

(40, 1) 이 모든 것이 이제 우리에게 밝혀졌고 우리가 하나님의 뜻(*θεία γνῶσις*) 깊은 곳을 통찰하게 되었기 때문에 주님(*δεσπότης*)께서 정해진 시간에 이행하라고 명령하셨던 모든 것을 질서를 따라(*τάξει*) 행해야 한다. (2) 희생(*προσφοραί*)을 드리고 예배(*λειτουργίαι*)를 행하는 것에 관해서 주님께서는 마음대로 질서도 없이 행하라고 하시지 않고 정해진 때와 시간에 하라고 하셨다. (3) 어디에서 그리고 누가 행하는 것을 그분이 원하시는지 그분 스스로 최고의 판단으로 확정하셨다. 그래서 모든 것이 뜻 깊고도 자기에게 흡족하게 이루어지고 자기 뜻에 걸맞게 하셨다. (4) 그러므로 자기들의 희생제물을 그분이 명령하신 시간에 드리는 자들이 하나님께 합당한 자들이며 복 있는 자들이다; 왜냐하면 그들은 주님의 규정들(*νόμιμα*)을 지켰고 죄를 짓지 않았기 때문이다. (5) 대제사장들(*ἀρχιερεύς*)에게는 고유의 제사임무를 부과하셨고, 사제들(*ἱερεῖς*)에게는 그들에게 독특한 직책(*τόπος*)을 주셨고 레위인들에게는 그들에게 고유한 봉사직무(*διακονίαι*)를 맡기셨다. 평신도들(*ὁ λαικὸς ἄνθρωπος*)은 평신도들에게 해당되는 규정들을 지켜야 한다. (41, 1) 그러니까 내 형제들아 우리 "각자"는 "자기 위치"에서[고전 15, 23 비교] 하나님을 기쁘시게

하며, 자기 임무를 위해 부과한 기준에서 벗어나지 않으면서 선한 양심을 가져야 하며 명예롭게 살아야 한다. (2)…… (3) 하지만 그(하나님)의 뜻에 합당한 것을 거역하는 자들은 그 심판으로 사망을 벌어들였다. (4) 형제들이여. 우리 지식이 크면 클수록 우리에게 닥치는 위험도 그만큼 크다는 것을 알라.

b) 직임의 연속성(42. 44장)

(42, 1) 사도들은 우리를 위해서 주님 예수 그리스도로부터 복음을 받았다. 주 그리스도는 하나님으로부터 보내어졌다. (2) 그러니까: 그리스도는 하나님께로부터, 사도들은 그리스도께로부터; 이에 따르면 이 둘은 하나님의 뜻에 따라서 아름다운 질서(*εὐτάχτως*) 속에서 이루어진 것이다. (3) 그들이 지시하심을 받고, 우리 주 예수 그리스도의 부활로 말미암아 충만하여져서, 하나님의 말씀 안에서[혹은 통해서] 온전히 믿고 나서(*πιστευθέντες ἐν τῷ λότῳ τοῦ θεοῦ*), 성령에 충만하여(*πληροφορία*) 하나님 나라가 가까웠다고 선포하였다. (4) 도시와 마을에서 설교하고 첫 열매들(*ἀπαρχαί*)[롬 16, 5; 고전 16, 15]을 성령 안에서 이루어지는 시험을 거친 이후에 장차 믿게 될 자들의 감독과 집사로 세운 것이다. (5) 그러므로 이것은 전혀 새로운 것이 아니었다; 오래 전부터 감독과 집사들에 관해서 기록되었다. 성경에서 말한다: "내가 그들의 의로운 감독들과 신실한 집사들을 세우리라"[사 60, 17(70인경)].

기독교 공동체의 직임에 대해서 더 많은 근거를, 특별히 민 17장[아론의 싹 난 지팡이]에 근거해서 제시하고는 아래와 같이 전개해 간다:

(44, 1) 우리 주 예수 그리스도를 통해서 우리 사도들도 감독의 직임 때문에(*περὶ τοῦ ὀνόματος τῆς ἐπισκοπῆς*) 다툼이 일

어날 것을 알았다. (2) 이러한 이유로, 이미 사전에 정확한 가르침을 받았었기에 그들은 임명한 자를 세우고 그 후에 가르치기를 그들이 죽게 되면 다른 검증된 자들이 그들의 임무를 물려받도록 하였다. (3) 이들은 저들[사도들]로부터 혹은 그들에 이어 세워진 다른 검증된 자들로부터 공동체 전체의 동의를 얻어 임명받고 그리스도의 양 무리들을 향한 자신들의 봉사를 완전히 숙지한 자들이다: 곧 겸손, 화평, 절대로 편협(ἀβαναύσως)치 않고 나아가서 모든 사람으로부터 오래도록 선한 증거를 받아야 한다. 그런데 이들이 자기들의 직책을 빼앗긴다면 우리는 불의한 일로 간주할 수밖에 없다! 왜냐하면 우리가 희생제물(τὰ δῶρα)을 흠 없고도 양심적으로 드린 자들에게서 그들의 감독직을 빼앗는다면 그것은 결코 사소한 죄로 간주할 수 없기 때문이다. (5) 복되도다. [우리] 앞서서 풍성한 열매를 거두고 온전하게 돌아가신 사제들이여! (6) 그런데 우리가 알기로는, 너희들이 선한 삶을 꾸린 몇몇을 그들이 흠 없이 보살피고 명예롭게 유지한 직책으로부터 내몰았다.

원전 : F. X. Funk–Bihlmeyer–W. Schneemelcher, Die Apostolischen Väter, I, SQS 2.1,1, 1970[3].–참고문헌: A. von Harnack, Einführung in die alte Kirchengeschichte, 1929; H. von Campenhausen, Kirchliches Amt und geistliche Vollmacht in den ersten drei Jahrhunderten, 1963[2](색인!); P. Milkat, Die Bedeutung der Begriffe Stasis und Aponoia für das Verständnis des 1. Clemensbriefes, 1969; G. Brunner, Die theologische Mittes des ersten Klemensbriefes, Frankf. theologische Studien 11, 1972; J. Fuellenbach, Ecclesiastical office and the primacy of Rome, Washington, 1980; P. Lampe, Die stadtrömischen Christen in den ersten beiden Jahrhunderten, WUNT II, 18, 1988[2]; A. Lindemann, Die Clemensbriefe, HNT 17, 1992; H. E. Lona, Der erste Clemensbrief, Göttingen, 1988 (KAV2).

1) 무엇보다도 J. Spiegel, Der römische Staat und die Christen. Staat und Kirche von Domitian bis Commodus, 1970를 참조하라; 최근 L. L. Welborn, On the Date of First Clement, Biblical Research 29, 1984, S. 35-54은 이와 다르다.

8. 디다케(Didache)

"이방인들을 위해서 [열 두 사도를 통해] 주님께서 주신 가르침"[1]은 현존하는 교회제도에 관한 가장 오래된 책이다. 저작 시기와 장소에 관해서는 그 어떤 확실한 말도 할 수 없다. 하지만 가장 개연성이 있는 가정으로는 이 작품이 유대교 문서를 기초삼아 기독교적으로 손질한 것으로서 1세기 말엽 시리아-팔레스타인 지경에서 출현하였다는 것이다.

이 문서는 두 부분으로 나뉜다: 첫 번째(1-6장)는 "두 길 교리"(다른 곳과 함께 특히 바나바의 편지 18-20장과 비교 [원천이 되는 공통의 문서가 있는가?]) 형태로 된 요리문답을 제시한다. 두 번째(7-15장) 부분은 제의와 공동체의 삶을 위한 가르침을 담고 있다. 깨어서 가까이 다가온 세상의 마지막을 기다리라는 경고가 마지막 결말을 이루고 있다.

a) 기독교 예배(7-10)

(7, 1) 세례(*βάπτισμα*): 너희는 세례를 이렇게 베풀라: 이 모든 것[곧 사전에 이루어지는 요리문답에 있는 덕목에 관한 가르침]을 전하여 준 이후에 아버지와 아들과 성령의 이름으로 세례를 주되[마 28, 19절 비교], [말하자면] 흐르는 물에서(*ἐν ὕδατι ζῶντι*) 베풀라. (2) 하지만 흐르는 물이 없을 경우는 다른 물로 하라. 찬 [물에서 세례 베푸는] 것이 불가능하면 더운 물로 [세례를 베풀라]. (3) 둘 다 할 수 없으면 머리에 아버지와 아들과 성령의 이름으로

세 번 끼얹으라. (4) 하지만 세례 베푸는 자와 받는 자 모두 그 전에 금식을 하여야 한다. 그리고 할 수 있으면 다른 사람들도 [그들과 함께] 하라. 세례 받는 자에게는 세례 전 하루 이틀간 금식할 것을 명하라.

(8, 1) 그렇지만 너희의 금식(*νηστεῖαι*)은 외식하는 자들[마 6, 16]과 동시에 행하여서는 안 된다. 그들은 안식일 다음 둘째 날과 다섯 째 날 금식을 한다; 이와 반대로 너희는 넷째 날과 예비일에 하여야 한다. (2) 너희는 기도도 외식하는 자들 같이 하지 말라[마 6, 5]; 주님께서 자기 복음서에서 명령하신 것처럼 그렇게 하라 [이어서 주기도문이 나오는데, 마 6, 9-13과는 약간의 차이를 가지고 있고―원래―마무리 찬양도 없는 형태이다]...... (3) 너희는 매일 세 번씩 이렇게 기도하라.

(9, 1) 성찬에 관하여(*εὐχαριστία*). 감사기도를 너희는 이렇게 하라(*οὕτως εὐχαριστήσατε*): (2) 우선 잔에 관하여(*ποτήριον*): 우리 아버지시여 당신의 종 다윗의 거룩한 포도나무, 곧 당신이 당신의 종 예수를 통해서 우리에게 가르쳐 주신 것을[포도나무를] 인해서 감사하나이다. 당신께 영광이 세세에 있기를 원하나이다! (3) 찢어진 빵(*κλάσμα*)에 관하여: 우리 아버지시여 당신께서 주신 생명과, 당신의 종 예수를 통해서 우리에게 알려주신 지식(*γνῶσις*)에 감사하나이다. (4) 이 빵이 산에서 흩어졌다가 지금 다시 뭉쳐 하나가 된 것처럼 당신의 교회도 세상 끝에서부터 당신 나라로 모이게 하옵소서. 왜냐하면 그리스도를 통한 영광과 권세는 영원히 당신 것이기 때문입니다! (5) 주님의 이름으로 세례를 받은 자들 외에는 아무도 너희들의 성찬을 먹거나 마시면 안 된다. 왜냐하면 여기에 관해서도 주님의 말씀이 유효하기 때문이다: "거룩한 것을 개에게 던지지 마라"[마 7, 6].

(10, 1) 만족하게 먹은 후에 너희는 이렇게 감사하라: (2) 거룩한 아버지시여, 당신께서 우리 마음 안에 거하게 하신 당신의 거

룩하신 이름에 감사드리나이다. 그리고 당신의 종(παῖς) 예수를 통해서 우리에게 알려주신 깨달음과 믿음과 불멸(ἀθανασία)에 감사드립니다. 존귀하심이 영원히 당신께 있기 원합니다! (3) 전능하신 주님이시여, 당신께서는 당신의 이름을 위해서 만물을 만드셨으며, 인생들이 당신께 감사하게 하려고 그들에게 먹을 것과 마실 것을 누리게 하셨습니다. 하지만 당신은 당신의 종 [예수]을 통해서 우리에게 영적인 양식과 음료와 영원한 생명을 주셨습니다. (4) 무엇보다도 먼저 우리는 당신께 권세가 있음에 감사드립니다. 영광이 세세에 있기를 원하나이다! (5) 주님이시여, 당신의 교회를 기억하시어 모든 악에서 건지시고, 당신의 사랑 안에서 온전케 하시며, [당신을 위해서] 거룩하게 된 교회를 사방에서부터 당신이 교회를 위해서 준비하신 당신 나라로 불러 모으소서. 능력과 영광이 세세 무궁토록 당신의 것입니다! (6) 은혜는 오고, 세상은 사라지리이다. 다윗의 하나님께 호산나[마 21, 9 비교]. 거룩한 자(ἅγιος), 그는 이리로 올지어다. 그렇지 않은 자, 그는 회개할지어다(μετανοείτω). 아멘[고전 16, 22]. (7) 하지만 선지자들에게는 그들이 원하는 때마다 감사하는 것이 허락되었도다.

b) 공동체의 직임과 은사들(11. 13. 15)

(11, 1) 혹시 한 사람이 와서 지금까지 말한 것을 너희에게 가르치면 그를 맞아들여라. (2) 그 가르치는 자가 돌이켜서 폐하는 다른 가르침[마 5, 17]을 가르치면 듣지 말아라. [그가 가르치기를] 반대로 주님의 정의와 지식을 키우도록 가르치면 그를 받아들이되 주님[자신]같이 받아들이라. (3) 선지자와 사도들에 관련해서는 복음의 가르침(δόγμα)에 따라서 [아래와 같이] 처신하라: (4) 너희에게 오는 모든 사도는 [주님처럼 맞이하라]. (5) [하지만][2) [그는] 하루만 머물러야 한다; 특별한 경우에 또 하루만. 하지만 삼[일]을 머물면 그는 거짓 선지자이다. (6) 떠날 때에 사도는 [그

날] 밤까지 필요한 빵 외에는 아무 것도 더 받아서는 안 된다. 돈을 요구하면 그는 거짓 선지자이다. (7) 영으로 말하는 모든 선지자를 너희는 유혹해서도 안 되고 시험해서도 안 된다[고전 14, 1, 살전 5, 20f.; 요일 4, 1; 계 2, 2에서는 다르다]. 왜냐하면 모든 죄가 용서를 받아도 이 죄는 용서받지 못하기 때문이다[마 12, 31f.]. (8) 물론 영으로 예언하는 모든 자가 다 선지자는 아니다; 그가 주님께서 사시는 방식(τρόποι)대로 살 때만이 [그러한 자]다. 그러므로 삶의 방식에서 거짓 선지자와 참 선지자를 알 수 있다. (9) 성령 안에서 [가난한 자들을 위해서] 식탁을 마련하도록 하는 선지자마다 본인은 먹지 않는다; 먹으면 그는 가짜 선지자이다. (10) 진리를 말하지만 자기가 말한 것을 행하지 않는 모든 선지자는 가짜 선지자이다. (11) 검증도 되고 진실하며 교회의 우주적 비밀을 목적으로 행하지만 자기가 행하는 것, 그것을 행하라고 가르치지 않는 모든 선지자를 너희가 판단해서는 안 된다. 왜냐하면 그에 대한 판단은 하나님께 있기 때문이다. 이와 같이 옛 선지자들도 행하였다. (12) 영 안에서 말하기를 나에게 돈이나 혹은 다른 것을 달라 하는 자에게는 귀 기울이지 말라. 하지만 그가 다른 곤란함 때문에 달라고 하면, 아무도 그를 판단해서는 안 된다.

방랑하는 형제들에 관한 규정들이 뒤따른다(12장). 그들은 공동체 안에 아무도 실업자가 없으며, 그리스도의 이름 아래도 결코 빌붙어 살지 않았음을 증명하여야 한다.

(13, 1) 너희와 함께 있기를 원하는 모든 참된 선지자는 먹을 자격이 있다[마 10, 10; 또 눅 10, 7; 고전 9, 13. 14; 딤전 5, 17. 18을 비교]. (2) 참된 선지자는 모든 일꾼들과 마찬가지로 먹을 자격이 있다. (3) 즙 틀과 타작마당, 소와 양의 첫 열매를 취하여 첫 열매 희생(ἀπαρχή)으로서 너는 그 선지자에게 드려야 한

다. 왜냐하면 그들은 너희의 대제사장이기 때문이다. (4) 하지만 [너희 가운데] 아무 선지자도 없을 경우는 [그의 몫을] 가난한 자에게 주어라……

(15, 1) 이제 감독과 집사들을 선출하되, 주님께 합당하고, 온전한 사람들이며, 욕심이 없으며 진실하고 검증된 자들로 하라. 왜냐하면 그들도 너희를 위해서 선지자와 선생의 직임을 감당할 자들이기 때문이다. (3) 서로에게 바르게 가르치되, 분으로 말고 평강으로 하기를 너희가 복음에서 보는 것과 같이 하라. 자기 이웃을 해하는 자들과는 그 누구와도 말하지 말며, 그가 회개하기까지 너희 가운데 있지 못하게 하라. (4) 너희의 기도, 너희의 자비와 모든 행위로 이것들을 행하되 너희가 우리 주님의 복음에서 보는 것과 같이 하라.

c) 주님의 날 기념(14)

(14, 1) 주님의 날에 너희는 모여서 떡을 떼며 감사를 하되, 먼저 너희의 잘못을 고백하고 나서 함으로 너희 희생($\theta\upsilon\sigma\acute{\iota}\alpha$)이 정결케 하라. (2) 자기 이웃과 싸운 자는 그들 서로가 화해할 때까지 너희와 함께 있지 못하게 하여서 너희 희생이 더럽혀지지 않게 하라. (3) 주님의 말씀이 이러하기 때문이다: "각처에서 항상 나에게 깨끗한 제물을 드리게 되리라; 주님이 말하노라, 나는 큰 임금이요, 내 이름은 열방 중에서 두려워하는 것이 됨이라"[말 1, 11. 14].

원전 : F. X. Funk—K. Bilmeyer—W. Schneemelcher, Die apostolischen Väter, I, 1970[3].—참고문헌: A. Adams, Erwägungen zur Herkunft der Didache, ZKG 68, 1957, S. 1-47 (재판은 in: ders., Sprache und Dogma, 1969, S. 24-70); J. P. Audet, La Didachè-Instructions des Apotres, Paris, 1958 (본문, 번역, 주석, 참고문헌), B. Botte in: RHE, 1959, S. 515-523; W. Rordorf-A. Tuillier, La Doctrine des douze Apôtres, Paris,

1978 (SC 248); K. Wengst, Didache etc. (Schriften des Urchristentums 2), 1984; K. Niederwimmer, Die Didache, Göttingen (1989) ²1993 (KAV 1) J. A. Dragser (Hg.), The Didache in Modern Research (AGJU 37), 1996.

1) 원래 제목에 관해서는 J.-P. Audet 위의 책, S. 91ff., 247ff.; G. Klein, Die zwölf Apostel, 1961, S. 80-83; C. Andresen, Die Kirchen der alten Christenheit, 1971, S. 61f.를 보라.
2) J.-P. Audet을 비교하라.

9. 회당과 교회의 분열: 저스틴(Justin)의 증언

(트리포(Trypho)와의 대화 16, 4)

주후 70년에 발생한 사건의 결과로서 베스파시안 황제의 허락으로 얌니아(야브네)에 세운 학교로부터 시작되어 유대교 내에는 갱신 움직임이 시작되었다. 이 전개과정 가운데 주후 100년까지 바리새파(힐렐 학파)의 지도 아래서 이후 이것만이 정통이라고 할 수 있는 것이 확정되었다. 이 맥락에서 광범위하게 인정받은 랍비적 기도이며 시나고그 예배 중에서 가장 오래된 한 부분의 하나, 곧 시몬 에스라(Schmone Esre)의 열두 번째 축복이 일종의 "테스트 간구"(C. K. Barrett)의 모습으로 형태를 갖추게 되었다. 이것은 훗날 기독교의 신앙고백에 들어 있는 저주문과 비슷하게 잘못된 신앙을 가진 자들은 따라 할 수 없었다. 아래 본문의 형태는 문자적으로 볼 때 최소한 원래 모습에 가장 가까운 것으로 받아들여진다: "배반자들에게는 아무런 소망이 없게 하시고 불경한 지배세력(로마?)은 당신께서 어서 우리의 날에 폐하소서. [그리고 나사렛주의자들]과 미님[이단]도 한순간에 생명을 빼앗고 생명책에서 제하셔서 의로운 자들과 함께 기록되지 못하게 하소서. 불경한 자들을 꺾으시는 여호와여 찬양 받으소서"(P. Billerbeck).

최근 유대교에 관한 지식을 따라서 보면, 이 판단은 비록 힘을 잃었다고는 할 수 없어도 최소한 불확실한 것으로 여겨야 한다. 여전히 강력한 근거로 남아 있는 (그 외에도 요한복음의 역사적 위치를 가늠하기 위해서 주목하는[1]) 것은 순교자인 변증가 저스틴이 자신이 2세기 중엽에 저술한 "트리포와의 대화" 안에서 "자기 대화 상대인 랍비에게서 반박 받지 않고"(C. Andresen) 설명할 수 있는 것이다(16, 4):

너희[유대인]들은 의로운 자를 죽였다(약 5, 6). 그리고 그 전에는 그의 예언자들을 죽였다(사 57, 1; 살전 2, 15). 이제는 그에게 소망을 둔 자들을 배척하고 있는데, 그를 보낸 자와 함께 배척했다. 그는 하나님이고, 전능하시며 만물의 창조자이시다. 그리스도를 믿는 자들을 너희의 회당에서 저주하면서 그들을 불명예스럽게 하였다(*καταρώμενοι ἐν ταῖς συναγωγαῖς ὑμῶν τοὺς πιστεύοντας ἐπὶ τὸν χριστόν*). 너희는 권세가진 자들(즉 로마인들) 때문에 우리에게 직접 손을 댈 수 없다. 언제고 너희는 기회만 있으면 이렇게 하려고 한다.[2]

원전 : W. Staerk in: Altjüdische Liturgische Gebete, KIT 58, 19302; E. J. Goodspeed, Die ältesten Apologeten, 1914.—번역: P. Billerbeck in: Bill, IV, S. 212f.—참고문헌: 일면으로는 M. Simon, Verus Israel, Paris 19642, S. 214ff.; 다른 면으로는 J. Maier, Jüdische Auseinandersetzung mit dem Christentum in der Antike, 1982, S. 136ff.; R. Kimelman in: Jewisch and Christian Selfdefinition 2, Philadelphia 1981, S. 226-244, 391-403; W. Horbury, Jewish-Christian Relations in Barnabas and Justin Martyr, in: J. D. G. Dunn (Hg.), Jews and Christians. The Parting of the ways, WUNT 66, 1992, S. 315-346.

1) K. Wengst, Bedrängte Gemeinde und verherrlichter Christus, (1981) 1983[2].
2) 이와 비슷하게 회당 축출에 관해서도 말하고 있다. Dial. 47, 4; 93, 4; 96, 2 (문서의 장과 절은 C. Andresen의 위의 책 [Nr. 8 각주 1에 나온] S. 93을 따랐다.)

10. 로마제국에서의 기독교인들의 법적인 위치: 소 플리니우스(Plinius)와 트라얀(Trajan) 황제의 서신교환

(소 플리니우스, 편지 10, 96f.)

109년에서 113년까지 유명한 서간문필가이며 찬가시인인 소 플리니우스는 "총독의 전권을 가진" 특별한 위치의 황제의 사절로서, 신임을 얻은 관리로서 혼란한 상태를 평정하기 위해서 비투니아지역과 폰투스로 파견되었다. 그래서 처음으로 그리스도 문제를 심판관으로 접하게 되었다. 이 문제로 해서 황제 트라얀과 오고 간 서신교환은 3세기 중엽까지 기독교인들을 상대로 한 로마제국의 관료들이 취해야 할 처신의 법적 근거에 대해서 확실하게 말할 수 있는 모든 본질적인 것을 보게 한다. 이것 이상으로, 기독교인들의 예배에 관해서 이방인의 입에서 나온 첫 보고를 담고 있기도 하다(7); 그리고 바로 플리니우스가 당도한 소아시아 지역 안에서 기독교가 얻은 선교 결과에 대해서도 증언하고 있다.

(10, 96) 플리니우스가 트라얀 황제께:

(1) 폐하, 제가 의심스럽게 여기는 것이라면 무엇이든지 당신 앞에 아뢰는 것이 저의 습관입니다. 누가 저의 불확실함을 더 훌륭하게 이끌어주며, 저의 무지를 누가 더 잘 도울 수 있겠습니까?

그리스도인들을 향한 심문(cognitiones)에 저는 여태까지 한 번도 관여해 보지 못했습니다. 그래서 무엇을 그리고 어디까지 벌을 주며 조사를 벌이고들 있는지도 저는 모릅니다. (2) 처벌은 나이에 근거해서 차별을 두어야 할는지, 어린 사람들도 나이 먹은 사람과 꼭 같이 다루어야 하는지; 나아가서 참회(paenitentia)가 면책(venia)을 불러 오는지, 아니면 한 번 그리스도인이 되었던 자에게는 그가 이제는 더 이상 그리스도인이 아니라는 것이 아무런 의미가 없는 것인지; [마지막으로] 아무런 범죄가 드러나지 않더라도 [그리스도인이라는] 이름 하나, 아니면 그 이름하고 관련된 범죄가 처벌되어야만 되는 것인지 사실 확실하게 모르겠습니다. 그동안 저는 그리스도인이라고 고발된 자들을 아래와 같이 심문하였습니다: (3) 그들에게 그리스도인들인가를 물었습니다. 그들이 인정을 하면, 저는 처형의 형벌로 위협하며 두 번, 세 번 같은 질문을 했습니다; 그들이 [자기들의 고백을] 계속 고수하면 저는 [처형시키라고] 명했습니다. 왜냐하면 저는 그들이 무엇을 고백하려고 하든지 간에 그들의 완고함(pertinacia)과 그들의 굽히지 않는 고집(inflexibilis obstinatio)만으로도 이미 그들은 처벌을 자초하였다고 확신하기 때문입니다. (4) 유사한 광기에 굴러 떨어진 또 다른 자들은 로마 시민권을 가졌기 때문에 로마로 호송하도록 하였습니다. 일이 그렇듯이 재판 과정으로 몰고 가는(tractatus) 송사가 증가하고, 더 많은 경우들이 고발되었습니다. (5) 수많은 이름을 포함하고 있는 익명의 고발장이 접수되었습니다. 자기들이 현재 그리스도인이며, 과거에 그러했다는 것을 부인하는 자들을 저는 풀어주게 하였습니다. 곧 그들이 저의 지시를 따라서 신들의 이름을 부르고 제가 이러한 목적으로 신상들과 함께 가져오게 한 당신의 초상에 향과 포도주로 희생을 드리고, 이 밖에도 그리스도를 모욕하는 즉시에 말입니다. 이 모든 것들, 곧 일컬어지기를 확신에 찬 기독교인이라는 사람들에게는 결코 협박이 될 수 없는 일들로 여겨지는 것들을 말합니다. (6) 호송관들에게 호명된 다른 사람들은 일단은 그리스도인이라고 시인하였지만, 곧바로 취소를 하였습니다: 그들은 [한때] 그랬던 것은 사실이지만 [오래 전에] 떠났던 것입니다. [말하자면] 어떤 자들은 3년 전, 어떤 자들은 [더] 오랜 세월 전에, 심지어는 한두 명은 20년 전에 포기하였습니다. 그들 모두는 똑같이 당신의 초상과 신들의 흉상에 경배하고 그리스도를 모독하였습니다. (7) 하지만 그들이 후회하기를, 그들의 모든 잘못 혹은 그들의 실수는 여기에 있다는 것입니다. 곧 그들은 특정한 날 해뜨기 전에 함께 모여서, 그리스도를 하나님처럼 찬양을 하되 교창을 합니다(quod essent soliti stato die ante lucem convenire carmenque Christo quasi deo dicere secum invicem). 아무런 잘못도 하지 말고 [오히려] 도둑질, 강도질, 간음을 하지 말고 약속을 어기지 않고, 맡겨진 물건을 가로채지 않기를 서약(sacramentum)을 해야 했답니다. 그리고 흩어지는데, [나중에] 몇몇이 다시 모여서 음식을 나누지만, 물론 아주 일반적이고 순수한 식사입니다; 하지만 이것은 저의 명령에 따라서 하지 않았어야 했던 것입니다. 이 명령으로 저는 당신의 통치권에 부응하여서 비밀결사조직[클럽]은 존재하지 못하게 하였기 때문입니다. (8) 더욱 나아가서 두 명의 여자 노예들, 소위 '여집사'(minstriae [= Diakonissen!])들로부터 고문 끝에 진실로 받아낸 것을 고발된 것으로 간주하였습니다. 하지만 저는 값어치 없고 기준도 없는 미신(superstitio) 외에 다른 아무 것도 발견하지 못했습니다. (9) 그래서 서둘러 당신의 조언을 얻기 위해서 이러한 시도를 하게 되었습니다. 이 일은 저에게 상의드릴 가치가 있다고 여겨졌고, 특별히 판단 받아야 할 [혹은: 고발된] 자들의 숫자가 많기 때문입니다; 각 연령과 각 지위에 속한 많은 사람, 심지어는 남성과 여성이 이 조사에 연루되었으며, 도시만이 아니라, 촌락과 평원에 걸쳐 이 미신의 전염이 퍼졌기 때문에 앞으로도 그러할 것입니다. 그럼에도 불구하고 그들을 막고 박멸할 수는 있다고 여겨집니다. (10) 아무튼 오랫동안 황폐했던 신전을 이미 다시 찾기 시작하고, 오래도록 단절되었던 규칙적인 희생이 다시 접수되고 구매자를 거의 볼 수 없던 그 제물용 짐승고기가 어디서나 다시금 유통되고 있는 것을 확실하게 발견하고 있습니다. 이에 따라서 [실제로 행한] 참회를 허락만 한다면 얼마나 많은 사람이 바른 길을 갈 수 있는지를 상상하는 것은 어렵지 않습니다.

(10, 97) 트라얀이 플리니우스에게:

(1) 나의 세쿤두스(Secundus), 너는 너에게 기독교인이라고 고발된 자들의 일들을 처리할 때 온전히 정당한 절차를 밟았느니라. 왜냐하면 [사실] 소위 확실한 기준이라고 일반적으로 받아들여 질 수 있는 것은 아무 것도 없는 형편이기 때문이다. (2) 그들을 색출하려고 해서는 안 된다(conquirendi non sunt); 하지만 그들이 고발되어 잡혀왔을 경우에는 처벌하여야 한다. 그러나 그리스도인인 것을 부인하고 이것을 행동으로, 말하자면 우리 신들에게 희생제물을 바치면서 증명을 하는 자는 그의 회개에 근거해서 선처하여야 한다. 그가 과거에 얼마나 의심스러웠던가를 막론하고 말이다. 익명의 고발은 당연히 어떤 심리과정에서도 고려하지 않아야 한다. 왜냐하면 그것은 최고로 나쁜 사례가 될 수 있으며 우리 시대정신에도(nec nostri saeculi est) 부응하지 않기 때문이다.

원전 : R. A. B. Mynors, C. Plini Caecilii Secundi epistularum libri X, Oxford 1966[2].—참고문헌: W. Weber, Nec nostri Saeculi est. Bemerkungen zum Briefwechsel des Plinius und Trajan, 1922; A. N. Sherwin-White, The letters of Pliny. A. historical and social commentary, Oxford, 1966; R. Freudenberger, Das Verhalten der römischen Behörden gegen die Christen im 2. Jahrhundert, dargestellt am Brief des Plinius an Trajan und den Reskripten Trajans und Hadrians, 1967; J. Speigl, 위 Nr. 7, 각주 1에 있는 책, S. 58ff.; R. L. Wilken, Die frühen Christen, wie die Römer sie sahen, 1986, 1장.

11. 안디옥의 이그나티우스(Ignatius)

"하나님을 모신 자"(*θεοφόρος*)라는 별명을 가진 이그나티우스는 시리아 안디옥의 감독이었다. 110년 직후, 당시 시리아 총독으로 있던 하드리안 황제에 의해서 오리엔트 지역에 대한 로마의 통치에 무게를 싣기 위해서 시작된 지역적인 그리스도인 박해 때에 체포되어 로마로 호송되었고, 거기에서 약 115년(?)에 순교하였다. 호송되어 가는 중 그는 일곱 개의 서신을 작성하였다. 그중 다섯 편지는 소아시아 교회들(에베소, 마그네시아, 트랄레스, 필라델피아, 서머나)에게, 하나는 서머나의 감독인 폴리캅, 다른 하나는 제국의 수도 로마 교회를 향한 것이었다. 독특한 신학적인 내용, 이 편지들에서 언급되는 주제와 중첩되어 받은 영향들과 경향들의 다양함 가운데서 아래 발췌문들은 하나의 인상을 줄 수 있다.

a) 가현설 이단에 대한 경고(트랄레스 교인들에게 6. 7. 10)

(6, 1) 이렇게 이제 내가 너희에게 권하노라, [아니] 내가 아니라 예수 그리스도의 사랑이니라. 오직 기독교적인 음식만 이용하고 낯선, 그러니까 이단의 생산물은 멀리하라. (2) 신뢰할만 하게 보이는 것으로 치장하고는 그들[이단들]은 자기들[의 가르침]을 예수와 섞고, 죽이는 독을 꿀 포도주와 함께 주느니라. 모르는 자는 그것을 무서운 즐거움 가운데서 기꺼이 받게 되느니라: 자기의 죽

음을!

(7, 1) 그러므로 너희는 그러한 것으로부터 스스로를 보호하라. 하지만 이것은 너희가 교만하지 않아야 되며[고전 4, 18f.; 5, 2; 13, 4] [우리] 하나님 예수 그리스도, 감독과 사도들의 가르침에서 멀어지지 않아야만 가능하느니라.

(10) 만일 그[그리스도]가 몇몇 불경한 자들, 곧 불신자들이 주장하는 것처럼, 겉으로만 고난을 당했다면(*τὸ δοκεῖν*[1] *πεπονθέναι*), 그들 스스로는 그렇게 겉모습으로만 산다지만, 우리는 무엇 때문에 포로가 되어야 하며, 무엇 때문에 야수들과의 싸움을 그렇게 사모해야 하는가? 그러니까 우리가 거저 죽는 것이니라. 결국 우리가 주님을 거슬러서 거짓말을 하는 것이 되느니라!

b) 올바른 그리스도 고백(트랄레스 교인들에게 9; 에베소 교인들에게 7, 2)

(트랄레스 교인들에게 9, 1) 그러므로 만일 어떤 사람이 예수 그리스도로부터 [그분] 곧 다윗의 혈통에서 나시고 마리아로부터 나신 분으로부터 멀리서서 너희에게 무엇을 지껄이면 너희는 귀를 막아라. 그분은 참으로(*ἀληθῶς*) 태어나셨고, 잡수시고 마시고, 참으로 본디오 빌라도에게 고난을 받으시고, 참으로 십자가에 달리시고 하늘과, 땅과 땅 아래 있는 모든 권세의 눈앞에서 죽으신 분이다. 그분의 아버지께서 그를 일으키시므로 죽은 자들 가운데서 참으로 부활하신 분이시다. 그 하나님은 그를 믿는 우리도 그의 형상에 따라(*κατὰ τὸ ὁμοίμα*) 예수 그리스도 안에서 살리시리라. 예수 그리스도를 떠나서는 우리에게 아무런 참 생명이 없느니라.

(에베소 교인들에게 7, 2) 한 분[만]이 의사인데, 육체적으로 뿐 아니라 영적인 의사이며, 태어나시고 동시에 태어나지 않으시며, 육체 안으로 들어오신 하나님이시며, 죽음 가운데서 참 생명이시

고, 마리아에게서 뿐 아니라 하나님께로부터 오신 분이다. 그는 처음에는 고난 받으실 수 있으셨지만, 그 후에는 고난당하실 수 없는 분이다. 그분이 바로 예수 그리스도, 우리 주님이시다(*εἷς ἰατρός ἐστιν; σαρκικός τε καὶ πνευματικός; γεννητὸς καὶ ἀγέννητος; ἐν σαρκὶ γενόμενος θεός; ἐν θανάτῳ ζωὴ ἀληθινή; καὶ ἐκ Μαρίας καὶ ἐκ θεοῦ; πρῶτον παθητὸς καὶ τότε ἀπαθής; Ἰησοῦς Χριστὸς ὁ κύριος ἡμῶν*).

c) 예수 이야기의 모순(에베소 교인들에게 18, 2-19, 3)

(18, 2) 왜냐하면 우리 하나님 예수 그리스도는 하나님의 구원 계획에 따라서 마리아의 배에 들어계시되, 다윗의 씨로부터, 하지만 [동시에] 성령에 의해서 이루어지셨기 때문이다; 그는 태어나시고, 세례 받으시되, 그가 받으시는 가운데 [혹은: 그의 받으심을 통해서] 물을 거룩하게 하신 것이다.

(19, 1) 그리고 세상 주관자에게는 마리아의 처녀성과 그의 낳으심, 동시에 주님의 죽으심이 숨겨져 있다: 이 뚜렷하게 선포하는 세 가지 비밀들을 말한다. 이것들은 하나님의 침묵 아래서 이루어졌다(*τρία μυστήρια κραυγῆς ἅτινα ἐν ἡσυχίᾳ θεοῦ ἐπράχθη*). (2) 어떻게 그런데 지금 세대들에게 알려졌는가? 한 별이 하늘에서 빛을 발하되 모든 [그 밖의] 별들보다 더 밝았다[마 2, 2ff.를 참조하라]……; 그런데 혼란이 커졌고, 그 때문에 새롭고도 이것들과는 비교도 되지 않는 현상들의 소용돌이에 빠지게 된 것이다. (3) 그 결과로 모든 마술이 파괴되고 모든 악의 사슬이 사라졌다. 무지가 제거되고, 옛 지배가 깨어졌다. 곧 하나님께서 새롭고도 영원한 생명으로 자신을 인간의 형상 안에서 계시하면서 말이다(*θεοῦ ἀνθρωπίνως φανερουμένου*). 비로소 하나님에게서 준비된 것이 시작을 하게 되었다. 그로부터 모든 것이 작동하게 되었다. 왜냐하면 죽음을 폐기시키는 것이 박차를 가하게 되었기

때문이다.

d) 감독 없이는 모든 것이 무효!(트랄레스 교인들에게 7, 2; 필라델피아 교인들에게 7; 서머나 교인들에게 8)

(트랄레스 교인들에게 7, 2) 성소(*θυσιαστήριον*) 안에 서 있는 자는 정결한 자이다; 하지만 제단 밖에 있는 자는 정결하지 않다, 곧 감독, 장로 또는 집사 없이 어떤 것을 행하는 자는 양심(*συνείδησις*)이 정결하지 않다.

(필라델피아 교인들에게 7, 1) 말하자면 또 어떤 사람들이 육체적으로 나를 오류로 끌고 가려고 했지만, 영은 자신을 잘못으로 끌고 가지 않는다. 이유는 영은 하나님으로부터 왔기 때문이다; 왜냐하면 영은 자기가 어디로부터 왔고 어디로 가는 줄을 알기 때문이다[요 3, 8; 8, 14를 비교하라]; 그리고 영은 감춰진 것을 드러낸다. 나는 너희 가운데에 있었기 때문에 더 큰 소리, 그리고 하나님의 음성으로 소리 지른 것이다: 감독과 장로와 집사에게 붙어 있으라!

(2) 하지만 그들이 나를 의심했다고 내가 말했는데, 그 이유는 내가 몇몇은 갈라져 나갈 것을 [이미] 사전에 알았기 때문이다. 내가 그 안에서 사로잡혀 있는 그가 바로 내가 인간적인 육체로부터 경험하지 않았다는 사실의 증인이다. 그가 바로 성령인데, 그가 선포하였다: 감독 없이는 아무 것도 하지 말고 너희의 육체를 하나님의 전으로 보존하며, 하나됨을 사랑하고 분열을 피하라; 예수 그리스도를 닮되, 그가 자기 아버지를 닮은 것같이 하라!

(서머나 교들에게 8, 1) 모두 감독을 따르되, 예수 그리스도께서 아버지[를 따름]같이 하고, 그리고 사제를 사도처럼 따르라; 하지만 집사들은 하나님의 계명처럼 주시하라! 누구도 교회와 관련된 어떤 것도 감독 없이는 하지 말라. [오직] 감독의 인도를 따라 또는 그에게로부터 위임 받은 자에 의해서 이루어진 성찬만이 유

효한 것으로 인정된다. (2) 감독이 있는 곳은 어디나 공동체도 있어야 한다. 예수께서 계신 곳에 공교회가 있듯이 말이다(*ὅπου ἂνφανῇ ἐπίσκοπος, ἐκεῖ τὸ πλῆθος ἔδτω, ὥσπερ ὅπου ἂν ᾖ Ἰησοῦς χριστός, ἐκεῖ ἡ καθολικὴ ἐκκλησία*). 감독 없이는 세례를 베푸는 것도, 애찬(*ἀγάπη*)을 베푸는 것도 허락되지 않는다; 반대로 그가 좋게 여기는 것은 하나님께도 합당하여서 너희 행하는 모든 것이 안연하고 믿음직스럽게 되느니라.

e) 성찬의 빵은 "불멸의 영약"(에베소 교인들에게 20, 2)

(에베소 교인들에게 20, 1) 나를 예수 그리스도께서 너희의 기도로 말미암아 어여삐 여기신다면……, 나는 두 번째 글에서 새로운 인간 예수 그리스도와 관련한 구원경륜(*οἰκονομία*)에 관하여 너희를 좀 더 깨우치려고 한다…… (2) [내가 이것을] 특별히 주께서 나에게 알려주신다면 [행하려 하노라]. 너희 사람사람 그리고 모두가 함께 은혜 가운데서 하나의 믿음 안에서 그리고 육체를 따라서는 다윗의 혈통에서 나오신 인자요 하나님의 아들인 예수 그리스도 안에서 함께 나아와야 한다. 이렇게 하는 목적은 감독과 사제들에게 온전한 마음으로 순종을 보이되, 불멸의 영약이며 죽음을 막아주며, 나아가서 더욱 더 예수 그리스도 안에서 살 수 있게 해주는 해독제인 빵을 나누어 주려는 것이니라(*ὅς ἐστιν φάρμακον ἀθανασίας, ἀντίδοτος τοῦ μὴ ἀποθανεῖν, ἀλλὰ ζῆν ἐν Ἰησοῦ χριστῷ διὰ παντός*).

f) 순교를 향한 열망(로마 교인들에게 4f.)

(4, 1) 모든 교회에 편지하며 엄히 말하노라. 너희가 방해하지만 않는다면 나는 기꺼이 하나님을 위하여 죽겠노라. 이렇게 내가 너희에게 청하노니 너희는 나에게 [너희] 기쁜 뜻을 때에 걸맞지 않게 나타내지 않기를 바라노라! 나로 짐승들의 먹이가 되게 하라;

그들을 통해서 내가 하나님께 이를 수 있겠노라. 나는 하나님의 곡식이 되어 짐승들의 이빨로 갈려서 그리스도의 정결한 빵으로 발견되려 하노라. (2) 차라리 짐승들을 꼬드겨서 그들이 나의 무덤이 되게 하여 내 몸의 그 어떤 것도 남지 않게 하라…… 그러면 나는 참으로 예수 그리스도의 제자가 되리라. 나를 위해서 그리스도께 간구하여 이 도구들을 통해서 내가 하나님을 위한 희생제물로 드러나게 하라. (3) 나는 너희에게 베드로나 바울처럼 명령하지 않노라. 그들은 사도들이요, 나는 유죄판결을 받은 자라; 그들은 자유자들이고, 나는 이 시간까지 종이라. 하지만 내가 고난당하고 나면 그때는 내가 예수 그리스도의 자유자가 되며, 그분 안에서 자유자로 부활하리라. 하지만 지금 묶인 자로서는 더 이상 아무 것도 원하고 싶지 않도다.

(5, 1) 시리아에서부터 로마에 이르기까지 짐승들과, 물과 들판과 밤낮 없이 싸우노라. 그것도 열 마리의 표범들, 말하자면 일군의 군인들에게 체포되어 있는 상태에서 말이다. 그들은 사람들이 호의를 베풀면 그럴수록 더 포악해지는 자들이니라. 하지만 그들의 학대 아래서는 [단지] 죄 값을 치르기에 더 좋을 뿐이니라. 하지만 내가 그 때문에 의로워지는 것은 아니니라[고전 4, 4 비교]. (2)…… (3) 나를 용서하라; 나는 무엇이 나에게 경건한 일인가를 아노라. 이제 내가 제자이기를 시작하노라. 그 어떤 보이는 것이나, 보이지 않는 것이 내가 [오직] 예수 그리스도에게 이르도록 힘써줄 수 없노라……

g) 기독교와 노예제도(폴리캅(Polykarp)에게 보낸 편지 4, 3)

남종들과 여종들을 내려다보며 취급하지 말라. 그렇지만 그들도 교만하여지면 안 되고 [더] 높은 자유에 이르러야 하느니라[딤전 6, 2 비교]. 교회의 베풂을 거저 얻는 것에 혈안이 되어서 그저 육욕의 노예로 보이지 않도록 하여야 한다.

원전 : F. X. Funk - K. Bihlmeyer—W. Schneemelcher 위의 책 [Nr. 7]—참고문헌: H. Schlier, Religionsgeschichtliche Untersuchungen zu den Ignatiusbriefen, 1929; H. von Campenhausen 위 [Nr. 7] (Register!); K. Bommes, Weizen Gottes, 1976; H. Paulsen, Studien zur Theologie des Ignatius von Antiochien, 1978; W. R. Schödel, Ignatius of Antioch, hg. v. H. Koester, Philadelphia 1985; R. M. Hübner, Der paradox Eine. Antignostischer Monarchianismus im 2. Jh. (Markus Vinzent의 논문기고도), Leiden usw. 1999(VigChr. S. 50), 특히 S. 131/206 (위작설 찬성); A. Merz, Der intertextuelle und historische Ort der Pastoralbriefe (Theol. Diss. Heidelberg 2001), 특히 S. 349/382 (위작설 반대).

1) 그래서 "가현설"이라는 명칭이 그러한 관점을 지칭한다. 이에 따르면 그리스도의 인간이 되심, 특히 그의 고난이 그렇게 "보일" 뿐이라는 것이다.

12. 스토아 철학자 에픽텟(Epictet)의 가르침

기독교의 무게중심이 팔레스타인에서 그리스-로마 지역으로 이동하고, 점점 더 로마세국의 지식층들 안에서도 자리를 잡아 나가는 바로 그 때, 절충주의적으로 표현되는 세계관이 내는 소리가 더 커졌다; 처음에는 그 중에서 창시자인 키티온의 제논(Zenon, 약 주전 300년)이 강연한 장소를 따라서 이름붙인 스토아(희랍어로는 '주랑식 회관')가 지배적이었다. 아테네의 네 철학파 중에서 가장 나중에 나온 것으로서 라틴어를 사용하는 지역 가운데서는 로마의 중상류층(마르쿠스 아우렐리우스!) 안에서 그들의 영향력을 가장 크게 행사하였다. 마지막 중요한 대표주자 가운데 하나가 프리기아의 히에라폴리스 출신으로서 한때 노예였던 에픽텟(약 50-120)이다. 그가 구두로만 강연한 가르침이—최소한 부분적으로—

그의 제자 아리안이 에픽텟이 죽고 약 10년 후에 펴낸 세 권의 모음집에 보존되어 있다: 8권으로 이루어진 "담화", "교설" 12권 그리고 그의 아주 중요한 생각들을 담고 있는 "소책자". 이 책은 고대 후기, 그리고 그 후에 16-18세기에 애독된 위로의 서적이요 훈계의 책이다.

a) 스토아 철학의 근본 원리(소책자 1, 1-13)

(1, 1)존재하는 것들 중에서 어떤 것은 우리의 능력 하에 있지만 어떤 것은 그렇지 않다(*τὰ μέν ἐστιν ἐφ' ἡμῖν, τὰ δὲ οὐκ ἐφ' ἡμῖν*). 우리 주권 하에 있는 것들은 우리의 생각, 우리의 연구, 열망과 회피. 곧 간단히 말하면 우리 스스로가 일으킬 [수] 있는(*ὅσα ἡμέτερα ἔργα*) 모든 것을 말한다. 그 반대의 것은 우리의 몸, 소유, 명예, 직책 등 간단히 말해서 우리가 일으킬 수 있는 것 밖에 있는 것들을 말한다. (2) 한 걸음 더 나아간다면, 우리 능력 하에 있는 것은 본래 개방되어 있는 것이기에 방해를 받거나 가로막힐 수 없다; 하지만 우리 능력 안에 있지 않은 것은 확실하지 않으며, 열려 있지 않고 쉽사리 방해받으며 [영향에 노출된](*ἀλλότρια*) 외적인 것이다. (3) 이제 이런 것을 생각하라. 네가 본래적으로 열려 있지 않은 것을 열려 있는 것으로, 외적인 것을 너 자신의 것으로 여기면 마음에 들지 않는 것만을 가지게 되며 불평[만] 하게 되며 혼란스러워지게 되고, 신들과 사람들을 비난하게 될 것이다; 하지만 정말로 너 자신의 것만을 너의 고유한 것으로 여기고, 남의 것을 남의 것으로 취급한다면, 곧 실제로도 그런 것처럼 여긴다면, 아무도 너에게 강제력을 행사할 수 없다. 아무도 너의 길을 방해할 수 없으며,⋯⋯ 너는 그 어떤 적도 가지지 않게 될 것이다; 왜냐하면 그렇게 할 때 너는 그 어떤 해를 입지 않게 되기 때문이다.

b) 상황은 아무 것도 아니다; 상황에 대한 우리의 태도가 중요하다(담화 1, 12, 17)

[우리 교육의 목적은] 상황을 바꾸는 것이 아니다(그러한 것은 우리에게 주어지지도 않았을 뿐더러 유익하지도 않다).; [교육이 목적하는 것은] 우리가 상황에 직면하여서 그것이 지금 필수불가결한 것인 양, 우리 스스로를 일어난 일에 기꺼이 맞추도록 하는 것이다.

c) 인간은 신의 한 부분(담화, 2, 8, 11)

(11) 너는 [다른 피조물과 달리] 최고의 의미를 가진 존재이다. 너는 신의 한 조각(ἀπόσπασμα)이다; 너는 네 속에 그의 한 조각을 가지고 있다. 이러한 너의 [이] 닮은꼴을 왜 알지 못하는가? (12) 네가 어디로부터 왔는지 왜 모르는가? 무엇을 먹고는 있는데, 먹고 있는 네가 누군지 생각하려 하지 않는가? 성생활을 하고, 사회생활을 하며, 육체적으로 움직이고, 너를 관리하면서도 그것을 생각하려고 하지 않는가? 너의 주위에 신을 모시고 있으며 그것을 모르는 너 불쌍한 자여!…… (14) 신상 하나만 서 있어도 너는 네가 하는 일로부터 무엇인가를 하려고 감히 생각하지 않는다. 반면에 하물며 신이 네 속에 거하며 모든 것을 보고 듣는 곳에서는 그러한 것을 생각하고 행하는 것은 부끄러워하지 않는다. 네 본성에 대해 네가 아는 것이 얼마나 작단 말인가! 하나님께 불경하다는 것이 당연하지 않은가!

d) 신의 가호에 대한 신뢰와 신이 주는 선물에 대한 감사(담화 2, 16, 42f.; 1, 16, 15-21)

(2, 16, 42) 나를 계속해서 사용하소서, [신이시여], 당신이 원하시는 대로. 나는 당신과 한마음입니다. 당신의 것입니다. 당신이 나에게 허락하신 그 어떤 것에 대해서도 대항하지 않나이다. 나를

이끄소서 당신이 원하시는 곳으로; 나를 입히소서 당신 원하시는 대로. 내가 공적인 삶을 살기를 원하시나요? 개인으로 머무는 것이 당신의 뜻인가요? 고향에 머무는 것인가요? 추방되어 사는 것인가요? 가난하게 인가요? 부하게 인가요? [무엇이 되었든] 모든 일에 사람들 앞에서 당신을 변증하는 자가 되겠나이다; (43) 어떤 것이 모든 사물의 참 본성인가를 가르치겠나이다.

(1, 16, 15) [신의 섭리가 자연과 모든 이루어진 일에서 어떻게 나타나는가를 묘사하고 나서] 이것이 우리를 향한 섭리의 유일한 작품들인가요? 그렇습니다. 그런데 그 어떤 말이 의당해야 할 만큼 그것을 찬양하기에…… 충분할까요? 도대체 우리가 이성을 가진 만큼 아래와 같은 것 말고 다르게 할 수 있을까요? 함께 그리고 각자 스스로가 신적인 것(*τὸ θεῖον*)을 찬양하며 기뻐하고, 그의 다양한 축복(*χάριτες*)들을 알리는 것 말고 말입니다. (16) 무엇을 달리 해야 할까요? 갈아엎고 묻으며, 먹고 마시면서 우리가 신을 찬양하는 노래를 불러야 하지 않을까요? '위대하십니다 신은, 우리에게 손을 주시고, 우리에게 먹음과 소화시킴을 주시고 자람을 주시되, 우리가 알지 못하는 사이에, 잠자는 중에 원기를 회복시켜주시기 때문입니다. (18) 이렇게 우리는 모든 일에 노래해야 하지요; 하지만 높고 높은 신을 찬양하는 노래를 불러야 할 것은 그가 우리에게 모든 것을 깨닫고 바르게 사용할 수 있는 힘을 주신 일입니다. (19) 그런데 이제 당신들 대부분이 다른 것에 눈이 어두워 있으니 다른 자가 있어야 하지 않겠는가? 곧 이 자리를 채우며 모든 자를 위해서 신이 기뻐하심에 걸 맞는 칭송의 노래를 부르는 자 말입니다. (20) 힘없는 늙은이인 내가 신 찬양하는 것 말고 할 수 있는 것이 무엇이 있으랴…… 하지만 나는 이성을 선사받은 자이니라; 그러므로 나는 신을 찬양하여야 하노라. (21) 그것이 나의 직무니라; 내가 이것을 이행하며 허락되는 한 이 자리를 지키겠노라; 그래서 바로 이 찬양하는 노래에 동참할

것을 당신들에게 권하노라.

원전 : H. Schenkl, Epiteti Dissertationes ab Arriano digestae, BT, (1894) 1916[2]. — 참고문헌: A. Bonhoeffer, Epiktet und Stoa, 1890; ders., Die Ethik des Stoikers Epiktet, 1894; ders., Epiktet und das Neue Testament, 1911; J. Moreau, Epictète ou le secret de la liberté, Paris 1964; M. L. Colish, The stoic tradition, I, Leiden 1985, S. 19-20. 33f. 47f. 50.

13. 132-135/136년의 바르-콕흐바(Bar-Kochba) 반란

(카시우스 디오, 로마사 69, 12ff.; 저스틴, 변증 I, 31)

로마를 상대로 일어난 두 번째 유대봉기의 원인과 전개과정에 관해서는 66-70년의 전쟁과는 비교할 수 없을 정도로 알려진 바가 빈약하다. 1951년 이후 유대의 광야지역에서 셀 수 없이 많은 원전발굴이 이루어졌음에도 불구하고 말이다. 이 발굴들은 이 반로마적 봉기를 일으킨 지도자의 인물과 의도에 관해서 그때까지 가지고 있던 것보다 더 분명한 모습을 전해주었고, 처음으로 그의 본래의 이름을 확인시켜 주었다: 코지바(Kosiba)의 아들 시몬, 바르 콕흐바라고 불린다('별의 아들' [메시야적으로 의미부여를 하면서 랍비 아키바(Rabbi Akkiba)가 시몬과 연결시킨 이름 민 24, 17]). 그렇더라도 이 전쟁은 꽤 긴 시간을 끌었고, 그 결말까지(1948년까지!) 이스라엘의 민족적인 자립이 종말을 고하였다는 것을 확정지은, 심각하게 다루어야 하는 전쟁이었다는 것은 확실하다. — "로마 역사"(69, 12ff.)에서 희랍역사가 카시우스 디오(200년경)의 눈에

비쳐진 이 전쟁은 독특하였다:

(12, 1) 그[하드리안 황제]는 파괴된 도시 예루살렘 자리에 자기가 엘리아 카피톨리나(Aelia Capitolina)라고 이름붙인 새로운 도시를 세우게 하였고, [유대] 하나님의 [70년 소실된] 성전 자리에는 주피터를 위해서 성전을 세우도록 하면서 위험스럽고도 기나긴 전쟁을 불러일으켰다. (2) 왜냐하면 유대인들은 이방인들이 자기들의 도시에 거주하면서 이방 종교예식을 거행한다는 것을 불경으로 여겼기 때문이다……

(13, 1) 처음에 로마인들은 그들[곧 유대의 모반자들]에게 전혀 신경을 쓰지 않았다; 온 유대 땅이 소요에 빠지고 유대인들이 도처에서 소란을 일으키며 무리를 짓게 되면서 로마인들에게도 때로는 비밀리에, 때로는 노골적으로 다양한 폐해를 주었고 많은 사람들, 심지어 이방인들까지도 잘하면 성공할 수 있다는 기대 가운데 유대인들과 합류하게 되었다[1]……, (2) 그때서야 하드리안 황제는 자기의 정예 보병들을 파견하면서 브리타니아 지역에서 유대인들을 대항하여서 전쟁을 벌이도록 시켰던 율리우스 세베루스(Julius Severus)에게 총지휘권을 넘겨주었다. (3) 이 사람은 적들에게 공식적인 섬멸을 시도하지 않았다. 이는 그들의 숫자와 확고한 용기를 알았기 때문이었다. 그는 자기의 하급 지휘관들에게 적들의 무리 중에서 한 명씩 공격하게 하였다. 그리고 보급로를 차단하고 그들을 포위하였다. 이런 식으로 그는 결국 느리기는 했지만 그만큼 확실하게 그들의 힘을 빼고 녹초로 만들었다……

(14, 1) 겨우 몇 명만이 빠져나올 수 있었다. 50개의 아주 든든한 장소, 985개의 중요 지역들이 파괴되었다. 58,000명이 기습과 전투에서 죽었다(굶주림, 역병과 화재로 죽은 자들의 숫자는 파악되지 않는다). (2) 그래서 거의 모든 유대 땅이 황무지가 되어 버렸다…… (3) 하지만 로마인들도 이 전쟁에서 가볍게 여길

수 없는 손실을 입었다. 이 때문에 하드리안도 원로원에게 보내는 편지에서, 통치자들(*αὐτοκράτορες*)이 특별하지 않으면 쓰는 아래와 같은 일반적인 말을 미리 보내지 않았다: "너희와 너희 자녀들이 평강하다면, 그것이 나의 기쁨이노라; 나는 군대와 함께 잘 지내고 있노라."

이 전쟁이 미친 영향 가운데에서 팔레스타인에 있는 기독교인들도, 저스틴이 변증(I. 31, 6)에서 알려주듯이, 고난을 감수해야만 했다:

우리 시대에 있던 광포한 유대전쟁 동안에 유대인들의 해방운동 지도자 바르 콕흐바는 자기가 무거운 처벌을 내린 그리스도인들을 향해서만, 만일 그들이 그리스도를 부인하고 모독하지 않으면 공격하라고 명령하였다.

원전 : U.P. Boissevain, Cassii Dionis Cocceiani Historiarum Romanarum quae supersunt, II, 1901; E.J. Goodspeed 위의 책 [Nr. 9]—참고문헌: P. Prigent 위의 책 [Nr. 6], S. 71-146; Y. Yedin, Bar Kochba, 1971; P. Schäfer, Der Bar-Kochba-Aufstand, 1981; L. Mildenberg, The Coinage of the Bar-Kokhba War, 1984 (Typos 6).

1) 아마도 종들; 고대 말기까지 이들은 거듭거듭 모반들과 이방인들의 침략을 자기들의 멍에를 떨쳐버리는 데 이용하였다.

14. 헤르마스(Hermas)의 "목자"에서 본 회개의 문제

(환상 2, 1, 1-3; 2, 2, 1-7; 계명 4, 3)

"목자"는 (짐작하기를 로마에서) 140-150에 저술된, 5개의 visiones(환상), 12개의 mandata(계명), 10개의 similitudines(비유)로 이루어진 묵시록이다. 이 글에서는 저자인 헤르마스에게 귀부인(노부인)의 모습인 천상의 교회가 나타나서 "첫 번째", 곧 세례 이후 "두 번째" 회개의 가능성, 그 형식과 효력을 가르쳐 준다. 과거의 엄격주의와 달리 완전히 새로운 것 그리고 오직 예외적으로만 허락해주는 것을 선포하고 있는지(H. Windisch), 아니면 "목회적인 교육"의 의미(P. Poschmann)에서 헤르마스가 최종적이어서 다시는 오지 않으며 곧 사라질 기회를 선포하므로 망설이고 있는 죄인들을 결국에는 소스라치게 놀라게 하는 목적(von Campenhausen)을 가졌는지는 논란 중이다.

(환상 2, 1, 1) 내가 작년과 같은 시간에 쿠마[1]로 갈 때, 가면서 작년의 환상[환상 1, 1, 3 비교]을 생각했다; 그러자 다시금 영이[마 4, 1 비교] 나를 사로잡아서 작년의 바로 그곳으로 이끌고 갔다. (2)…… (3) 내가 기도를 하고 나서 몸을 일으켰을 때, 작년에도 보았던 그 노부인이 내 앞에 있는 것을 보았는데 그녀는 길을 가며 책을 읽고 있었다[계 10, 2 비교]. 그리고 그녀가 나에게 말했다: "너는 이것을 하나님의 선택한 자들에게 선포할 수 있겠느냐?" 내가 대답하였다: "주여, 그렇게까지는 내가 감당할 수 없습니다; 하지만 베낄 수 있게 나에게 그 책을 주십시오."

(2, 2, 1)…… 거기에는 다음의 것들이 쓰여 있었다: (2) "헤르마스야, 너의 아이들이 주님을 거슬러서 범죄하고 그를 모욕하였노라, 그리고 그들의 부모들이 배신하였느니라…… (3)…… (4) 네가 그들[곧 너의 아이들과 너의 아내]에게 주님께서 드러내라고

너에게 명하신 이 말을 전하면, 그들이 전에 저지른 죄가 용서받으리라; 이와 같이 오늘까지 죄를 범한 성도들도 그들이 온 마음으로 회개하고(*μετανοήσουσιν*) 모든 의심(*διψυχίαι*)을 그들의 마음에서 제하면 그러하리라. (5) 주님께서는 자신이 선택한 자들에 대해서 자기 영광을 두고 맹세하였노라: '이 기한이 확정된 이후에도 [여전히] 죄를 범하면, 그들은 더 이상 구원을 받지 못하리라. 회개[의 기한이]가 의인들에게는 끝이 있노라; 성도들을 위한 회개의 날들은 끝났노라. 하지만 이방인들을 위해서는 회개 [곧 세례에시 있는] 가 마지막 날까지 열려있느니라.' (6) 그러므로 교회를 다스리는 자들(*προηγούμενοι τῆς ἐκκλησίας*)에게 말하여서, 의로운 삶을 살아서 완전한 약속에 영광스럽게 참여할 수 있도록 하라. (7) 너희, 의를 행하는 자들은 견지하고 의심을 하지 않음으로 거룩한 천사들에게 이를 수 있도록 하라. 앞으로 올 커다란 환난을 견디는 너희 모두는 복이 있느니라; 생명을 부인하지 않는 너희에게 [복이 있느니라]."

(계명 4, 3, 1) [헤르마스와 목자 혹은 회개의 천사 사이의 대화] "오 주님, 또 하나 여쭈어보겠습니다." 응수하기를 "말하라." "주여, 제가 몇 명의 선생들로부터 듣기를 우리가 [세례의] 물속에 내려가서 우리의 이전 죄를 용서받을 때 [우리에게 허락되었던] 그 회개 외에는 다른 회개가 없다고 합니다"[히 4, 6ff.; 10, 26ff.; 12, 14ff.]. (2) 그가 나에게 말하셨다: "네가 바로 들었도다. 그렇게 또한 되느니라. 죄 용서를 받은 자는 더 이상 죄를 짓지 말고 절제하며 살았어야 하느니라. (3) 하지만 네가 모든 것을 아주 정확하게 알고 싶어 하니, 내가 이것을 너에게 이르리라. 하지만 훗날 주를 믿게 되든지 아니면 [바로] 지금 믿게 된 자들에게 [죄 지을] 핑계를 주는 것은 아니니라. [겨우] 이제야 믿게 되었든지 아니면 나중에 믿게 되는 자들에게 죄의 회개가 해당되지 않느니라; 하지만 그들이 전에 범한 죄의 용서(*ἄφεσις*)는 [세례에] 있느니

라. (4) 그러니까 이 기한 이전에 부름 받은 자들을 위해서 주께서 회개의 가능성을 마련하셨느니라. "마음을 아시는"[행 1, 24; 15; 8 참조] 주님께서 모든 것을 미리 아시고 인간의 나약함을 아셨느니라. 그리고 사탄이 하나님의 종들에게 악을 행하고 그들을 상대로 악하게 행한다는 간교함도 아신다. (5) 하지만 주님께서 함께 아파하시기 때문에 자기의 피조물에게 자비를 베푸시고 이 회개를 제정하신 것이다; 그리고 그가 나에게 이 회개에 관한 [처리-]권세(ἐξουσία)를 넘겨주셨느니라. (6) 그러면서 나에게 말씀하시기를 "누군가가 그 크고도 거룩한 [세례에서의] 부름 이후에 사탄에게 유혹되어서 죄를 지으면, 그는 [이] 회개[의 가능성을]를 가지느니라. 하지만 거듭해서 죄를 짓고 자백하면, 이것이 그러한 사람에게는 소용이 없느니라; 하지만 어렵게라도 생명을 얻게는 되느니라." (7) 그에 대해서 내가 "제가 그것을 정확하게 당신으로부터 알게 되어 다시 한 번 생명을 얻었나이다. [이제] 제가 저의 죄들에 더 덧붙이지만 않으면 구원받게 되는 것을 알았나이다." 그가 마무리하시기를 "너는 그렇게 행하는 모든 자들과 함께 구원받게 되느니라."

원전 : M. Whittaker, Der Hirt des Hermas, GCS 48, 1967[2]. — 참고문헌: H. Windisch, Taufe und Sünde im ältesten Christentum bis auf Origenes, 1908; B. Poschmann, Paenitentia Secunda, Theophaneia 1, 1940; H. von Campenhausen (위 Nr. 7), (Register!); M. Leutzsch, Die Wahrnehmung sozialer Wirklichkeit im "Hirten des Hermas", 1989; ders., Hermas (SUC 3), 1998, S. 105/510; N. Brox, Der Hirt des Hermas, 1991 (KAV 7).

1) 디나르족의 마을로 짐작한다; ειs κώμας("마을로")가 전승되고 있다. 카푸아(Capua)의 남서쪽에 있는 오늘날의 쿠마(Cuma)는 무엇보다도 쿠마의 시빌레(Sibylle)의 동굴 때문에 유명하다(Vergil, Aeneis 3, 443f.; 6, 42-44를 참조).

15. 마르키온(Marcion)의 "개혁"

마르키온은 시노페[폰투스]의 한 기독교 가문 사람이었다. 그의 출생과 사망년도는 알려지지 않았다. 서머나의 폴리캅과 충돌하였던 자기 고향 소아시아 교회에서 잠깐 교회적-신학적으로 활동한 이후 그는 자기 배(자기 아버지처럼 그도 원래는 선주였다)를 타고 로마로 왔다. 여기서 그는 이곳 기독교 공동체에 소속되어서 가난한 자를 돌보도록 꽤 많은 재산을 바쳤다는 정도가 그에 관해서 아는 확실한 것이다. 여기에서 그는 (실종된) 그의 책 일종의 "신약성경 입문"같은 "대조(Antithesen)"를 저술하였고, 자기가 생각할 때 원래적이고 가필되지 않은 "사도적" 문서를 만들어 내었다. 하지만 그는 그곳에서 곧바로 성직자와 치열한 논쟁을 치렀고, 결국 144년 축출되었고 마르키온식의 대립 교회를 세우는 일이 이루어지게 되었다. 이 교회는 제국교회 시절까지 공교회를 맞상대하는 교회로 존속하였다. 매우 영향력을 끼친 그의 노력의 동기와 결과에 관해서는 [간접적인] 전승들로부터 아래와 같은 모습을 얻게 된다.

a) 하나님 개념을 나눔(터툴리안(Tertullian), 마르키온 반박 1, 2; 4, 6)

(1, 2, 1) 두 명의 하나님을 폰투스에서 온 그 사람은 마치 자기 배를 파선하도록 만든 두 개의 심플가든[1]처럼 데려 왔다: 그가 도저히 부인할 수 없는 하나는 창조자, 우리의 그분[하나님]이시다; 다른 하나는 그가 증명하기가 너무나 힘든 자기 하나님이다. 이 괴상망칙한 일을 하게 된 동기를 이 불행한 자는 [이해하기에] 아주 간단한 주님이 선포하신 구절에서 얻었던 것이다. 곧 하나님께 적용하려는 것이 아니고 사람들에게 어울리는 좋은 나무와 나쁜 나무의 이중 사례를 들어서, 나쁜 나무가 좋은 열매를, 좋은 나무가 나쁜 열매를 맺을 수 없다고 [말]한 곳이다[눅 6:43 비

교]…… (2) 말하자면 오늘날도 많은 사람들, 특히 이단들이 그렇듯이, 악의 문제, 곧 악은 어디서 오는가(unde malum)[2]에 대해서 생각하고, 또 한이 없는 지식욕(curiositas)에 넘친 나머지 그는 창조자의 말씀에 부딪혔던 것이다: "나는 환난도 짓는 자니라" [사 45, 7]. 이 자는 [하나님을] 악의 창시자라고…… 상상하면 할수록 나쁜 열매, 곧 악을 맺는 나쁜 나무를 창조자에게 적용시키면서, [그 하나님 외에] 선한 열매를 맺는 선한 나무에 걸맞게 다른 하나님이 있어야 한다는 생각을 하게 된 것이다. (3) 그리고 이렇게 그리스도 안에서도 또 다른 구원질서(dispensatio)를 발견하였다: 유일무이하고 정결한 축복의 질서이며, 창조자와는 [존재형식이] 완전히 다른 구원질서를 말한다. 그리고는 그리스도 안에서 계시된 하나의 새롭고 낯선 하나님을 증명하면서 경박한 놀이를 하였던 것이다……

(4, 6, 1) …… 그의 모든 [주석적] 노력은 "대조"를 통해서도 준비된 것으로서 오직 이것[하나]에 집중하고 있는 것이 분명하다. 곧 구약과 신약의 차이처럼 그러한 방식으로 자기 그리스도가 창조주와는 동떨어져 있으며 다른 하나님에게 속하였고 율법과 선지자들과는 아무 것도 함께 하지 않았다는 것만을 분명하게 하려고 하였다. (2)…… (3)…… [그러므로] 마르키온은 주장하였다. 티베리우스 시대에 그때까지는 알려지지 않은 하나님으로부터 만백성의 구원을 위해서 나타나신 그리스도와 창조의 하나님이 유대교를 옛 지위로 회복시키려고(in restitutionem Iudaici status) 언젠가 한 번 오게 하는 그자와는 구분하여야 한다는 것이다. 이들[둘]을 나누기를 그는 정의와 선, 율법과 복음, 유대교와 기독교 사이에 있는 것과 같이 크고도 완전히 상반되는 것이 되도록 하였다.[3]

b) "율법"과 "복음"의 대조(같은 곳 1, 19, 4f.)

(1, 19, 4)…… 율법과 복음의 구별이 마르키온 자신의 본래적

이고도 주요한 작업이다(Separatio legis et euangelii proprium et principale opus est Marcionis). 그의 제자들도 자기들이 바로 이 [그의] 이단 사설에 빠져들고 거기에 든든히 붙어 있는 최대의 권위가 바로 여기에 근거하고 있다는 것을 부인하는 것이 어려울 것이다. 이것이 마르키온의 "대조" 혹은 마주 세움(contraria oppositiones)이다. 이것이 목적하는 것은 율법과 복음이 일치할 수 없다는 것을 원색적으로 제시하므로, [그 다음으로] 두 성경(utriusque instrumenti)의 서로 상반되는 주장들로부터 [두 성경들에서 말하는] 하나님들이 적대적이라는 것을 증명하는 것이다. (5) 따라서 율법에서 말하는 하나님과 대조되어 있는 복음의 [하나님], 곧 다른 하나님이라는 생각을 하게 만든 것이 바로 율법과 복음의 구분이기 때문에, 이것이 분명하다: [마르키온의] 구분전략 결과로 비로소 알려진 그 하나님에 관해서는 이 구분 이전에는 전혀 알 수 없었다; 그러니까 그 하나님은 이 구분 이전에 등장한 그리스도를 통해서도 계시되지 않았다. 나아가서 그 하나님은 구분 전략까지 만들어낸 마르키온이 율법과 복음 사이에 있는 그 평화의 단계에 대적하느라고 꾸며낸 것이다. 곧 둘 사이에는 그리스도의 출현에서부터 마르키온의 불경함에 이르기까지 전혀 문제가 되지 않고 흔들리지 않게 존속하고 있던 평화의 단계이다. 평화의 단계라고 말하는 근거는 바로 창조주 외에 다른 어떤 하나님을 율법의 하나님으로든 복음의 하나님으로든 인정하지 않았다는 것이다. 이 단계에 대해서 세월이 많이 흐른 후에 나타난 폰투스의 인물이 구분을 도입하였던 것이다.

c) "구약성경"과 우화적인 성경해석의 폐기(이레니우스(Irenaeus), 이단반박 1, 27, 2; 터툴리안, 마르키온 반박 3, 5, 4)

(이레니우스, 이단반박 1, 27, 2) [마르키온은 뻔뻔하고도 불경스럽게도 자기가 그런 사람이므로 율법과 선지자들의 하나님을 악

의 창시자요, 전쟁을 일으키는 자며, 자신의 결정이 확고하지 못하며 스스로에 대해서 모순된 자로 묘사하며] 이와 반대로 예수는 이 세상 창조자 위에 있는 아버지로부터 왔다고 하였다; 황제 티베리우스(Tiberius)의 총독 폰티우스 필라투스 통치 하에서 유대로 왔다. 그는 유대에 사는 자들에게 인간의 모습(in hominis forma)으로 나타나서는 선지자, 율법, 그리고 이 세상을 만들고 예수 스스로도 세상주관자(cosmocrator)라고 부르는 하나님의 모든 작업을 폐하였다고 하였다……

(터툴리안, 마르키온 반박 3, 5, 4) [아무리 마르키온과 그의 사람들이 깨달으려 하지 않아도: 성경은 유형론뿐 아니라 거듭해서 상징적인 이야기 방식을 사용하되 수수께끼, 우화와 비유의 도움을 받아가며, 그래서 문자적으로 걸맞는 한에서는 다르게 해석해야만 한다.] 그런데 무엇을 내가 더 길게 그 [이야기] 방식에 대해서 펼치겠는가? 심지어 이단들이 인정하는 사도 [곧 바울] 도 곡식 떠는 소의 입을 묶지 말라[고전 9, 9f.를 신 5, 25와 함께 비교]는 율법규정을 소가 아니라 우리[사람]에 대한 것으로 해석하며, [나아가서] [광야에서 방황하는 이스라엘]에게 마실 것을 주기 위해서 동행했던 반석이 [다름 아닌] 그리스도였다는 것을 주장하고 있지 않는가[고전 10, 4을 민 20, 11과 신 8, 15와 함께 비교하라]; 이와 같이 에베소 교인들에게 태초에 인간에게 말했던 "그가 부모를 떠나 둘이 한 몸을 이룰지로다"는 말을 [바울] 스스로가 그리스도와 교회에게 관련시키고 있음을 주목하게 하지 않는가[엡 5, 31f.과 비교].

d) 기독교의 "사도적" 전승 비판(터툴리안, 마르키온 반박 1, 20, 1f.)

(1, 20, 1)…… 그(마르키온주의자)들은 주장하기를…… 마르키온은 율법과 복음을 구분함으로 신앙의 규범(regula)을 새롭게

한 것이 아니라 과거에 이루어진 위조로부터 원위치로 회복시키려고 했다고 한다. 아 오래 참으시는 주 그리스도시여, 당신께서는 자신의 선포가 왜곡된 것을 ― 사람들이 생각하기를! ― 마르키온이라는 자가 도와줄 때까지 그렇게 오래도록 견뎌내셨군요! (2) 그들은 반박하기를, 베드로와 그밖에 사도직분을 맡은 기둥같은 자들조차도 이미 바울이 비판하게 될 만큼 복음의 진리를 향해 곧바로 가지 못했기 때문이라는 것이다.

e) 마르키온의 "신약성경"(에피파니우스(Epiphanius), 약상자 42, 9)

(9, 1)…… 이 자[마르키온]는 유일한 복음으로 누가복음을 보존하고, [심지어] 이것도 [이미] [거기에서 말하는] 주님의 잉태와 육체로 오심(*ἔνσαρκος παρουσία*) 때문에 처음부터 손상되었다고 한다. (2) 하지만 복음보다는 자기 자신을 더 더럽히면서 그는 첫 부분을 제거한 것으로 만족하지 않았다; 절대로 만족하지 않았다. 마지막 부분으로부터 그리고 중간에서도 많은 부분에서 진리의 말씀을 손상시켰다; 나아가서 그는 이미 기록된 것에 다른 것들을 첨가시키기도 했다. 이것이 바로 그가 유일한 복음으로 누가복음을 이용하는 방식이었다! (3) 하지만 그에게는 또 자기가 유일하게 [정경적인 편지라고 인정하고] 이용한 성 바울의 10개의 편지가 있다. 물론 거기에 기록된 모든 것을 그가 사용하지는 않았다; 반대로 몇 개의 장은 망쳐놓고, 몇 개는 변경시켰다. 이것이 바로 그가 사용하는 두 권의 책이다 [= 마르키온 신약정경의 구성부분]…… (4) 아래 서신들을 그가 선택하였다: 1. 갈라디아서, 2. 고린도[전]서, 3. 두 번째 고린도서, 4. 로마서, 5. 데살로니가[전]서, 6. 두 번째 데살로니가서, 7. 에베소서, 8, 골로새서, 9, 빌레몬서, 10, 빌립보서……

f) 하르낙(A. V. Harnack)이 복원한 마르키온의 갈라디아서[4)]

갈 1, 1	
네슬판 바울, 곧 사람으로부터도 아니고, 또 사람을 통해서도 아니라, 예수 그리스도와 하나님, 아버지 곧 그를 죽은 자들로부터 일으켜 세우신 자로 말미암아 사도된	마르키온 바울, 곧 사람으로부터도 아니고, 또 사람을 통해서도 아니라, 예수 그리스도, 곧 죽은 자들로부터 자신을 일으켜 세운 자로 말미암아 사도된
갈 3, 6-9	
[아브라함의 신앙과 아브라함의 축복에 관한 구절]	[마르키온에게는 없다]
갈 3, 15-25	
[유언, 아브라함 그리고 율법에 관한 큰 설명]	[마르키온에게는 없다]
갈 4, 24-26	
(24) 기록된바 아브라함이 두 아들이 있으니, 하나는 계집종에게서, 하나는 자유하는 여자에게서 났다 하였으나 이것은 비유니. 이 [여자들]은 두 언약이라: 하나는 시내산으로부터 종을 낳은 자니 곧 하가라. (25) 이 하가는 아라비아에 있는 시내산으로 지금 있는 예루살렘과 같을테니; 저가 그 자녀로 더불어 종노릇하고 (26) 오직 위에 있는 예루살렘은 자유자니 곧 우리 어머니라.	(24) 이것은 비유라. 이들은 곧 두 개의 전시물이라[5)]; 하나는 시내산으로부터 유대인의 회당에, 율법에 따라, 종으로 낳았다. [25절 없음] (26) [본문이 불확실] 다른 여자는, 모든 권세와 능력과 일컬어지는 모든 이름 위에 뛰어나며—이 세대뿐 아니라 오는 세대를 포함하여—그 자와의 관계에서 우리가 교회를 고백하는[6)] 그는 우리 어머니라.

원전 : Ae. Kroymann, Q. S. Fl. Tertulliani Adversus Marcionem, in: CChr 1, 1954; W. W. Harvey, Sancti Irenaei…… II. quinque adv. Haereses, I, Cambridge 1857; K. Holl, Epiphanius (Ancoratus und Panarion), II, GCS 31, 1922.— 참고문헌: A. von Harnack, Markion. Das Evangelium vom fremden Gott, (121) 1924² (재인쇄 1960); H. von Campenhausen, Die Entstehung der christlichen Bibel, 1968 (= BHTh 39), S. 174ff.; R. J. Hoffmann, Marcion: On the

Restitution of Christianity, Chicago/CA 1984 (G. May, ThR 51, 1986, S. 404-413; G. May, in: The Second Century 6, 1987/88, S. 129-151; B. Aland, Art. Marcion/Marcioniten, TRE 22, 1992, S. 89/101; U. Schmid, Marcion und sein Apostolos, Berlin, 1995.

1) "부딪히는 바위"는 아르곤 선원들의 전설에 따르면 피뉴스(Phineus)의 선한 조언 덕분으로 아르곤의 선원들이 아슬아슬하게 통과할 수 있는 곳-마르키온이 로마를 향한 길에서 보스포루스 해협을 통과한 것을 빗댄 것.
2) 어거스틴의 고백록 7, 5, 7을 비교하라.
3) 마르키온이 하나님 개념을 나눔으로 나타난 좁은 의미의 "기독론석" 설발에 관해서는 일례로 터툴리안의 마르키온 반박 3, 8, 2를 보라: "[마르키온에게서 그리스도가 육체로 나타나심에 대한 옛 가현설적 부정이—요일 2, 18f.와 그 외에 여러 곳을 보라—즐거운 옛 위치를 구가하고 있다. 물론 그 나타난 모습은 창조주와 다른 또 하나의 하나님 주장을 정당화하는 것이 아니라, 단순히 "하나님이 육체로 나타나심"은 불가능하다는 것을 목적으로 한다.] 더욱이 적그리스도인 마르키온이 그 망상을 꾸며낸 것이다; 하지만 그리스도가 육체적인 실체를 지니셨다는 것을 부인하는 데에 더 훌륭한 전제를 제시한다. 곧 그가 자기 하나님은 육체를 만들지도 않았고, 일으키시지도 않았으며, 이러한 면에서도 그 하나님은 선의 총체이며 창조주의 기만과는 전적으로 차이가 난다는 것을 제시하는 한에서 말이다. 그러므로 부인하지도 않고 속이지도 않으며, 이와 함께 가능한 한 창조주의 그 [그리스도]를 붙들려면 그의 그리스도는 가현적인 존재가 되어서는 안 된다: 육체이며, 그러나 또다시 육체가 아니며; 사람이지만 다시금 사람이 아니다. 이와 같이 나는 하나님을 믿으며, 그런데 또 하나님을 믿지 않는다."
4) A. von Harnack의 위의 책, S. 67ff.
5) 하르낙이 여기서 자기가 시도한 복원을 위해서 근거로 사용하는 터툴리안은 자기가 따르고 있는 마르키온의 정경목록에서 "ostensiones"를 읽어내었다(= ἐπιδείξεις 또는 ἐνδείξεις 등)
6) 터툴리안: in quam repromisimus sanctam ecclesiam.

16. 클레멘스 2서

로마교회가 고린도교회에 보낸 서신(위 Nr. 7) 말고도, 로마의 클레멘스의 것이라는 또 하나의 문서 군이 있다. 헤르마스에 의하면(환상 2, 4, 3) 그는 로마교회가 외부로 서신을 교환하는 일을 맡아 하였다. 이 문서 중에는 "제2 클레멘스서"라는 우리가 가지고 있는 기독교 설교들 중 가장 오래된 서신이 있다. 저자는 이 글을 공동체의 예배 중에 성경봉독 다음에 읽어야 할 것으로 정하였다(19, 1). 집필 시기뿐 아니라 장소도 알려져 있지 않다. 하지만 그 내용 가운데서 전제하고 있는 공동체의 상황은 2세기 중엽에 상응한다. 여기에서는 설교의 시작 부분만을 제시하는데, 이 부분은 공동체의 경건이 가지는 중요함의 고전적인 표현이다:

(1, 1) 형제들이여, 우리는 예수 그리스도를 하나님과 같이(*οὕτως δεῖ ἡμᾶς φρονεῖν περὶ 'Ιησοῦ Χριστοῦ ὡς περὶ θεου*)[1] "산 자와 죽은 자를 심판하는 자"[행 10, 42; 딤후 4, 1; 벧전 4, 5]로 여겨야 한다. 그리고 우리가 우리 구원을 사소하게 생각해서는 안 된다. (2) 왜냐하면 우리가 그것을 사소하게 취급한다면 우리도 겨우 사소한 것만을 받게 될 것을 기대하여야 하기 때문이다……; 아래와 같은 것을 모를 경우 우리는 죄를 범하는 것이다. 우리가 어디로부터, 누구에게서 그리고 어떤 곳을 향하도록 부름 받았는가, 그리고 예수 그리스도께서 우리를 위해서 겪으신 것을 모를 경우를 말한다. (3) 그 어떤 보상과 그 어떤 고귀한 열매를 우리는 그(그리스도)에게 그가 우리를 위해서 행하신 것 대신에 되돌려드려야 하겠는가?…… (8) 지금의 우리가 아니었던 우리를 그가 부르시고, 우리가 비존재에서 존재가 되기를 원하셨던 것이다[롬 4, 17; 고전 1, 28을 참조하라].

원전 : F. X. Funk-K. Bihlmeyer—W. Schneemelcher [위에 Nr. 7]—참고문헌: B. Poschmann [위 Nr. 14], S. 124ff.; C. Stegemann, Über die Entstehung des sogenannten 2. Klemensbriefes (Theol. Diss. Bonn 1972); K. Wengst, SUC 2, 1984, S. 205ff.; R. Warns, Untersuchungen zum 2. Clemensbrief, (1985) 1989; A. Lindemann (위 Nr. 7); E. Baasland, Der 2. Clemensbrief und frühchristliche Rhetorik (ANRW II/27, 1), 1993, S. 78/157.

1) 플리니우스, 편지 10, 96, 7(위 Nr. 10)의 증언을 참조하라.

17. 황제의 노예 배려

(유스티니아누스 법전(Codex Iustinianeus) 1, 8, 2)

아우구스투스 황제 치하에서 일어난 시민전쟁의 결말과 그 후계자들이 추구한 정복정책의 포기는 전쟁포로의 숫자와 이와 함께 (점차적으로) 노예의 숫자도 줄어드는 결과를 가져왔다. 게다가 많은 노예 방면 외에 거명하자면 가정 노예 및 (특권의 이유로 유지하고 있던) 호화판 노예들로부터 출발하여, 시장경제적으로 형성된 대규모 농경(라티푼디움)에서 소규모로 땅을 빌려 사용하는 조차자들을 거느린 소규모 경작에까지 농업경제에 구조적인 변화가 왔다. 점점 소작인들, 곧 자유 농사꾼 또는 땅에 매인 농사꾼들이 노예들의 자리를 차지하게 되었다. 이 소작제도가 역시나 대부분 노예제도의 세련된 형태를 말한다면 말이다. 반면에 노예노동은 거대한 황제의 영지 경작과 황제 소유로 되어 있는 수공업과 광업, 및 황제 궁 살림의 근거였다.—황제들은 고대 말기의 가장 큰 노예보유자였을 뿐 아니라, 노예의 권리를 세워주기 위해서 노력을 경주하였다. 이것은 드러난 대로 본다면 두 가지 이유에서 왔다: 하나는 노동력 부족으로 몰고 가는 노예들의 탈출이라는 점점 더 해결 가능성이 없어지는 문제에 더 이상 준엄한 형벌 부과만으로는 대처가 불가능하다는 것이었다. 다른 하나는 스토아 철학이 사람은 본래부터 자유자가 아니면 노예라는 아리스토텔레스의 가르침(정치 1, 5)에 반하여서 이성적 존재인 모든 인간이 가진 동등함이라는 자연법적 근본조항을 주장하며 휴머니즘적인 영향을 끼친 것이다.[1] 물론 고대 사회질서를 혁명적으로 뒤흔드는 그러한 결과를 도출해내지는 않았지만 말이다. – 여기서부터 본다면 안토니우스 피우스 황제(138-161)가 배틱 스페인의 총독에게 보낸 아래 칙령이 이해가 된다. 이 칙령을 6세기 황제의 명령에 따라서 로마법들을 법전화하는 일에 매진한 법률가들은 유스티니아누스 황제의 이름으로 공포한 "법전"에 포함시켰다. 이 칙령은 법적 자료들을 소개하는 서술로서 아주 가치 있게 평가되고 있다:

자기 노예들을 향한 주인들의 권세는 줄어들지 않는다. 그리고 누구도 자기의 정당한 권리를 빼앗기지 않는 것은 당연하다. 하지만 주인들의 당연한 관심은 정당한 이유에서 관용을 청하는 자에게 모질게 다룸, 굶주림 또는 견딜 수 없는 불의에 맞서 도와주는 것을 거절하지 않는 것이다. 그러므로 율리우스 사비누스의 하인들 중에서 나의 동상에 보호를 간청한[2] 자들의 하소연에 관한 조사가 있어야 하겠노라. 그래서 만일 그들이 정도 이상으로 심하게 취급을 당했다든지 그들에게 치욕적인 불의가 있었다고 확정하게 되면, 너는 그들을 팔도록 명령을 내려서 그들이 다시금 사비누스의 포악 아래로 들어가지 않도록 하라. 혹시 그가 나의 명령을 회피하려 하거든 내가 그의 범행을 더 심하게 다스리리라는 것을 알게 하라.[3]

원전 : P. Krüger – Th. Mommsen – R. Schoell – G. Kroll, Corpus iuris civilis, I, 1954[16]. — 참고문헌: R. H. Barrow, Slavery in the Roman Empire, London 1928; E. M. Schtajerman, Die Krise der Sklavenhalterordnung im Westen des römischen Reiches, deutsch 1964; W. W. Buckland, The Roman Law of Slavery, (Cambridge 1908) Nachdr. New York, 1969; H. Bellen, Studien zur Sklavenflucht im Römischen Kaiserreich, Forschung zur antiken Sklaverei 4, 1971; M. I. Finley, Die Sklaverei in der Antike, 1981; J. Vogt, Sklaverei und Humanität, 1983.

1) 이와 관련해서는 다음 글들을 보라. Seneca, Moral. Briefe 47; ders., "Über das Wohltun" 3, 22; Eratosthenes bei Strabo I, 66; Philo von Alexandrien, De septen. et fest. diebus (p. 283, vol. II Mang.): ; *῎Ανθρωπος γὰρ ἐξ φύσεως δοῦλος οὐδεις*)
2) 도피요청(confugere ad statuam)과 노예들이 갖는 하소권의 로마적 특징의 발전에 관해서는 위에 언급한 H. Bellen, a. a. O., S. 64ff.를 보라.
3) 또 3세기 초엽에 나온 셉티무스 세베루스(Septimus Severus) 황제가 시 지사인 파비우스 길로에게 보낸 편지도 비교하라(Justinian, Digcstcn 1, 12, 11). 이러한 법적 규정들의 실행여지에 관해서 계속해서 주목해야 할 것은 콘스탄틴도 노예들을 목매달고, 독을 먹이고 서서히 불태우고, 치욕스럽게 하거나 썩어 문드러지게 만드는 것을 엄하게 금지해야 할 필요성을 느끼고 있었다는 사실이다(테오도시우스 법전 9, 12, 1 319년 5월 11일)!

18. 몬타누스주의(Montanismus)

몬타누스주의 혹은 어쩌면 스스로가 붙인 이름일 수 있는 "새로운 예언"은 그 창시자의 한 사람인 몬타누스를 따라 이름 붙은 열광적인 개혁 움직임이다. 이 움직임은 밝혀지지 않은 이유에서 (어쩌면 국지적인 기독교 박해의 결과로) 갑작스럽게 약 156/157년경에 프리기아에서—그래서

"(카타) - 프리기아파" 라고 불린다—출현한 것으로 급속히 다른 소아시아와 마지막에는 갈리아지역, 로마와 북아프리카에까지 침투되었고, 적어도 3세기에는 꽤 많은 추종세력과 공교회 밖에 존재하는 든든하게 조직된 공동체를 가졌다.

a) 유세비우스에 나오는 익명의 반몬타누스주의자가 말하는 몬타누스주의의 발생(교회사, 5, 16, 9-10)

(16, 6)…… 그들의 출현과 근자에 이단적으로 발생한 교회로부터의 이탈은 다음의 이유를 가지고 있었다: (7) 프리기아(Phrygia) 뮈시아에 아르다바우(Ardabau)라고 불리는 마을이 있다. 소문에 따르면 그곳에서 몬타누스라고 불리는 한 사람, 아주 근래에 신앙에 귀의한 자들 중 한 사람인데, 그라투스(Gratus)가 아시아의 총독직책을 수행하던 시절에 [공동체 안에서] 좌지우지하려는 무절제한 욕구로 마귀에게 틈을 주었던 것이다. 그래서 그는 [사탄의] 영에 사로잡혀서 갑자기 황홀경에 빠져 무아지경에 이르렀고, 동시에 몰아적이고 이해할 수 없는 말을 내쏟았고 예언을 시작하였는데, 이미 역사가 있고 전통과 승계를 통해서 보증된 전래되어 내려온 것(*τὸ κατὰ παράδοσιν καὶ κατὰ διαδοχὴν ἄνωθεν τῆς ἐκκλησίας ἔθος*)과는 뚜렷하게 상충되는 방식으로 하였다. (8) 당시 그의 불법적이고 [성령으로부터 이루어지지 않은] 부르짖음을 들은 사람들 중에서 한편으로는 그를 미쳤으며, 귀신에 사로잡혔으며 잘못된 영에 붙잡혀서 대중을 혼란에 빠뜨리는 사람이라고 극구 반대하였으며 그를 내몰며 그가 말하는 것을 방해하였다. 이들은 주님께서 [영들을] 분별하셨고(*διαστολή*) 거짓 예언자들이 나타나는 것에 깨어 조심하라고 경계하신 것[마 7, 15절 참조]을 기억하였던 것이다. 하지만 다른 자들은 그에 의해서 실족하였다. 마치 그에게로부터 성령께서 말씀하시며, 마치 그가 예언의 영적 능력을 가진 것처럼 생각하였다. 그들은 유난히 교만

하여졌고 주님의 구분하심을 잊었던 것이다; 그에게서 현혹되어 오도되고서 그들은 어리석고도 기만적이며 백성을 오도하는 영에게 침묵하지 말 것을 요구[하기까지]하였다. (9) 계교로 또는 더욱 심하게는 그런 사악한 술수를 사용해서 마귀는 불순종한 자들의 파멸을 일으켰고, 그들의 마비되었고 믿음에서 돌이킨 정신을 부추기고 불을 지폈다. 그래서 그는 두 명의 여자들[곧 브리스가와 막시밀라]까지도 세우고는 [동일한] 잘못된 영으로 채움으로써 그 여자들도 언급한 자[몬타누스]처럼 헛되기도 하고 제멋대로이며 생소한 것들을 지껄였다. 이제 그[몬타누스의] 영은 자기를 좋아하며 자기를 자랑스럽게 여기는 자들을 축복하고 자기 약속의 크기로 자만에 빠지게 하였고, 때로 [보기에는] 그럴 듯 하여 보이며 믿음직스럽게 만드는 방식으로 저주로 내동댕이쳤다. 마치 자기가 끌고 갈 능력이 있는 것같이 보이기 위해서 말이다…… (하지만 겨우 몇 명의 프리기아들만이 기만당했을 뿐이다) (10) 아시아 지역에 있는 믿는 자들이 자주 그리고 아시아의 여러 곳에서 모였고, 그 새로운 가르침을 시험하였고 그들의 저속함을 밝혀내었고 그 이단을 내쫓았다. 이러한 방식으로 그[몬타누스주의자]들은 교회에서 내몰리고 [성찬] 공동체(κοινωνία)에서 제외되었다.

b) 몬타누스 어록(에피파니우스, 약상자 48, 4. 10)

(48, 4, 1) [영이 몬타누스로부터 말한다]: 인간은 칠현금과 같도다, 그래서 내가 그리로 북채같이 날아가노라; 인간은 잠들어 있고, 그래서 나는 깨어 있노라. 보라, 하나님은 인간의 마음을 [황홀경에 빠지도록] 부추기며 인간에게 [새로운] 마음을 주시는 분이도다[렘 24, 7; 겔 36, 26].

(48, 10, 3)…… 인간, 곧 구원받은 자보다 크신 분을 너는 무엇이라 부르느냐? [영이] 말하노라: 의인은 태양보다 백배 밝게 빛나리라, 너희 구원 받은 자들 중 "작은 자들"이 달보다 백배 밝으

리라[마 13, 43 참조].

c) 여선지자 브리스가(Prisca)의 예언(같은 곳 49, 1)

그리스도께서 내게…… 여자의 모습으로 밝게 빛나는 옷을 입고 오셔서는 내게 자신의 지혜를 채우시고 이 지역[곧 프리기아의 페푸차]이 거룩하며, 이리로 하늘의 예루살렘이 내려올 것을 계시하셨느니라.

d) 여선지자 막시밀라(Maximilla)의 예언(같은 곳 48, 13, 1)

주께서 보내시기를 [순교의?] 고통과 이 계약과 하나님 아는 것을 배우라는 소식을 따르는 자, 선포자 그리고 해석자로 보내었노라; 내가 원하든 그렇지 않든 간에 내가 그로라.

원전 : E. Schwartz, 위 [Nr. 6]; K. Holl, 위 [Nr. 15]—참고문헌: P. de Labriolle, La crise montaniste, Paris 1913; W. Schepelern, Der Montanismus und die phrygischen Kulte, 1929; H. von Campenhausen 위의 책[Nr. 15], S. 257ff.; A. Strobel, Das Heilige Land der Montanisten, 1981; W. H. C. Frend, Montanism: A Movement of prophesy and regional identity in the Early Church, BJRL 70, 1988, S. 25-34; R. E. Heine, The Montanist Oracles and Testimonia, Marcion, 1989 (PMS 14); Chr. Trevett, Montanism, Cambridge, 1996; W. Tabbernee, Montanist Inscriptions and Testimonia, Marcion/GA, 1997.

19. 마다우라의 아플레이우스(Madaura von Apuleius)의 "변신(Metamorphosen)"이 말하는 이시스(Isis) 신비종교

고전 고대시대에도 로마뿐 아니라 그리스 반도에서 공식적, 사회적 그리고 정치적으로 확립된 제도를 제외하고는 종교적인 활동을 박해하는 움직임이 없지 않았던 것처럼, 헬레니즘 시대에도 이러한 움직임은 더욱 확산되었다. 소위 (동방) "신비종교" 시대가 도래하였다.—오늘날 거기에 관해 알려고 할 때에 근거가 되는 중요한 증언의 하나는 북아프리카 출신 웅변가요 방랑 교사인 마다우라의 아플레이우스(주후 125년경 출생)의 소설 "변신 또는 금나귀"이다. 그 스스로가 많은 신비제의에 입교하였던 저자는 그 마지막 책에서 자기의 영웅인 루키우스가 나귀로 변신하는, 맹목적인 "운명"으로부터 탈출하여 이집트의 여신 이시스와의 인격적인 만남과 여신의 "거룩한 전쟁을 치르면서" 구원받기 위해서 거쳐야만 하는 단계들을 자세하게 기술하였다.

a) 전능의 신 이시스(변신 11, 5, 1-3)

(11, 5, 1) [자기에게 인간 형상을 되돌려 달라는 루키우스의 간청에 여신이 꿈에 나타났다.] 루키우스야, 너의 간구가 닿아서 내가 여기 있노라. 곧 만물의 어머니, 모든 것을 다스리는 자, 시간이 나은 첫 아이, 최고의 신성, 죽은 영들의 여왕, 천상에서 첫째 존재, 내 안에 모든 남신과 여신의 모습을 한 형상으로 통합한 자(deorum dearumque facies uniformis)[1],…… 다양한 모습, 많은 관습 그리고 그렇게 다양한 이름들 가운데서 행하는 그의 유일한 통치(numen unicum)를 온 땅이 경외하는 자가 여기 있노라. (2) 인간들 중에서는 처음 난 자들인 프리기아인들에게는 페시누스적인 신들의 어머니, 여기 이 땅의 첫 거주자들인 아티스

사람들에게는 케크로프의 미네르바; 바다에 둘러싸인 키프로스인들에게는 비너스; 활을 멘 자들인 크레타인들에게는 딕틴의 다이아나; 세 가지 말을 하는 시실리인들에게는 스티곤의 프로세르피나; 엘류시스인들에게는 상고의 여신 케레스라고 불리노라. 어떤 자들은 주노, 어떤 자들은 벨로나라 하기도 하느니라; 전자는 벨로나를 헤카테, 후자는 람누시아라 하느니라. 신인 태양(deus Sol [본래 그러니까 "태양의 신"])[2]이 떠오를 때 자기의 처음 광채를 비추는 그들, 곧 두 대륙[?]의 에디오피아인들, 가장 오래된 지혜를 갖추고 자기의 관습으로 나를 섬기는 이집트인들은 나를 나의 본래 이름으로 부르노라: 여신 이시스.[3]

b) 이시스의 상급(같은 곳 11, 15, 3-5)

(11, 15, 3) [이시스 사제들의 예언]…… 이제 [많고도 중첩된 고난 끝에, 운명의 강력한 광포에 휘둘린 끝에] 너는 운명의 가호로 말미암아 받아들여졌노라, 하지만 자기 광채로 다른 신들까지도 비춰주는 한 분을 바라보면서 말이다. (4) 이제 기쁜 얼굴을 하거라, 너의 하얀 옷(candidus habitus)[4]에 어울리게, 구원하시는 신(dea sospitatrix)의 축제 행열(pompa)에 희열에 찬 발걸음으로 참여하여라…… (5) 하지만 더 안연하고 더 훌륭하게 보호하심 속에 거하도록 이 거룩한 전투(sancta militia)[5]에 참여하여라. 바로 직전에도 네가 맹세한 그 전투에 말이다(cuius non olim sacramento…… rogabaris); 어서 지금 우리 종교를 따르는(obsequium religionis nostrae) 순종서약을 하고, 자진해서 봉사의 멍에를 걸머메라. 이는 네가 신의 종이 되기 시작하면 비로소 자유의 열매를 맛보게 되기 때문이니라.

c) 입문자들의 봉헌(같은 곳 11, 23, 4-24, 5)

(11, 23, 4) [다양한 준비 끝에, 정결의식과 10일간의 금식 중

에] [드디어] 그 신의 기한으로 정해진 [봉헌(teleta = 희랍어. τελετή)]의 날이 왔다; 태양이 기울고 저녁이 다가왔다. 보라, 사방에서 무리들이 쏟아져 나오고 예부터 전해져 온 종교적 관습을 따라 사람마다 다양한 선물로 나를 칭송하였다. (5) 이어서 축성되지 않은 모든 자들은 멀찍이 떨어져 있었고, 나는 순 비단으로 만든 옷을 입었다. 그리고 사제가 내 손을 잡고는 성소의 내부로 이끌고 갔다. (6) 아마도 열심에 찬 독자인 너는 나에게 아주 꼬치꼬치 무엇을 말했고, 무엇이 일어났는가를 물을 것이다. 내가 말해도 된다면 말하겠다; 너에게 듣는 것이 허락되었다면 너는 그것을 경험하게 될 것이다. 단지 깊은 생각을 하지 않은 채 알려는 호기심(curiositas)을 위해서는 입과 귀가 회개를 하여야 하는데 그만큼 어려울 것이다. (7) 하지만 나는 너의 경건한 열망을 더 이상 고문하지 않으려 하노라. (8) 들으라, 하지만 믿으라; 이는 진실이니라! 나는 죽음의 경계지역까지 다가갔노라, 그리고 (명부의 여신) 프로세르피나의 문턱에 발을 들여놓은 다음, 모든 요소를 섭렵하고 물러나왔노라. 한밤중에 태양이 빛난 옷을 입고 비추는 것을 보았고, 높고 낮은 신들과 얼굴을 마주 대하도록 다가갔고, 아주 가까운 곳에서 간구하였노라. (9) 자 이제 내가 너에게 고하노라. 네가 그것을 듣기는 들었노라; 하지만 필시 이해하지 못하고 있으리라. 그래서 너에게 죄는 없지만 아직 축성되지 않은 자들에게만 알 수 있는 것을 말해주리라.

(24, 1) 벌써 [그 사이에] 아침이 되었다; 나는 성스러운 행위(perfectis sollemniis)를 마치고 나서 [성전의 지성소에서] 나왔다. 12겹 영대(스톨라)로 성스럽게 치장되어서…… (4) 내 오른손으로는 불타는 횃불을 들고 내 머리는 야자수 관으로 장식되었는데, 그 흔들리는 잎사귀는 마치 광채처럼 뻗쳐올랐다. 그렇게 내가 태양의 형상처럼 장식하고는 하나의 형상 기둥처럼 서 있자, 갑자기 커튼이 제쳐지고는 나를 보려고 무리가 쏟아져 들어왔다. (5)

이때부터 축성된 자의 축제적인 생일을 축하하였다(festissimus natalis sacrorum).[6)]

d) 입문자들의 감사기도(같은 곳 11, 25, 1-6)

(25, 1) 거룩하시고, 인류의 변치 않는 구원자(sospitatrix)시여, 당신은 죽어 마땅한 자들에게 항상 다가가시고 자비를 베푸시는 자이시며, 어머니의 그 달콤한 부드러움을 자신들의 고난 가운데서 애통하는 자들에게 보이십니다. (2) 그 어떤 날과 그 어떤 밤의 휴식도, 심지어 한순간이라도 당신의 자비(beneficia) 없이 지나가지 않습니다. 당신이 물과 들에서 인간들을 보호하시지 않고는 말입니다…… 당신의 도우시는 손을 펼치셔서 도망칠 수 없도록 엮어진 운명(fata)의 줄을 다시 돌려놓으시며, 운명(Fortuna)의 돌풍을 흩으시고 해를 끼치는 성진[7)]의 운행을 막으십니다. (3) …… 당신에게 성진이 대답하고, 절기가 다시 돌아오고, 신들이 찬양하며 모든 원소들이 섬깁니다…… (5) 하지만 내 영은 찬양을 부르기에 너무 연약합니다…… 당신의 엄위하심으로부터 내가 느끼는 것을 말하기에는 언어가 풍성하지 못하며, 천겹의 입도 없습니다……[8)] (6) 그래서 경건한 자(religiosus), 하지만 다른 모습으로는 가난한 자가 할 수 있는 것에 이르는 데에 몰두하려고 합니다: 당신의 신적인 얼굴과 당신의 아주 성스러운 통치를 내가 항상 내 마음 깊은 곳에 간직하며 내 눈 앞에 모시려고 합니다.

원전 : R. Helm, Apuleius. Metamorphosen oder Der goldene Esel, lat.-dt., 1970[6].—참고문헌: M. Dibelius, Die Isisweihe bei Apuleius, SHAW. PH 1917, H. 4; A. D. Nock, Conversion, Kap. IX, Oxford(1933) Nachdruck, 1969; A. J. Festugière, Personal Religion among the Greeks, (1954) London, 1960,

S. 68ff.; H. Krämer, Die Isisformel des Apuleius(Met. XI 23, 7)—eine Anmerkung zur Methode der Mystrienforschung, Wort und Dienst NF 12, 1973, S. 91-104; M. Eliade, Geschichte der religiösen Ideen, II, 1979, S. 249ff.

1) 우리가 아는 한 모든 동방 신비제의의 특징이었던 저 종교적 절충주의나 범신론적 일원론의 고전적 형식. 이것과 함께 위에서 제시한 Nr. 1f.에서 옛 로마종교의 제도에 대해서 언급한 것을 비교한다면, 얼마나 강력하게—최소한 로마에서—이러한 의식이 쳐들어오는 것에 대해서 관료들의 저항이 있었는가를 알 수 있다!
2) 태양숭배와 그 변천, 곧 근동에서 가장 먼저 나타나는 증언에서부터 초기 제정시대에 지식인들 종교의 하나로서의 태양신학을 거쳐서 고대 말기에 황제와 제국의 하나님으로서 "정복되지 않는 태양신"(Sol Invictus)의 숭배까지의 변천에 관해서는 H. Doerrie, Die Solar-Theologie in der kaisezeitli-chen Antike, Kirchengeschichte als Missionstheologie I, 1974, S. 283-292에서 잘 가르쳐 준다.
3) 여기에 관해서는 313년의 콘스탄틴 찬양연설을 비교하라(Paneg. Lat. 12 [9], 26, 1).
4) 이것과 함께 하얀 세례복, 곧 물에 잠겼다가 올라온 이후에 걸쳐졌던 "의의 옷"과 비교하라.
5) 기독교의 상응하는 것들에 관해서는 아직도 누가 뭐래도 하르낙의 Militia Christi, (1905)를 참조하라. 1963 재인쇄.
6) sacra = 희랍어 *μυστήρια*; 여기에 대해서는 세례를 "거듭남"으로 보는 기독교적 이해를 참조하라.
7) 성진 운명론적 사고, 곧 *είμαρμένη*, 그리고 고대에서의 그 영향에 관해서는 D. Amand, Fatalisme et liberté dan l'antiquité grecque, Louvain, 1945를 보라.
8) EG 330, 1을 비교하라.

20. 기독교에 대한 문헌적 공격

(키르타의 프론토(Fronto von Cirta)[?] 미누시우스 펠릭스(Minucius Felix), 옥타비우스(Octavius) 8, 3-10, 2)

기독교는 처음에 무엇보다도 하층 계층에 침투하였고[고전 1, 26ff.을 참조], 게다가 외부인들에게는 대부분 유대교 내부의 분파인 것으로만 보였다. 로마 관료들뿐 아니라 영적인 삶을 대표하는 자들이 기독교에 대해 관심을 갖게 되는 데에는 오랜 시간이 필요했다는 사실이 이 점과 관계가 있다. 기독교를 반대한 첫 이교도 저술가는 우리가 아는 한 누미디아 키르타의 코르넬리우스 프론토(M. Cornelius Fronto)이다. 그는 고대 라틴세계에서 아주 유명한 웅변가요 훗날 황제인 마르쿠스 아우렐리우스와(Marcus Aurelius, 161-180) 루키우스 베루스(Lucius Verus, 161-169)의 선생이었다. (162년에서 174년 말 행한[Frassinetti] 것으로 짐작되는) 그의 기독교를 반대한 웅변은 남아 있지 않다. 거의 70년 후에 기독교인 미누시우스 펠릭스가 자기의 대화록 "Octavius"에서 두 번(9, 6; 31, 2) 연관시키고 있다. 하지만 오래전부터 사람들은 미누시우스 펠릭스가 이 대화록을 위해서 이용하였다고 짐작하였다. 어쨌든 이 대화록의 대화상대자 캐킬리우스(Caecilius)의 주장은 우리가 프론토에 대해서 아는 한 프론토가 말하지 않았었어야 할 것은 아무 것도 전하고 있지 않다. 이 주장은 여기(9장 이하)에서 비판 없이 제시된 기독교인들의 방탕에 관해서 관조만 하는 하나의 동화였다. 그리고 프론토의 시대에 벌써 알려져 있던 것이었다.

맥락 : 캐킬리우스는 자기들의 형편없는 무지에도 불구하고 하나님과 세상에 관해서 진리를 가지고 있다고 주장하는 기독교인들을 반대한 자기 글을 아래와 같이 시작하였다. 그는 철학적 회의주의[1]와 "인간의 제한성"에 근거하여 그 주장을 거부하며, 그 대신 조상들로부터 물려받은 신들을 섬길 것을 요구하면서 자기의 주장을 시작하였다. 이 맥락에서 그는 우리에게 이미 알려진(위 Nr. 1을 비교하라) 조상들의 종교, 곧 로마

에 세계정복을 "가져다 준" 로마의 특별한 "경건"에 대한 "신앙고백"의 (정치적) 유용함에 대한 생각을 붙잡고는 아래의 결론에 도달하였다. "그렇게 오래되고, 그렇게도 유익하고, 그렇게도 구원을 가져다주는 종교" (religionem tam vetustam, tam utilem, tam salubrem)[2]를 멸시하고 심지어 적대시하는 자는 "불경한 자"이고 "불신자"이며, "모든 민족"에게 "불멸의 하나님"에 관해서는 당연하다고 여기는 공통된 의식 밖에 스스로를 세우는 자이며, "그들의 존재와 근본이 불확실할 수 있다"(8, 1). 널리 퍼진 폐해와 의혹을 요약한 그리스도인들을 반대하여 그 문맥에서 미움에 차서 이탈한 다음에(8, 5) 그의 강연은 9장에서 기독교에 대한 조목별 비판으로 건너갔다.

(8, 3) 아테네인들이 신에 대해서 경멸한 것이 아니라 오히려 제대로 깨달았던 압데라인 프로타고라스(Protagoras von Abdera)를 자기들 땅에서 몰아내고 그의 책을 공개적으로 불살랐다면[4], 비난받으며, 금지되었고 소망이라고는 없는 무리들이 신들을 대항해서 질주한다는 것은 통탄할 일이 아니겠는가? (4) 하층 계층으로부터 그들은 무식한 자들과 맹목적으로 믿는 부인네들을 긁어모았다. 그들은 자기들 출신성분에 지극히 일반적인, 쉽게 오도되는 경향 때문에 모든 일에 잘 빠져드는 자들이다. 그들은 통속적인 서약을 한다. 곧 야간 집회와 노 축제적인 의미의 금식과 사람에게는 부끄러운 식사를 하는데 어떤 예식을 통해서가 아니라, 부정함을 통해서 형제가 된다: 애매모호하고, 빛을 싫어하는 집회, 공식적으로는 침묵을 하지만, 구석에서는 수다를 떤다……; 반라로 있고, 공직과 명망을 멸시한다…… (5) 이에 대한 박해를 그들은 신경도 쓰지 않는다. 불확실한 미래적인 것들을 무서워하고, 죽음 이후에 죽는 것을 겁내는 대신 현재의 죽는 것은 겁내지 않는다; 이렇게 그들은 다시 살게 된다는 위로의 거짓 소망으로 그 두려움을 넘어선다(ita illis pavorem fallx spes solacia rediviva blanditur).

(9, 1) 이 악은 꾸준히 울창하게 자라나는 것처럼, 그렇게…… 이 불경한 공동체의 지긋지긋한 제의 장소들도 온 땅 [구석구석]에 뻗어나간다…… (2) 비밀 표시로 그들은 서로를 알아보고 실제 서로를 알게 되기도 전에 사랑을 한다; 선택의 여지가 없이 서로 함께 쾌락의 제의를 행한다. 서로 형제, 자매라 부른다…… (3) 참이 아니었다면 이 통찰력 있는 소문이 그 다양한 괴상한 것을 말했을 리가 없다(Nec de ipsis, nisi subsisteret veritas, maxima et varia et honore praefanda sagax fama loqueretur)…… 그들이 가증한 짐승, 곧 당나귀의 머리를 숭배한다고 들었는데 도대체 그 어떤 미친 생각에서 나왔는지 알 길이 없다[5]…… (4) 다른 자들이 말하기를 그들은 자기들의 최고 사제의 성기를 숭배한다고 한다…… 하지만 정확한 말인지 알 수는 없다. 그들의 항상 밤에 이루어지는 모임과 걸맞는다. 사람들이 말하듯이 그들의 예식 중심에는 범죄 때문에 처형된 자와 나무로 된 십자가가 서 있다면, 이로써 이 범법자들이며 불쌍한 자들에게 그들에 맞는 제단이 주어진 것이다: 그들은 자기들이 벌어들인 것[곧 십자가]을 숭배한다. (5) 새 구성원들의 입교식(de initiandis tirunculis)에 대해서 말한다면, 알려진 것처럼 소름이 끼친다. 짐작도 못하는 자들[Initianden]을 속이기 위해서 어린애를 반죽으로 말아서는 새 입교하는 자 앞에 놓는다(qui sacris inbuatur). 이 반죽 때문에 속아서는 그 신입자는 칼로 쑤시게 된다. 전혀 악한 것을 생각지 못하고 눈으로는 보지 못하면서 아이에게 치명상을 입히게 된다. 그러면 — 이 무슨 참혹스러운 일이란 말인가! — 그들은 아이의 피를 게걸스럽게 마시고는 그 토막들에 달려든다. 이것이 그들의 희생물이며, 이것으로 결속된다. 그리고는 이 범죄를 함께 알기 때문에 서로에게 침묵하게 한다.

(10, 1) 다른 많은 것들에 대해서는 의도를 가지고 지나가기로

한다. 왜냐하면 이 범죄 종파(religio)의 비밀행위로 인해서 일어나는 일만 해도 너무도 많기 때문이다…… (2) 도대체 그들은 왜 자기들의 숭배 대상을 무엇을 위해서든지 간에 그렇게 숨기려고 할까? 정당한 것이라면 기꺼이 알려라; 흉일 때만 숨기려고 하는 것이다…… 왜 그들은 그렇게 드러내놓고 말하지 않을까, 왜 공개적으로 모이지 않을까? 그들이 비밀스럽게 행하는 것들이 처벌되어야 하든가 부끄러운 일이 아니라면 말이다……[6]

원전 : M. Pellegrino, Minucius Felix, Octavius, Turin 1963[2].—참고문헌: P. de Labriolle, La réaction paienne, Paris 1934, S. 87ff.; P. Frassinetti, L'orazione di Frontone contro ii Christiani, Giorn, it. di fil. 2, 1949, S. 238-254; A. Henrichs, Pagan ritual and the alleged crimes of the early Christianity, Kyriacon (FS f. J. Quasten) I, 1970, S. 18-35; St. Benko, Pagan Criticism of Christianity during the First Two Centuries AD., ANRW II, 23, 2, 1980, S. 1055-1118; H. A. Gärtner, Die römische Literatur in Text und Darstellung, Kaiserzeit II, 1988, S. 94-118; P. Guyot/R. Klein, Das frühe Christentum bis zum Ende der Verfolgungen, II, Darmstadt 1994, S. 140ff. 322ff.

1) 엘리스의 퓌론(Pyrrhon von Elis, 약 360-270)과 피타네의 아르케실라오스(Arkesilaos von Pitane, 약 316-241)를 통해서 확립되어 플라톤의 아카데미에 소개되었다. 그리고 퓌론의 회의주의는 키케로의 시대에 새롭게 되어서 그 이후부터 괄목할 만한 영향력을 행사하였다.
2) 옥타비우스 10, 3과 대비된다: "그렇다면 이 유일하고, 외롭고, 내버려진 하나님(deus unicus solitarius destitutus)은 누구인가? 그렇다면 그는 어디에 있는가? 어떤 자유민(gens libera)도, 그 어떤 나라도, 나아가서 로마인들의 종교적 열정도 그를 전혀 모른다. 오직 고통에 찬 유대 소수민족만이 마찬가지로 유일한 하나님을 숭배한다. 하지만[더욱이] 모든 공석에서, 성전과 제단으로, 희생과 제의로 섬기고 있다. 물론 이 하나님은 너무나 유약하고 무능해서 자기가 선택한 백성과 함께(cum sua sibi natione) 인간인 로마인들의 포로로 전락한 것 아닌가!"
3) 기독교인들과 고래로 합법화된 공식적인 제의에 참여하지 않는 모든 무리들을 공

격한 "불경"의 비난에 관해서는 A. v. Harnack, Der Vorwurf des Atheismus in den ersten drei Jahrhunderten, TU 28, 1905를 보라.

4) 압데라의 소피스트 프로타고라스(약 480-410)는 예를 들어서 키케로[신들의 본성에 관하여 1, 1, 2; 23, 63; 42, 117f.)에게 고대에 확정된 몇 안 되는 무신론의 사례에 속하였다. 하지만 그것은 분명히 오류이다.

5) 유대인들을 겨냥한 이 비난을 소위 팔라틴의 조롱하는 십자가(3세기 전반)라는 벽화가 그려 보여 주는 것으로 보인다. 이것은 당나귀 머리를 들고 십자가에 있는 사람 그림이다; 그의 왼쪽에서 숭배하는 인물이 다가간다. 그리고 그 밑에는 "알렉사멘노스가 [자기] 하나님을 숭배하고 있다"고 적혀 있다. 하지만 이 해석은 계속해서 논란 중에 있다. 일찌감치 그리스도인들을 향해서 제기된 "당나귀 숭배" 비난의 근원이 예나 지금이나 분명하게 밝혀지지 않은 것처럼 말이다; I, Oppelt, Art. Esel, RAC 6, 1966, Sp. 564-595(여기서는 592ff.)

6) 이것은 당시 그리스도인의 법적 처지로 고려해 본다면 노골적인 냉소주의처럼 들린다; 하지만 이 장광설의 진정한 내용은 여기서도 공적인 삶, 곧 종교적으로 뿐 아니라 정치적인 삶으로부터의 이탈이다.

21. 저스틴(Justin)의 변증

"철학자이며 순교자"(터툴리안, 발렌티누스주의자들을 반대하여 5)인 저스틴은 2세기 "변증가들" 중 첫 번째 사람은 아니지만 가장 중요한 사람이었다. 변증가들은 이방인들에 의해서 자기들이 믿는 신앙이 멸시, 비방 그리고 핍박받는 것에 대항하여 가장 먼저 문서적으로 방어를 하였다. 플라비아 네아폴리스(오늘날 나블루스)의 이교적인 희랍 가문 출신으로서 (중기) 플라톤주의(여기에 대해서는 무엇보다도 자신의 "트리포와의 대화"의 첫 장을 참조하라)를 거쳐서 기독교에 귀의하는 과정을 겪었고, 귀의 후에도 "철학자"로 머물렀다. 단지 이제는 "유일하게 신뢰할 수 있고 유용할 수 있는 철학"(트리포와의 대화 8)인 기독교 신앙 변호에 전념하였다. 이것은 말하자면 그가 165년경 순교의 죽음을 맞이하게 된 로마에서 이루어졌다. 그의 문서들 중에서 겨우 둘만 남아 있다: 이미 상고한 "트리포와의 대화"(곧 랍비 타르폰(Tarphon)일 가능성이 높다)와 (전승에 따르면) 두 편의 변증서이다. 그중 두 번째 것은 첫 번째 변증서이며 더 큰 변증서에서 잘못해서 나누어진 결론 부분을 제시한다. 150년에서 155년 사이에 저술되어 안토니우스 피우스(Antonius Pius)와 함께 통치하는 황제들과 원로원 그리고 "모든" 로마 시민을 대상으로 하였다(변증서, I, 1). 아주 작은 부분에서(1-12)는 기독교인들을 향한 고발들을 반박하였다; 총 68개장 중에서 나머지 부분들은 긍정적인 신앙을 제시하고 무엇보다도 고대 기독교 예배에 관해서 중요한 언급들을 제공한다.

a) 기독교인들을 향한 비난들은 그 확실성을 검증하여야 한다(변증 I, 2-5)

(2, 1) 참으로 경건하며[1] 철학적으로 사고하는 자에게 이성(ὁ λόγος)은 진리만을 숭상하고 사랑하라고 명합니다; 단순히 전승되어 온 생각들(δόξαι παλαιῶν)[2]이 온전치 못하다면 이를 따르기를 거부할 것입니다…… (2) 당신들은 도처에서 사람들이 당신들을 경건하며 철학적인 통치자들이며, 의의 수호자요 교육의 친구들이라고 칭송하는 소리를 듣고 있습니다; 당신들이 정말로 그러한 분들인가는 드러나게 될 것입니다! (3) 내가 당신들에게 온 것은 이 문서로 아양을 떨거나 마음에 드는 말을 하려는 것이 아니라, 간청을 드리려는 것입니다: 당신들은 [꼭] 정확하고도 꼼꼼한 검증을 하고 나서 판단을 내려야 합니다.…… (4) 하지만 우리는 누구로부터도 해로운 것을 겪지 않는다고 우리는 확신합니다. 단지 우리가 범법자로 밝혀지는 것을 제외하고 말입니다…… 당신들은 우리를 [그러니까] 죽일 수는 있어도, 해를 입힐 수는 없습니다.

(3, 4) 그러므로 우리의 일은 모든 사람에게 우리 삶의 방식과 우리 가르침을 들여다보도록 하여서 우리를 모르는 사람들을 위해

우리 스스로에게 벌이 내려지지 않도록 하는 것입니다……. 반대로 당신들이 할 일은 우리에게 귀를 기울여서 당신들이 좋은 판단자들로 나타나게 하는 것입니다. 이것은 이성이 하고 싶어 하는 바입니다.

(4, 1) 이름에 어울리는 행위는 고려하지 않으면서, 이름 하나만으로는 선과 악을 판단할 수 없습니다……[3]

(5, 1) …… [세례 받을 때] 그 어떤 불의도 행하지 않을 것을 맹세한 우리를 향해서……, 당신들은 [우리 행위를] 조사조차 하지 않았습니다; 심지어 판단과 고려도 없이 생각 없는 광포함을 가지고 적대적인 귀신의 채찍질로 우리를 처벌합니다. (2) 사실을 말한다면: 옛날부터 사악한 귀신들은 현현하였고…… 무시무시한 형상들로 [사람들을] 속여서, [사람들이 자기들의 두려움 가운데] 원수들인 귀신들의 문제라는 것을 모르고는 그것들에 "하나님"의 이름을 주었습니다…… (3) 하지만 소크라테스는 참 진리에 이끌리고 [그러한] 파헤치는 능력이 있었기에 이런 것을 확연하게 만들고 사람들을 귀신들로부터 빼내어 오려고 했던 것입니다. 이 때문에 귀신들은 악한 것에서 자기들의 기쁨을 찾는 자들을 이용하여서 그를 무신론자와 패역한 자로 죽게 만들려고 하였습니다. 곧 사람들은 그가 새로운 신들을 끌어들이고 있다고 주장하면서 말입니다.[4] 그리고 바로 이것은 귀신들이 우리를 향해 실행하였던 것입니다. (4) 로고스는 이것[거짓 영]을 소크라테스를 통해서 그리스인들에게서만 발견한 것이 아닙니다. 그 스스로가 형상을 입고 예수그리스도라는 이름의 사람이 되면서 야만인들 가운데에서도 발견하였습니다……

b) 이교 국가에서의 기독교인(같은 곳 12, 17)

(12, 1) 다른 인간들보다 훨씬 더 우리는 평화를 위한 전쟁에서 당신들의 조력자들이요 동지들입니다(*Ἀρωγοὶ δ' ὑμῖν καὶ* σύμμαχοι πρὸς εἰρήνην). 왜냐하면 우리는 포행자요, 소유욕에 휩싸인 자 또는 음흉한 자 및 덕성이 없는 자는 하나님께 숨겨질 수 없고, 각자가 자기 행동이 벌어들인 만큼 영원한 심판 아니면 영원한 구원에 이른다는 것을 알기 때문입니다.

(17, 1) 세금과 이윤을 우리는 모든 [다른 자]들 보다 앞서서 당신들이 보낸 관리들에게 내려고 하였습니다; 왜냐하면 그렇게 그 [주님께서]는 우리를 가르치셨기 때문입니다…… [마 22, 16-21 병행구] (3) 우리는 하나님 한 분만을 섬깁니다(προσκυνοῦμεν). 하지만 이것을 제외한 모든 일에서 우리는 당신들을 기쁘게 섬깁니다. 곧 당신들을 황제와 만인의 통치자들로 인정하며, 기도하기를 당신들이 [항시] 황제의 권세뿐 아니라 이성에 합당한 통찰력도 가진 자들로 드러나기를 원합니다. (4) 하지만 그렇게 기도하며 모든 것은 숨기지 않고 내어놓는 우리를 당신들이 귀하게 여기시지 않는다고 합시다. 그러한 행동은 우리에게 전혀 해를 주지 못합니다. 하지만 우리가 믿는 바는 각자가…… 하나님께서 부여하여 주신 능력의 기준에 따라 책임을 져야 한다는 것입니다……[눅 12, 48 참조하라]

c) 로고스론(변증 II, 6, 1-3; 13, 2-6)

(6, 1) 만물의 아버지에게는 사람이 붙여줄 수 있는 이름이 없습니다. 왜냐하면 그는 "생겨난 자[또는 출생되지 않은 자]"(ἀγέννητος)가 아니기 때문입니다……

(2) [심지어] "아버지", "하나님", "창조자", "주님", "지배자"도 이름이 아니라, 그의 베푸신 자비와 행함에서부터 나온 "호칭"일 뿐입니다(ἐκ τῶν εὐποιιῶν καὶ ἔργων προσρήσεις). (3) 하지만 그의 아들, 홀로 정당하게 아들이라 불리는 그는 로고스로서 피조물 이전에 하나님과 함께 있었고 탄생되었습니다[또는: 생겨났다]. 곧 태초에 하나님께서 그를 통해서 만물을 창조하시고(ὁ

λόγος πρὸ τῶν ποιημάτῶν καὶ συνὼν καὶ γεννώμενος, ὅτε τὴν ἀρχὴν δι᾽ αὐτοῦ πάντα ἔκτισε)[5] [요 1, 1f.; 히 1, 2를 참조하라] 조성하실 때부터 계셨습니다. 그는 그리스도라고 부릅니다. 왜냐하면 기름부음을 받았고 하나님께서 그를 통해서 만물을 조성하셨기 때문입니다. 이것도 [물론 우리에게] 알려지지 않은 의미를 담은 하나의 이름입니다. 마치 "하나님"이라는 칭호가 이름이 아니듯이 말입니다. 하지만 이것은 설명하기 어려운 일들에 대해서 우리 사람의 본성에 심겨져 있는 하나의 표상인 것입니다(*ἔμφυτος τῇ φύσει τῶν ἀνθρώπων δόξα*).

(13, 2) 내가 그리스도인으로 발견되기 원한다는 것을 힘써서 고백하며 내 모든 힘을 다해 간구하고 노력하는 것은 플라톤의 가르침(*διδάγματα*)이 그리스도의 가르침과 [완전히] 달라서가 아니라, 모든 면에서 여기에 미치지 못하기 때문입니다. 이 점은 다른 것들에 대해서도 마찬가지입니다: 스토아주의자, 시인들과 역사가들. (3) 그들 모두 [진리의] 씨앗에 참여하는 덕분으로 주어진 신적 로고스의 한 조각(*ἀπὸ μέρους τοῦ σπερματικοῦ θείου λόγου*), 곧 로고스와 유사한 관계를 가지고 있는 그것을 알고 있었고 [그 정도로] 말했습니다; 하지만 그들은 중요한 질문들에서 서로 서로 상반되도록 말하였고, 그로 인해서 그들은 [더 깊이] 파고 들어간[?] 지식(*οὐκ ἐπιστήμην τὴν ἄποπτον*[6])과 반박의 여지가 없는 정도의 깨달음을 가지지는 못했음을 증명하였습니다. (4) 그와 반대로 모두에게 꼭 맞는 진술에서 나타나는 것이 우리 그리스도인들에게 이르렀습니다. 왜냐하면 우리는 하나님과 함께, 만들어진 것이 아니라, 형언할 수 없는 하나님으로부터 나오신 로고스를 공경하고 사랑하기 때문입니다. 하지만 그는 우리 때문에 우리 고난의 동반자로서 치유하시기 위해서 인간이 되셨던 것입니다. (5) 모든 저술가들은 그들 안에 거하는 로고스의 파종으로 말미암아(*διὰ τῆς ἐνούσης ἐμφύτου τοῦ λόγου σπορᾶς*) 단지

그림자같이 "존재하는 것"을 보았던 것입니다. (6) 왜냐하면 곧 물건의 모방품은 결국 제한된 [수용]능력에 따라 제시되는 것같은 씨앗과 그 자체 때문에 참여(μετουσία)와 모방이 이루어지는 물건 그 자체와의 차이를 나타내기 때문입니다.[7)]

d) 기독교 세례와 예배(변증 I, 61-67)

(61, 1) 어떻게 우리가 하나님께 바쳐지며, 그리스도를 통해서 새롭게 되는가를 말하겠습니다…… (2) 우리가 가르치고 말한 것이 진실하다는 것을 많은 사람들이 확신하고 믿습니다. 그리고는 힘껏 그렇게 살겠다고 약속합니다. 그들은 기도하고, 금식하면서 자신들의 지난날의 죄의 용서를 하나님께 간구할 것을 배웁니다. 우리도 그들과 함께 기도하고 금식합니다. (3) 다음에 그들은 우리에 의해서 물이 있는 곳으로 인도됩니다. 그리고는 우리가 거듭났던 식으로 그들도 거듭나게 됩니다; 즉 하나님, 곧 만물의 아버지요 주인이신 하나님과, 우리 주 예수 그리스도와 성령의 이름으로[마 28, 19 참조] 그들도 물로 씻음을 받습니다(τὸ ἐν τῷ ὕδατι…… λουτρόν).

몇 개의 성경구절(요 3, 5; 사 1, 16-20)이 인용된 후 세례의식에 대한 설명, 곧 "깨우침"(φωτισμός)이라고도 하는 설명이 사도의 가르침에 근거해서 뒤따랐다. 특별히 수세자가 스스로의 분명한 정신상태에서 하는 결단과 지난날에 저지른 죄에 대하여 통회하는 그 순간에 이루어졌다(61, 4-13). 다음 장에서 저스틴은 이교도들의 의식 안에 귀신들에 의해서 "사주된" 기독교의 세례의식을 모방한 것이 있다는 것을 말한다. 그 다음에(63, 64장) 모세보다 앞서서 이루어진 하나님의 현현에 관한 본론에서 이탈된 논의와 귀신들의 모방이라는 주제로 한 걸음 더 나아간 설명으로 빗나가 버렸다. 이는 마지막으로 (65장)에서 자신의 본래 목적으로 돌아가기 위해서였다:

(65, 1) [세례]씻음이 이루어진 다음에 우리는 [가르침 받은 대로] 확신하고 이행하는 자를 [우리가] 형제라고 부르는 자들이 모인 곳으로 데리고 옵니다. 자기와 깨우침[=세례] 받은 자와 흩어진 모든 사람들을 위해서 간절히 기도하기 위해서…… (2) 이 기도가 끝나면 우리는 [평화의] 입맞춤으로 서로 인사를 합니다[고전 16, 20 참조]. (3) 다음에 형제가 지도자(*προεστώς*)에게 빵과 함께 물이 든 잔, 그리고 물과 포도주가 섞인 [또 하나의 잔?]을 가져다 줍니다(*ποτήριον ὕδατος καὶ κράμματος*).[8] 그는 그것을 들어서 하나님께 아들과 성령의 이름으로 감사와 경배를 올립니다. 그리고는 우리가 이 선물에 합당하게 되기를 원하는 감사기도를 길게 합니다. 기도와 감사가 끝나면 모든 사람들이 "아멘"을 합니다. (4)…… (5) 이 지도자의 감사기도와 공동체의 화답이 있은 후에 우리가 "집사"라고 부르는 자들이 모인 자들에게 빵, 포도주와 물, 곧 이 때문에 감사드린 것 [혹은: 성별된 빵, 포도주와 물] (*ἀπὸ τοῦ εὐχαριστηθέντος ἄρτου καὶ οἴνου καὶ ὕδατος*)을 배분합니다. 그리고는 그 자리에 없는 사람들을 위해서 가지고 갑니다(*ἀποφέρουσι*).[9]

(66, 1) 이 양식을 우리는 "감사"라고 부릅니다. 거기에는 우리 가르침을 진실이라고 받아들이고 죄용서의 씻음과 거듭남을 받고는 그리스도의 가르침 대로 사는 자만이 참여할 수 있습니다. (2) 우리는 이것을 일반적인 빵과 일반적인 음료와는 다르게 받습니다. 그리스도 우리 주가, 하나님의 말씀으로 육신이 되시고 우리 때문에 살과 피를 지니신 분이시듯이, 우리 가르침 대로 이 양식은 그리스도에게까지 소급되는 기도로 축사되고[혹은: 바로 그에게로 소급되는 기도로 성별된 양식] 변화함으로(*κατὰ μεταβολὴν*) 우리의 살과 피가 양분을 받듯 육신이 되신 그리스도의 살과 피입니다.

(67, 3) 태양의 날이라고 부르는 날(*τῇ τοῦ ἡλίου λεγομένῃ ἡμέρᾳ*)에 도시와 마을 마다 모임이 이루어집니다. 그때 마땅한

사도들의 기억(ἀπομνημονεύματα)과 예언서들이 읽혀집니다. (4) 낭독자가 마치면 장로는 경계와 권고의 말씀으로 이 선을 추구할 것을 가르칩니다. (5) 그러면 우리는 모두 일어나서 기도를 올립니다. 기도 후에 위에서 말한 것처럼(65, 3-5) 빵과 포도주와 물을 가지고 옵니다. 그는 동일한 방식으로 기도하고 감사를 힘껏 올립니다. 그러면 아멘으로 화답합니다. 그러면 분배와 참여가…… 있게 됩니다(καὶ ἡ διάδοσις καὶ ἡ μετάληψις …… γίνεται). 모두는 축사된 것[혹은: 성별된 것] (ἀπὸ τῶν εὐχαριστηθέντων) 중에서 받습니다. 참석하지 못한 자들을 위해서 집사들이 가져갑니다. (6) 부유한 자들은 자기들의 것을 기꺼이 내어놓는다. 모아진 것들은 장로가 남겨둡니다. 그것으로 과부와 고아를 돌봅니다. 그리고 병들거나 다른 이유로 필요한 자들, 심지어 갇힌 자와 공동체에 함께 있는 나그네를 돌봅니다. 간단히 말하면 그는 모든 궁핍한 자들을 돌보는 자입니다. (7) 태양의 날에 우리는 함께 [예배] 모임을 가지는데 그 이유는 이 날이 하나님께서 어둠과 물질을 변화시켜서(τὸ σκότος καὶ τὴν ὕλην τρέψας)[10] 세상을 만든 첫날이기 때문입니다. 그리고 우리 주 예수 그리스도가 죽은 자 가운데서 부활하신 날이기도 합니다……

원전 : E. J. Goodspeed (Nr. 9), 같은 책—참고문헌: C. Andresen, Justin und der mittlere Platonismus, ZNW 44, 1952/1953, S. 157-195; ders., Logos und Nomos, AKG 50, 1955, S. 239-307; ders., Die Kirchen der alten Christenheit (= Die Religionen der Menschheit, Bd. 29, 1/2), 1971, S. 75-79 (Aplo. I, 65-67과 관련된 참고문헌 제시); J. H. Waszink, Bemerkungen zu Justins Lehre vom Logos Spermatikos, JAC Erg. Bd. I, 1964, S. 380-390; P. Prigent, Justin et l 'AT, Paris 1964; N. Hyldahl, Philosophie und Christentum. Eine Interpretation der Einleitung zum Dialog Justins, Kopenhagen 1966; L. W. Barnard, Justin Martyr. His Life and Theought, London, 1967; O. Skarsaune, The Proof from Prophesy. A Study in Justin Martyr's Proof-Text Tradition, NT, S. 25, 1970; J. C. M. van Winden, An early Christian philosopher. Justin Martyr's dialogue with Trypho chaptt. one to nine, Leiden, 1971; E. F. Osborn, Justin Martyr, BHTh 47, 1973; H. H. Holfelder, *Εὐσέβεια*와 *φιλοσοφία*. Literarische Einheit und politischer Kontext von Justins Apologie, ZNW 68, 1977, S. 48-66, 231-251; E. Robillard, Justin. L'itinéraire philosophique, Montréal-Paris, 1989.

1) 안토니우스 황제가 가진 별명 "경건자(pius)", 곧 계명되고 현대적인 통치방식을 천명하기 위해서 바로 이 "철학자 황제들"이 치켜세웠던 그 별명 및 그 이전 트라얀 황제의 언명(Nr. 10)을 비교하라 : nec nostri saeculi est!
2) 이와 반대로 주요 학과에 관한 프론토-캐킬리우스의 전형적인 "로마식" 주장을 비교하라.
3) 이에 관하여서는 Nr. 10의 플리니우스의 질문, 그리스도인이라는 이름이 처벌하기에 충분한가를 비교하라.
4) 모든 고대의 불경건 처벌 중에서 가장 유명한 예를 우리는 플라톤(Euthyphron, Apologie, Kriton, Phaidon)과 크세노폰(Memorabilien, Apologie)을 통해서 자세하게 배울 수 있다. 끼친 영향의 역사적 의미에 관해서는 E. Benz, Der gekreuzigte Gerechte bei Plato, im Neuen Testament und in der alten Kirche, AAMZ 1950, 12를 비교하라.
5) 저스틴의 로고스론과 관련해서는 변증, I, 13도 참조하라: "우리는 이 온 세상의 창조자(*δημιουργός*)를 숭배하기 때문에 무신론자들(*ἄθεοι*)이 아니다…… 이것에 관하여 우리를 가르치고 바로 이 목적을 위해서 출생하신[혹은: 생겨지신] 분이 예수 그리스도이시다…… 그분에 관해서 우리가 배운 바는 그는 참 하나님의 아들이시라는 것이고, 그래서 우리는 그의 두 번째 보위를 인정합니다(*ἐν δευτέρᾳ χώρᾳ ἔχοντες*)……"
6) *ἄ*. (*ἀφοράω*의) = 라틴어로는 conspicuus. 여기서 (*ἄπ τω τος ἐπιστήμη*)("오류가 없는 지식")의 스토아에서 사용하는 의미로 짐작하여야 하는가, 무엇보다도 *ἄπωπτον*도 전승되었는가?
7) 여기다가 "첫째" 변증 46장(소크라테스와 그리스도)과 59f.(그리스도교의 오래됨 증명, 특히 주목할 만한 강조점을 가지고: "우리는 다른 자들[곧 이방 철학자들]과 같은 것을 가르치는 자들이 아니다; 오히려 그들은 모든 자기들의 가르침과 함께 우리를 모방하는 자들이다. 하지만 지금은 사람들이 이 사실을 바로 우리 자신에게

서, 곧 아래와 같은 사람들에게서 듣고 경험할 수 있다. 곧 문자를 알아 본 적도 없고, 야만적인 언어에 관해서는 배우지 못한 사람들이지만, 참 지혜와 관련해서는 지혜롭고도 신뢰가 가는 자들, 저는 자들과 눈먼 자들에게서 말이다; 이로부터 알 수 있는 것은 우리가 주장하는 것은 사람의 지혜에서가 아니라 하나님의 능력에서 왔다는 것이다"[60, 10f.; 고전 1, 18ff.을 참조하라]). 이 배경에는 기독교의 "마지막에 등장함"을 비판하는 것이 있음이 분명하다; 하지만 이것을 저스틴의 배자적 로고스론이 형성되는 데에 본래적인 동기로 보기는 어렵다.

8) 이와 관련해서는 65, 5를 참조하라. 여기에 따르면 저스틴은 사실 "성찬의 섞인 잔 말고 순수한 물이 담긴 두 번째 잔"(C. Andresen, Die Kirchen der alten Christenheit, S. 76, A. 129)을 알고 있는 것으로 보인다.

9) 여기와 관련해서는 67, 5를 참조하라. 소위 아포포레타("선물")를 다루고 있다. 이 말은 여기에서 처음으로 나타난다.

10) 그래서: "무로부터의 창조"(creatio ex nihilo)가 아니다.

22. 폴리캅의 순교와 기독교의 순교자 숭배 시작

(폴리캅의 순교 17f.)

고대교회의 순교자들은[1] 바로 철학자 황제 마르쿠스 아우렐리우스(161-180), 곧 저스틴이 쓴 변증의 수신자들 중 하나인 이 황제 치하에서 많이 생긴 것으로 보인다.[2] 이들에 관해서 우리는 한편으로는 "기록문서", 곧 심문기록의 형태로 있는 생생한 보고(Nr. 24)를 통해서 알게 된다. 다른 한편으로는 "수난사화" 혹은 "순교보"을 통해서 그리고 교훈의 목적으로 집필된 것으로 "고백자들"과 "죽음으로 신앙절개를 지킨 자들"의 고난 과정에 관해서 이야기 식으로 만들어진 보도들을 통해서 경험하게 된다. 이러한 "순교"의 가장 유명한 예는 소아시아 서머나의 감독이며, 2세기(주후 100년 이전에 출생) 교회의 중요한 인물들 중 하나인 폴리캅의 순교이다. 물론 이 문서는 최근 뜨거운 논쟁의 대상이 되었다. 이는 폴리캅의 사망일자(156/157, 163/168 혹은 177년 2월 22일

혹은 23일?) 뿐 아니라, 서머나 교회가 그의 사망 직후 집필하고는 여러 공동체에 보낸(필로멜리움에 보낸 편지가 보존되어 있다) 보고의 순수성에 관해서이다. 특별히 유난스러운 경건과 제의사적 관심을 목적으로 기록된 장에 대해서 후대의 수정과 가필 의구심이 제기되고 있다. 하지만 이런 저런 논쟁의 문제들이 현재까지는 종결되지 않았다고 보아야 할 것이다.

상황 : 서머나의 원형경기장 가운데서 로마의 총독에게 심문을 받기 위해서 끌려온 86세 된 폴리캅은 "그리스도를 모독하고" 황제의 신성에 맹세할 것을 부인하므로 화형판결을 받았다. 불길이 그를 사르지 못하자, 사람들은 그 원형경기장 안에서 상처 입은 검투사들과 짐승들을 죽이는 해결사가 맡아 처리하라고 하였다.

(17, 1) 그 질투하는 자, 미워하는 자, 사악한 자요, 의인들의 원수가 그(폴리캅)의 순교(*μαρτυρία*)의 위대함과 그의 길고도 흠 없는 삶을 보았다. 그가 어떻게 불변의 관을 썼는지, 누구와도 비교할 수 없는 승리의 관을 가졌는지를 보았다. 그때 그 사악한 자는 우리가 [겨우] 그의 남은 육신만이라도 가지는 것을 방해하려고 하였다. 하지만 많은 사람들이 [그의 한 부분을 지님으로 말미암아] 그의 거룩한 몸에 참여코자 하였다. (2) 그래서 몇몇 사람이 [화평의 재판관] 헤롯의 아버지 니케테스[6, 2; 8, 2 참조]를 꼬드겼다. 총독에게 시체를 주지 말라고 하면서, 그 이유로는 "그들[그리스도인들]이 십자가에 달린 자로부터 떠나 이 자[폴리캅] 숭배를 시작하지 못하게 위해서라"고 하였다. 이것도 유대인들[12, 2f.; 13, 1][3]의 설득과 압력에 의한 것이었다. 그들은 [이미 우리를] 속였다. 곧 우리가 폴리캅을 불 가운데서 끄집어내려고 할 때, 말하자면 이 세상에서 축복 받을 모든 자들의 구원을 위해서 죄 없이 죄인이 되어 고난받으신 그리스도를 떠난다거나, 다른 자를 숭배할 수 있다는 것은 [당연히] 단 한 번도 생각하지 않을 때 말이다.

(3) 우리는 하나님의 아들 [오직] 그만 숭배하며, 순교자들을 우리는 자기들의 공로로 주님의 제자가 되어 뒤따르는 자들로 사랑하는 것이다(*τοῦτον μὲν γὰρ υἱὸν ὄντα τοῦ θεοῦ προσκυνοῦμεν, τοὺς δὲ μάρτυρας ὡς μαθητὰς καὶ μιμητὰς τοῦ κυρίου ἀγαπῶμεν ἀξίως*). 그들은 자기들의 왕과 선생을 향한 더할 수 없는 절절함 때문에 그렇게 한 것이다. 우리도 그들의 동료요 제자가 되기를 바라고 있다.

(18, 1) 그 [처형 명령을 내리는] 대장은 유대인들이 싸우려고만 하는 것을 보고는 그를[시체를] 장작더미 한가운데 놓게 하고 관행에 따라 태웠다. (2) 이러한 방식으로 우리는 그 후에야 보석보다도 가치 있고, 금보다도 귀한 그의 잔해를 모으고 적당한 장소에 안치할 수 있었다. (3) 가능하시면 우리 주님께서 이곳에서 우리가 기쁨과 감격 가운데 모여 폴리캅의 순교의 날을 생일로 축하하게 하시리라. 끝까지 싸운 자들을 기념하며 장래 [순교자]를 훈련하고 준비하게 하도록 말이다.

원전 : R. Knopf-G. Krüger-G. Ruhbach, Ausgewählte Märtyrerakten, SQS 3, 1965[4]; B. Dehandschutter (아래를 보라), S. 122-127.—참고문헌: H. von Campenhausen, Bearbeitungen und Interpolationen des Polykarpmartyriums, SHAW, 1957 (재판: ders, Aus der Frühzeit des Christentums, 1963, S. 253-301); L. W. Barnard, In defence of Pseudo-Pionius' account of Saint Polycarp's martyrdom, Kyriakon (FS f. J. Quasten) I, 1970, S. 192-204; W. Rordorf in: H. Canzik u. a., Aspekte frühchristlicher Heiligenverehrung, 1977 (= Oikonomia 6); B. Dehandschutter, Martyrium Polycarpi, Leuven, 1979; Th. Baumeister, Die Anfänge der Theologie des Martyriums, 1980 (= MBTh 45); D. Wendebourg, Das Martyrium in der Alten Kirche als ethisches Problem, ZKG 98, 1987, S. 295-320; G. Buschmann, Das Martyrium des Polykarp (KAV 6), 1998.

1) $\mu\acute{\alpha}\rho\tau\upsilon\varsigma$(증인)에서 왔다.
2) 전거와 짐작되는 원인들에 관해서는 S. Wlosok [Nr. 5], S. 48ff.를 보라.
3) "유대인들의 회당"이 "박해의 진원지"라는 터툴리안의 주장(fontes persecutionum: Scorpiace 10, 10)을 비교하라.

23. 기독교를 향한 켈수스(Kelsus)의 공격

마르쿠스 아우렐리우스 황제의 통치 말엽—저스틴의 변증저술 활동의 약 25년이 지난 때쯤 여기에 대한 반박으로써[1]—중기 플라톤주의자 켈수스는 "참된 가르침"(Ἀληθὴς λόγος)[2]이라는 제하에 기독교를 향해 격렬한 공격을 하였다. 이것은 약 70년이나 지난 후에 저술되었고 완전하게 보존된 오리게네스의 반박 문서를 통해서 알려졌다. 이 문서가 제시하는 인용은 숫자적으로도 많을 뿐 아니라 광범위하고 언제나 확실하지는 않지만 윤곽을 그릴 수 있게 한다. 그래서 인용들은 내용을 부분적으로 재구성할 수 있게 하며, 켈수스가 폭넓게 교육받았으며 저술가로서도 재능이 있는 플라톤주의자라는 것을 증명하고 있다. 그는 [유대교와] 기독교를 공격하는 자로서의 자기 임무를 절대로 가볍게 행하지 않았다. 반대로 그는 일련의 구약과 신약성경 본문을 주도면밀하게 읽었으며, 이에 더하여 사도 이후 시대의 기독교 공동체 발전에 관한 지식도 가지고 있었다. 또한 그는 기독교를 겨냥한 동시대의 유대교 공격에도 정통하였다. 이 공격 덕분에 그는 예를 들면 유명하고—악명 높은 판테라 우화[3] 및 아래 이야기를 알고 있었다. 곧 소년 예수는 자기 부모가 이집트로 피신하였을 때 그곳에서 마술교육을 받았다는 것이다(1, 28, 32).—하지만 아래 발췌는 그의 비판, 비판의 근거와 경향 수집 중 주요점에 국한된다.

a) 비판의 요점(오리게네스, 켈수스 반박 1, 1-21)

(1) [첫 번째 핵심: 기독교의 폐쇄성과 비밀스러움. 그 근거: 위협적인 죽음의 위험으로부터의 도피. 이렇게 또한] 기독교인들이 서로를 향해서 품는 소위 사랑(ἀγάπη)도 공동의 위협으로부터 그 근거를 가지며, 맹세 그 이상의 힘을 가진다. [거듭해서 켈수스는] 통속적인 규율(κοινὸς νόμος)을 [입에] 담고 있는데, [그리스도인들의] 결속이 여기에 관련된다는 것이다.

(2) 두 번째 비판점: 기독교인들의 가르침(δόγμα)은 [그 본질이 유대적, 그러니까] 야만적이다. [물론] 일반적으로 야만인들이 자기들의 가르침을 가질 수(εὑρεῖν δόγματα)는 있다; 하지만 이 야만인들이 가진 가르침들을 판단하고, 확고히 하고, 덕을 함양하기 위해서 실제로 행동하는 면에서는 희랍인들이 [항상] 우위에 있다. (4) [진리를 사랑하는 사람은 계시를 들이대면서 가르치는 그들의 가르침에서 얻을 것이 무엇인지를 스스로 생각하는 것이기에 관점을] 윤리(τὸν ἠθικὸν τόπον)에 두고 본다면[분명한 것이] 그들의 윤리는 저속하고 다른 철학자들과 비교할 때 감동을 주거나 새롭다고 할 수 있는 것이 없다. (5) [우상숭배에 대한 그들의 비판도 마찬가지이다. 이러한 비판은 이미 헤라클릿이나 헤로도토스가 말하듯 페르시아인들에 의해서 이미 오래전에 선례가 있는 것이다]. (6) [나아가서 켈수스는 비판한다]: 그리스도인들이 가진 것처럼 보이는 능력은 귀신을 부르며 맹세하는 데서 온 것이다. [켈수스에게는 이것이 기독교의 야만성과 저속성을 증명하는 것이다.] 예수는 [벌써] 자기가 행한 기적처럼 보이는 일들을 마술을 통해서 행할 수 있었다; 그는 다른 자들도 그와 같은 지식을 가지고 비슷한 일들을 행할 수 있고, 하나님의 능력으로 그러한 일을 행했다고 자랑할 수 있다는 것을 알았기에 그러한 일을 자기 무리에게서 제거해 버렸다(ἀπελαύνει τῆς ἑαυτοῦ πολιτείας).[4] (7) [기독교인들이 자기들의 가르침을 비밀에 부친다(κρύφιον τὸ

δόγμα)는 비판이 켈수스에게는 결정적인 것이어서 그는 거듭 거듭 그 주제를 언급했다.] (8) [그에 대해서 켈수스가 말한다.] 나는 좋은 가르침을 따르는 자가 그로부터 떨어져 나올 수 있다거나 이미 탈퇴했다고 말할 수 있다고 생각하지 않는다…… 만일 그가 그 가르침 때문에 사람들 사이에서 위험에 직면한다면 [특별히 그가 플라톤 학파에서 배울 수 있는 것을 알게 된다면], 곧 사람 안에는 땅의 것보다 더 높은 것, 하나님을 닮은 것이 있다는 것을 안다면…… (9) [이로부터 켈수스는 기독교인들을 향한 조언을 이끌어 낸다, 그들은] 가르침을 받을 때에 이성(λόγος)과 이성적인 지도자를 따라야 한다; 왜냐하면 이러한 조심성을 버리고 [단순히] 사람들이 말하는 것에 동의하는 자는 분명히 기만을 당하게 되기 때문이다 [이 주장을 뒷받침하기 위해서 신비종교들 및 마그나 마터(Magna Mater)와 미트라스(Mithras) 숭배의 결과들이 감동적인 증거를 제시한다]. 이러한 종교들에서 아주 종종 좋지 않은 사람들이 쉽사리 믿는 자들의 무지함을 이용하듯이, 기독교인들에게도 같은 일이 일어난다. 그들 중 어떤 사람들은 한 번도 자기들이 믿는 바에 대해서 변명을 하거나 요구하려고 하지 않고, 아래 기본 문구를 따른다: "묻지 말고 믿어라", 그리고: "너의 믿음이 너를 복되게 하리라"…… (12) 그들[기독교인들]이 내 질문들에 답하려고 한다고 하자—[이 질문들을] 나는 자기가 믿는 것을 찾아내려고 하는 사람으로서 제시하지 않았다. 모든 사람을 동등하게 염려하는 한 사람으로서 한 것이다—그렇다면 모든 것은 잘 마무리될 수 있다. 하지만 그들은 그러한 준비는 하지 않고, 자기들의 일반적인 말만 하고 있다고 하자: "더 이상 알려고 들지 말라……". 그렇다면 필수적인 것은 그들이 주장하는 것의 종류와 그들에게로 흘러들어간 원전에 대해서 그들을 가르쳐야 한다는 것이다.

(14) [참된 가르침은 오래된 가르침이다. 거기에 걸 맞는다:] 처음부터 있어 왔고 항상 가장 지혜로운 민족과 도시들, 지혜로운

사람이 굳건히 붙든 옛 가르침(*ἀρχαῖος…… λόγος*)이 하나 있다. (21) 이 가르침을 모세[도] 지혜로운 민족들과 유명한 사람들에게서 발견하였고 습득하였다…… [물론 추후에 변경시켰다. 바로 이것이 기독교이다; 그런데 기독교는 유대교의 왜곡이다, 그러니까 왜곡의 왜곡인 것이다!]

b) 비판의 종교철학적 기초(같은 곳 7, 36.42.45.68; 8, 63.67)

(7, 36) …… 만일 너희가 감각적 인식을 향해서 눈을 감고 영으로 보며, 육체로부터 돌이켜서 영혼의 눈을 뜨게 될 때만 너희가 하나님을 보게 되리라(*ἐαν αἰσθήσει μύσαντες ἀναβλέψητε νῷ καὶ σαρκὸς ἀποστραφέντες ψυχῆς ὀφθαλμοὺς ἐγείρητε, μόνως οὕτως τὸν θεὸν ὄψεσθε*)……

(7, 42) ["가장 영향력 있는" 하나님을 가르치는 교사는 켈수스의 생각에 플라톤이었다. 그의 "티마이오스"에서 그는 아래의 유명한 인용문을 이끌어 왔다:] "만물의 창조자요 아버지를 발견하는 것은 힘겨운 일이다; 사람이 그를 발견하고 나서 그를 모든 자들에게 알리는 것은 불가능하다"(*τὸν μὲν οὖν ποιητὴν καὶ πατέρα τοῦδε τοῦ παντὸς εὑρεῖν τε ἔργον καὶ εὑρόντα εἰς πάντας ἀδύνατον λέγειν*).[5] [그 다음에 연이어서]: 선견자들[과 철학자들]이 진리의 길을 얼마나 찾았는지 너희는 안다. 그리고 플라톤은 모든 사람이 그 길을 가는 것이 "불가능하다"는 것을 알았다는 것도 안다. 하지만 그 길을 지혜로운 사람들이 발견하였다. 그 후에 우리는 그 이름 부를 수 없는 자요 첫 번째 존재자를 어떤 방식으로든, 곧 그를 다른 존재자들과 함께 다루든지, 아니면 그를 다른 자들로부터 구별하든지, 아니면 유비의 방식[6]으로든지 파악할 수 있게 하였다. 나도 다르게는 말할 수 없는 것을 가르치려고 한다……

(7, 45) 존재함이 있고 생겨짐, 곧 지성적인 것과 가시적인 것이 있다. 존재함은 진리와, 생겨남은 오류와 연결되어 있다. 진리와는 학문이, 다른 쪽과는 [단순한] 생각이 관계된다. 지성적인 것에는 사고력이, 가시적인 것에는 시력이 관여된다. 지성적인 것은 영이, 가시적인 것은 눈이 파악한다. 그러니까 가시적인 일들에서 태양은 눈도 아니고 시력도 아니다. 보는 눈을 위한 근거이고, 시력이 볼 수 있게 하는 근거이고, 모든 가시적인 대상들이 가시적일 수 있도록 하는 근거이고, 감각적인 일들이 발생하게 되는 근거이며, 결국 그 모든 것들의 "가시 가능성"의 근거이다. 이것이 지성적인 일들에서는 그분[이름 부를 수 없는 지고의 존재, 하나님]이다. 그는 사고와도 [동일하지 않으며] 사고력이나 인식과도 동일시되지 않는다. 그는 영의 근거가 되어서 영으로 생각하게 하며, 사고 자체가 존재하도록 하는 근거이고, 인식이 가능하도록 만드는 근거이며, 결국 모든 사고 대상의 근거요, 진리 자체와 존재 자체의 근거여서 그들이 존재하게 한다. [절대의 나라에 있는] 모든 것 너머에 존재하는 그가 생각의 대상이 될 수 있는 것은 [직접적인] 전달 가능성을 벗어난 능력 덕분이다……[7]

(7, 68) [플라톤 신학의 최고 신 외에 켈수스는 물론 "위"와 "아래" 사이에 있는 다양하게 단계를 가진 매개 시스템, 곧 아래 단계의 신들을 알고 있었고, 인정하였다. 그 신들도 "신"의 권세를 가졌기에 "신"을 경외하려는 자는 그들을 섬겨야 한다고 하였다.]

(8, 63) [켈수스는 "귀신들" 외에 일종의 아래 단계의 신으로 로마 황제도 인정하면서, 희랍 철학적인 다신론에 정치적 해석을 제공한다]: 질서가 이럴진대 지상 권세, 그 다른 것들[곧 "귀신들"] 및 사람들을 통치하는 제후들과 왕들에게 절하는 데에 무슨 잘못됨이 있는가? 왜냐하면 이 모든 것들은 신적인 힘 없이는 한 번도 자기들의 위엄을 가져본 적이 없기 때문이다.

(8, 67) 사람들이 보는 앞에서 황제에게 맹세하라고 너에게 명

한다 하더라도, 그것은 전혀 흉악한 것이 아니다. 그에게 땅을 다스리는 통치권이 주어졌다면, 네가 이생에서 받은 것은 그에게서 받은 것이다.

c) 비판의 경향(같은 곳 8, 68f. 73.75)

(8, 68) …… 만일 네가 이 법(δόγμα)[곧 지상에서의 통치자는 하나님이 허락한 자[8]]을 인정하지 않는다면 황제의 처벌은 정당한 것이다. 너처럼 모든 사람이 행한다면 [그리고 신이 허락한 통치자의 권세에 복종하지 않는다면] 그는 [모든 자들로부터] 난관에 부딪힐 것이고…… 이 지상나라는 법도 없고 야만적인 오랑캐들에게 넘어갈 것이지만, 동시에 너의 하나님을 숭배하는 것과 참 진리에 관해서 [즉시로] 더 이상 아무 것도 들을 수 없게 될 것이다.[9]

(69) 너는 물론 로마인들이 너에게 설득되어서 신들과 사람들에 대한 전통적인 의무를 거부하고 [그 대신] 너희의 '최고 신' 혹은 네가 그 어떤 이름으로 부르든지 간에 그를 불러댄다고 한다면, 그 신은 아래로 내려와서 그를 위해 싸워주므로 로마인들은 아무런 다른 도움도 더 이상 필요하지 않게 된다고 말하려고 하지 않을 것이 분명하다. 이미 과거에 바로 그 신은 자기를 따르는 자들에게 너희들 말대로 이러한 약속들, 어쩌면 이것보다 더 큰 약속들을 하였다. 하지만 그의 힘이 그들[곧 유대인들]에게 그리고 너희에게 얼마나 컸었는지 너희는 안다: 온 땅의 주인이 되기는커녕 그들에게 고향은 물론이고, 심지어는 아궁이 불도 남지 않았다. 반면에 너희 중 이런 사람, 또는 저런 사람이 숨을 수 있었고 도망할 수 있었지만 [그도 곧바로] 발각되어 죽음에 넘기워졌다.

(73) [켈수스는 아래의 경고로 끝마친다. 기독교인들은] 모든 힘을 다해 황제를 돕고 그와 함께 법집행에 협력하고, 황제를 위해 싸우고, 그가 싸우러 가면[혹은: 그런 상황으로 몰려갔다면] 그와 함께 전쟁에 참여하여 그의 군대를 통솔하여야 한다.

(75) [더욱 경고하기를, 그들은] 조국의 공직을 받아들여야 한다. 법의 수호와 신에 대한 경건(εὐσέβεια)을 잃지 않음이 그렇게 하라고 명령하기 때문이다.

원전 : P. Koetschau, Origenes Werke, Bd. 1, 2, GCS 2. 3, 1899; R. Bader, Der Ἀληθὴς Λόγος des Kelsos, TBAW 33, 1940도 참조.—참고문헌: A. Wifstrand, Die wahre Lehre des Kelsos, Bull. de la soc. roy. des lettres de Lund, 1941/1942, S. 391ff. (Svensk teol. kvartalskr. 18, 1942, S. 1ff.참조); H. Chadwick, Origen Contra Celsum (번역, 서론, 각주), Cambridge (1953) 1965²; C. Andresen [Nr. 21]; H. Doerrie, Die platonische Theologie des Kelsos in ihrer Auseinandersetzung mit der christlichen Theologie, NAG 1967, 2; K. Pichler, Streit um das Christentum, 1980; E. V. Gallagher, Divine man or magician? Celsus and Origen on Jesus, Chicago, 1982; R. L. Wilken, 위 (Nr. 10), 제 V장.

1) 이와 관련해서는 C. Andresen이 최근 문서들을 제시하는 단행본[Nr. 21]을 J. H. Waszink, VigChr 12, 1958, S. 166ff.의 서평; H. Doerrie, Gn 29, 1957, S. 185ff.의 서평과 함께 비교하라.
2) 이것에 관해서는 특별히 A. Wifstrand, a. a. O., S. 396을 참조하라.
3) 현대 일련의 반기독교적 팜플렛 필자들에 의해서 아직도 유포되고 있는 주장이 있다. 곧 "예수의 모친은 그가 사랑한 목수와 간음을 저질러서 판테라라고 하는 [로마] 군인에 의해서 아이를 갖게 되었기에 쫓겨났다"(오리게네스, 켈수스 반박 1, 32에 나오는 켈수스의 말).
4) Bader에 따르면 플라톤이 말하는 호머와 "많은 거짓말을 하는 시인들"을 자기 "국가"에서 추방한 것을 빗댄 말이다.
5) 플라톤, 티마이오스 28c.—"아마도 헬레니즘 시대의 진부한 플라톤 인용"(H. Chadwick).
6) 이것이 훗날 하나님 인식의 세 가지 길이라 불리는 것이다: via eminentiae (Synthesis)—via negationis(Analysis)—via analogiae. 문제시된 세 번째 길, 곧 현세의 가시적인 단계를 초월에까지 연장시켜서 "하나님이 이데아의 세계에서 태양 같으신 분"이 되어 지상에서의 태양에 비유되는 이 길은 "원래 플라톤식의 하나님 인식의 길"이다(H. Doerrie, 위의 책, S. 57).
7) 이것과 관련해서는 무엇보다도 플라톤의 "국가"에 나오는 세 가지 비유를 비교하

라. 여기에서 그의 이데아론의 이론적 기초가 시인들의 관조로 변역되었다: "태양의 비유"(Pol. VI, 508a-509d), "선의 비유"(509d-511e), "동굴의 비유"(VII, 514a-517a).
8) 호머, 일리아드 II, 205를 비교하라 – "이 맥락에서 표준적 인용"(H. Chadwick)
9) 여기에 터툴리안, 변증 21, 24 (아래 Nr. 30c)를 비교하라. 그를 따르더라도 사람은 황제가 되든지 아니면 기독교인 중 하나가 될 수 있다!

24. 스킬리인들(Scilitaner)의 순교

기독교적 내용을 담고 있으며 가장 오래되었고 연대 측정이 가능한 라틴어 문서는 순교보이다! 이것은 심문기록문서[1]의 형태로 스킬리, 곧 다른 곳에서는 거의 알려져 있지 않은 누미디아의 한 지역에서 이루어진 기독교인들 재판에 관해 말해주고 있다.

(1) [180년] 프레젠스가 두 번째 집정관이었고, 그리고 클라우디아누스[바르게 한다면: 코르디아누스]가 집정관인 그 해 7월 17일 카르타고의 취조실(secretarium) 안에서 스페라투스, 나르짤루스와 키티누스, 도나타, 세쿤다, 베스티아가 불려 나왔다. 집정관 대리 사투르니누스가 선언하였다: "너희는 우리의 주이신, 황제의 면책을 받을 수 있다(indulgentiam…… promereri), 만일 너희가 더욱 사려깊어진다면 말이다." (2) 스페라투스가 대답하였다: "우리는 한 번도 악을 행치 않았고 어떤 방식으로든 불의에 관여하지 않았습니다. 우리는 도망치지 않았고, 사람들이 우리를 악하게 대할 때 우리는 [오히려] 감사하였습니다; 왜냐하면 우리는 우리 황제를 공경하기 때문입니다." (3) 사투르니누스 집정관 대리가 이어 말하였다: "우리도 신앙이 있으며(religiosi), 우리의 종교는 [생각이 닿을 만큼] 단순하다 [또는: 틀림이 없다]: 우리는

우리 주, 황제 수호신에 맹세하며, 그의 안녕을 위해서 기도하고 희생을 드린다. 그것은 너희도 행할 의무가 있다." (4) 스페라투스가 응수하였다: "만일 당신이 나에게 조용히 귀를 기울여준다면 [참] 단순함의 비밀(mysterium simplicitatus[2)])을 당신에게 알려드리겠습니다." (5) 이어 사투르니누스가 말했다: "네가 우리 제의(sacra nostra)를 평가 절하하는 것으로 시작한다면, 나는 너의 말을 귀담아 듣지 않겠다; 차라리 우리 주인 황제 수호신에 맹세하라." (6) 스페라투스가 대답하였다: "이 세상에 있는 명령권을 나는 인정하지 않습니다(imperim huius seculi non cognosco); 반대로 나는 누구도 보지 못했고 이 [육체의] 눈으로는 볼 수 없는 하나님을 섬깁니다. 도둑질은 한 번도 하지 않았습니다; 반대로 모든 사업에서 세금을 내었습니다. 이는 내가 나의 주, 곧 왕 중의 왕이시고 만 백성을 통치하시는 분을 인정하기 때문입니다". (7) 이에 집정관 대리 사투르니누스가 다른 자들에게 말하였다: "그 확신에서 떠나라." 그러나 스페라투스가 맞받아쳤다: "살인을 저지르고 거짓 증언을 하는 것이 악한 확신입니다." (8) 집정관 대리 사투르니누스가 말하였다: "이 미친 확신을 가지고는 아무 짓도 하지 말라." 키티누스가 응수하였다: "우리 주님, 하늘에 계신 하나님 외에는 우리가 경외할 자가 없습니다." (9) 도나타가 못박았다: "가이사에게는 가이사로 경의를 표합니다; 하지만 경외(timor)를 받으실 분은 하나님 한 분이십니다." 그러는 중에 베스티아는 말한다: "나는 기독교인입니다", 세쿤두스도: "지금의 나 그대로 [앞으로도] 머무를 것입니다." (10) 그러자 사투르니누스 집정관 대리가 스페라투스에게 물었다: "너는 그리스도인으로 남겠는가?" 스페라투스가 대답하였다: "나는 그리스도인입니다." 그러자 모든 사람이 화답하였다. 이에 집정관 대리 사투르니누스가 말하였다: "혹시 생각할 시간이 필요하지 않은가?" 스페라투스가 대답하였다: "이토록 정당한 일에 대해서는 생각할 필요가 없습니다." (12) 그러고 나서 집정관 대리 사투르니누스가 물었다. "도대체 너희 상자(capsa) 안에는 무엇이 들었느냐?" 그러자 스페라투스가 대답하였다: "책들과 의로운 사람 바울의 편지입니다(Libri et epistula Pauli viri iusti)."[3)] (13) 집정관 대리 사투르니누스가 물러서지 않았다: "너희는 이 일에 대해서 다시 한 번 생각할 말미로 30일을 가지게 된다." 스페라투스가 말하였다: "나는 그리스도인입니다." 그리고 모든 자들이 동의하였다. (14) 이에 집정관 대리 사투르니누스가 서판(tabella)에 있는 판결을 낭독케 하였다: "스페라투스, 나르짤루스, 키티누스, 도나타, 베스티아, 세쿤다[그리고 그 밖에 기독교의 신앙관습에 따라 살고 있다고 고백한 자들]를 칼로 처형하라. 왜냐하면 그들은 로마인들의 관습과 방식(ad Romanorum morem redeundi)으로 돌아올 기회가 주었졌지만, 완고하게 [자기들의 신앙에] 머물렀기 때문이다." (15) 스페라투스가 이어서 말했다: "하나님께 감사드립니다." 나르짤루스: "오늘 우리가 하늘에서는 순교자입니다. 하나님께 감사드립니다." (16) 집정관 사투르니누스가 포고케 하였다: "스페라투스, 나르짤루스, 키티누스, [베투기우스, 펠릭스, 아퀼리누스, 래탄티우스, 야누아리아, 게네로사][4)] 베스티아, 도나타와 세쿤다를 처형하도록 끌고 갈 것을 명하노라." 모두가 고백하였다: "하나님께 감사드립니다!" 그리고는 곧바로 그들은 그리스도의 이름 때문에 참수되었다. 아멘.[5)]

원전 : H. Musurillo, The acts of the Christian Martyrs, Oxford, 1972; H. A. Gärtner, 위 (Nr. 20), S. 34(38)-43.—참고문헌: F. Corsaro, Note sugli Acta martyrum Scilitanorum, Nuovo didascaleion 6, 1956, S. 5-51; H. Karpp, Die Zahl der scilitanischen Märtyrer, VigChr 15, 1961, S. 165-172; H. a. Gärtner in: StPatr 20, 1989, S. 8-14.

1) 여기에 문장이 연속해서 열거되는 것도 그것을 말한다(Saturninus proconsul dixit:……, Speratus dixit: ……, Saturninus proconsul dixit: …… 등). 번역에서는 관공서의 재판기록 형식의 흉내보다는 더 부드럽게 된 것일 수 있다.
2) 집정관 대리의 선언과 비교하라: simplex est religio nostra!
3) 우리가 아는 한에는 이것이 라틴어 성경을 첫 번째로 다룬 것이다.
4) 후대의 첨가가 분명하다.
5) 다른 번역에는 그 결말이 이러하다: "그리고 그들 모두는 함께 순교의 관을 썼고 성부, 성자, 성령과 함께 영원히 다스렸다. 아멘."

25. 기독교 영지주의

영지주의의 발생은 언제나 대답하기 어려운 질문이다.—사실 2세기에 기독교 영지주의는 오늘날 "영지"와 "영지주의"라는 개념을 사용하곤 하는 그러한 의미로 존재하였다. 그에 따르면 "영지"라는 개념으로는 이 악한 세계에 붙잡혀 있는 자신과 자기의 저 초월적이고 신적인 부분이 동일하다는 것에 관한 지식이라고 이해하여야 한다. "영지주의"는 그 핵심이 방금 서술한 깨달음인 저 모든 종교적 체계들의 집단적 개념이다.—이 두 개의 무르익은 표현은—이것은 동시에 전통적인 기독교에 가장 근접한 것들로서 교회에 아주 강력한 영향을 끼쳤으며, 이 때문에 가장 첨예한 교회의 집중포화 아래 있었던 것으로서—바실리데스(2세기 초반)와 발렌티누스(약100년 경에는 바실리데스처럼 알렉산드리아에, 그리고는 약 140-160년 로마에 살다가 로마와 그리고 마지막으로는 키프로스에서 활동한)에게서 기인한다. "교회는 이 끝 간 데 없이 날뛰는 이단들을 방어하고 동시에 영적으로 그들을 제압하게 되었다. 그런데 이것을 교회가 국가적인 힘을 사용할 수 있기까지는 아직 시간이 더 많이 필요하던 때에 행했다는 것은 그들이 이룬 가장 큰 역사적 업적 중 하나였을 수 있다"(K. Beyschlag).

a) 영지주의의 주제(알렉산드리아의 클레멘스, 테오도투스 발췌문 78, 2)

테오도투스 발췌문은 다양한 발렌티누스주의자들의 주장들을 모은 것이다; 이 모음집의 이름으로 등장하는 테오도투스는 그중 하나에 불과하다.

[세례]의 씻음만이 아니라 '지식' ["깨달음"]도 자유하게 한다: 우리는 누구였으며, 우리는 무엇이 되었는가? 우리는 어디에 있었고, 어디로 내던져졌는가? 우리는 어디를 향해 서둘러 가며, 어디로부터 구원받게 되는가? 무엇이 태어남이고, 무엇이 거듭남인가 (*τίνες ἦμεν, τί γεγόναμεν. ποῦ ἦμέν,* [*ἤ*] *ποῦ ἐνεβλήθημεν. ποῦ σπεύδομεν, πόθεν λυτρώμεθα. τί γέννησις, τί ἀναγέννησις*)?

b) 나아센주의자들의 시편(Naassnerpsalm)에서 본 영혼의 추락과 외부로부터의 길(히폴리투스, 이단반박 5, 10, 2)

이 노래는 기독교-영지주의적인 나아센(히브리말 "뱀"을 희랍어인양 음역한 명칭) 분파의 것이다. 그들에 관해서는 히폴리투스만 자기의 모든 이단들 반박(Refutatio omnium haeresium, 5, 6, 3-11, 1; 10, 9, 1-3)에서 언급할 뿐이다. 이 노래의 본문은 심하게 훼손되어 있다.

만물의 보편적인 법칙(*νόμος…… γενικός*)은 첫 번째로 태어난 누스[정신]이다. 첫째로 태어난 것 다음의 두 번째 그[또는 그것은]는 쏟아내어 버려진 혼돈이고, 세 번째로 혼이 자기 곤고함[?]의 열매로서 법을 받았다.

이것에 관해서, 사슴의 모양에 둘러싸여서

혼은 죽음에 사로잡혀, 그 세력 가운데서 한숨지으며……
출구도 없이 그 복 없는 자는 이리저리
악으로 가득찬 미로에서 방황한다.
그때 예수께서 말하였다: 보소서 아버지여,
사악함에 쫓겨 땅 위에서 헤메나이다,
당신의 숨결로부터 온 것이……
그러니까 나를 보내소서, 아버지;
인장들을 지참하고 내려가기를 원하나이다,
모든 세대를 누비려고 합니다,
모든 신비를 열어 제치기를 원하며
신들[1]의 형상들을 보여주며,
거룩한 길의 비밀들을,
지식이라고 부르는 것을 알려주려고 합니다.

c) 발렌티누스주의자들의 세계상(에피파니우스(Epiphanius), 약상자 31, 5. 6)

발렌티누스 학파의 교육용 편지의 단편조각들. 이것이 발렌티누스주의의 가장 오래된 문서인지(K. Holl) 아니면—여기 최고의 존재들을 말하는 다양한 이름들과 다른 발렌티누스주의의 체계에서 실제적으로 나타나고 있기 때문에—후대에 나타났다고 보는 것(W. Foester) 중 어느 것이 더 개연성이 있는지 논란이 되고 있다.

(31, 5, 1) 이해하는 자들, 혼적인 자들, 육적인 자들[2], 세상 자녀들, 위대함 가운데에서…… [도입부의 형식이 손상되었다] 파멸될 수 없는 영이 파멸될 수 없는 자들에게 문안하노라.

(2) 이름붙일 수 없고, 말할 수 없는 초세상적 비밀들을 내가 너희에게 가르치노라. 이것들은 권세로도, 힘으로도, 복종케 된 자

들(ὑποταγαί[고전 15, 28절 참조])과 모든 혼합된 세계를 통해서도 이해될 수 없고, 오직 동요하지 않는 자의 엔노이아['생각']에게만 알려진다. (3) 태초에 최고 아버지(Aὐτοπάτωρ)가 자기 안에 있는 만물을 알지도 못하면서 감싸 안고 있었고, 어떤 자들은 그를 결코 늙지 않으며 영원히 젊은 남녀 에온이라고 부르는 그가 [어떤 것에게] 파악되지는 않으면서 만물을 쥐고 있었다. 그 때 그 안에 있는 엔노이아가 원하였다.—어떤 자들은 그를 엔노이라라고 부르고, 어떤 자들은 카리스['은혜']라고 부른다. 이 호칭이 옳은 것은 그가 '위대함'의 보물을 '위대함'에게서 나온 자들에게 거저 허락했기 때문이다; 하지만 [온전한] 진리를 말하는 자들은 그를 지게['침묵']라고 부른다. 왜냐하면 '위대함'은 말이 없이 곰곰 묵상함을 통해서[만] 만물을 완성시켰기 때문이다.—(5) 내가 이미 말했듯이 그가, 곧 불멸할 영원한 엔노이아가 그 사슬을 깨뜨리려고 하였다. 위대함은 [그와 함께] 안식하기 위해서 [그를 향해] 갈급해 하였다. 그래서 그와 함께 연합하여 위대함은 '진리의 아버지'를 산출하였다. 완전한 자들이 그를 안드로포스['사람']라고 부르는 것은 그가 선재하는 생겨나지 않은 자의 형상이기 때문에 틀린 것이 아니다. (6) 그 다음에 침묵은 빛과 사람을 물리적으로 하나[일치]가 되게 하고 나서(그의 연합은 [순전히] 의지적이다), 알레테이아['진실']를 드러내었다. 진리라고 부르는 것은 진실로 그가 그 어머니 침묵을 닮았기 때문에 바른 호칭이다; 하지만 침묵은 남성적인 것과 여성적인 것의 빛의 조각(ἀπομερισμὸς φώτων)이 똑같기를 원했고, 그래서 그 하나 됨[?]도 드러나기를 원했다. 곧 그들 가운데서 가시적인 빛으로 흩어질[?] 자들에게 말이다. (7) 그 다음에 알레테이아는 자기 안에 모성적 욕구를 불러일으켰고 아버지를 불러들였다. 그래서 그들은 불멸의 감싸 안음과 영원히 낡아지지 않는 일치 가운데서 하나가 되어서는 영적 남녀 4조, 곧 그 선재적 4조(곧 뷔토스['심연'], 침묵, 아버지와 진리)의 모형을 만들어 내었다. 하지만 아버지와 진리에서 튀어나온 4조는 사람, 교회, 로고스, 생명이다. (8) 이어서 모든 것을 감싸 안는 뷔토스의 뜻에 따라서 사람과 교회가 하나가 되었고, 곧 아버지의 말씀을 기억하여서 하나가 되었고, 12 숫자의 남녀 생산 욕구자들을 만들어 내었다. 남성적인 것은 파라클렛 ['조력자'], 아버지적인 것, 어머니적인 것, 항존하는 누스, 교회적인 것(*Ἐκκλησιαστικός*); 여성적인 것에는 믿음, 소망, 사랑, 이성(*Σύνεσις*), 축복, 지혜[소피아]이다. (9) 그 다음에는 로고스와 생명이 하나됨의 선물을 스스로 모방하여서(이 연합[도 순전히] 자발적이다) 하나가 되었고, 함께 와서는 10개의 생산하고 싶어 하는 자들을 만들어 내었는데, 그들도 남녀성적이다. 남성적인 것들은 침잠, 전혀 늙지 않는 자, 스스로 자라는 자, 독생자, 부동자이고, 여성적인 것은 감싸 안음, 하나됨, 용해됨, 단일성, 즐거움이다 (그들도 침묵의 명예를 위해서 자기들의 이름을 준 것이다).

그 뒤에(6, 1-10) 30개[Triakas]의 에온을 만들어내는 것과, 4개의 빛을 만드는 것을 다룬다; 마지막으로 지금까지의 수평적인 것들 외에 완전한 세상의 본체들 사이에 있는 수직적인 결합을 꾸며낸다. 그리고 나서 다섯 숫자의 "비-여성적인 생산하고 싶어 하는 자들"이 호명된다: 그 이름은 "해방 자, 한계를 짓는 자, 찬양할 만한 자[?], 해방된 자, 변화를 일으키는 자"이다. 하지만 어떤 의미가 이러한 것들에 더 결부되어 있는지를 짐작하는 것은 에피파니우스가 인용을 곧바로 끝내 버렸기 때문에 더욱 어렵다.

d) 플로라(Flora)에게 보내는 프톨레미(Ptolemäus)의 편지가 말하는 구약성경의 율법에 대한 자세(같은 곳 33, 3, 1ff.)

발렌티누스의 제자 프톨레미가 플로라라는 그때까지는 발렌티누스적인 영지주의에 헌신되지 않은 교인—분명히 공교회 교인—에게 보낸 편지는 영지주의적 사고를 소개하고 있다. 곧 기독교인으로서 구약성경을 "바르게" 읽고 이해하려면 "율법"을 어떻게 해석하여야 하는가 하는 문제에 대해서 논쟁의 형식으로 소개하고 있다. 이 편지는 유일하게 희랍어 원전으로 완전하게 보존된 기독교-영지주의적인 문서이다. 동시에 "영지주의적 위기"의 범위를 직접적으로 그려볼 수 있는 유일한 문서이기도 하다. 여기에서 사변적-"신화론적" 요소들이 두드러지지 않는 것은 우선 이 문서의(선전문서로서의) "프로트렙틱"한 특성과 관련이 있다.

(33, 3, 2) 어떤 사람들은 그것[곧 모세의 율법]이 하나님, 아버지로부터 공포되었다[그래서 철저히 구속적이다]고 하고, 다른 사람들은 반대로…… 훼방자, 파괴를 일삼는 마귀가 주었다고 주장하였습니다; 그들이 세상의 조성(δημιουργία)도 그의 몫으로 만든 것처럼 말입니다. 왜냐하면 그들은 그를 만물의 아버지요 조성자[플라톤, 티마이오스 28c를 비교)로 간주하기 때문입니다. (3) 이 둘 다 틀렸습니다. (4) 왜냐하면 이것[율법]은 완전한 하나님과 아버지가 알려준 것이 아니기 때문입니다……, 이는 그것이 완전하지도 않고 다른 자[곧 그리스도]를 통해서 보충되어야 할 뿐 아니라, 그러한 [완전한] 하나님의 존재와 뜻에 맞지 않는 명령도 가지고 있기 때문입니다; (5) 또한 불의를 행하지 못하게 한 율법은 훼방자의 불의함에서 온 것이 아니기 때문에 틀렸습니다…… (6) 나아가서 사도가 말하기를 세상을 만든 것은 그[구세주] 자신의 일이라[요 1, 11.13 비교]고 하며…… 파괴를 일삼는 자[의 일]가 아니라 의로우면서 악을 미워하는 하나님의 것이라 합니다……

(4, 1) 먼저 알아야 할 것은 모세 오경에 실려 있는 율법은 싸잡아서 [유일한] 한 명의 율법을 준 자, 곧 오직 하나님에게서 온 것이 아니라는 것입니다; 심지어 그 안에 있는 어떤 명령들은 사

람으로부터 제시되기도 하였습니다…… (2) [구세주의 말을 따른다면] 율법은 하나님 자신과 그의 율법을 허락하는 것, 나아가서 모세[의 것](물론 하나님이 그를 통해서 율법을 주신다는 말이 아니라, 모세가 어떤 율법들은 자기 자신의 생각을 따라서 주었다), 마지막에는 백성의 장로들[의 것]로 분류되어야 합니다. 장로들은 증명되다시피 자신들의 율법들도 기재하였습니다.

"모세의 법"이 하나님의 법과 다르다는 것은 마 19, 8. 9로, "율법" 책에는 장로들의 유전도 후에 첨가되었고, 말도 안 되게 율법과 동등하게 제시되었다는 것은 마 15, 4-9로 증명되었다(4, 3-14).

(5, 1) 나아가서 그중 하나, 곧 하나님의 율법마저도 다시금 세 부분으로 나뉘어집니다: 순수하고 악과 혼합되지 않은 율법으로, 구세주께서 폐하기 위해서 오신 것이 아니라 완성시키러 오신 것입니다[마 5, 17]…… 그리고는 악과 불의가 섞인 율법인데, 이것은 구세주께서 자기의 존재[곧 자기의 본질적인 선하심]에 맞지 않는 것으로 제거하신 것입니다. (2) 그리고 마지막으로 유형적이고 상징적인 것으로 분류됩니다. 이것은 영적이고 본질적인 것[진리]들을 따라서 주신 것으로, 구세주께서 감각적으로 느끼고 볼 수 있는 영역에서 영적이며 볼 수 없는 것들의 영역으로 변화시킨 것입니다. (3) 하지만 하나님의 율법, 순순하고 그 어떤 나쁜 혼합으로부터 벗어난 것은 십계명입니다. 그 열 개의 말씀은 두 개의 판으로 나뉘었으며 피해야 할 것을 제거하고, 이행해야 할 것을 명령하는 목적을 가집니다; 물론 이 십계명마저도, 아무리 율법을 순전하게 담고 있다고 할지라도 완전함을 가지고 있지 않기에 구세주를 통해서 완성되어야만 합니다.

(7, 2) 아직 더 [설명해야] 할 것은 이 율법을 준 하나님이 누구냐는 것입니다…… (4) 그는 이 온 세상과 그 안에 있는 것의 데

미우르고스[조성자]요 완성자입니다. 그는 그들[곧 완전한 하나님과 훼방자] 존재와는 다른 존재로서 그들의 중간에 있는 자이며, 그래서 "중간자"라는 이름을 가져야 마땅합니다. (5) 만일 그 완전한 하나님이 그의 존재로 볼 때 마땅히 선하다면(왜냐하면 우리 구세주께서 말씀하시기를 선하신 하나님은 한 분[마 5, 17 비교], 곧 자기가 계시한 자기 아버지라고 하셨기 때문입니다), 마주 서 있는 존재를 가진 자[하나님]는 반대로 악하고 못되고 의롭지 못함으로 규정될 수 있다면, 가운데 있으며, 선하지도 않고 악하지도 않은 자는 사실 의롭다고 부를 수 있습니다, 곧 자기에게 걸 맞는 의로움을 약속하는 자라 할 수 있습니다. (6) 이 하나님은 완전한 하나님보다 질적으로 열등하며, 그의 의로움보다 못합니다. 왜냐하면 그는 생겨진 자(γεννητός)이지, 생겨나지 않은 자(ἀγέννητος)가 아니기 때문이지요…… (7) …… 생겨지지 않은 만물의 아버지의 존재는 불멸하며(ἀφθαρσία), 스스로 존재하는 빛이며, 혼합되지 않고 한 모양(μονοειδές)을 지녔습니다. 반대로 이 [신적인 중간 존재]는 이중 능력을 산출하였습니다; 하지만 그는 더 나은 자의 형상입니다. (8) …… (9) 당신은 하나님께서 원하시는 대로 이에 따라서 무엇이 완전한 하나님의 뒤에 있고, 함께 있는 이 [존재들]의 근원과 발생인가를 알게 될 것입니다. 그리고 당신은 우리도 전승으로부터(ἐκ διαδοχῆς) 전수받은 사도전승에 합당합니다. 우리는 모든 말을 구세주의 가르침에 견주어 비교할 것입니다.

e) 유대적 기독교 영지주의자 케린트(Kerinth)의 눈에 비친 그리스도(이레니우스, 이단반박 1, 26, 1; 히폴릿, 이단반박 7, 33)

폴리캅과 동시대인이며, 같은 소아시아 출신인 케린트는 나타난 현상으로 미루어 볼 때 체계가 잘 갖추어지지 않은 초창기 영지주의 – 또는 원영지주의의 대표자였다. 그의 가르침 안에 있는 유대기독교적 요소에 관해서는 아래 Nr. 26을 비교하라.

[소] 아시아 출신 케린트(Kerinth)[히폴리투스: 그도 이집트인들의 교육을 받아서]는 가르쳤다. 곧 세상은 첫째 하나님에 의해서가 아니라 만물 위에 뛰어난 지고의 권세(principalitas)와는 너무도 멀리 구별되어, 떨어져 있으며 만물 위에 뛰어난 하나님을 알지도 못하는 힘에 의해서 만들어졌다. 또 예수는 동정녀에게서 나신 것이 아니라, [자기가 볼 때 불가능하기 때문에][3], 다른 모든 사람들과 마찬가지로 [인간 부모, 곧] 요셉과 마리아에게서 나셨지만 그 의로움과 명철과 지혜에 있어서 모든 사람보다 능하다고 생각했다. 세례 후에 그 위에 그 지고하며 모든 것 위에 뛰어난 능력인 그리스도가 비둘기 형상으로 내려앉았다. 그 후에 그는 그 알려지지 않은 아버지를 알렸고 능력의 일들을 행하였다. 하지만 마지막에 그리스도는 다시 예수를 떠났고, 예수 [홀로] 고난을 겪었으며 부활하였다; 반면에 그리스도는 영적인 존재였기에 고통을 겪을 수 없는 분이셨다.

f) 바실리데스(Basilides)가 말하는 수난이야기(이레니우스, 이단반박 1, 24, 4)

영지주의자 바실리데스에 관해서는 일반적으로 두 개의 [아주 상이한] 전승이 있다: 이레니우스, 이단반박 1, 24와, 히폴리투스, 모든 이단 반박 7, 20ff.이다. 이레니우스가 보는 바실리데스의 특별한 가르침은 아래의 내용을 가지고 있다:

태어나지도 않고 이름붙일 수 없는 아버지는 그들의 타락을 보왔기에 자기의 첫 출생자인 누스—그가 그리스도라고 불리는 자이다—를 보내어 그를 믿는 자들을 이 세상을 만든 자들[곧 천사들]의 권세에서 해방시키려 하였다. 하지만 자기 백성들에게 그는 이 지상에서 하나의 사람으로 나타났고(apparuisse) 능력의 일을 행하였다. 이 때문에 그[자신]는 고난을 겪지 않았고 사람들이 억지로 그 대신 십자가를 메도록 만든 구레네 사람 시몬이 겪었다. 그들은 모르고 실수로 그를 십자가에 못 박았다. 곧 그가 그[예수]로 변화되었기에 사람들은 그를 예수로 알고서 그렇게 하였다. 하지만 예수는 시몬의 형상을 입고 거기 서서 그들을 조롱하였다.[4)]

g) 물리적 과정으로서의 구원(알렉산드리아의 클레멘스, 테오도투스 발췌문 55, 2-56, 3)

아래 발췌문은 곧바로 아래—통속적인 영지주의의—확신을 위해서 고전이 되어버린 형식을 담고 있다. 영적인 것, 곧 물질적인 몸에 사로잡힌 빛은 소멸될 수 없다는 것이다. 하지만 이 확신은 그 원수들, 그리스도인이나 이방인이나 상관없이 모두에게 윤리적으로 볼 때 파괴적이어서 심각한 충격을 불러일으켰다.

(55, 2) …… 영으로부터도, 그에게 불어넣어진 것[창 2, 7 참조]으로부터도 아담은 배를 불리지 않았다; 하지만 둘 다 신적이다. 둘 다 그를 통해서 생겨났지만, 그로부터 생겨난 것은 아니다. (3) ……

(56, 1) 그래서 우리의 아버지, "지상 첫 인간인 아담은 흙에 속하였다." (2) 하지만 반대로 그가 혼적인 것, 영적인 것 및 질료적[물질적]인 것으로부터 먹었다면, 그들 모두는 동등하고 의로울 수 있고, 모든 자들 안에 그 가르침이 있을 것이다. 이 때문에 많

은 자들은 질료적이며, 혼적인 자는 많지 않으며 영적인 자들은 아주 적다. (3) 영적인 자들은 본성적으로 구원받았다(*τὸ μὲν οὖν πνευματικὸν φύσει σῳζόμενον*); 혼적인 자들은 자유의지(*αὐτεξούσιον*)를 지녔기에 자기 선택에 따라서 신앙과 불멸로 갈 수도 있고, 불신앙과 파멸로 갈 수도 있다. 반면에 질료적인 자들은 본성적으로 파멸된다(*φύσει ἀπόλλυται*).

h) 교회론의 차이(진리의 복음 24f.)

과거에 했듯이, 윤리적 "방탕주의"[5]와 본성에 따른 구원신학을 전형적인 영지주의적인 것으로 간주한다면, 교회론에 나타난 교회와 영지주의의 차이는 더욱이 간과할 수 없다. 발렌티누스파 영지주의의 가장 중요한 문서인 낙 함마디(Nag Hammadi)의 두루마리 1에서 새롭게 발견된(그 첫 마디에 따라 붙인) 소위 진리의 복음에 있는 아래 내용이 그것을 가르쳐 준다:

(24, 33) 어떤 자의 무지는 (35) 깨달음이 있게 되면 사라지는 것과 같이, 곧 어둠이 (25, 1) 빛이 나타날 때 사라지는 것같이, 부족함도 완전함 안에서 제거되는 것이다. 외적인 드러남은 바로 이 시점부터 더 이상 볼 수 없고, (5) 일자와의 연합 가운데에서 사라진다; 왜냐하면 이제 그의 산물들은 일자가 (10) 공간을 완성시키는 시간 안에서 같아지기 때문이다. 일자로 말미암아 각자가 자기 자신을 받아들이게 되는 것이다. 깨달음 안에서 각자는 종류의 다양성에서 (15) 하나로 정결하게 되는 것이다. 그가 불처럼 자기 안에서 물질을, 빛을 통해서 어둠을, 생명을 통해서 죽음을 소멸시키면 말이다(M. Krause).

원전 : O. Stählin-L. Früchtel, Clemens Alexandrinus, III, GCS 17^2; 19702; M. Marcovich, Hippolytus Refutatio……, 1986 (PTS 25); K. Holl, [Nr. 15], 위의 책; I. A. Rousseau/I. Doutreleau, 위 (Nr. 15) 위의 책; M. Malinine—H. C. Puech—G. Quispel, Evangelium Veritatis (Codex Jung f. VIIIv-XVIv. XIXr-XXIIr), Zürich 1956.—참고문헌: H. Jonas, Gnosis und spätantiker Geist, I (1934) 1954^2 (영어판 1964); II, 1 (1954) 1966^2; U. Bianchi (Hg.), Le Origini dello gnosticismo. Colloquio di Messina (1966년 4월 13-18일), 재인쇄 1970; M. Krause (Hg.), Gnosis and Gnosticism, Leiden, 1977; K. Koschorke, Die Polemik der Gnostiker gegen das kirchliche Christentum, NHS 12, Leiden 1978; B. Aland (Hg.), Gnosis (= FS f. H. Jonas), 1978; B. Layton (Hg.), The Rediscovery of Gnosticism, 2 Bde., Leiden, 1980. 1981; A. H. B. Logan -A. J. M. Weddeburn, The New Testament and Gnosis. Essays in honour of R. McL. Wilson, Edinburgh 1983; G. A. G. Stroumsa, Studies in Gnostic mythology, NHS 24, Leiden, 1984; L. Benley, The Gnostic Scriptures, A. Gnosticus?, WUNT 65, 1992; ders., Kerinth: Wer war er und was lehrte er?, in: JAC 41, 1998, S. 48-76; ders., Die Gnosis, München, 2001; M. A. Williams, Rethinking "Gnosticism". An Argument for Dismantling a Dubious Category, Princeton/NJ (1996) ^{2}1999.

1) 영혼이 상승할 때 거쳐야만 하는 하늘의 각 단계에 있는 보초들을 말하는가?
2) 세 원리론(영-혼-물질)같이 들린다. 이것을 인간에게 적용하면서 영지자들 및 영에 속한 자들(물질, 혼과 영으로 이루어진), 혼에 속한 자들(물질과 혼으로 이루어진)과 질료자들(물질로만 이루어진)의 구성을 말한다.
3) 문서에서 찾아 읽은 하나의 주변적인 표현일 가능성이 높다.
4) 2 LogSeth VII, 2(p. 58, 28-59, 4)와 외경인 요한행전의 87장 이하를 제외하고는 그리스도 수난이 가면행렬과 가현적인 술수로 나타난다. 그래서 이 삽입부의 저자를 영지주의자들 무리에서 찾았었다; 하지만 이것이 슈미트(C. Schmidt, Die alten Petrusakten, TU 4, 1, 1903, S. 120ff.)에 따르면 완전히 가설로 보아야 한다.
5) 이것과 관련하여서 이레니우스의 이단반박 1, 6, 3을 비교하라: "이 때문에 [곧 그

들은 금이 더러워져 있어도 자기의 아름다움을 잃지 않고 자기 자신의 본질을 그대로 유지하듯이, 그들도, 무엇을 하고 있든지 간에 자기들의 영적인 본질을 잃을 수 없다고 생각하기 때문에] 그들 가운데 완전한 자들도 금지된 모든 것을 하는 것이다. 부끄러움 없이……"

26. 이단이 되어간 유대인 기독교

유대인 기독교의 자기 인식에는 원래 "배교"한 적이 한 번도 없다는 바로 그 자부심 넘치는 의식이 특징이었다. 그럼에도 불구하고 결국 1세기에서 2세기로 넘어가는 분기점 이후로 점점 적대적으로 선을 긋게 된 교회와 회당 사이에서 일어난 갈등(Nr. 9)을 모른체 할 수는 없었다. 언급할 가치가 있는 흔적이 우선 시리아-메소포타미아 지역에 남아 있으며, 유대인 기독교식의 사고활동과 그 복잡함이 이슬람 문서에까지 그 발자취를 남기는 역할을 하였다.

a) 이레니우스가 말하는 에비온주의자들의 믿음(이단반박 1, 26, 2)

소위 "에비온주의자들"[1]은 [곧 케린트가 말하는 식의 영지주의자들과 다르게] 세상이 하나님에 의해서 만들어졌다는 점에서 의견을 같이 한다; 하지만 주님[그리스도]과 관계해서는 케린트(Kerinth)나 카르포크라테스(Karpocrates)[2]와 비슷하게 생각하였다. 그들은 마태복음만을 사용하였고 사도바울은 배척하였다. 그들은 바울을 율법으로부터 이탈된 사람이라고 규정하였다. [구약성경의] 예언문서와 관련해서는 아주 특별한 해석을 하였다; 그들은 할례를 행하였고, 율법이 명하는 관습을 지켰고 유대교 생활방식을 따랐다; 예루살렘도 마치 하나님의 집같이 경의를 표하는 식으로 말이다.

b) 에비온주의자들의 복음(에피파니우스, 약상자 30, 13, 7f; 16, 4f.)

백성들이 세례를 받던 그때, 예수께서도 다가오셔서 요한에게 세례를 베풀게 하셨다. 그가 물에서 나올 때 하늘이 열렸고, 그는 자기에게 내려와 자기 안으로 들어간 비둘기 형상 가운데 있는 성령을 보았다. 그러자 하늘로부터 소리가 들렸다: "너는 나의 사랑하는 아들이요, 내가 너를 사랑하노라"[마 3, 17과 다른 복음서 비교]; 그리고 다시금 말하였다: "오늘 내가 너를 낳았노라" [codex D에 있는 눅 3, 22 비교]. 그리고 즉시로 그 자리를 빙 둘러 강렬한 빛이 비추었다. 요한이 이것을 보고 그에 말하였다: "당신은 뉘시오니이까, 주여?" 또 다시금 하늘로부터 그에게 소리가 있었다: "이는 나의 기뻐하는 아들이라, 내가 그를 사랑하노라." (8) 그때 요한이 그에게 꿇어 엎드리어 말하였다: "주여, 내가 비오니 나에게 세례를 베푸소서." 하시만 그는 그를 막으며 대답하였다: "놔두시오"; 모든 것이 이루어지려면 그것이 마땅합니다.[3)]

(16, 4) [그들은 말하기를 그[그리스도]는 하나님 아버지에게서 태어나지 않고, 천사장들 중 하나로 만들어지셨다고 한다…… ; 하지만 그는 전능하신 자의 모든 천사들과 모든 피조물들을 다스린다. 그리고 그들이 복음이라고 칭하는 문서에 담겨 있는 주장처럼, 와서 가르치셨다: "나는 제사를 폐하러 왔노라; 그래서 너희가 제사드리기를 폐하지 않으면 하나님의 진노를 피하지 못하리라."[4)]]

원전 : W. W. Harvey, [Nr. 15]; K. Holl, [Nr. 15]—참고문헌: G. Strecker, Das Judenchristentum in den Pseudoklementinen, TU 70, (1958) 1981[2]; A. F. J. Klijn/G. J. Reinink, Patristic Evidence for Jewish Christian Sects, Leiden, 1973; R. A. Pritz, Nazarene Jewish christianity, Jerusalem, 1988; P. S. Alexander, The Parting of the Ways from the Perspective of Rabbinic Judaism, in: J. D. G. Dunn (Hg.), Jews and Christians, Tübingen, 1992, S. 1-25; J. E. Taylor, Christians and the Holy Places, Oxford, 1993; R. Bauckham, James and the Jerusalem Church, in ders. (Hg.), The Book of Acts……, 4, Grand Rapids, Mich. 1995, S. 415-480; C. Mimouni, Le judéo christianisme ancien, Paris, 1998; J. C. Paget, Jewish Christianity, in: W. Horbury u.a. (Hgg.), The Cambridge History of Judaism 3, Cambridge, 1999, S. 731-775; G. Stemberger, Judenchristen, RAC 19, 1999, Sp. 228-245.

1) Ebjonîm (희랍어로는 *πτωχοί* = '가난한 자'), "메시야적 성도들의 공동체인 원시공동체의 명예로운 칭호"(H. Lietzmann, HNT 103, 1932, S. 13의 갈 2, 10에 대해서)에서 왔다; "에비온주의자들"(*Ἐβιωναῖοι*)이라는 이름은 대교회로부터 이탈된 유대인 기독교인들을 위해서 사용한 분파의 명칭으로 여기에서 처음으로 등장했다.
2) 영지주의 한 분파의 창시자라고 알려진 자.
3) 예수 세례에 관한 이 보도(여기서 제거된 신약성경의 "전 역사" 대신에)를—이 곳 말고도 분파적 유대 기독교에서 주장되는—양자론적 기독론인지, 아니면 영지주의화하는(Veilhauer) 기독론으로 이해해야 할는지는 논란이 되고 있다(Ph. Vielhauer, Hennecke I[3], S. 102를 참조하라).
4) 이 외에도 성전 적대감과 희생을 극단적으로 배격하는 것이 70년 성전파괴 이후에는 후기 에비온주의의 특징이다.

27. 리옹의 이레니우스(Irenaeus of Lyon)와 "공교회(가톨릭 교회) 기준"의 확정

소아시아 출신이며, 유년시절에는 폴리캅의 제자였던 이레니우스는 마르쿠스 아우렐리우스 황제 시대에 장로였으며 178년 이후에는 순교한 포티누스(Pothinus)의 후계자로서 리옹의 감독이 되었고, 이 역할을 그는 로마와 소아시아 기독교의 중재자로서 이행하였다(부활절 논쟁!). 단편들을 제외하고는 그 자신이 집필한 두 개의 완전한 작품이 보존되었다. 물론 둘 중 그 어느 것도 원래의 희랍어는 아니다: 한 권의 "사도적 선포의 논증"(*Ἐπίδειξις τοῦ ἀποστολικοῦ κηρύγματος*)과 다섯 권의 "거짓되게 일컬어지는 영지주의를 파헤치고 반박함"(*Ἔλεγχος καὶ ἀνατροπὴ τῆς ψευδωνύμου γνώσεως*); 대부분의 경우 축약되어서 Adversus Haereses ['이단반박']으로 인용된다). 이 작품들은 영지주의의 위기, 특히 정경형성이 신학과 교회의 역사에 가지고 온 단절이 얼마나 깊은지를 가늠할 수 있게 한다.

I. 사도적 전승과 연속성의 의미

a) 사도적 연속성 가운데 있는 교회 직분(이단반박, 3, 3, 1; 4, 26, 2)

사도들에 의해서 온 세상에 알려진 전통[1]은 진리를 아는 일에 힘쓰는 모든 자들에 의해서 모든 교회에 이르렀다; 우리는 사도들에 의해서 [개개] 교회에 세움을 받은 감독들과 오늘까지의 그들의 후계자들[문자적으로는: 그들의 승계들]을 열거할 수 있다: 그들은 저들[영지주의자들]의 정신없는 허구에 관해서 아무 것도 배우지도 않았고 듣지도 않았다. 설혹 사도들이 감추어진 비밀들에 대해서 알고는 이것을 다른 것들과 구별하여 비밀스럽게 가르치면서 완전한 자들에게 전했다면, 당연히 자기들이 교회를 맡긴 그들에게 가장 먼저 전하였을 것이다……

이러한 이유로 교회 안에서는 우리들이 지적한 것처럼 사도들의 후계자들이며 동시에 감독직으로 후계의 길을 가면서 그 어떤 진리의 은사(charisma veritatis certum)를 받은 장로(사제)들에게도 복종하여야 한다. 이와 반대로 원래의 후계들과 구별되어서 어떤 곳에 모인 다른 자들을 우리는 수상하게 여겨야 한다; 그들은 이단들, 곧 왜곡된 생각을 가진 자들이거나 교만과 자만으로 가득찬 분열론자들로서, 사실은 돈과 공허한 명예에만 관심을 갖는 위선자들이다……

b) 로마 교회와 그 특별한 권위(같은 곳 3, 3, 2f. 유세비우스의 교회사 4, 23, 10f.에 나오는 고린도의 디오니스를 참조하며)

이러한 하나의 글에서 모든 교회의 연속성을 다 열거한다는 것은…… 너무도 광범위한 일이기에 가장 크고 가장 오래되고 모두에게 알려졌으며 그 유명한 두 분의 사도 베드로와 바울에 의해서 놓인 기초 위에 세워진 교회를 다루는 것으로 만족하며 그들이 사도들로부터 받은 전통이……, 어떻게 감독의 연속성을 통해서 오늘 우리에게까지 전해졌는가를 드러내려 한다. 이로써 우리는 자만이든 명예욕에서이든지 아니면 맹목적이든 아니면 오해든 그 어떤 이유에서건 집단을 형성한 모든 자들을 물리칠 것이다. 왜냐하면 이 [로마] 교회가 가진 이중적인 우선성 때문에(propter po[tent]iorem principalitatem)[2] 모든 교회, 곧 항상 모든 곳으로부터 온 자들에 의해서 사도들로부터 온 전승이 보존되어 있는 모든 교회는 이 교회와 연결되어야 한다(Ad hanc enim ecclesiam…… necesse est omnem convenire ecclesiam……, in qua semper, ab his qui sunt undique, conservata est ea, quae est ab apostolis traditio).

이어서(3, 3, 3), 부분적으로 유세비우스(교회사 5, 6, 1)에게 희랍어로도 남아 있는 부분 안에 로마 감독의 명단이 나온다: Linus(딤후 4, 21), Anencletus, Clement, Evarestus, Alexander, Xystus, Hyginus, Pius, Anicetus, Soter, Eleutherus.

c) 신앙의 규범(같은 곳 1, 10, 1f.; 사도적 선포의 논증 47)

(10, 1) 말하자면 교회는 온 세상(*οἰκουμένη*) 땅 끝까지 흩어져 있지만, 사도들과 그들의 제자들로부터 한 분 하나님을 믿는 믿음을 물려받았다. 곧 아버지이시고, 하늘과 땅과 바다와 그 안에 있는 모든 것을 만드신 전능자를 말한다; 그리고 한 그리스도, 하나님의 아들, 곧 우리 구원을 위해서 육신이 되신 분을 믿는 신앙을 받았다; 그리고 성령을 믿는 믿음을 받았다. 그는 선지자들을 통해서 하나님의 구원경륜(*οἰκομονίαι*)과 사랑하는 그리스도 우리 주님께서 [두 번의] 강림(*ἐλεύσεις*), 동정녀에게서 나시고 고난당하시고 죽은 자 가운데서 다시 살아나셔서 육체로서 하늘로 가시고 모든 것을 다시금 모으고(*ἐπὶ τὸ ἀνακεφαλαιώσαθαι τὰ πάντα*), 모든 인간들의 육신을 일으키시기 위해서 하나님의 영광중에 그 하늘로부터 다시 오셔서 그리스도 우리 주 예수, 하나님이시고 구원자이시며 왕이 되신 분 앞에 보이지 않는 하나님의 뜻에 따라서 하늘에 있는 자나 땅에 있는 자나 땅 아래 있는 [권세들의] 모든 무릎이 꿇고 모든 입이 그를 찬양하며, 그가 모든 자를 의롭게 판단하시게 될 것을 선포하셨다…… (2) 이 선포(*κήρυγμα*)와 이 믿음을 교회는…… 받았으며, 이 교회는 모든 땅에 흩어져 있지만 마치 한 집에 거하듯이 조심해서 이 믿음을 간수하였다; 그리고 일심으로 전파하였고, 가르쳤고, 마치 한 입을 가진 듯이 전하였다……

(사도적 선포의 논증 47). 아버지는 그러므로 주님이시고 아들도 주님이시다; 아버지가 하나님이시듯이 아들도 하나님이시다.

왜냐하면 하나님께로부터 나신 분은 하나님이시기 때문이다. 이런 방식으로 그의 본성이 가진 존재와 힘에 의하면 한 하나님이심이 증명된다. 왜냐하면 만물의 아버지는 피조물들이 볼 수 없고 다가갈 수 없기에 하나님께 나아가는 자들은 아들에 의해서 아버지께 인도되어야 하기 때문이다……

II. 정경신학자 이레니우스

d) "두 계약"(이단반박 4, 9, 1)

그러니까 하나의 동일한 본질에 만물이 달려 있다. 곧 주님께서 제자들에게 말한 것처럼 한 분 동일하신 하나님께 만물이 의존하고 있다: "그러므로 천국의 제자된 서기관마다 마치 새것과 옛것을 그 곳간에서 내어오는 집주인과 같으니라"[마 13, 52]. 그가 말하신 것은 하나는 옛것을 하나는 새것을 가져온다는 것이 아니라, 같은 것을 말한 것이다. 말하자면 집주인은 아버지의 모든 소유를 다스리는 주님이시다. 종들과 그때까지 매여 있는 자들에게 [그들에게] 걸맞는 율법을 허락하셨고, 자유자와 믿음 안에서 의로워진 자들에게 그는 어울리는 명령을 주셨지만, 자녀들에게는 자기 유업을 허락하셨다. 천국의 서기관들과 선생들이라는 말에서는 제자들을 생각하면 된다…… [마 23, 34 비교]. 따라서 그들이 자기들의 곳간에서 끄집어 낸 옛것과 새것을 가지고 온다는 말로 주님이 말한 것이 두 개의 계약(duo testamenta)이라는 것은 의심의 여지가 없다: "옛것"은 이전에 주신 율법이고, "새것"은 복음에 걸맞는 삶을 말한다…… 하지만 두 계약은 한 분이시고 동일하신 집주인이 가져오신다. 그는 하나님의 로고스요, [이미] 아브라함과 모세와 함께 말씀하시고 새 계약 가운데서(in novitate[렘 31, 31f.]) 우리에게 자유를 회복시켜 주시고 그분에게서 오는 은혜를 다양하게 하시는 우리 주 예수 그리스도이시다.

e) 진리를 온전히 소유한 사도들(같은 곳 3, 1, 1)

복음을 우리에게 전달한 자들 아닌 다른 누구로부터도 우리는 우리 구원과 관련한 [하나님]의 계획(dispositio)을 배우지 않았다. 그들이 처음에는 선포하고 그 후에 하나님의 뜻에 따라서 우리에게 문서로 전달한 것이 우리 믿음의 "기둥이고 기초"가 되어야 한다[딤전 3, 15], 그들이 완전한 지식을 가지기 전에 선포했다는 저들의 주장은 불경스러운 것이다. 곧 그들이 자기들이 사도들을 교정해 줄 수 있다고 기고만장하면서 말거리를 만들어내는 주장은 불경스럽다. 왜냐하면 사도들은 세상 끝까지 모든 자에게 하나님께서 우리에게 행하신 기쁜 소식을 전하고 사람들에게 하늘의 평화를 선포하기를 우리 주님께서 죽은 자 가운데서 일어나셨다고 하였지만, 위로부터 자기들에게 오신 성령의 능력을 받기 전에 먼저 설파하지 않았기 때문이다. 성령의 능력을 통해서 그들은 모든 은사로 충만해지고 완전한 지식에 다다른 것이다. 그들은 곧 모두가 동일한 방식으로 그리고 각자가 하나님의 [하나의] 복음을 특별히 보존하고 있는 분들이다.

f) 성경의 명료함과 "충분함"(같은 곳 1, 8, 1; 10, 3; 2, 27, 1f.)

(1, 18, 1) [영지주의자들에게 있는 성경의 오용]…… 그들은 …… 성경의 순서의 문맥을 무시하고 힘써서 진리의 배열을 와해시키면서 자기들의 가르침에다가 주님의 비유, 선지자들의 가르침이나 사도들의 말씀들을 꿰어 맞추려고 한다. 그렇게 해서 마치 자기들의 공상의 산물이 결코 증거가 없는 것이 아니라는 인상을 준다. 그들은 막 바꾸고 변경시키고 그 의미를 완전히 다르게 만들면서 자기들이 주님의 말씀 중에서 어울리게 [보이는] 구절들로부터 아주 심하게 꿰어 맞춘 상상의 산물로 많은 사람들을 속인다……

(1, 10, 3) 현재 교회 안에 깨달음과 지식을 어떤 자들은 많이,

어떤 자들은 좀 덜 가지고 있다. 그 이유는 더 이상 그 기초가 [모든 자들에게] 변치 않고 동일한 것이 아니어서 그런 것이 아니다. 오히려 [지식을 가진 자들이] 만물을 조성하시고 만드시고 통치하시는 분이 우리에게 부족하다고 하면서 또 다른 하나님이나 심지어 또 다른 하나의 그리스도 혹은 독생자를 생각해 내었기 때문이다; [더 높은 지식은] 다른 데 있는 것이 아니라 [성경에] 비유로 기록된 것의 참 진리를 궁구하고, 그것이 신앙의 근거와 일치되어 있는 것을 증명하는 데에 있는 것이다(*οἰκειοῦν τῇ τῆς πίστεως ὑποθέσει*).[4] 나아가서 그들은 하나님께서 인간에 대해서 행하시고 계획하심을 가지고 씨름하였고,…… 왜 말씀이 육신이 되어서 고난당하셨고, 왜 하나님은 과거에 내어쫓은 이방인들을 이제는 성도들과 동등한 후사요, 밥상 공동체이며 같은 시민으로 만드셨는가를 이해하려고 노력한 여기에 그 차이가 있을 뿐이다.

(2, 27, 1) [건강한 "연구", 합법적 "영지"의 기초가 되는 계시된 진리] 건강하고 진실하며 경건하고 진리를 사랑하는 마음을 가진 자는 하나님께서 인간의 능력에 맡기시고 우리의 깨달음에 허락하신 것을 곰곰 묵상하려고 한다. 그리고 그 안에서 진보를 하며 매일의 노력으로 손쉽게 신뢰가 가는 지식을 가지게 된다. 바로 이것은…… 성경 안에 분명하고도 의심의 여지가 없이 확실하게 기록된 말씀으로 언표된 모든 것과 관계된다.

이 "밝은" 부분에서 출발하여서 "어둡고" 비유적인 표현방식을 사용하는 부분들을 이해하여야 한다. 곧 이단들이 잘 하는 방식으로, 이러한 부분들을 "비밀이 가득한 말들과 눈에는 가려져 있는 것들"과 연결시키지 말고 말이다. 그렇지 않으면 각자가 자기만의 해석을 하게 되고 그러면 "아무에게도 진리의 규범(regula veritatis)이 존재하지 않게 된다."

(2) [본질적인 내용으로 본다면] 모든 문서, 곧 예언서와 복음

서는 아주 분명하고 애매모호하지 않고 그래서 모든 사람에 의해서 동일한 방식으로 이해될 수 있다. 설혹 모두가 믿지는 않는다고 해도……

g) 네 복음서 정경의 원리적인 연계성과 그 기준(같은 곳 3, 1, 2; 11, 7ff.)

(3, 1, 2) 그들 모두[곧 복음서]는 우리에게 한 분 하나님, 하늘과 땅을 창조하신 분을 율법과 선지자들이 선포한 것과 같이 가르치고, 하나의 그리스도, 곧 하나님의 아들을 가르친다. 그러므로 누군가가 이들과 다른 소리를 낸다면, 그는 주님[의 지상의 삶]과 함께 하였던 자들을 멸시하는 것이며, [동시에] 주님 자신을 멸시하는 것이고, 그분의 아버지를 멸시하면서 자기 스스로로 말미암아 심판받은 것이다. 왜냐하면 그는 자기 구원을 완고하게 거부하였기 때문이다. 그런데 모든 이단들이 이렇게 하고 있다[그들이 이 복음이나, 저 복음만을 선택하려고 하는 한, 아니면—발렌티누스주의자들이 자기들의 "진리의 복음"을 가지고—"정경적인" 네 권보다 더 많이 전하고 있는 한에서 말이다].

(11, 7) 어쨌든 이것이 복음서의 기본 가르침[혹은: 발단]이다. 곧 한 분 하나님을…… 우리 주님 예수 그리스도의 아버지라 증거하며, 그분 밖에는 "다른 하나님"이 없고 다른 "아버지"를 알지 못하는 것이다…… (8) 복음서들의 숫자는 더 많을 수도 없고 더 적을 수도 없다[공교회가 인정하고 경의를 표하는 네 권보다 말이다]……

이레니우스는 연이어서 이것의 근거로—오래도록 영향을 끼친 상징을 사용하면서—세상 방향, 바람의 방향 그리고 에스겔 1장에 나오는 "천사들"과 함께 같은 것으로 본 계시록 4, 6ff.의 짐승 숫자인 넷을 제시하였다. 그의 결론:

(8) 하나님의 아들이 행하신 일들처럼 짐승들의 모습이 그러하고, 짐승의 형상처럼 복음의 본질도 그러하다. 짐승들이 네 개의 형상을 가졌듯이, 복음의 형상이 그러하고, 주님의 구원계획도 다양한 모습이다…… (9) …… 곧 하나님께서는 선하고도 적합한 질서 가운데서 만물을 만드셨기 때문에, 복음의 모습도 잘 정돈되어야 하고, 잘 사용하여야 한다.[5)]

III. 구속사 신학자 이레니우스

하지만 이레니우스는 "고가톨릭주의"의 고전적 대표자로만 여겨져서는 안 된다. 설사 포괄적인 종합으로 끌고 가서 하나의 실제적인 신학을 세운 그 첫 번째 사람이라고는 못하더라도 독자적인 길을 간 신학자의 지위를 부여해야 한다는 데에는 의심의 여지가 없다. 어떤 경우에라도 그는 "기독교 역사의 표상을 만든 자"로 보아야 한다(Campenhausen). 온 인류를 포괄하는 "구속사"라는 계획 속에 이 땅에서의 천년왕국("Chiliasm, 계 20, 1ff. 비교하라) 고대함이 접목되었다.

h) 천년 왕국(같은 곳 5, 35.36)

(35, 1) [천년 왕국의 소망, 새 땅에 관한 예언을 비유적으로 하늘에 있는 것으로 보지, 지상에 있을 실재가 아니라고 해석하려는 자들을 반대하여] 어떤 사람들은 그러한 구절들을[사 31, 9-32, 1; 54, 11-14; 65, 18-22 같은] 우화적으로만 이해하려고 한다; 하지만 그들은 모든 점에서 일치된 해석을 할 수 없고 자기들을 거스르는 본문들 자체를 통해서 반박된다…… [사 6, 11-13; 13, 9; 26, 10]. 이 모든 것들은 의심의 여지 없이 적그리스도가 오고 그에게 복종한 백성들이 진멸 당한 후에 있는 의인들의 부활과 관련이 있다; 그리고 나서 그들은 [그들에게 허락된] 주님을 관조하는 덕분에 성장하여, 땅에서 다스리게 된다. 그들은 주님을

통해서 하나님 아버지의 영광에 익숙해지고, 거룩한 천사들과 교제하고 교통하며, 영적인 존재들과 그 나라에서 하나가 된다……
(2) 이런 종류의 경구들은 [바룩서 4, 36-5, 9] 천상의 것으로 해석해서는 안 되고…… 이 왕국의 시대로 해석해야 한다. 그리스도께서 땅을 새롭게 하시고 예루살렘을 위에 있는 예루살렘의 모델을 따라서 다시 세우시면 그때 오는 시대를 말한다……, 거기에는 의인들이 낡아지지 않을 것을 앞당겨서 맛보고 구원을 준비하게 된다…… 그 모든 것들 중 어떤 것도 우화적으로 해석해서는 안 된다; 모든 것은 확실하며, 진실하고 실제적이며, 하나님께서 의인들이 누리도록 만드신 것이다……

(36, 3) [결론: 한 분 아버지, 독생자, 하나의 인류]…… 만물 안에서 그리고 만물을 통해서 인간을 만드시고 [원]조상들에게 땅을 유업으로 약속하신 하나님께서 자신을 드러내신다. 그분은 그들을 의인들이 부활할 때 이끌어내시고 자기 아들의 나라에서 자기의 약속을 이행하실 것이다. 하지만 그 후에 주님은 자기 아버지의 사랑 안에서 "어떤 눈도 보지 못하고, 어떤 귀도 듣지 못했고 사람의 마음으로도 생각지 못한 것"[고전 2, 9]을 제시하시리라. 왜냐하면 아버지의 뜻을 온전히 이루는 분은 아들 한 분이시기 때문이다. 그리고 하나님의 비밀들이 이루어지는 곳은 하나의 인류이기 때문이다. 이 비밀들을 천사들도 들여다보고 싶어 하였다[벧전 1, 12 비교]; 하지만 그들은 하나님의 지혜를 깨달을 수 없다. 이 지혜로 하나님께서는 자기 피조물을 자기 아들과 동등한 모습을 가지게 하셨고, 그 아들과 한 몸을 이루도록 하신 것이다. 말하자면 그의 독생자, 로고스가 자기 피조물, 곧 자기 형상 안으로 내려와서 그것을 취하신 것이다. 피조물은 다시금 로고스를 취하게 되고 그에게로 상승하게 되는 것이다. 그러면서 피조물이 천사 위에 서서 하나님의 형상과 모양(secundum imaginem et similitudinem [창 1, 26 비교])을 따라 닮는 데까지 이르게 되

는 것이다.

원전 : I. A. Rousseau/L. Doutreleau u. a., SC 263f., 293f., (34) 210f., 100(bis), 152f., 62, Paris (1952) 1965/1982. —참고문헌: N. Brox, Offenbarung, Gnosis und gnostischer Mythos bei Irenäus von Lyon, 1966; ders., Das Frühchristentum (GA), Freiburg/Br. 2000, S. 143-200; H. von Campenhausen [Nr. 15], 같은 책 S. 213ff.; ders., Die Entstehung der Heilsgeschichte, Saeculum 21, 1970, S. 189-212; R. Noormann, Irenäus als Paulusinterpret (WUNT 2, 66), 1994; W. Overbeck, Menschwerdung (BSHT 61), 1995; D. Wyrwa, Kosmos und Heilsgeschichte bei Irenäus von Lyon, in: ders. (Hg.), Die Weltlichkeit des Glaubens in der Alten Kirche (FS f. U. Wickert), Berlin, 1997, S. 443-480; R. M. Grant, Irenäus of Lyons, London-New York, 1997.

1) 상반: 영지주의자들이 의존하는 비밀스럽고 다룰 수 없는 전승들.
2) 곧 이중적인 사도적 근거—로마 교회가 이미 2세기부터 향유한 특별한 명예의 다른 면모와 근거를 예를 들면 유세비우스(교회사 4, 23, 9ff.)가 발췌하는 형식으로 보존한 고린도의 디오니스가 로마 교인들에게 보낸 편지가 가리키고 있다. 여기서 "우리 시대에 있는 박해에 이르기까지도 로마 교인들이 굳건히 지켜온 덕목"을 찬양하고 있다(유세비우스). 그가 기록하기를: "처음부터 너희에게는 모든 형제들에게 다양한 방법으로 선을 베풀고 모든 도시들[!]에 있는 많은 교회에게 도움(ἐφόδια)을 주는 관습이 있었다……" "같은 편지에서 디오니스는 클레멘스가 고린도교인들에게 보낸 편지[Nr. 7]를 상기하면서 그 편지는 [그곳에서] 계속해서 옛 관습에 따라 읽혀지고 있다"고 말하고 있다(유세비우스).
3) 라틴어로 번역한 자는 단수로 읽고 있다.
4) 성경과 "신앙의 규범"의 관계에 대해서는 1, 10, 1f.; 3, 1, 2[= c와 g 항목]를 보라.
5) 정경 형성의 기준에 관해서는 유세비우스에게 (교회사 6, 12, 2-6) 발췌 형식으로 남아 있는 안디옥의 감독 세라피온(약 190-211)의 서신 "베드로복음서에 관하여"를 비교하라. 안디옥의 로소스(Rossos) 교회를 향해서 이 편지는 베드로복음서 사용과 읽는 것을 금하면서 그 이유로 이 복음서가 가현설적인 오해로부터 충분히 보호되지 못하고 있다고 하고 있다. 유세비우스가 인용한다: "형제들아, 우리는 베드로와 다른 사도들을 붙들기를 그리스도에게 하듯 한다. 하지만 거짓으로 그들의 이름으로 나온 문서들에 대해서 거부하는 것은 충분히 익숙하여 있다. 이는 그러

한 것은[의심할 여지없이 진정한 "사도적" 문서에서는] 전해져 내려오지 않았다는 것을 우리가 알기 때문이다…… [더 주도면밀하게 베드로복음서를 읽으면 분명해지는 것은] 대부분의 것은 우리 구세주의 참된 가르침과 일치하지만, 더러는 벗어난다는 사실이다……." —가현설 문제에 관해서는 N. Brox, "Doketismus"—eine Problemzeige, ZKG 95, 1984 (S. 301-314; 여기서는:) S. 313, 각주 31을 보라.

28. 가장 오래된 정경목록

(무라토리정경, Canon Muratori)

1740년 무라토리(L. A. Muratori)가 밀라노에 있는 암브로시아나 도서관에서 8세기 사본 가운데에서 신약문서 목록을 발견해서 출판하였다. 이 목록은 희랍어에서 조야한 라틴어로 번역된 것으로 필사의 오류로 훼손되는 바람에 부분적으로는 확실하게 번역할 수 없세 된 곳도 있다. 비록 공식문서였을 가능성은 희박하지만, 200년 전후에 로마에서 나온 것이다. 하지만 공교회 안에서 옳다고 인정받은 신약문서를 완전하게 나열하려고 하였다. 이 때문에 비록 처음과 마지막이 사라져 버렸지만 이 문서는 마태복음과 마가복음을 먼저 다루었다는 섯을 읽어낼 수 있다. 특별히 누가복음을 분명하게 세 번째 복음이라고 소개한다.

거기에 그[마가]가 있었고, 그렇게 기술하였다. 셋째 복음서는 누가복음이다. 의사인 이 누가는 바울사도가 그리스도 승천 후 법자문가[?]로 데리고 다녔다. 그는 자기 이름으로 집필하였지만 [그의] 뜻을 따라서 하였다. 그도 물론 주님을 육체로 계신 모습으로는 보지 못했다. 그래서 자기가 닿을 수 있는 대로 요한의 탄생으로부터 기술하기 시작하였다. 네 번째 복음서는 제자 중 하나인 요한의 복음서이다. 그의 동료 제자들과 감독들이 권할 때 그가 말하였다: "나와 함께 오늘부터 삼 일 동안 금식하라. 그리고 각자에게 계시되는 것을 우리가 전하기로 하자." 그 밤에 제자 중 하나인 안드레에게 계시되기를 요한은 모든 것을 자기의 이름으로 기록하도록 하라. 그리고 다른 모든 자들이 그것을 점검하라고 하였다. 그러므로 각각의 복음서는 서로 상이한 서두들(principia)[1]을 가르칠 수 있게 되었다. 그런데 이것이 기독교인들의 믿음에 전혀 차이를 만들어내지 않는다. 왜냐하면 인도하시는 한 분의 영이 모든 자들 안에서 모든 것을 명백하게 알려주시기 때문이다: 탄생, 고난, 부활, 제자들과의 대화와 그의 두 번 강림, 곧 첫 번째는 이미 일어난 것으로 낮아지신 겸비함으로, 다음에는 아직 이루어지지 않은 것으로 왕으로서의 빛난 권세로 오신다. 요한이 자기의 편지에서 일관되게 제시하는 것이 무슨 기적이랴. 그가 자기 자신에 관해서 말한다: "우리의 눈으로 본 바요, 귀로 들은 바요 우리 손으로 만진 바 된 것을 너희에게 쓰노라"[요일 1, 1ff.]. 이 말로 그는 자기가 눈과 귀로 보고 들은 증인으로서 뿐 아니라 주님의 모든 놀라운 행동에 관한 보도자라고 고백하고 있다. 하지만 모든 사도들의 행동은 한 권의 책에 기록되었다. 누가는 "테오필로스 각하"[눅 1, 1; 계 1, 3 비교]에게 자기 앞에서 일어난 모든 일들을 곧 그가 분명하게 제시한 바와 같이 기록하였다. 베드로의 순교뿐 아니라 바울이 로마에서 스페인으로 간 여행은 제외시켰다. 바울의 편지들은 알고 싶어 하는 자들에게 어떤 것[바울에게서 나온 것]들이 있고 어디에서, 무슨 동기에서 기록되었는가를 설명해준다. 가장 먼저 고린도 교인들에게 썼는데, 여기서 그는 분열의 편당을, 다음에 갈라디아 교인들에게는 할례를 금하였다; 로마인들에게는 그리스도가 성경의 규범이고 원리라는 것을 분명하게 하였다. 이에 대해서는 [성경의 원리와 규범] 하나 하나를 다루어야 한다. 사도바울은—자기의 선배인 요한의 기준을 따라서[계 2f

의 7개 교회를 향한 편지 비교] 이름을 거론하면서 일곱 교회에게 만 편지를 썼다. 말하자면: 고린도 교인들에게 첫 번째, 에베소 교인들에게 두 번째, 빌립보 교인들에게 세 번째, 골로새 교인들에게 네 번째, 갈라디아 교인들에게 다섯 째, 데살로니가 교인들에게 여섯 째, 로마 교인들에게 일곱 번째 편지를 보냈다. 고린도 교인들에게와 데살로니가 교인들에게 바른 길을 제시하기 위해서 각각 두 번째로 편지를 보냈다. 그렇더라도, 분명히 알 수 있는 것은 [오직] 하나의 교회가 온 세상에 흩어진 것이라는 사실이다. 왜냐하면 요한도 계시록에서 일곱 교회에 편지를 보냈지만 모두를 향한 말이기 때문이다. 이와 반대로 빌레몬서, 디도서와 두 개의 디모데서는 [개인적인] 관심과 사랑에서 쓴 것이다. 그리고 공교회를 높이고 교회교육의 질서를 위해서 썼다. 라오디게아인들을 향한 하나[의 편지], 알렉산드리아인들을 향한 편지, 곧 바울의 이름이지만 마르키온주의자들을 위해 쓴 것이 있고, 다른 것이 있는데 쓸개와 꿀을 섞지 않기 위해서 공교회에 받아들여지지 않았다. 더욱이 유다서와 위에서 인급한[?](superscriptio [- superscipti?]) 요한의 두 개의 편지가 공[교회]회[2] 안에서 굳게 자리잡고 있다; 지혜서도 솔로몬의 친구들이 그의[혹은: 교회의] 존귀함[혹은: 필론이 솔론몬의 존귀함](et sapientia ab amicis Salomonis in honorem ipsius scripta)[3]을 위해서 집필하였다. 계시록 중에는 요한과 베드로의 것만 인정한다; 베드로의 것은 우리 중 몇몇이 받아들이지 않기를 원한다. 반면에 근래, 바로 우리가 살고 있는 시절에 로마에서 헤르마스가 목자를 집필하였다. 곧 그의 형제 피우스가 로마의 감독으로 있는 때. 때문에 이것은 [개인적으로] 읽어야 하지만 공식적으로 교회에서 사람들에게 혹시 예언의 시대는 종결되었다지만 거기에 포함시켜서 읽든지 아니면 마지막 시대의 사도들에 포함시켜서든지 읽어야 한다. 마지막으로 아르시누스, 발렌티누스 또는 밀티아데스에 대해서는 아무 것도 받아들여서는 안 된다; 이들은 마르키온을 위해서도 새로운 시편을 기록하되, 소아시아에서 온 바실리데스[!], 곧 프리기아[= 몬타누스주의자들의] 종파[!]의 창시자와 함께 하였다……

원전 : H. Lietzmann, Das muratorische Fragment, KlT 1, (1921) 1933[2].—참고문헌: H. von Campenhausen [Nr. 15], 같은 책, S. 282ff.(참고문헌과 함께); J. Barr, Holy Scripture, Canon, Authority, Criticism, Philadelphia, 1983; H. Y. Gamble, The New Testament Canon. Its Making and Meaning, Philadelphia, 1985; G. M. Hahneman, The Muratorian Fragment and the Development of the Canon (OTM), Oxford, 1992 (여기에 대해서는 E. Ferguson, in: JThS 44, 1993, S. 691-697; P. Henne in: RB 100, 1993, S. 54-75를 비교하라); A. M. Ritter, Die Kanonbildung in der Alten Kirche, in: ders, Charsma und Caritas (GA), Göttingen 1993, S. 265-280; D. Trobisch, Die Endredaktion des Neuen Testaments (NTOA 31), 1996.

1) "서두"에서 복음서들의 차이가 가장 먼저 눈에 띈다.
2) duas [= duae?] in catholica; 어쩌면 dua[e] sin catholica = 희랍어 *δύο σύν καθολικῇ* 및 *πρὸς καθολικήν*으로 읽어야 한다. 그래서 catholica는 "공교회적인 것", 요한 1서로 해석해야 할 것이다.
3) 이것은 이외에도 증거가 있는 것으로, 솔로몬 또는 교회의 존귀함을 위해서 필론이 (*ὑπὸ Φίλωνος*) 지혜서를 집필하였다고 하는 대신 ab amicis (*ὑπὸ φίλων*) Salomos, 곧 솔로몬의 친구들이 집필하였다는 오해는 무라토리 정경이 원래는 희랍어로 집필된 것임을 반박의 여지 없이 증명한다.

29. "역동적" 군주신론과 "양태적" 군주신론

군준신론이라는 말에서 사람들은 대두되고 있는 로고스 기독론[위 Nr.

21c, 27c를 비교하라]에 반대하여 하나님의 "단독통치", 곧 그 외에 다른 선재하는 신적인 "인격"이 없는 엄격한 유일성을 보존하려 하는 이단적인 관념을 생각하게 된다. "역동설" 혹은 "양자설"은 구세주의 확고한 신성을 선택된 한 사람이 신적인 힘(Dynamis)으로 채워지고 그를 하나님의 아들로 받아들인 것(입양)으로 본다. 양태론은 아들 안에서 겨우 하나님의 다른 모습, 혹은 현현방식만을 보는 것이다. 사람들은 이 둘을 구별한다.—군주신론을 주도하는 대표자들은 동방 출신들이다. 그들이 제아무리-영지주의자들처럼(발렌티누스!)—싸움판을 로마에서 벌였다고 해도, 4세기에 이르도록 희랍 신학자들과 교회지도자들은 "군주신론적인" 관념들에 대해서 라틴의 서방보다 훨씬 더 예민하게 반응하였다.

a) 히폴리투스가 말하는 피혁상 테오돗(Theodot) (이단반박 7, 35, 1f.)

(1) 비잔틴에서 온 테오돗이라는 사람[1]은 새로운 이단사설을 소개하였다. 그는 만물의 근원에 관해서는 부분적으로 참된 교회와 일치하여 가르치며, 만물은 하나님이 만드셨다고 가르치고 고백하였다; 하지만 그리스도에 관해서는 영지주의자들의 학파, 케린트를 따르는 자들과 에비온주의자들[2]로부터 빌려와서는, 그분은 아래 방식으로 나타나셨다고 주장하였다: (2) 예수는 하나의 사람이며[3], 곧 아버지의 뜻에 따라서 동정녀로부터 출생하셨고, 다른 사람들처럼 사셨으며, 특별히 하나님을 경외하였다; 요단강에서 세례를 받고 나서 [이 때문에] 그리스도를 입으셨다. 그리스도는 그에게 비둘기 모습 가운데서 위로부터 내려왔다. 그러므로 [하나님의] 능력(*δυνάμεις*)은 성령이 그에게 내려와 그 안에서 모습을 드러내기까지는 그 안에서 역사하지 않았다는 것이다; 이것[성령]을 그는 그리스도라고 부른다. 그들[테오돗주의자들]은 그분[자신]을 성령이 내려올 때 하나님이 되었다고 하지 않는다; 하지만 다른 자들은 죽은 자들로부터 부활하신 이후[에는 가능하다고 하였다].

b) 히폴리투스가 말하는 노엣(Noët) 이단(같은 곳 9, 10)

…… 모든 사람에게 분명한 것은 제 정신이 아닌 노엣 추종자들은…… 아무리 자기들이 헤라클릿의 무리에 속하지 않았었다고(!) 가장해도, 노엣의 주장과 함께 헤라클릿의 가르침도 동시에 가지고 있었다. 그들은 이렇게 가르친다: 한 분이신 동일하신 하나님은 만물의 조성자요 아버지이다; 그가 원하기만 하면 언제나 그는 과거의 의로운 자들에게 자신의 불가시성을 고려하지 않고 나타나셨다; 곧 그가 자신을 보도록 허락하지 않으면 그는 불가시적이다; 하지만 보게 하시면, 볼 수 있는 분이다. 그가 파악할 수 없도록 하시면 그는 파악이 불가능한 분이시다. 그리고 그가 원하시면 파악할 수 있다. 이렇게 그는 동일한 근거에서 극복할 수 없으며, 극복할 수 있고, 생겨나지 않으며 [생겨나고], 불멸하시며 동시에 사멸하는 분이시다. 이 사람들이 어떻게 자신들이 헤라클릿의 생도가 아니라고 할 수 있겠는가……? 그[노엣]도 주장하기를 한 분 동일하신 아들과 아버지라고 했다는 것은 일반적으로 알려졌다…… [이 땅에] 나타나시고, 동정녀에게서 탄생하시고 사람 가운데 사람으로 거하셨던 이 한 분은 그를 볼 수 있게 허락된 자들에게 출생 때문에 아들로 알려주었다; 하지만 이것을 파악할 수 있는 자들 앞에서 그는 자신이 아버지라는 것을 숨기지 않았다. 고통에 찬 [십자가의] 나무에 달리시고 자기 영혼을 스스로 넘겨주신(눅 23, 46), 죽으시지만 [그러나] 죽지 않으시는 분이 스스로 무덤에 안장되시고, 창에 찔리고 못에 박히신 그가 스스로 제 삼일에 깨어나셨다. 그분에 대해서 그들은 그가 바로 만물의 하나님이라고 말하며, 그래서 그 많은 사람들을 헤라클릿의 어두움으로 덮어 씌었다.

c) 터툴리안이 말하는 프락세아스(Praxeas) 이단(프락세아스 반박 1)

(1, 1) 여러 가지 방법으로 사탄은 진리와 아주 비슷해지려고

(aemulatus est veritatem) 힘을 쓰고 있다. 때로 그는 진리를 흔들려고 하였지만 [마치 인상을 주기는] 진리를 옹호하는 것처럼 하면서 그렇게 하였다. 전능자이시고, 세상의 기초를 놓으신 분인 주님의 유일성에서 잘못된 가르침을 끄집어내려는 목적으로 그 유일성을 사수하는 자이다. 그는 말하기를 아버지 스스로가 동정녀 [마리아]에게 들어가셨고, 스스로 탄생하셨고, 스스로 고난을 겪으셨다 하였다. 요약한다면: 그분 자신이 예수 그리스도셨다. 그 뱀 자신이 속았다! 왜냐하면 요한의 세례를 받으신 후에 예수 그리스도가 시험받을 때, 그는 그분을 바로 하나님의 아들로 인정하였고, 최소한 자기가 시험할 때 그럴듯하게 사용한 성경구절에 근거해서, 하나님께 한 아들이 있다는 것을 믿고 있었기 때문이다: (2) "네가 만일 하나님의 아들이거든, 이 돌이 떡이 되도록 말하라"[마 4, 3]; 또: "만일 네가 하나님의 아들이거든, 여기서 뛰어 내려라; 왜냐하면 기록된 바: '그가(당연히 아버지를 뜻한다!) 자기 천사들을 네 위에 보내고, 그러면 그들이 너를 손에 올려놓으므로 너의 발이 돌에 부딪히지 않게 하시리라' 고 했기 때문이다"[마 4, 6]. (3) 또한 그[마귀]는 복음서들을 거짓에 말려든 것으로 보며 말하려고 한다: "마태와 누가는 이렇게도 생각하였을 수도 있다: 나는 내가 맡은 부분을 위해서 하나님 자신에게 다가가서, 그 전능자를 직접 시험하였다; 이것이 내가 그에게 다가간 이유였고, 내가 그를 시험한 이유였다; 다른 경우로, 만일 하나님의 아들이었[기만 했]다면, 나는 절대로 그를 시험하려고 하지 않았을 것이다!" 하지만 오히려 그가 처음부터 거짓말하는 자는 그였다[요 8, 4 비교]; 이것은 프락세아스처럼 그가 사주하였던 모든 자들에게도 해당된다. (4) 왜냐하면 이 사람은 이런 종류의 얼빠진 생각을 아시아에서 로마 지경에 심은 첫 인물이었기 때문이다. 그 밖에도 그는 가만히 있지 못하는 성격이었고,[4] 자기가 겨우 잠시였던 감옥생활을 했다는 그 부끄러운 것 밖에 되지 않는 "신앙고백자[5]의 명예"로

인해서 교만하였었다. 혹시 그가 자기 몸을 내어주어서 불사르라고 했다고 하더라도, 그가 하나님의 사랑을 가지지 않았기에 그에게는 아무런 유익이 없었을 것이다. [곧 반몬타누스주의자인] 그는 하나님의 은사에 대항하여서도 끈질기게 싸웠다[고전 13, 3 비교].

원전 : M. Marcovich, 위 [Nr. 25]; P. Wendland, 위 [Nr. 25]; E. Kroymann-E. Evans, Qu. S. Fl. Tertulliani Adversus Praxean, in: Tertulliani Opera, II, CChr 2, 1954.—참고문헌: J. Frickel, Das Dunkel um Hippolyt von Rom, Graz, 1988; R. M. Hübner, Die antignostische Glaubensregel des Noet von Smyrna, (1989); 지금은 in: ders., Der paradox Eine (위 Nr. 11을 보라), S. 39-94; J. Hammerstaedt, Art. Hypostasis, RAC 16, 1994, Sp. 986-1035; W. A. Löhr, Theodotus der Lederarbeiter und Theodotus der Bankier, in: ZNW 87, 1996, S. 101-125; H. G. Thümmel, Logos und Hypostasis, in: D. Wyrwa (Hg.), Die Weltlichkeit des Glaubens…… (위 Nr. 21을 보라), S. 347-398; A. M. Ritter, Art. Trinität I, TRE 33, 2002.

1) 유세비우스에 따르면(교회사, 5, 28, 4-6) 그는 신 만드는 사람 아니면 무두장이였다(σκυτεύς).
2) 에비온주의자들이 만들어 낸 영웅의 별명으로 사실 실제의 어원(Nr. 26을 보라)을 모르는 데서 왔다.
3) 유세비우스: "그저 한 인간"(ψιλὸς ἄνθρωπος)
4) 그래서 그는 자기 이름 프락세아스['Gschaftlhuber']에 영광을 돌렸다!
5) 고백자는 순교자('피로 증언한 자')와 구별되어서 박해시절에 자기의 그리스도 신앙을 고백하였지만, 처형되기 전에 살아 남은 자들을 지칭한다.

30. 터툴리안(Tertullian)

터툴리안은 2세기 중엽 직전에 카르타고에서 출생하였고, 남아 있는 그의 문서들이 증명하듯이 탄탄한 교육, 특별히 법률적이고 수사학적 교육을 받았다. 195년경 그가 회심 이전까지 변호사로 활동했던 로마로부터 자기 고향으로 돌아와서, 곧바로 교회를 위한 꾸준한 문서 활동을 펼쳤다. 그의 언어사용(예를 들면 "삼위일체"[trinitas], "공로"[meritum] "성례전"[sacramentum])과 삼위일체적 신학-기독론적 형식들은 서방 정통신앙의 기초가 되었다. 그리고 그의 생애 말엽(늦어도 207/208년)에 몬타누스주의로 넘어갔음에도 불구하고 비교적 많은 문서들(37권!)이 남아 있다.

I. 기독교 변증가 터툴리안

터툴리안이 했던 문서적 활약들 중에서 단연 가장 중요한 것은 아마도 197년 말경에 나온 커다란 "방어문서"(Apologeticum)이다. 아래에서는 그중 겨우 몇 개의 특별히 독특한 구절들만 제시할 수 있을 뿐이다.

a) 변증의 목적(변증, 1, 1f.)

(1, 1) 당신들 로마제국의 관료들(antistites)이 공개적이고 높은 자리에서…… 재판장으로서 기독교인들의 문제가 실제로 무엇인지를 드러내놓고 검증하고 모든 눈이 보는 앞에서 조사하지 않으니,…… 최소한 소리 없는 문서라는 드러나지 않는 방법으로 당신들 귀에 접근하는 것이 순리일 것이다. (2) 그들은 자기들의 상황을 간청해서 바꾸려고 하지 않는다. 왜냐하면 그들은 자기들의 이 상황에 대해서 조금도 놀라지 않기 때문이다. 땅에 있는 자기들은 본향에 있는 것이 아니고, 자기들과 낯선 백성들 사이에서는

쉽사리 원수가 된다는 것을 알고 있다. 반대로 자기들의 근본, 고향, 소망, 감사와 명예가 하늘에 있음을 알고 있다. 일시적으로 그들이 원하는 것은, 사람들이 자기들을 몰라서 저주하는 일을 없게 하려면(ne ignorata damnetur) 자기들을 알아야 한다는 것뿐이다.

b) 기독교인을 미워함의 어리석음과 불의함(변증 1, 10-13; 2, 1-3; 40, 2; 50, 12f.)

(1, 10) …… 본성은 모든 악에 대해서 두려움이나 부끄러움을 갖게 되어 있다. (11) 그래서 모든 파렴치한 자들은 숨으려고 하였다…… (12) 하지만 그리스도인은 아무도 그런 것을 하지 않는다. 아무도 후회하지 않는다. 혹시 좀 더 일찍 그리스도인이 되지 못한 것을 후회하는 일을 제외한다면 말이다. 그들이 고발당하면 그들은 승리하는 것이다. 피고로서 자기를 변호하지도 않는다. 심문당할 때 그들은 오히려 자발적으로 진술하고, 판결에 대해서는 감사하기까지 한다. (13) 두려움, 부끄러움, 도주, 후회, 유감 등의 악의 본질적인 특징들이 없는 것이 악함이 되어야 한다는 말인가?…… 당신은 그것을 미친 생각이라고 말할 수 없는데, 그 이유는 말할 수 있을 만큼 모르기 때문이다.

(2, 1) 우리가 큰 범죄자라는 것이 확실하다면, 왜 당신들은 우리를…… 다른 범죄자들과 달리 취급하는가? 같은 범죄는 같은 취급을 받게 되어있는데 말이다. (2) 우리가 말한 것을 다른 자들이 말한다면 그들은 자기들의 무죄를 증명하기 위해서 변호사를 고용한다; 그들이 그렇게 할 수 있는 이유는…… 심문 없이는 누구도 판단 받지 않기 때문이다. (3) 그런데 그리스도인들에게만 공격에 항변하는 것이 허락되지 않으며,…… 판사가 불의를 행할 때 제어할 수 있는 것이 주어지지 않는다; 공공의 미움(odium publicum)을 살 만한 것만을 찾는다: [그리스도인이라는-] 이름

에 대한 고백만이 있지, 범죄에 대한 조사는 없다(confessio nominis, non examinatio criminis).

(40, 2) 티베르 강[변] 둑이 범람하면, 나일이 들판을 적시지 못하면, 하늘이 울리고 땅이 진동하지 않으며, 흉년이 오고 역병이 도지면, 당장 사람들이 소리를 지른다: "기독교인들을 사자 앞으로 끌어내라!"(Christianos ad leonem)……

(50, 12) 당신들 높은 관리들은 백성들에게 그리스도인들을 희생제물로 바치면서 오직 백성의 환심만을 사려고 한다; 우리를 십자가에 달고 고문하고 심판하고, 깔아뭉개고—당신들의 불의는 우리 무죄의 증명이다! 바로 이 때문에 하나님께서 우리가 이 모든 것을 당하도록 하시는 것이다…… (13) 하지만 당신들의 그 잔머리에서 나온 잔인함은 당신들에게 전혀 도움이 되지 않는다; 그것으로 우리의 결속(secta)을 알리고 있을 뿐이다. 당신들이 우리를 괴롭힐수록 우리는 더 많아질 뿐이다: 그 씨앗은 그리스도인들의 피다(plures efficimur, quotiens metimur a vobis: semen est sanguis Christianorum).

c) 기독교인과 황제(같은 곳 21, 24; 30, 1f.; 31, 1-32, 1; 33, 1)

(21, 24) 그리스도에게 일어난 모든 일을 내면적으로는 이미 그리스도인인 빌라도가 당시 황제 티베리우스에게 보고하였다[1]; 하지만 만일 세상에 황제들이 필요하지 않거나 아니면 황제가 동시에 기독교인일 수 있었다면 그들도 그리스도를 믿었을 것이다(si aut Caesares non essent necessarii saeculo, aut si et Christiani potuissent esse Caesares)[2].

(30, 1) 우리[그리스도인들]는…… 황제들의 안녕(salus)을 위해서 영원한 하나님께 매어 달린다. 참 하나님이시고, 참 살아계시는 하나님, 곧 황제들도 다른 신들보다 찾고 있는 그분을 말한

다. 자기들에게 나라를 주신 자가 누구이고, 누구에 의해서 자기들의 생명이 있는가를 그들은—사람으로서—안다; 자기들이 그 한 분의 권세 안에 있는 바로 그분이 하나님 한 분임을 그들은 짐작한다…… (2) 그들이 자기들의 권세와 통치가 어디까지 이르는가를 생각한다면, 그러면 하나님을 알게 된다(et ita deum intellegunt); 그들은 자기들이 거역할 수 없는 분을 통해서 자기들이 권세를 행사할 수 있음을 깨닫게 된다.

(31, 1)…… 만일 당신들이…… 우리가 황제의 안녕과 무관하다고 생각한다면, 하나님의 음성(dei voces), 곧 성경을 보라. 이 책을 우리는 누구에게도 막지 않으며, 이 책을 수많은 우연한 기회를 통해서 이방인들이 갖게 되었다. (2) 그들에게서 당신들이 배울 것은 우리는—선의 기준을 온전하게 하기 위해서—우리의 원수들을 위해서조차도 하나님께 간구하며 우리를 박해하는 자들에게도 자비를 베풀 것을 구하도록 명령을 받은 존재라는 사실이다. 우리는 원수를 위해 빌고, 핍박하는 자를 위해서 자비를 간구해야 한다. 그런데 우리가 범죄자로 고소가 된(convenimur in crimen) 것이 한 사람의 위엄 때문인데, 그렇다면 그 사람보다 더한 기독교인들의 적과 박해자는 누구이겠는가? (3) 하지만 분명히 강조해서 말한다: "왕들과 지배자들과 권세자들을 위해서 기도하여, 당신들에게 모든 것이 평강하게 하라"[딤전 2, 2 비교]. 왜냐하면 나라가 흔들리면 그의 다른 지체들의 요동과 함께 우리도—우리는 불안정으로부터도 멀리 있는 것처럼 보일 수 있을지라도—그 불행에 맞닥뜨리게 되기 때문이다.

(32, 1) 하지만 우리를 위해서 그리고 황제를 위해서 기도하며, 이와 같이 나라 전체의 안녕을 위해서(pro omni statu imperii) 그리고 로마인들의 권력을 위해서 기도해야만 하는 또 다른 그리고 더 높은 당위성이 있다: 지구를 위협하는 무서운 재난, 곧 기가 막힌 고통을 몰고 올 세상의 종말(clausula)은 오직

로마제국에 허락된 시한(Romani imperii commeatu)으로 말미암아 발이 묶여 있기 때문이다[살후 2, 6f. 비교][3]. 우리는 이것을 겪고 싶지 않다. 그래서 우리는 그것이 미루어지기를 간구하면서 로마의 존영(Romanae diuturnitati)에 기여하고 있는 것이다.

(33, 1) 도대체 황제에 대해서 그리스도인이 가진 조신한 두려움(religio)과 헌신(pietas)에 대해서 내가 무엇을 더 말해야 하겠는가? 그를 우리는 우리 주님께서 선택하신(elegit) 자로 공경해야만 한다. 그러니까 이렇게 말할 수 있다. 황제는 오히려 우리 것이요, 우리 주님으로부터 세우신 분이다(noster est magis Caesar, a nostro deo constitus).

d) 기독교인의 영혼이 본성으로부터 내어놓는 증거(같은 곳 17, 4-6)

(17, 4) 당신들은 내가 당신들에게 그분[만물의 한 분 하나님이며 창조자]을 그 많은, 그리고 그 큰 그분의 피조물들로부터 증명하기를 원하는가? 곧 그것들을 통해서 우리가 보호받고, 그것들을 통해서 우리가 보존되며, 그것들을 통해서 기뻐하기도 하지만 깜짝 놀라기도 하는 것들을 통해서 말이다. 당신들은 내가 그분을 영혼 그 자체가 주는 증거로(ex animae ipsius testimonio) 증명하기를 원하는가? (5) 이것은 물론 몸의 감옥(carcere corporis)으로 제한되었고, 왜곡된 가르침들에 얽매여 있으며, 쾌락과 욕망에 의해서 지쳐있고, 거짓 신들에 의해서 종노릇하고 있다; 하지만 영혼이 다시 본연으로 돌아와서—소요로부터, [악한] 꿈으로부터, 일종의 병에서 돌아오는 것처럼—자기의 건강한 상태를 되찾는다면, 그를 이 한 단어 "하나님"이라고 부르게 된다. 왜냐하면 이 분만이 본래 참 [하나님]이시기 때문이다. "하나님은 선하시고 위대하시도다"와 "하나님이 계십니다"라는 말은 모든 사람

이 사용하는 표현들이다. (6) 판사이기도 한 영혼이 그를 증거한다. [이렇게 말할 때]: "하나님께서 아신다"와 "내가 하나님께 부탁하노라"와 "하나님께서 내게 갚으시리라." 아 기독교인의 영혼이 본성에서부터 내어놓는 증거 아닌가!……[4)]

e) 기독교와 병역(우상숭배 19)

이 변증서의 몇몇 곳은 기독교인들이 이방사회에 동화되는 것 자체가 터툴리안에게 아무런 문제도 되지 않는 것같은 인상을 줄 수 있다면, 거의 동시에 나온 문서 "우상숭배에 관하여"(De idololatria)는 터툴리안이 자기가 주장한 기독교인과 이방인의 삶의 결속에 실제로는 좁다란 한계가 그어져 있다고 보고 있음을 가르치고 있다. 하지만 이 문서에서 "우상숭배"라는 개념은 예를 들어서 일련의 직업들(관리, 군인, 예술가, 선생)은 기독교인들에게 우상숭배를 금지함으로 인해서 이미 처음부터 막혀 있는 것으로 그 범위가 확대되고 있다.

(19, 1) 앞에서[5)] 이미 군복무(militia)에 관해서 결론이 내려진 것같이 보일 수 있다…… 그리스도인(fidelis)이 전쟁에 참여할 수 있는가, 군인들이 신앙으로 올 수 있는가, 그리고 또한 평범한 군인들인지 아니면 스스로 제물을 드릴 필요가 없고 처형당할 수 있기 때문에 아무 것도 할 수 없게 되어 있는 하급 장교들을 말하는 것인지 하는 질문을 말한다. (2) 신에게 하는 것과 인간의 맹세(sacramentum), 그리스도의 군기(signum)와 사탄의 것, 빛의 진영과 어둠의 진영은 서로 화해할 수 없다; 하나의 동일한 영혼이 [동시에] 둘 모두에게 매일 수 없다: 하나님과 황제에게. 웃자고 한다면, 분명 모세는 지팡이를 가졌고, 아론은 팔찌를 찼고, [세례] 요한은 가죽 띠를 두르고, 여호수아는 군대의 선두에 섰고, [이스라엘] 백성은 전쟁을 치렀다. (3) 하지만 주님께서 칼을 빼앗

은 자[마 26, 51f.]는 전쟁을 해야 하는가 아니면 평화 시에만 칼 없이 섬길 것인가? 군인들도 [세례] 요한에게 와서 자신들의 도리(forma observationis)에 대해서 판단기준을 달라고 하였다. 그리고 지휘관도 믿게 되었다. 하지만 그 뒤에 주님께서는 베드로에게서 무기를 빼앗으시며 모든 군인들을 무장해제를 시키셨다[칼을 빼앗았다]. 그 제복은 허락되지 않은 직업(illicitus actus)의 표식이기 때문에 우리에게는 금지되었다.

II. 반 이단 저술가 터툴리안

터툴리안 저작의 커다란 부분은, 그가 공교회에 몸담은 시기를 넘어서까지 이단을 상대로 한 투쟁에 쏟고 있다; 그중에는 "마르키온 반박"이라는 다섯 권의 책(Nr. 15), 곧 그가 저술한 책들 중에서 가장 포괄적인 책도 있다. 이 싸움은 "근본적인 유보", 곧 "이단들의 소송권"(De praescriptione haereticorum)으로 시작되었다. 이 책에서는 로마의 재판권을 전개시키고, 곧 민사소송을 상대로 한 법률적 효력이 있는 "이의"를 말하고 나서, 이단에게서는 명백하게 드러난 진실에 대한 모든 청구권과 이와 함께 존재의 권리에 대한 모든 주장이 두 말 할 나위 없이 박탈되었다.

f) 사도적 교회들(이단들의 소송권 20. 32. 36)

(20, 4) 사도들은…… 온 사방으로 흩어져서 [이전에 유대인들에게 했듯이] 이방인들에게 동일한 신앙을 선포했다. (5) 그들은 모든 도시에 공동체들을 세웠다. 그 결과로 그 공동체들로부터 그 밖의 사람들이 믿음의 가지(tradux)와 가르침의 씨앗을 끄집어내었고 지금도 매일같이 꺼내옴으로 교회들(ecclesiae)이 되어 간다. (6) 이러한 방식으로 그들도 사도적인 사람들, 곧[저] 사도적 교회들의 후예들(suboles)로 인정받게 된다. (7) …… (8) ……

[하지만] 이들의 단일성은 교회의 교제(communicatio pacis)를 서로 허용하는데서 볼 수 있고, 형제라는 호칭(appellatio fraternitatis)과 손님 대접하는 것을 즐거워하는(contesseratio hospitalitatis) 데서 볼 수 있다. (9) 이 세 가지 우선권(iura)은 다른 근거와 다른 기준이 아니라, 하나의 신앙 규범을 전승하는(eiusdem sacramenti una traditio) 것에 그 근거와 기준을 가지고 있다.

(32, 1) 이와 반대로 사도시절에 있던 몇몇[이단들]이 마치 자기들도 사도들로부터 온 것처럼 하려고 덧붙이려 한다면,…… 우리는 이렇게 응수하여야 한다: 그들은 자기들 교회의 근본들을 털어 놓아야 한다. 그들은 자기 감독들의 순서(ordo)를 제시하여야 한다. 곧 처음부터 승계를 통해서 계속된 감독들을 열거하되, 첫 감독은 각각 사도들 중 하나, 혹은 사도적인 인물들 중 하나—사도들 중에 머무른 그러한 사람—를 보증자(auctor)와 전임자로 가지는 방식으로 하여야 한다. (2) 왜냐하면 이것이 바로 사도적인 교회가 자기들의 권리주장을 증명(census suos deferunt)하는 방식이기 때문이다. 서머나 교회는 [자기들의 감독] 폴리캅을 요한이 세웠다고 하거나 로마 교회는 [자기들의] 클레멘스를 베드로가 서임하였다고 한다.

(36, 1) 자 어떠한가! 당신이 당신의 구원을 힘쓰며(in negotio salutis tuae) 당신의 호기심(curiositas)을 채워줄 방식에 몰입하고 싶다면, 사도적 교회들을 섭렵해 보아라. 곧 사도들의 권좌(cathedrae)들이 아직도 고색창연하며 고고한 자리를 차지하고 있는, 아직도 그들의 원본 편지들(authenticae literae)을 낭독하면서 각각[사도들]의 음성과 얼굴을 귀하게 여기며 현재화시키는 교회들을 말이다. (2) 아가야가 아주 가까우면, 고린도를;…… 네가 머문 곳이…… 이태리 이웃지경이면, 로마 교회, 곧 우리[북아프리카 기독교인들]에게도 그 [사도적] 권위가 서는

(praesto) 로마 교회면 된다. (3) 사도들이 모든 가르침을 자기들의 피로 퍼뜨린 교회들이 복되도다……!

g) 신앙의 규범(프락세아스 반박 2, 동정녀들의 베일로 가림 1과 이단들의 소송권 13을 함께 참조)

(2, 1) …… 하지만 우리가 항상 그리고 지금도 믿는 바는, 더 바르게 말한다면 성령에 의해 가르침을 받은 바—곧 모든 진리로 인도하시는 분[6]에 의해서 인도된—, 바로 이것이다. 오직 한 분 하나님이 계시며, 우리가 경륜(oikonomia)이라고 부르는 저 구원질서(dispensatio)의 섭리에 따라서 한 분 아들이 있다. 그는 바로 그분에게서 나온 로고스이며, 만물이 그를 통해서 만들어졌고, 그가 없이는 아무 것도 만들어지지 않았다. [우리가 믿기는] 그는[아들은] 아버지께서 동정녀에게 보내었고, 그에게서 나시고, 사람이고 하나님이며, 사람의 아들이고 하나님의 아들이다. 그는 예수 그리스도라는 이름을 가졌다; 성경 대로 고난 받으시고, 죽으시고, 상시시내시고, 아버지로 밀미임아 다시 살아니시고 하늘에 가셔서 그의 우편에 계신다. 그리고 산 자와 죽은 자를 심판하러 오실 것이다; 그리고 그는 거기에서(exinde)—자기 약속 대로—성령을 아버지로부터 보내셨다. 그는 보혜사로 성부와 성자와 성령을 믿는 자들[7]의 믿음을 거룩하게 하신다. (2) 이 신앙의 규범은 복음의 시작부터 있어 왔다는 주장의 증명은 모든 이단들이 나중에 등장하였다(posteritas)는 사실과 특별히 근자에 등장한 프락세아스의 신종(novellitas)이다…… [이 자의 "비정상"은 하나님의 유일성은 다른 방식으로 확고하게 할 수 없고 아버지와 아들과 성령을 "동일한 분"(ipsum eundemque)으로 말하는 길 밖에 없다고 말하는 데서 드러난다]. (4) 마치 하나에서 모든 것이 나오고, [하나님] 본질의 단일성 덕분에 모든 것이 나왔기에, 하나는 그 모든 것이 아니라고 말하며, 그럼에도 불구하고 경륜

(oikonomia)의 비밀은 보증되지 않는 듯이 말이다. 이 비밀은 단일성이 셋 됨으로 퍼져나가도록 하며, 세 인격[Personen] 성부와 성자와 성령을 [믿도록] 명하셨다. 물론 이 셋은 속성이 아니고 등급이며, 본질이 아니고 형상이고, 권세가 아니고 현상에 따른 것이다. 왜냐하면 오직 [유일한] 하나님이 있을 뿐이기 때문이다. 그분에 따라서 그 정도, 형상과 나타난 모양이 아버지, 아들과 성령의 이름으로 불리고 규정되는 것이다(quae unitatem in trinitatem disponit, tres dirigens Patrem et Filium et Spiritum, tres autem non statu sed gradu, nec substantia sed forma, nec potestate sed specie, unius autem substantiae et unius status et unius potestatis quia unus Deus ex quo et gradus isti et formae et species in nomine Patris et Filii et Spiritus sancti deputantur)……

h) 이단들은 성경에 대해 아무런 권리도 가지고 있지 않다(이단들의 소송권 37)

(37, 1) 만일 사도들이 교회에 주고, 그리스도께서 사도들에게 주고, 하나님께서 그리스도께 주신 믿음의 규범에 따라서 살아가는 우리에게 진리가 주어져야만 한다는 것이 마땅하다면, 우리가 좀 전에[15, 3] 제시한 주장(propositio), 곧 이단들은 성경에 근거하여서 소명을 말해서는 안 된다는 것이 근거를 가지고 있다는 사실이 증명된 것이다; 하지만 우리는 그들이 성경에 근거해서는 그 어떤 것도 해서는 안 된다는 것을 성경 없이 증명할 것이다. (2) 만일 그들이 이단들이라면 그들은 그리스도인들일 수 없다. 왜냐하면 자기들의 판단에 따라서(de sua electione) 붙들고 늘어지는 가르침을—그래서 그들에게 이단이라는 이름이 따라 붙는다—그들은 그리스도께로부터 받지 않았기 때문이다. (3) 비그리스도인으로서 그들은 성경에 관한 아무런 권리가 없다. 도대체 너희들은 누

구란 말인가? 언제 그리고 어디서 너희는 왔는가? 나에게 속하지 않은 너희가 도대체 내게 속한 것들 가운데에서 무엇을 하려 하는가? …… (4) …… 내 소유는 나의 것이다. 나는 그것을 전부터 갖고 있었다; 너희보다 [오래전에] 나의 손에 가지고 있었다. 그리고 나는 사물을 가지고 있는 원래 주인들로부터 확실한 소유권을 가지게 되었다. 내가 사도들의 후예이다(heres apostolorum).

i) 철학은 이단의 어머니(같은 곳 7)

(7, 1) 그것[곧 잘못된 가르침]은 사람과 귀신들의 발명품이며, 귀를 간지럽게 하려고 세상 지혜의 발명재간에서 나온 것이다. 이것을 주님은 미련한 것이라고 하며, 주님은 바로 이 세상에서 미련한 것을 택해서 철학을 부끄럽게 하셨다[고전 1, 27 비교]. (2) 하지만 이것이 세상 지혜의 근거이며, 이것이 하나님의 본성과 계획을 이상스럽게 해석하는 것이다. (3) 이 철학으로부터 자기들의 수단을 가지고 오는 것(Ipsae denique haereses a philosophia subornantur)이 이단들이다…… (5) 이단들이나 철학자들은 동일한 목적을 질릴 때까지 추구한다……: 악은 어디서 오며(unde malum), 있기는 왜 있는가? 사람은 어디서 오며 어떻게 생겨 먹었나?…… (9) 그러므로 아테네가 예루살렘과 함께 무슨 관계가 있는가(quid ergo Athenis et Hierosolymis)? 아카데미와 교회가, 이단들과 그리스도인들은 또 무슨 상관이 있는가? 우리의 가르침(institutio)은 솔로몬의 회랑(희랍어: 스토아!)에서 나오며, 그 스스로가 가르치기를 주님은 마음이 단순한 자를 찾으신다고 하였다(지혜서 1, 1 비교). (11) 스토아적이고 플라톤적이며 변증적인 [아리스토텔레스적인] 기독교를 만들어내는 자들을 경계하라! 그리스도 이후로 우리는 더 이상 연구가 필요치 않으며, 복음을 받은 다음에는 탐구가 필요 없다(Nobis curiositate opus non est post Christum Iesum nec inquisitione post evangelium).

(13) 우리는 이렇게 믿고 있으며, 믿는 것 이상 아무 것도 얻으려 하지 않는다. 왜냐하면 이것이 우리의 믿음의 최고 규정이기 때문이다: 우리가 믿음 이상으로 믿어야 할 것은 아무 것도 없다.

III. 터툴리안과 회개 문제

j) 몬타누스주의자가 되기 전 터툴리안의 입장(회개 7-9)

터툴리안은 자기 시대의 거의 모든 중요한 교리적이고 윤리적인 주제들에 대해서처럼, 회개 문제에 대해서도 입장표명을 하였다. 이 문제를 위해서 약 203년에 집필한 문서가 있다. 첫 부분(1-6장)은 "세례 때 회개", 곧 세례를 받기 위해서 준비하는 자세로서의 회개 마음과 그 실제에 관해서, 둘째 부분(7-12장)은 소위 "두 번째 회개"(paenitentia secunda), 곧 세례 받은 자의 회개에 관해서 말하고 있다. 이 책은 2세기 후반의 회개과정을 제도화하는 것과 신약성경에서 근본적으로 변화된 회개를 이해하는 데에도 중요한 기록이다!

(7, 1) 주 그리스도시여, 이만큼이라도 당신의 종들이 회개의 질서(paenitentiae disciplina)에 관하여 말하게 하시고 또는 말하는 것을 듣게 하소서. 곧 듣는 자[문답자]들이더라도 더 이상 죄를 범하지 않을 수 있는 것처럼 말입니다…… (2) 그런데 내가 두 번째, 아니면 결국은 마지막 소망을 다루게 되었다…… (10) 하나님께서 [훼방자의] 썩어질 계획을 미리 아셨기 때문에, 용서를 향해서는 자체로 보아서 폐쇄되었으며, 세례의 빗장으로 닫아버린 문을 조금 열어놓게 하셨다. 그분께서는 전각[교회] 안에 두 번째 회개를 두셨다. 그것은 두드리는 자에게 열리는 것이지만[마 7, 7 비교] 지금은 단 한 번만 열린다. 왜냐하면 이미 두 번째이기 때문이다; 그 다음에는 다시는 없다, 왜냐하면 지난[혹은: 다음] 번

(proxime)이 [이미] 헛되어졌기 때문에.

(8, 9) 이 정도로 고백(confessio)은 죄에 빗장을 지른다. 감추는 것이 죄를 심각하게 만들듯이; 하지만 고백은 보속(satisfactio)의 척도이며, 반대로 감추는 것은 고집부리는 것의 잣대이다. (9, 1) 이 두 번째—그리고 유일한—회개로 인해서, 죄가 악할수록 그 증명도 그만큼 고통스럽다는 것이 분명해진다. 양심 속에서 이루어질 뿐 아니라 드러난 행동을 통해서도 나타나야 할 정도이다. (2) 이 행동이—이것을 사람들이 더 합당하게, 그리고 더 흔히 표현하는 희랍어로는—엑스호몰로게제["고백"]이다. 이것으로 우리는 주님께 우리의 죄(delictum)를 고백한다. 하나님이 그것을 몰랐던 것처럼 하는 것이 아니다. 이 고백으로 보속을 실행으로 옮긴다는(disponitur) 면에서 고백에서 통회가 자라고 통회를 통해서 하나님이 만족하여 하시는 것이다. (3) 그러므로 엑스호몰로게제는 사람을 땅에 꿇어 엎드리게 하며 겸손하게 한다. 그리고 긍휼의 마음을 불러일으키기에 합당한 삶의 자세를 준다. 곧 복장과 음식에서부터: (4) 고백은 명령하기를 굵은 베와 재 가운데 앉으라 하며(사 58, 5; 마 11, 21 병행구), 몸을 더러운 것으로 모양을 가리게 하고, 마음을 슬프게 하도록 한다……; 나아가서 먹는 것과 마시는 것에 맛을 가미하지 않고 섭취하도록 하고……; 대부분의 시간 금식(ieiunia)에 기도를 보대며 한숨지으며, 울며 낮이나 밤이나 주, 너의 하나님께 부르짖으며, 사제 앞에 꿇어 엎드리고, 하나님의 친구들[8]의 무릎을 끌어안고, 모든 형제들의 기도에서 중보기도를 부탁하도록 한다. (5) 이 모든 것을 엑스호몰로게제가 이행하는 것은 [하나님과 공동체가] 이 회개를 받도록 권하는 것과 [사후에 올 심판의] 위험을 두려워함으로 주님을 높이기 위한 것이다[시락 1, 11 비교]. 또 회개 자체가 죄에 대해서 심판을 내림을 통해서 하나님의 심판하시는 분노의 자리에 서는 것을 대신하고, 시간상에서 일어나는 고통을 통해서 그 영원

한 심판을 – 제거한다는 말을 하는 것은 원치 않아서 – 피하기 위해서 하는 것이다(Haec omnia exomologesis, ut paenitentiam commendet, ut de periculi timore dominum honoret, ut in peccatorem ipsa pronuntians pro dei indignatione fungatur et temporali afflictatione aeterna supplicia non dicam frustretur, sed expugnat). (6) …… 나를 믿으라: 네가 너를 처리하지 않으려고 하면 할수록, 그만큼 더 하나님께서 너를 처리하리라.

k) 몬타누스주의자 터툴리안과 감독의 면죄권의 한계(명예론 1, 21)

(1, 6) 한 칙령, 곧 결정적인 칙령(edictum…… peremptorium[9])이 반포되었다는 것을…… 내가 듣는다. 최고 감독(pontifex maximus), 곧 감독 중의 감독[10]이 선포하였다: 내가 회개한 자들의 간음과 호색의 죄들을 용서하노라. (7) 진실로, 사람들이 "정당하게는" 서명할 수 없는 칙령이다. 그리고 어디서 그런 관대함(liberalitas)을 선언할 수 있겠는가? 짐작키로는 바로 …… 주루에 걸려 있는 간판 아래에!…… 사람들이 그 소망을 가지고 들어가는 거기에서 용서(venia)를 읽을 수 있는 것이 분명하다. (8) 그런데 지금은 그것을 교회 안에서 읽을 수 있다는 것이다……, 하지만 교회는 동정녀이다!…… (10) 이 문서는[De pudicitia] 육에 속한 자들[11]을 향한 것이지만, 과거에 내 자신도 그들과 동감하였던 생각을 가리키고 있기도 하다…… (20) 우리[곧 새 예언을 따르는 자들]에게는…… [간음과 호색의 죄들이] 가장 크고도 지독한 잘못인데, 믿음을 받고 난 후에는 두 번째 결혼을 생각한다는 것은 한 번도 허락될 수 없다는 사실을 통해서 이미 굴복된 것이다. 두 번째 결혼이란 결혼 약속과 예물 때문에 간음 및 호색과 구별된다. 그러므로 재혼(digami)은 극도로 엄격하

게 불허해야 한다. 왜냐하면 도덕적 훈련의 고귀함(disciplinae enormitate)으로부터 벗어남으로써 보혜사를 부끄럽게 하기 때문이다[또는: 우리가 그렇게 하면서 형언할 수 없는 지독함 때문에 아무리 보혜사를 부른다고 할지라도]. (21) 바로 그렇게 우리는 간음을 한 자들과 호색하는 자들에게 [교회의] 문턱이라는 빗장을 질러서 화평(pax)을 위해서 흘리는 눈물을 헛되도록 만들며, 교회로부터는 그들의 수치스러움을 알리는 것 외에는 아무 것도 얻을 수 없게 하여야 한다.

뒤따르는 2-20장에서 성경구절들에 대한 언급이 나온나. 그 구질들은 호색의 죄를 다루고, 그러나 하나씩 용서하시는 하나님의 선하심 혹은 권고하심을 가리키는 곳이 있듯이(눅 6, 37 등) 의무로 보이지는 않는다해도 중죄들을 용서하시는 권세를 다룬다. 하지만 터툴리안은 그 정반대의 주석을 하게 하는 많은 반대적인 성경구절들을 제시할 수 있다고 믿었다. 21장에 가서야 다시금 시작했던 곳으로 되돌아간다.

(21, 7) 하지만 당신은 교회가 죄를 용서하는 전권(potestas)이 있다고 반박한다. 일단은 그것을 인정하기로 하겠다……; 하지만 그 새로운 예언들 안에서 나는 아래와 같이 말하는 보혜사를 본다: "교회는 죄를 용서할 수 있다; 하지만 다른 자들이 죄를 짓지 않게 하기 위해서 용서하지 않으리라." (8) …… (9) [도대체 어디도 매이지 않는 교회의 면죄권에 관한 생각은 어디에 근거하는가?] 혹시 주님께서 베드로에게 "이 반석 위에 내가 내 교회를 세우고, 너에게 천국열쇠를 주었다는 곳인가", 아니면 "네가 땅에서 매거나 풀면, 하늘에서도 매이거나 풀리리라"(마 16, 18f.)인가? 그래서 당신에게도 풀고-매는 권세가 곧 베드로와 함께 연계된 모든 교회에게(ad omnem ecclesiam Petri propinquam) 주어졌다고 믿고 있는가? (10) 베드로에게 이것[권세를]을 개인적

으로 주신 주님의 분명한 의도를 배척하는…… 당신은 도대체 누구냐? 그러니까 "너의 위에", "내가 내 교회를 세우리라", 그리고 "너에게 내가 열쇠를 주리라"고 했지, "교회에" 라고 하지 않았고, "네가 풀고 매면"이지, "그들[교회들]이 풀거나 매면"이라고 하지 않았다. (14) …… 뒤이어서 나온 베드로에게 주신 풀고-매는 권세는 중죄(delicta capitalia)와는 아무런 상관이 없다. (15) 주님께서 그에게 죄 범한 형제를 49번 용서하라[마 18, 21 비교]고 명하신 다음에, 분명히 주님을 향해서 범한 것, 곧 형제에게 범한 것이 아닌 것을 "매라", 곧 그대로 두라[요 20, 23] 그렇게 명하셨을 리가 없다. (16) 그러니까 이러한 것과 교회가 무슨 상관이 있고, 심지어 당신들, 육에 속한 자들과 무슨 상관이 있는가? 베드로라는 인물이 가르쳐 주듯이, 이 전권은 영에 속한 자들(spiritales)에게 주어진 것이다: 사도나 예언자. 교회는 사실 본래적이고 뚜렷한 의미에서 영, 곧 그 안에 한 신성의 삼위, 아버지, 아들, 성령이 있는 영인 것이다(Nam et ipsa ecclesia proprie et principaliter ipse est spiritus, in quo est trinitas uinus divinitatis, pater et filius et spiritus sanctus). 이 영은 주님께서 이미 세 분 위에 세워놓은 교회를 모은다. (17) 이렇게 그 이후로 믿음으로 하나가 된 일단의 사람들은 그 믿음에 의해서 교회로 간주된다. 이 교회를 그 믿음이 세웠고 자기 것이라고 선언하였다(ab auctore et consecratore). 이 때문에 당연히 교회는 용서가 되었다. 하지만 영적 사람들[만]을 통한 영적 교회[만](ecclesia spiritus per spiritalem hominem)이지, 감독의 무리들(numerus episcoporum)로서의 교회가 아니다. 왜냐하면 권한과 결정은 주님께 있는 것이지, 종들에게 있지 않기 때문이다; 하나님 자신에게 이지, 사제들에게가 아니다.

원전 : E. Dekkers u. a., Quinti Septimi Florentis Tertulliani Opera, II, CChr 1.2, Turnholt 1954; C. Becker, Tertullian: Apologeticum. Verteidigung des Christentums, lat.-dt. (Übers., Einl., Erl.), (1952) 1961². —참고문헌: R. Braun, "Deus christianorum", Paris (1962) 1977²; H. von Campenhausen a. o. [Nr. 15], S. 318ff.; J. Moingt, Théologie trinitaire de Tertullien; 4 Bde., Paris 1966-1969; T. D. Barnes, Tertullian, Oxford (1971) ²1985; J.-C. Frédouille, Tertullien et la Conversion de la Culture Antique, Paris 1972. G. Claesson, Index Tertullianeus, 3 Bde., Paris 1974/1975; E. P. Meijering, Tertullian contra Marcionem (PP 3), 1977; G. Hallonsten, Satisfactio bei Tertullian, Malmö 1995; G. Eckert, Orator Christianus, Stuttgart, 1993; E. F. Osborn, Tertullian, Cambridge 1997; W. Bähnk, Von der Notwendigkeit des Leidens (FKDG 78), 2001; Chr. Butterweck, Art. Tertullian, TRE 33, 2001, S. 93-106 (참고문헌 포함)

1) 터툴리안은 아마도 여기서 "베드로와 바울행전"(Acta apostolorum apocrypha, I, hg. von R. A. Lipsius, 1898, S. 196f.)에 있는 클라우디우스 황제에게 빌라도가 보낸 외경 편지를 말하는 것 같다. 이것은 2세기 말경에 나온 기독교 위경으로서 그리스도의 기적 행위를 보고하고 있다.
2) Nr. 23c의 각주 9를 비교하라!
3) 로마제국과 그 질서로 "머물게 함"(ὁ κατέχων 및 τὸ κατέχον)이라는 해석은 고대 교회의 일반적 해석이었다; Bauer, WB(참고문헌과 함께)를 비교하라.
4) 터툴리안의 "영혼의 증언에 관하여"(De testimonio animae)를 비교하라. 여기에서 변증 17장의 생각이 수용되었고 "증명"되었다.
5) 17장과 18장은 그리스도인이 공적인 직책을 가지며, 권력을 소유하거나 고귀함을 가지고 우상숭배 하지 않는 것은 불가능하다고 한다; 여기서는 터툴리안에 따르면 군인의 지위란 "고귀함"(dignitas)과 "권력"(potestas)의 중간 위치이다: 19, 1.
6) 프락세아스 반박, 곧 터툴리안의 삼위일체 신학에 가장 중요한 문서는 몬타누스주의자 시절에 나왔다.
7) 여기에 관해서는 비교하라

De praescriptione 13 (200년경)	De virginibus velandis 1 (208/211경)
(1) 신앙규범은…… 규범으로, 이를 따라	(3) 신앙규범은 어쨌든 어디에서나 오직

우리가 믿는다: (2) 오직 한 분 하나님이며 세상의 창조자(conditor) 외에 아무도 없고 만물의 시작에 보낸 자기의 로고스(perverbum suum primo omnium emissum)를 통해서 만물을 무로부터 산출하셨다(denihilo produxerit). (3) 이 말씀은 그의 아들이라 불리는데, 여러 모양으로 하나님의 이름으로 족장들에게 나타나시고, 항상 선지자들에게 듣게 하셨고 마지막에 하나님 아버지의 영과 능력으로 말미암아 동정녀 마리아에게 들어가시고 그의 자궁에서 육신이 되시고, 그녀로부터 예수 그리스도로 태어나셨다(ex ea natum egisse Iesum Christum). (4) 그 후에 그는 천국의 새로운 율법(novam legem)과 새로운 약속을 선포하셨고, 능력들을(virtutes) 베풀고 십자가에 달리시고, 사흘 만에 부활하시고, 하늘에 오르사 아버지의 우편에 앉으셨다; (5) 자기 대신 그는 믿는 자들을 인도할 성령의 능력도 보내셨고, 영광 중에 오셔서 성도들을 영생과 약속하신 하늘 보화를 누리게 하시며, 반대로 불신자들(profani)은 영원한 불로 저주하시리라. 곧 둘 다 다시 살아서 육체로 회복될 것이라(facta utriusque patris resuscitatione cum carnis restitutuione).	하나로, 변경과 개선이란 있을 수 없고(sola immobilis et irreformalibus) 이를테면 흔들리지 않고 믿을 것은 유일하신 하나님, 전능자, 세상의 창조자와 그 아들 예수 그리스도이다. 곧 마리아, 동정녀에게서 나시고, 본디오 빌라도 하에서 십자가에 달리시고, 사흘 만에 죽은 자들 가운데서 살아나시고 하늘로 올라가시고 지금은 아버지의 우편에 앉아 계시고 [언젠가] 오셔서 산 자와 죽은 자들을 육체의 부활을 통해 (per carnis etiam resurrectionem) 심판하시리라.

8) 고백자들을 말하는 것이 분명하다(Nr. 29, 각주 5를 비교하라).
9) peremptorius는 본래 "필사적"이라는 의미를 가질 수 있다; 하지만 여기서 이 의미는 칙령과 관련해서 볼 때 걸맞지 않는 것으로 여겨진다.
10) 아마도 카르타고의 감독이지,—비록 호칭 pontifex maximus와 episcopus episcporum 때문에 대부분이 생각할—로마 교회의 감독을 말하지 않는다. 어쨌든 터툴리안의 공격적인 비판은 감독직의 회개권 일반과 관계하여 나왔다.
11) 영지주의자들에게와 마찬가지로(Nr. 25 c.g비교하라), 몬타누스주의자가 된 터툴리안에게 "공교회"는 "영을 잃은 교회"로 여겨졌다.

31. 알렉산드리아의 클레멘스(Clemens von Alexandria)

티투스 플라비우스 클레멘스(215년 이전 출생)는 자기 삶의 대부분을 알렉산드리아, 곧 고대의 경제적 문화적 삶의 중심지에서 보내었다. 여기서 그는 먼저 기독교로 전향한 스토아주의자(유세비우스) 판테누스에게 갔고, 그의 사후에 그의 직책인 "요리문답학교"의 교장직을 수행하였다. —그의 문서들 가운데서 남아 있는 것보다 잃은 것이 더 많다. 그럼에도 불구하고 주로 겨우 단계적으로 발전시킨 세 권의 문서들(1. "희랍인들을 향한 권고"[*Προτρεπτικός*]; 2. "교사"[*Παιδσγωγός*]; 3. "양탄자"[*Στρωματεῖς*]) 안에 있는 그 남아 있는 것들은 여전히 괄목할 만하다. 또 기독교-유대교적인 계시와 희랍철학을 하나의 알찬 관계로 이끌려고 하며, "믿음"을 "지식"으로 설명하며, 승화시키려는 노력을 알 수 있게 한다.

a) 주요 저작과 그 구성계획(선생 1, 1, 3)

육신의 병자들이 의사를 필요로 하듯……, 영혼이 고통 받는 자들은 선생이 필요하다. 그래서 의사는 우리 고통들(*πάθη*)을 치료하고는, 우리를 선생(*διδάσκαλος*)에게 인도하여야 한다. 곧 그가 영혼을 정결케 하고 지식(*γνῶσις*)을 가질 수 있도록 만들어서 영혼이 로고스의 계시를 자기 안으로 받아들일 수 있게 만들어 주도록 말이다. 모든 면에서 인간에게 친근한 로고스는 우리가 치유능력이 있는 단계별 진보를 하는 가운데 완전케 하려고 애를 쓰면서, 우수할 뿐 아니라 효력 있는 교육(*παίδευσις*)에 걸맞는 방법을 사용한다: 우선은 권고, 그리고는 교육하고 마지막에는 깨우치신다.[1)]

b) 기독교의 "윤리적 자세"? "부자 청년" 구절의 바른 의미(설교 "어떤 부자가 구원받을 수 있는가?" 11, 19장)

(11, 1) …… "너의 소유를 팔라"[마 19, 21 병행구]. (2) 무슨 뜻인가? 그[그리스도]는 어떤 사람들이 [너무 피상적으로] 문자적으로(*προχείρως*) 이해한 것처럼, 가진 소유를 팔아버리라고 하신 것이 아니고……, 소유의 생각(*τὰ δόγματα* [*τὰ*] *περὶ χρημάτων*),…… 그 병적인 게걸거림을 자기 영혼에서 쫓아내어 버리라고 하신 것이다…… (3) 왜냐하면 한편으로 아무 소유도 가지지 않는다는 것은 전혀 대단하지도 않으며 애쓸 가치도 없기 때문이다……(그렇지 않다면 아무 것도 없으나,…… 하나님과 "그의 의로움을 알지 못하는 자"[롬 10, 3]가, 단지 그들이 극도로 가난하게 살았다는 이유 하나만으로……, 모든 사람들보다 복을 받았다고 칭찬 받아야 하고, 하나님께로부터 가장 사랑을 받으며, 그 혼자만이 영생을 소유하는 것이 될 것이다); (4) 다른 한편, 누군가가 자기 소유를 버리고 가난한 자들이나 자기 마을에 기부하는 것은 새로운 것이 아니다. 오히려 이런 것은 주님께서 오시기 이전에[도] 많은 사람이 행하였다. 철학을 위한 시간을 가지려고 죽은 지혜를 사랑해서든지, 아니면 어리석은 명예와 헛된 것을 추구하기 때문에 그렇게 하였다. 아낙사고라스, 데모크리투스와 크라테스[2)]처럼 말이다.

(19, 1) 실제로 바른 의미의 부자는 덕을 세우는데 인색하지 않으며, 자기에게 닥치는 모든 일을 경건하고 신앙을 가지고 대하는 자이다; 반대로 잘못된 의미에서의 부자는 육체를 따라서 부유하고 삶을 외적인 소유, 그러나 사라져 버릴 것을 위해서 사는 사람이다…… (2) 바로 그렇게 그 반대로 정말로 가난한 자와 …… 잘못해서 그렇게 불리는 자가 있다. 한 사람은 영을 따라서, 그러니까 자기 자신의 것(*τὸ ἴδιον*)을 따라서이고, 다른 사람은 세상의 기준에 따라서, 그러니까 [실제로는] 자기 것이 아닌 것(*τὸ* ἀλλότριον)[3)]을 따른 것이다. (3) 세상적인 의미로 가난하[분명히 보충해야 마땅한 듯하다: 지 않]고 괴로움이 많은 자에게, 영적으로는 가난하지 않으며 하나님에 대해서는 부유한 자가 말한다: 너의 영혼에 있는 너의 것이 아닌 소유를 버리고 청결한 마음을 가지고 하나님을 볼 수 있게 되어라…… (4) 그런데 어떻게 버릴 수 있겠느냐? 그것을 "팔아 버리면서". 하지만 그것이 무엇인가? 소유한 물건들 대신에 돈을 취하고,…… 보이는 소유물 대신 가진 것들을 도금하는 것을 말하는가? (5) 말도 안 된다! 반대로 너의 영혼을 구원하려면, 이미 너의 영혼을 소유해 버린 모든 소유물을 버리고, 그 대신 너를 하나님 존재의 일부분이 되도록['신격화하도록'] 하는 그 부유함을 취하고 영원한 생명을 너에게 선사하여라: 하나님 명령에 자신을 바치는 생각(διαθέσεις). 그러면 그 대신 얻는 댓가와 상급은 무엇인가? 없어져 버리지 않는 구원, 영원히 남을 불멸성! (6) 이러한 방식으로 네 가진 것을 팔고, 너를 하늘로 가지 못하게 하는 네가 가진 많은 것[4)]과 남는 모든 것을 버리라는 가르치심을 제대로 따르게 되는 것이다. 그 대신 너를 구원할 수 있는 풍요로움을 얻게 된다. 팔아서 주는 것은 그것을 필요로 하는 물질적[육체적]으로 가난한 자들에게 도움이 된다; 하지만 그 대신 영적인 풍성함을 얻는다, "이렇게 너는 천국에 보화를 가지게 되리라"[막 10, 21 병행구 참조].

c) 철학은 예비학교(양탄자 1, 27. 28)

(27, 1) 그 사도가 하나님의 지혜는 "다양하다"고 말한 것[엡 3, 10)은…… 타당하다. "여러 번 여러 모양으로"[히 1, 1]라고 한: 재능을 통해(τέχνη), 학문을 통해서(ἐπιστήμη), 믿음을 통해, 예언을 통해서 우리 구원을 위한 그 능력이 입증되었다; "모든 지혜는 하나님으로부터 나오고 그에게 영원히 있기 때문이다"…… [시락 1, 1].

(28, 1) 주님께서 나타나시기 전에 희랍인들에게는 철학이 정의를 위해서 필수적이었다; 하지만 지금은 철학이 하나님 경외함(*θεοσέβεια*)에 필요하다: 곧 증명을 통해서 믿음을 얻는 자들(*τοῖς τὴν πίστιν δι' ἀποδείξεως καρπουμένοις*)[5]에게 일종의 예비학교(*προπαιδεία*)로 말이다. "너의 발이 실족치 않으리라" [잠 3, 23], 왜냐하면 너는 선에 관한 모든 것, 그것이 희랍인들에게 있든지 아니면 우리에게 있든지 모든 것을 [하나님의] 섭리와 연결시키기 때문이다. (2) 하나님은 모든 선의 원인이시다. 구약과 신약의 한 경우에만 직접적으로, 다른 경우에는 간접적으로(*κατὰ προηγούμενον…… κατ' ἐπακολούθημα*)[6] 그러하시다. 곧 철학에서 말이다. (3) 하지만 어쩌면 주님께서 희랍인들을 [믿음으로] 부르시기 전에는 철학이 희랍인들에게도 직접적으로 주어졌다. 왜냐하면 이것이 희랍인들을 마치 율법이 유대인들을 이끈 것처럼[갈 3, 24 비교] 그리스도께로 이끌었기(*ἐπαιδαγώγει*) 때문이다. 따라서 철학은 준비를 위해서 봉사하며 결국 그리스도께서 완성시키실 자를 위한 길을 예비하였다(*προπαρασκευάζει τοίνυν ἡ φιλοσοφία προοδοποιοῦσα τὸν ὑπο Χριστοῦ τελούμενον*).

d) "믿음"과 "지식"(같은 곳 7, 55. 57)

(55, 1) 지식(*γνῶσις*)이란 일종의 완전해짐이다. 인간이 인간으로서 완전해짐(*τελείωσίς τις ἀνθρώπου ὡς ἀνθρώπου*)을 말한다. 곧 하나님에 관한 일들을 알게 됨으로써(*διὰ τῆς τῶν θείων ἐπιστήμης*) 성격, 삶을 꾸려나감과 [영지자의 방식으로] 말함(*λόγος*)에서 충만함에 이르고, 그래서 자기 자신과 그리고 하나님의 말씀과 화목하고 일치하게 되는 것이다. (2) 지식을 통해서 믿음이 완성된다. 믿음은 오직 지식을 통해서만 완전해지기 때문이다. 믿음은 그러니까 내면적인 선이다(*ἐνδιάθετον τι……*

ἀγαθόν); 믿음은 하나님을 찾아 나서지 않고, 그가[하나님이] 계시다고 고백하며, 그를 존재자로 찬양한다. (3) 그러므로 인간은 믿음으로부터 출발하고 그 안에서 하나님의 은혜로 자라면서, 그[하나님]를 아는 지식을 가능한 한 많이 얻도록 노력하여야 한다. (4) …… (5) 반면에 지식은 사람이 하나님에 관해서 의심치 않고 믿는다는 것에 기초를 하고 있다; 그러나 그리스도는 기초일 뿐 아니라 그 위에 세운 집이기도 하다. 왜냐하면 그에게 시작과 끝이 있기 때문이다. (6) 이 두 개의 기둥, 곧 [이 상승의] 시작과 목적—믿음과 사랑을 말한다—이 바로 가르침의 목적이 아니다; 전승을 통해서 하나님의 은혜에 따라 심겨진 지식은 그 깨우침에 적합하다고 증명된 자들에게 약속의 보증으로 맡겨졌다. 그리고 이 지식으로부터 사랑의 고귀함(ἀξίωμα)이 점점 밝은 빛 가운데에서 빛을 발하는 것이다. (7) 말하기를: "가진 자에게 더하여질 것이요"[마 13, 13 병행구 비교]: 믿음에 지식이, 지식에 사랑이, 사랑에 [하늘의] 유업이.

(57, 3) 그러므로 신앙은 [구원의] 결정적인 것을 개략적으로 아는 것과 같으나(σύντομος…… τῶν κατεπειγόντων γνῶσις), 지식은 신앙이 받아들인 것에 대한 확실하고 안전한 증명이다; 왜냐하면 주님의 가르침을 통해서 믿음 위에 세워지고 나서, 확고하며 학문적인 확실함(εἰς τὸ ἀμετάπτωτον καί μετ' ἐπιστήμης καταληπτόν)으로 인도되었기 때문이다. (4) 내가 보기에는…… 구원으로 인도하는 첫 번째 변화(μεταβολή)가 이교에서 기독교로 건너뜀이라면, 두 번째는 신앙에서 지식으로의 변화이다; [마지막으로] 지식은 사랑으로 옮아가고, 사랑은 깨달음과 그것의 친구가 되게 한다. (7) 그래서 아마도 그러한 자[곧 그만큼 발전한 자]는 이미 이 땅에서 "천사와 같은" 삶(τὸ "ἰσάγγελος" εἶναι[눅 20, 26 비교])을 선취한 것이다……

원전 : O. Stählin, Clemens Alexandrinus, 4 Bde., GCS 12.15.17. 39, 1905-1936 (Bd. 2[1960], Bd. 3[1970] neu hg. von L. Früchtel).— 참고문헌 : S. Lilla, Clement of Alexandria, Oxford 1971; A.M. Ritter, Christentumm und Eigentum bei Klemens von Alexandrien……, ZKG 86, 1975, S. 1-25; ders., Clement and the Problem of Christian Norms, in: StPatr 18/3, 1989, S. 421-439; A. Méhat, Etudes sur les "Stromates" de Clément d' Alexandrie, Paris, 1966; D. Wyrwa, Die christliche Platoaneignung in den Stromateis des Clemens von Alexandrien, 1983; E. Osborn, Anfänge christlichen Denkens, Düsseldorf, 1987; A. v. d. Hoek, Clement of Alexandria and his use of Philo in the Stromateis, Leiden, 1988; Cl. Scholten, Die alexandrinische Katechetenschule, in: JAC 38, 1995, S. 16-37.

1) 이와 함께 위에서 언급한 클레멘스의 주요 저작들을 비교하라! 물론 "양탄자"를 처음부터 계획하였던 삼층 구조의 세 번째인 "교리적" 부분인지, 아니면 최소한 이러한 목적을 위한 사전 작업으로 보아야 할는지, 아니면 저술하는 가운데 원래의 구상이 없어져 버렸는지에 관해서는 아직도 논란이 있다.
2) 클라초메나이의 아낙사고라스(Anaxagoras von Klazomenai, 약 500-425경)는 철학에 철저히 전념하기 위해서 자기 재산을 포기하였다(Diogenes Laertius II, 6); 압데라의 데모크릿(Demokrit von Abdera, 약 460-370경)은 꽤 많은 자기 소유를 거의 연구를 위한 여행에 사용하였다(같은 곳 IX, 35.39 비교하라); 마지막으로 테베의 크라테스(Krates von Thebe, 약 360-280경)는 퀴닉학파로 전향하고는, 무소유의 삶을 살기 위해서 그의 전 재산은 이웃에게 나누어 주었다(같은 곳 IV, 87 비교하라).
3) Nr. 12a를 비교하라.
4) 16,1(또 선생 2, 120, 3.5도 비교하라)에 따르면 이것은 고유하며, 가장 필수불가결한 삶의 요구 이상이다.
5) 곧 (참) 영지주의자들: 아래 항목 d를 보라.
6) 이 스토아의 상반된 짝에 관해서는 양탄자 7, 82, 2; 8, 23, 1도 비교하라.

32. 오리게네스(Origenes)

고대 교회에서 가장 영향력을 행사했고 생산적이었던 신학자들 중 하나인 오리게네스(약 185-254경)는 그의 죽을 즈음에—그는 데키우스 황제 박해 중에 겪은 고문의 후유증으로 죽었다—엄청난 양의 저작을 남겼다.[1] 물론 곧 이어서 일어난 그의 가르침에 대한 공격의 결과와 그리고 그보다 더 하여서 그의 추종자들과의 처절한 논쟁의 결과로 비교적 조금 보존되었다. 마지막으로 유스티니아누스 황제 하에서(543) 이단이라 규정될 때, 그의 작품에 관해서도 그 판결이 내려졌다. 물론 그러는 사이 그의 정신은 동방 및 서방(암브로시우스, 어거스틴) 교회의 사고에 깊이 침투하여서 그의 문서 유포를 금지해도 그의 사고가 영향력을 행사하는 것은 막을 수 없을 정도였다.

I. 동시대인들이 판단하는 오리게네스

a) 적대자의 증언(유세비우스, 교회사 6, 19, 4ff.)

(19, 4) 어떤 사람들은 유대교 문서들의 초라함에서 돌이키기는커녕 오히려 살려내 보려고 하기 때문에, 그들은 문맥에도 맞지 않을 뿐 아니라 본문에도 걸맞지 않는 설명으로 도망쳤다. 이 설명들은 자기들과 다른 것들에 대해 변호하려 하기보다는 자기 것들을 권하고 찬양하는 것을 목적하였다. 그러니까 그들이 제시하는 해석들은 허풍을 치면서 아주 분명한 모세의 말을 [접근이 금지된] 모호한 말이라고 하면서 마치 완전히 감추어진 비밀을 신탁하는 말씀이라고 맹세를 한다; 이러한 속임수로 그들은 건강한 판단력을 모호하게 만든다. (5) [나중에 포리피리우스에게서 언급된다:] 이 논리에 맞지 않는 방법은 어떤 한 사람에게서도 연구해 보아야 할 것이다. 사실 그와는 나의 유년시절에 왕래가 있었고, 그

는 당시 벌써 대단히 높임을 받았으며, 그가 남긴 문서들 탓에 지금도 그러하다; 그가 오리게네스이다…… (6) 이 사람은 한때 우리 시대에 가장 업적을 남긴 철학자인 암모니우스[2)]의 제자였는데, 선생에게서 학문적으로 많은 것을 얻었다; 하지만 올바른 삶을 꾸려가는 판단에서는 선생과 똑같이 아주 반대의 길을 가고 말았다. (7) 말하자면 암모니우스는 비록 기독교 가정에서 자라난 기독교인이었음에도 불구하고 사색을 시작하고 철학을 하게 되자마자 곧바로 법에 순응하는 삶의 방식을 취하였다(*πρὸς τὴν κατὰ νόμους πολιτείαν*); 그 반대로 오리게네스는 희랍교육을 받으며 자란 희랍인이었음에도 불구하고 그[유대교 문서의] 야만적인 망상에 빠져버렸다. 여기에 빠져들면서 그는 자기 자신 및 자기의 철학적 교육을 팔아버렸다. 그런 연후에 그의 삶은 기독교적이었으며 그와 함께 법에 저촉되었다; 하지만 존재의 세계와 신에 관한 그의 [이론적] 사고에서 그는 철저히 희랍적이었고(*κατὰ μὲν τὸν βίον Χριστιανῶς ζῶν καὶ παρανόμως, κατὰ δὲ τὰς περὶ τῶν πραγμάτων καὶ του θεί ου δόξας ἑλληνίζων*), [성경의] 낯선 신화에다가 희랍적 사고를 쏟아 부었다. (8) [그래도 계속해서] 그는 꾸준히 플라톤에 몰두하였다; 누메니오스, 크로니오스, 아폴로파네스, 롱기노스, 모데라토스, 니코마코스와 유명한 피타고라스주의자들[3)]에도 정통하였다. 하지만 스토아의 카이레몬과 코르누투스의 문서들도 이용하였다. 그들에게서 희랍신화들을 우화적으로 해석함을 배웠고, 이 방법을 유대문서에 적용하였다. (9) [이것을 포르피리우스가 자기의 글 "기독교인을 대항하여"[4)] 3권에서 말하였다]……

b) 제자 그레고르(Gregor von Thaumaturgos)의 증언(감사의 말 6-15)

능력자 그레고르(213-270/275)는 나중에 자기 고향 도시인 네오 가이사랴(폰투스)의 유명한 감독이며, 동시에 "갑파도키아의 사도"로서 팔레스타인 가이사랴에 새로이 세워진 오리게네스의 학교에 5년간 머물렀다. 작별하는 때에 그가 행하였던 오리게네스를 향한 "감사의 말"은 오리게네스가 논리(7장), "물리", 기하와 천문학(8장) 연구를 실제적으로 덕의 실행(9-12장)과 결부하여서 얼마나 사고 깊은 교육을 하였는지를 보여준다. 그리고 여기에서 출발하여 "만물의 근본"에 대한 질문인 형이상학을 거쳤는데, 형이상학 연구는 "옛 철학자들과 시인들"("무신론자들의 문서들은 제외하고)에 이르는 폭넓은 독서가 있어야 도달하는 것이었다(13.14장). 마지막으로 신학 본연과 성경연구에 도달하려고 하였던 것도 가르쳐 준다(15장). — 철학의 의미(예비 학문의 총체로서의)에 관하여 이 감사의 글이 이렇게 말한다:

(6) …… 그[오리게네스]는 철학과 철학을 사랑하는 자들을 극도로…… 찬양하였다. 이성을 갖춘 존재(λογικοί)에게 걸맞는 참 삶을 누리는 자들은 오직 바르게 살려고 노력하는 자들뿐이다. 자기인식에서 출발하여, 인생이 추구해야 하는 참된 선과 인간이 피해야 하는 진정한 악을 깨닫는 데로 나아가는 것이라고 그는 말한다…… 그는 만물을 다스리는 자를 [단지] 공경하는 것(이것은 살아 있는 것들 중에서 인간만이 가지는 탁월함과 명예이다)은 절대로 불가능하다고 여겼다…… 곧 철학에 전념하지 않는다면 말이다.

(14) …… 철학자들에게 소용이 되고 적절한 모든 것을 그는 수집하여 우리에게 제시하였다. 반대로 옳지 않은 것은 제거하였다. 그것은 무엇보다도 인간들이 만들어낸 종교에 관한 것이었다

(ὅσα ἴδια πρὸς εὐσέβειαν ἦν ἀνθρώπων).

c) 율리아 맘메아(Iulia Mammea)의 궁정 시절의 오리게네스(유세비우스, 교회사 6, 2, 3f.)

제자들의 무리 너머까지 커지고 있던 오리게네스의 명성을 아래 유세비우스에게 있는 보도도 보여주고 있다. 이 보도는 동시에 세베루스 왕조(193-235) 시대에 기독교가 광범위하게 구가하였던 것으로 보이는 종교 활동의 용인을 증거하는 것으로 여길 수도 있다:

(21, 3) 그 사이에 오리게네스의 명성은 도처에 널리 퍼져 맘메아, 곧 황제[세베루스 알렉산더, 222-235] 어머니의 귀에까지 이르렀다. 본래 극도로 하나님을 경외하는 그녀는 이 사람을 얼굴을 대면하여 만나서 하나님에 관한 다방면에 뛰어난 그의 통찰력을 시험하려고 모든 수단을 동원하였다. (4) 황제의 모친이 안디옥에 머무를 때 군인들이 호송하여 그를 데려오게 하였다. 오리게네스는 얼마 동안 그녀 곁에 머물러 자신의 능력을 증명하였고, 주님께 영광을 돌렸으며 [자기의] 하나님 학교의 활동능력이 칭찬받게 하였다. 급히 다시금 자기 일상의 활동으로 돌아갈 때까지.

II. 성경신학자 오리게네스

우리에게 전해졌거나 최소한 알려진 오리게네스의 주요 저작군은 성경해석에 바쳐졌다. 곧 "주해"(설명하는, 예를 들면 본문비평적인 설명)의 형태로, 형식 자체가 "주석"으로 혹은 "설교"(본문을 따라서 연속되는 설명을 동반한 선포)로.—아래 제시된 본문은 어떤 교리적이고 해석학적인 확신이 그를 거기로 이끌었는지, 그리고 그가 모든 영적인 주석 작업에서 얼마나 진지하게 성경의 "문자"를 대하였는지를 가르쳐 준다.

d) 모든 가르침은 성경으로 뒷받침되어야 한다(마태복음 주석, R. 18, 옛 라틴어 번역)

[마 23, 16-22에 관해서] 우리가 가르치는 모든 내용이 참되다는 증명을 하려면, 우리가 제시한 이해로 성경이 의미하는 바를 뒷받침하여야 한다(debemus ergo ad testimonium omnium verborum, quae proferimus in doctrinam, proferre sensum scripturae quasi confirmantem quem exponimus sensum). 말하자면 "성전"[곧 본문!] 외부에서 발견되는 저 "금"이 거룩한 것이 아니듯이, 하나님의 경전 밖에서 발견되는 그 견해는(어떤 자들에게는 그것이 아주 놀랍게 보일 수 있다 할지라도) 세속적['거룩하지 않은 것']이다. 왜냐하면 그것은 성경이 의미하는 것으로 덧입혀지지 않았기 때문이다; 하지만 성경은 자기 안에 담겨져 있는 그 견해만을 참되게['거룩하게'] 만든다……

e) 성경의 영감과 외적인 모순과 상반되는 내적인 일치(원리론 4, 2, 1ff.[5])

(2, 1) 성경 영감의 일을 간결하게 숙고하고 나서[6], 이제 우리는 그것을 어떻게 읽고 이해하여야 하는가 하는 방법에 관해서 말하여야 한다.…… 유대인들('할례로 가늠하는')은 목이 곧고 개념적으로 완고한 가운데 우리 구세주를 믿는 데에 이르지 못하였다. 그 이유를 그들이 생각하기를 구세주에 관한 예언의 문자에 매달려야 한다고 생각했으며, 그래서 눈으로 볼 수 있도록 그가 "갇힌 자에게 자유를 선포"[사 61, 1]하지도 않고, "하나님의 나라"[LXX, 시 45, 5]를 실제적인 나라라고 보면서 그가 그것을 세우는 것을 보지 못했다고 생각했던 것이다…… 그와 반대로 이단들은 이렇게 읽었다. 예를 들면: "불이 나의 분노에서 타올랐다"[렘 15, 14]…… 그리고 비슷한 많은 구절들을 읽었지만, 그들은 그렇기에 성경의 출처가 하나님이라는 것을 의심하지 않았다. 하지만

그들은 성경이 데미우르고스에게서 왔다고 믿었다……; 데미우르고스가 불완전하기에 구세주가 왔고 완전한 하나님을 선포했다고 믿었다…… (2) 그런데 하나님에 관한 이러한 잘못되고, 불경하며 혹은 원시적인 견해의 원인은 다른 것이 아니라 성경을 영적으로(κατὰ τὰ πνευματικά) 이해하지 않고 문자 그대로 이해하였기 때문이다. 그러므로 성경을 사람들의 저술 작업의 산물로 보지 않고, 만물의 아버지의 뜻에 따라 예수 그리스도를 통해서 성령의 감동에 의해서 쓰이고, 이렇게 우리에게까지 왔다고 여기는 자들에게 [이해로 가는] 분명한 길이 제시되어야 한다: [그러니까] 사도들의 전승(διαδοχή) 그대로 하늘에 있는 예수 그리스도의 교회 안에서 효력을 발하는 판단기준(κανών)에서 벗어나지 않은 자들 말이다…… (4) 성경 안에 파고들어 그 의미를 파악하기 위해서 우리에게 제시되었다고 여겨지는 길은 그 말씀 자체를 통해서 벌써 제시되었다. 솔로몬의 잠언[22, 20f. (LXX!)]에서 성경의 하나님 가르침에 관련하여 다음과 같은 지침을 발견한다: "하지만 네가 이것을 세 번 기록하되 모략과 지식으로 하여 너에게 훈계하는 것에 진리의 말로 회답하도록 하라." 그러니까 세 번 성경의 의미를 자기 영혼에 새겨야 한다: 단순한 자의 교육에는 우리가 바로 앞에 있는 [문자적인] 성경이해라고 부르는 것 같은 문서의 육체가 사용된다; 하지만 더 진보한 자는 자신을 교육하기를 문서의 영혼에서 하여야 한다. 반면에 완전한 자들은, 사도바울이 "완전한 자 가운데서는 우리가 지혜를 말하노라"[고전 2, 6f.]라고 말했던 자들처럼 "신령한 법"[롬 7, 14], 곧 "장차 오는 좋은 것의 그림자를 가지고 있는"[히 10, 1] 것에서 자신을 교육하여야 한다. 사람이 몸, 혼과 영으로 이루어졌듯이, 성경도 그러하다…… (5) 하지만 성경에는 몸의 의미를 전혀 가지지 않은 구절도 있으므로, 경우에 따라 오직 문서의 혼과 영만을 추구해야 한다…… (6) 그 첫 번째이며, 사용이 되기만 한다면 유익한 해석은 순수하고 단순하게 믿는 자들이 증언한다. 두 번째이고 혼에 관련된 해석은 바울의 고린도 전서[9, 9f.]에 그 예가 있다…… 마지막으로 영적 해석은 그러한 능력이 있는 자에게 "하늘의 원형"이 어떤 것인가를 설명해 준다. "그 모형이고 그림자"를 위해서는 "육체적"으로 생각하는 유대인들이 "봉사하였다"[히 8, 5; 롬 8, 5]. 또 "장래 오는 좋은 것"이 무엇인지도 가르쳐 주는데 그 "그림자를 율법이 가지고 있다"[히 10, 1]…… (9) 하지만 만일 율법 주심의 유용함과 [구약성경 안에 있는] 역사서술의 일관성과 의미심장함['유려함']을 보게 되었다고 하자. 그렇다면 우리가 성경에서 곧바로 눈에 들어오는 의미 외에 또 다른 의미를 발견한다는 것은 믿기 어렵다. 그러므로 하나님의 로고스는 율법과 역사 서술 양쪽에 똑같이 짜증과 실족을 일으키는 구절들, 심지어 있을 수도 없는 구절들[곧 일어날 수 없는 사건들에 대한 보도들]을 두어서, 문자로부터 자유하게 되는 것이 불가능한 우리로…… 하나님의 일들을 깨닫는 것에 다가가지 못하도록 하셨다…… 나아가서 때로는 율법을 주시면서 불가능한 것도 담아 두셨는데, 이는 이미 탄복하면서 더욱 연구하려고 치달리는 자들로 하여금 기록된 것을 깊이 묵상하려고 애를 쓰도록 하시고 찬양을 하는 깨달음을 얻게 하시기 위함이었다: 그러한 것을 연구하기 위해서는 하나님께 걸맞는 정신(νοῦς)이 필요하다……

f) 헥사플라(Hexapla)(유세비우스, 교회사 6, 16)

(16, 1) 오리게네스는 성경연구에 전념하되, 유대인들이 사용하는 히브리어를 철저하게 습득하였고, 히브리어로 쓰인 원문을 소유하였으며, 칠십인역[LXX!] 외에 성경을 번역한 자들의 판본들과 잘 알려진 아퀼라(Aquilla), 심마쿠스(Symmachus)와 테오도티온(Theodotion)과 차이가 있는 판본들도 얻을 정도로 성실하게 하였다; 그는 이것들을 오랫동안

감춰진 상태로 있는 알려지지 않은 구석들에서 찾아내어 빛을 보게 하였다. (2) 그런데 이 판본들을 누가 완성하였는지를 몰랐기에, 간단한 주만 달았다. 곧 이것은 악티움의 니코폴리스에서, 다른 것은 다른 장소에서 발견하였다는 식으로 말이다. (3) 시편에서는 헥사플라 안에서 고전적인 네 개의 판본[아래를 보라] 곁에 다섯 번째뿐 아니라, 여섯 그리고 일곱 번째의 판본도 제시하였으며, 주를 달기를 이들 중 하나는 [셉티무스] 세베루스의 아들인 안토니우스[카라칼라] 시대에 여리고에서 한 상자 안에서 발견되었다고 하였다. (4) 이 모든 판본들을 그는 하나의 전체 속에 끼워 넣었으며, 칼럼 형식(*πρὸς κῶλον*)으로 나누었고 히브리어 본문과 함께 나란히 두었다; 이렇게 그는 소위 헥사플라['육중']의 모델을 우리에게 남겨주었다. 게다가 [고전적인] 판본들인 아퀼라, 심마쿠스와 테오도티온 본들을 칠십인역 곁에 나란히 세워놓았다; 이것이 테트라사[Tetrassa, '사중']이다.

III. 조직적 사상가 오리게네스

남아 있는 오리게네스의 문서들 중에서 가장 중요하며 동시에 논란이 되고 있는 것은 "원리론"(*Περὶ ἀρχῶν*, De principiis)이다. 225-230년 사이에 쓰인 기독교 가르침을 최초로 조직적으로 제시한 것이다. 무엇보다도 논란이 되는 것은 그 주요한 내용이 "다듬어진" 라틴어 번역(루피누스)으로 보존되어 있는 이 저작에서 어디까지 "오리게네스 가르침의 원래의 의미"(F. H. Kettler)가 전달될 수 있는가와 오리게네스를 그려볼 때는 그래도 우선은 그 진정성과 가필이 없다는 것을 믿을 수 있는 문서들, 곧 무엇보다도 성경주석들로부터 그려내어야 하지 않겠는가 하는 것이다. 하지만 오리게네스는 기독교 신학의 역사에서 최초의 조직적 사상가라는 점에서는 논란의 여지가 거의 없다.

g) 교회 전통으로의 소급(원리론 1, 머리말 2-7. 10)

(2) …… 선하게 기독교적으로 생각하려고 하는 자들이 많이 있지만, 그들 가운데 어떤 사람들은 이전 사람들과 다르게 생각하고 있으나, 다른 면에서는 사도들로부터 계승의 질서를 통해서 전승되고 오늘까지 교회에 계속해서 존재하고 있는 것처럼 교회의 케뤼그마에서 벗어나지 않았다. 이 때문에 한 군데서도 교회와 사도적 전통에서 벗어나지 않는 그 진리만을 믿어야 한다(illa sol credenda est veritas, quae in nullo ab ecclesiastica et apostolica traditione discordat). (3) 덧붙여서 알아야 할 것은 거룩한 사도들이 그리스도를 믿는 신앙을 선포할 때, 모든 사람에게 신앙적으로 꼭 필요하다고 여긴 특별한 주제들에 관해서 신학적인 연구(inquisitio divinae scientiae)에 관심을 덜 가진 자들에게는 모든 것을 아주 분명하게 제시하였다. 하지만 사도 자신들 주장의 원인을 연구하는 일은 특별한 정신적인 은사, 무엇보다도 말씀과 지혜의 은사를 지닌 자들에게 넘겨주었다; 반대로 다른 것에 관해서 그들이 말할 때, 왜 그리고 어디로부터 인지는 말하지 않으므로, 앞에 말한 방식으로 자기들의 후예들 가운데 지식에 대한 욕구가 있는 자들이 자신들을 검증하고 자신들의 정신적인 재능(ingenium)을 증명할 수 있는 연구대상을 가지도록 하였다…… (4) [첫 번째 범주에 속하는] 예, 곧 사도들의 선포에서 분명하게 전달된 [그래서 이미 결론이 났다고 여겨야 할] 일들에 관한 예는 아래와 같은 것들이다: 먼저 만물을 만드시고 모양을 주신 한 분 하나님이 계시다…… [뒤이어서 모든 현상으로 볼 때 형식을 갖추었고, 삼위에 맞게 이루어진 고백이 뚜렷하게 반영지주의적-반가현설적인 명료함을 가지고 나온다. 그 "세 번째 조항"에 관해서 요약하여 말한다:] 그밖에도 그[사도]들은 성령을 영예와 위엄에서 볼 때 아버지와 아들과 함께 하는 것(honore ac dignitate Patri ac Filio sociatum)으로 전하였다; 혹시 그가 만들

어졌는지 아닌지, 하나님의 아들로 간주하여야 할지 아닌지 만은 분명하게 규정하지 않았다…… 오직 그 사이에 교회 안에서는 이 성령이 모든 거룩한 사람들, 곧 선지자 및 사도들에게 영감을 주었고, 그리스도가 나타나신 이후에 영감을 받은 사람들 안에 있는 것도 구약에서 나타난 성령과 다르지 않다는 것을 가르쳤다. (5) 나아가서 혼은 자기 고유의 존재(substantia)와 생명을 가지며, 세상을 이별하게 될 때는 자기의 공로에 따라서 보상받는다는 것도 가르쳤다…… 하지만 [모든] 죽은 자가 부활하는 때가 오는데, 그때는 지금의 이 "썩을 것"에 심겨진 몸은 "썩지 않음으로 깨어나리라"[고전 15, 42]고 가르쳤다…… 또 교회 선포에서 확정된 내용은 모든 혼이 결정할 수 있는 자유와 의지를 가졌다(omnem animam esse rationabilem liberi arbitrii et voluntatis)는 것이다…… 이로부터 도출되는 통찰은 우리가 필연에 속박되어 있지 않다는 것이다…… [말하자면 결정론적인 별들의 영향에 말이다]…… 하지만 영혼 자체와 관련하여서 이것이 씨에 심겨져 있는 것(tradux)으로부터 나온 것으로, 그래서 그 존재나 본질에 따라서 볼 때는 육체적인 정자 자체에 심겨졌다고 보아야 할는지, 아니면 혼은 또 다른 만들어진 근원이든, 아니면 만들어지지 않은 근원을 가졌는지[7], 아니면 적어도 밖으로부터 몸에 주어졌는지 아닌지는 [교회의] 선포에서 만족할 만하게 분명히 규명되지 않았다. (6) 마귀와 그 부하들 및 적대적인 권세들에 관해서 교회의 선포는 그들이 존재한다는 것을 가르쳤다. 하지만 그들의 존재와 그들의 실존 방식에 관해서는 정확한 전달을 하지 않았다…… (7) 그 밖에 교회 선포를 이루는 부분에는 이 세계가 만들어졌고, 뚜렷한 시간적인 시작이 있으며 [언젠가] 해체로 인한 파국 [또는: 망가짐]에 이르게 된다는 것이 있다. 하지만 이 세계 이전과 이후에는 무엇이 있었고 있을 것인가는 대부분의 사람들에게 분명하지 않다. 여기에 관해서 말하자면 교회 선포는 아무런 분명한 언급이 없다.

(8) …… (9) …… (10) 마지막으로 교회의 선포에는 아래와 같은 것이 있다: 하나님의 천사와 선한 권세들이 있는데, 이들은 사람들을 구원하는 것으로 그를[하나님을] 섬긴다; 하지만 그들이 언제 만들어졌는지 혹은 그들이 무엇에 중요한지에 관해서 그 어떤 분명한 해명이 없다. 또 해, 달과 별들에는 영혼이 있는지 없는지에 관해서도 뚜렷한 전승이 없다.

그러니까 이 모든 것을 이용하여야 한다. "깨달음의 빛으로 빛을 발하라"[호 10, 12]는 명령에 따라서 자기 이성을 수단으로 일관성 있으며 구조적인 총체(seriem quandam et corpus)를 도출하기 원하는 모든 사람들이 그것을 끄집어내는 재료와 근본 바탕으로 그 모든 것을 이용하여야 한다. 그렇게 해서 [전승의] 모든 개별 부분들을 설득력 있고 수용해야만 할 정도의 해결을 하여, 그것을 수단으로 근본에 도달하고, 예와 증거들의 도움으로 짜임새 있는 전체를 도출하도록 하여야 한다. 이러한 예와 증거들은 성경 안에서 찾으며 또는 [성경에서 직접적으로 도출된] 결론을 살핌과 올바른 문맥을 통해서(ex consequentiae ipsius indagine ac recti tenore) 발견할 수도 있다.

h) 로고스론(같은 곳 1, 2, 1f. 4.6; 4, 4, 1)

(1, 2, 1) 먼저 우리가 알아야 할 것은 그리스도 안에는 한편으로 그가 아버지의 독생자이기에 신성이 있고, 한편으로 마지막 날에(in novissimis temporibus) 구원 경륜(dispensatio)의 목적으로 취하신 인성이 있다…… (2) …… 독생하신 하나님의 아들이 바로 그의 "지혜"[잠언 8, 22f.; 고전 1, 24 비교]이며, 말하자면 실질적이고 독자적으로 존재한다(unigenitum filium dei 'sapientiam eius' esse substantialiter subsistentem[8])는 것을 올바로 받아들인다고 하자. 그러면 내가 알지 못하는 것은 어떻게 우리 정신은 이 위격이[9] 그 어떤 육체적인 것을 담고 있다고

짐작할 정도의 오류를 범할 수 있는가 하는 것이다. 곧 모든 육체적인 것이 외적인 형상(habitus), 색과 크기로 제한되는 그 육체를 말이다…… 다른 한편으로 말하자면, 하나님으로부터 경건하게 생각하고 느끼는 것을 배운 사람이 어떻게 하나님 아버지께서 단지 눈 깜짝할 새라 할지라도 그 언젠가 이 지혜를 산출함이 없이(extra huius sapientiae generationem) 있었다고 믿거나 생각할 수 있는가? …… 그러므로 우리는 하나님을 자기의 독생한 아들의 영원한 아버지(semper deum patrem novimus unigeniti filii sui)로 안다. 아들은 모순됨이 없이 그에게서 출생하셨고, 그가 가진 모든 것은 그로부터 받았지만 시작은 없으시다…… (4) …… [만들어지지 않으신 하나님으로부터 이루어진 독생한 아들의] 출생은 [나아가서] 빛으로부터 광채가 산출되는 것같이 영원하고 단절이 없다…… (6) …… 마치…… 의지가 이성(mens)으로부터 나오지만 한 부분도 그로부터 떨어져 나가거나 분리나 나누어짐이 없게 나오듯이, 그렇게 아버지도 아들을 자기의 형상으로 낳으셨다고 우리는 받아들여야 한다……

(4, 4, 1) …… 아버지의 의지로부터 아들은 태어나셨다…… 하지만 여기에 덧붙이고 싶은 것은, 그가 아무리 아버지의 "유사함" [히 4, 15; 7, 15 비교]이라지만, 없을 때는 한 번도 없었다. 도대체 언제 하나님께서 "자기 영광의 광채"[히 1, 3]를 갖지 않았었겠는가?…… 말하자면 "아들이 없었을 때가 있었다"(*ἦν ποτε ὅτε οὐκ ἦν ὁ υἱός*)[10]고 감히 말하는 자는 자기가 이렇게도 말하게 된다는 것도 깨달아야 한다: 지혜, 로고스, 생명이 언젠가 없었다.…… 그렇지만 이 모든 것들 안에 아버지의 존재가 완전하게[그들 안에 뚜렷하게] 있다는 것을 알아야 한다(cum in his omnibus perfecte dei patris substantia censeatur)……

i) 삼위일체론(켈수스 반박 5, 39; 8, 12; 원리론 1, 3, 5)

(켈수스 반박 5, 39) …… 지혜와 의가 우리 눈에는 하나님의 아들이시다. 그의 참된 제자가 그에 대해서 말하면서 우리에게 가르쳤듯이: "그는 하나님에게서 나와서 우리에게 지혜와 의로움과 거룩함과 구속이 되셨느니라"[고전 1, 30]. 그러니까 우리가 그를 둘째 하나님(δεύτερος θεός)이라고 하면, 이 둘째 하나님이라는 말로 뜻하는 것은 모든 덕을 자기 안에 담은 덕(ἀρετή)과 모든 사물의 이성을 담은 이성(λόγος)이지 다른 것이 아니다……

(같은 곳 8, 12) …… 우리가 두 개의 [하나님] 위격, 곧 아버지와 아들의 존재를 부인하는 자들의 입장으로 넘어가는 것이라고 걱정한다면, 아래 말에 눈여겨야 한다: "모든 믿는 자들은 한마음과 한 뜻"이었다[행 4, 32]. [다른 말의] 의미[도] 파악하려면 말이다: "나와 아버지는 하나이시다"[요 10, 30]…… 우리 중 누구도 본질적인 "지혜"[요 8, 58 비교]가 그리스도 나타나시기 이전에는 없었다고 미련하게 생각해서는 안 된다. 이 때문에 우리는 진리의 아버지를 진리이신 아들과 마찬가지로 섬겨야 한다: 두 개의 구별된 실재이지만 의지가 단합하고, 일치하며, 동일하다는 면에서 하나이시다(δύο τῇ ὑποστάσει πράγματα, ἕν δὲ τῇ ὁμονοίᾳ καὶ τῇ συμφωνίᾳ καὶ τῇ ταυτότητι τοῦ βουλήματος).

(원리론, 3, 5) 여기서 아래의 것들을 다루는 것이 적절하게 여겨진다. "하나님으로 인해서 거듭난"[벧전 1, 3] 자가 왜 복을 받기 위해서는 아버지와 아들과 성령이 필요하며, 그 삼위가 전체적으로 역사하지 않으면(nisi sit integra trinitas) 구원을 얻을 수 없으며, 성령이 없이는 아버지와 아들에게도 속할 수 없는가. 이것을 생각해 보면, 아버지와 아들의 역할과 똑같이 성령의 특별한 역사(operatio specialis)를 서술하지 않을 수 없게 된다: 만물을 다스리시는 하나님 아버지는 존재하는 모든 개별체에게, 자기 자신[의 존재]으로부터 존재를 주면서 손을 뻗는다(φθάνει). 단지

이성적 존재들(λογικά)에게만 관계하는 (왜냐하면 그는 아버지 다음으로 두 번째 지위를 갖기에) 아들[의 영역]은 아버지의 것보다 작다(ἐλαττόνως); 성령의 영역은 더욱 작아서, 그는 겨우 성도들에게만 다가간다. 따라서 아버지의 권세는 아들과 성령의 것보다 크며, 아들의 권세는 성령의 권세보다 크고, 이것은 다시금 성령의 권세는 다른 거룩한 존재들[곧 천사들]을 훨씬 능가한다……

j) 창조와 타락과 자유의지의 문제(원리론 2, 9, 2. 6)

(2, 9, 2) 태초에 창조된 이성적－[혹은: 영적] 존재들(rationabiles naturae)이…… 그전에는 없다가…… 창조되었기 때문에, [창조되기 전에는] 없었고 그들의 존재는 하나의 시작을 가지고 있다는 이유로 그들[도]은 필연적으로 가변적이고 변화무쌍할 수밖에 없다……, 그들은 선을 자유로운 의지로 유지하면서 자기들의 것으로 남겼어야 한다. 하지만 이 선을 보존하는 것에 힘쓰는데 게으르고 나태하며, 더 나은 것으로부터 등을 돌리고 나아가서 그것에 관심을 두지 않음이 선으로부터 떨어져 나가도록 만들었다. 하지만 선으로부터 떨어져 나감은 악 안에서 강해진다는 것뿐이다. 이것은 분명하다: "악이 존재하면" 선은 없다(certum namque est malum esse bono carere)…… (6) …… 하나님께서 태초에 자신이 만들려고 생각한 것들, 곧 이성적 존재들을 창조하실 때, 창조하실 이유는 자기 자신, 곧 자신의 선함(bonitas)[11] 밖에 다른 이유가 없었다. 창조하실 이유가 자기 자신이시고 그에게는 변경도 불신과 무능력이 있을 수 없기에, 그는 모든 것을 동등하게 만드셨다…… 하지만 이성적 피조물들은……판단의 자유(arbitrii liberi facultas)를 가졌기 때문에, 이 자유는 선 안에서 하나님을 닮아가는 것을 계속하든지 아니면 이것을 괘념치 않는 가운데 거기로부터 떨어져 나가게 만들었다. 그

래서 이것이…… 이성적 존재들 가운데에 있는 동등하지 않음의 원인을 제공하였던 것이다; 이것은 창조자의 뜻과 판단에 있는 것이 아니라, 오직 자유로운 의지의 판단에 있는 것이다.

k) 구세주가 인간이 되심(같은 곳 2, 6, 2-5)

(2, 6, 2) 모든 기적적이고 놀라운 일들 가운데서 인간 정신의 경탄을 훨씬 뛰어넘는 것은 바로…… 하나님 위엄의 그 압도적인 능력이 유대 땅에서 [한 사람으로] 나타난 [한] 인간의 제한 속에 자신을 주심(intra circumscriptionem eius hominis …… fuisse)을 믿는 것이다…… 그러니까 그에게서 사멸하는 것들의 일반적인 나약함과 조금의 차이도 나지 않는 그 어떤 인간적인 것을 발견한다. 반대로 그 근원적이고 형언할 수 없는 신성에 속한 것이 있음도 깨닫게 된다. 그러므로 우리의 제한된 인간 이성은 압도와 경탄 앞에서 잠잠하게 되는 것이다…… 그러므로 모든 두려움과 경외함 가운데서 바로 그 한 분 [그리스도]에게서 두 본성의 실재(in uno eodemque…… utriusque naturae veritas)가 나타났다는 것을 알아야 한다. 품위도 없고 마땅치도 않은 것을 저 형언할 수 없는 신성과 결부시키지 않으며, [영지주의자들처럼] 사실을 허구로 여기지 않기 위해서 말이다…… (3) …… 자유의지의 능력에 따라서 가변성과 상이성이 각각의 혼(animus)을 사로잡아서, 어떤 영혼은 자기의 창조자를 더 열렬히, 다른 영혼은 소극적이고 게으르게 사랑하였다. 반대로 예수께서 “아무도 내 혼을 내게서 취하지 못하리라”[요 10, 18]고 말한 그 혼(animus)은 창조의 시작부터 그리고 계속해서 하나님의 지혜와 말씀, 진리이며 참 빛인 그에게 분리되지도 않고 떨어져 나가지 않고 붙어 있었다. 그리고 그를 전체로서 온전히(tota totum) 자기에게 받아들이고 스스로가 그의 빛과 그의 광채 안으로 들어갔다…… 그러니까 신성이 몸과 하나가 되는 것이 중개자 없이 불가능하기 때문에

[12], 영혼의 존재(substantia animae)가 하나님과 육체 사이를 중개하였다. 그래서 일컬어지는 대로 신인(deus homo)이 탄생하였다. 왜냐하면 하나의 몸을 받는 것이 자기 본성에 전혀 저촉되지 않는 중간 존재가 있었기 때문이다. 반대로 그 혼, 곧 하나의 이성적 존재(substantia rationabilis)에게는 하나님을 자기 안에 받아들이는 것이 자기 본성에 거스리지 않았기 때문이다. 곧 자신이 이미 말씀과 지혜와 진리 안으로 온전하게 넘어 들어간 그 하나님 말이다. 그러므로 그 혼은 온전히 하나님의 아들 안에 있다는 것 때문에 그가 취한 육체와 함께(cum ea quam asumpserat carne) 하나님의 아들, 하나님의 능력, 그리스도, 하나님의 지혜라고 부르는 것이 마땅하다…… 모든 성경에서 신성이 인간의 개념으로 표현되듯이, 인성이 하나님 속성을 말하는 단어들로 꾸며지듯이 말이다……[13] (4) …… 그러므로 그리스도도 사람이 되셨는데, 그가 이 자를[사람을] 도덕적으로 검증하여 그에 입각하여(ἐξ ἀνδραγαθήματος) 발견하면서 이루어졌다…… [시 44 (45), 8 비교]…… 그의 사랑 때문에 그는 "기쁨의 기름"부음을 받았으며, 그 혼은 하나님의 로고스와 함께 그리스도가 되었다(id est anima cum verbo dei Christus efficitur)…… 하지만 그[시편기자]가 "동반자 앞에서"라고 말한다면, 그가 이해시키고자 하는 것은 그[그리스도]에게는 영을 베푸심(gratia spiritus)이 예언자들에게 하신 것과는 달리, 그 안에 하나님-로고스의 본질적(substantialis)인 "충만함"이 있었다는 사실이다…… [골 2, 9]…… (5) …… 이 혼의 본성은 다른 모든 혼과 일반이다; 거기에 의구심이 있을 수 없다…… 악과 선을 선택할 가능성은 모든 혼에게 주어졌기 때문에 그리스도에게 속한 영도 의로움을 향한 사랑을 선택하기를 이렇게 하였다. 곧…… 계획의 확고함은…… 뒤돌아서거나 돌이키려는 생각을 제거하였고, 그렇게 함으로 본래는 의지에 맡겨졌던 것이 오랜 훈련의 결과인(longi usus affec-

tu) 그 기질 덕분에 결국에는 본성이 되고 말았던 것이다. 이렇게…… 그리스도 안에 인간적이고 이성적인 혼(humana et rationabilis anima)이 있었는데, 이것은 죄는 전혀 생각도 않고 그 여지도 없는 혼이었다.

l) "만물의 회복"(원리론 2, 11, 2; 요한복음 주석 1, 16; 원리론 3, 6, 1. 6)

(원리론 2, 11, 2) [천년설적인 종말론 거부] 깊이 묵상하는 것을 싫어하는 사람들……, 단순한 문자적인 제자들은 언약들을 육체적 쾌락과 호의호식과 관련된다고 생각한다; 그래서 무엇보다도 그 때문에 그들은 부활 후에 육체를 가지려고 한다……, 예루살렘도 값진 돌로 다시 세워진 이 땅에 있는 나라로 생각한다……: 요약하면, 모든 것이 모든 면에서 지금 자기들이 익숙해 있는 것이 되기를 그들은 원한다…… 하지만 그리스도를 믿지만 유대교적인 생각 가운데서 성경을 해석하며, 하나님의 약속에 걸맞는 것이라고는 아무 것도 얻어내지 못한 자들이 그렇게 생각하고 있는 것이다.

(요한복음 주석 1, 16) [요 1, 1의 "태초에"에서 무엇을 깨달아야 하는가?]…… 하나의 의미는: 한 과정[한 변화](*μετάβασις*)의 시작…… 이 해석은 다음 구절에서 볼 수 있다: "선한 길의 시작은 의를 행함이라"[잠언 16, 7]. 말하자면 "선한 길"은 가장 중요한 것이다; 그러므로 첫 번째로는 행위(*τὸ πρακτικόν*)를 생각해야 한다. 이것은 "바르게 행함"으로 제시되었다. 반면에 두 번째로는 생각함(*τὸ θεωρητικόν*)이 나온다; 내가 생각하기로는 바로 생각함 속으로 회복의 날에 선한 길의 끝이 함몰되어 들어간다. 회복이라고 하는 이유는 그가[그리스도가] 통치하시는 것이 옳다면 어떤 원수도 더 이상 없기 때문이다. "그가 자기의 모든 원수를 자기 발 아래 무릎 꿇게 하시기까지; 그런데 마지막 원수인 죽음이 힘을 잃

는다"[고전 15, 25f.]. 그 다음에 "하나님과 함께 있는 말씀"[요 1, 1]을 통해서 하나님께 나아가는 자들을 위해서 하나의 행동이 남아 있다: 지금은 아들만이 아버지를 아는 것같이, 하나님을 알게 되면서 형태를 얻어 모두 완전한 방식으로 [그의] 아들들[14]이 되기 위해서[마 11, 27] 하나님을 묵상하는 것(*κατανοεῖν*)을 말한다……

(원리론 3, 6, 1) …… 모든 이성적인 피조물이 그리로 치닫는 최고의 선은 만물의 목적이며 끝이라고 부른다. 이를 대부분의 철학자들도 이러한 방식으로 규정하였다: 최고의 선은 가능한 만큼 하나님과 닮아가는 것이다.[15] 하지만 내가 생각하기에 그들은 이것을 자기들 스스로가 생각해내지 않았고, 성경에서 끄집어내었다…… (6) 우리 모든 육체를 가진 존재들은…… ["신령한" 몸의: 고전 15, 44ff.] 변화된 상태 안에서 바뀌어야 한다. 곧 만물이 회복되어 그들 모두 하나가 되고, 하나님이 "모든 것 안에서 모든 것"이 되게 될 때 말이다. 하지만 알아야 할 것은 이것이 단번에 이루어지는 것이 아니라 점차적으로 단계적으로(per partes) 일어날 수 있는 것이며, 차츰 차츰 그리고 각 개별체들 안에서 개선과 정상화가 이루어진 이후에 무한하고 측량할 수 없는 세대들(saecula)이 흘러간 이후에야 가능하다는 것이다…… 그 다음에 앞을 향해 전진하여 원수였다가 하나님과 화해한 자들의 셀 수 없는 차례들을 지나야 비로소 "마지막 원수"인 죽음의 서열에 도달하여, 그도 권세를 잃게 되고 더 이상 원수가 없게 되는 것이다……

IV. 기독교 변증가 오리게네스

m) 플라톤주의자들의 비역사적 로고스 철학과 만인 구원에 관한 기독교의 염려(켈수스 반박 1, 9)

…… ["가르침을 받아들이므로" "이성과 이성적 지도자만을 따

르라"는 켈수스의 권고에 대해서 오리게네스가 응수한다:] 모든 사람이 생업에서 놓여나서 자기의 모든 시간을 철학에 쏟아 붓는 것이 가능하다면 누구도 다른 길을 찾아 갈 리가 없다. 조금의 과장도 없이 말해서, 믿는 바에 대해 그 어떤 사소한 테스트도 없고, 하나의 상징적인 의미를 가지고 있는 예언서에 있는 수수께끼와 같은 부분들과 복음서에 있는 비유들과 [다른 곳과는] 차이가 있는 수많은 사건과 율법 규정에 대해서 깊이가 모자라는 그 어떤 해석이 기독교 안에 없을 것이다. 하지만 만일 이것이 불가능하여, 삶이 가져오는 걱정과 근심 아니면 인간의 나약함의 결과로 겨우 몇 사람만이 학문에 몰두할 수 있다면, 더 큰 집단을 도와주기 위해서 그 어떤 길이 있을 수 있겠는가? 곧 예수께서 백성들에게 제시하신 길 말고 말이다…… 인간에게 우호적인 그러한 가르침은 하나님의 뜻이 아니면 인생에게 다가올 수 없다는 사실에 대해 그 어떤 다른 증명이 있을 수 있든지 간에, 이 사실도 염두에 두어야 한다……

n) 기독교와 세상(같은 곳 8, 69f. 유세비우스, 교회사 4, 26, 7-11의 사르데스의 멜리토와 비교)

(69) [켈수스의 반박: 모든 로마인들이 기독교인들의 하나님을 믿어야 한다면, 그 소위 지존자는 도대체 어떻게 로마제국을 적들로부터 보호하겠는가? 유대인들과 기독교인들에게도 그는 자기의 도움을 약속하였다; 하지만 유대인들은 정치적인 위상을 상실하였고, 기독교인들은 박해를 받는다. - 오리게네스의 답:] 우리 중 "둘"이 "땅에서 일치하여 그 어떤 것을 구하면", 그들에게 의인들의 "하늘 아버지"로부터 주어지리라고 우리는 믿는다[마 18, 19]. 왜냐하면 하나님께서는 이성적인 존재들의 화합을 기뻐하시지만, 그들이 일치하지 않을 경우에는 그들로부터 돌이키시기 때문이다. 만일 다만 한 순간만이라도 아주 소수가 일치에 이를 뿐 아니라,

온 로마제국이 그렇다면, 우리가 먼저 어떤 것을 기대해야 하겠는가?…… (70) 로마인들이 총체적으로 믿게 되었다면, 기도로 적들을 이길 수 있을 것이다 - 아니면 심지어, 하나님의 능력이 지켜주시므로 전쟁을 치를 필요가 전혀 없을 것이다. "50명의 의인 때문에" 다섯 성읍을 남겨두시려고[창 18, 24-26] 약속하시는 능력 말이다. 이 땅의 것들이 유지되도록 염려하는 세상의 "소금"은 하나님의 사람들이기 때문이다; 세상에 있는 어떤 것이든지, "소금"이 "자기의 맛을 잃지" 않는 동안 보존되는 것이다(*ἅλες γάρ εἰσι τηρητικοὶ τῶν ἐπὶ γῆς συστάσεων τοῦ κόσμου οἱ τοῦ θεοῦ ἄνθρωποι, καὶ συνέστηκεν τὰ ἐπὶ γῆς, ὅσον οἱ ἅλες οὐ τρέπονται*) [마 5, 13 병행구]…… [16)]

o) 기독교와 전쟁(같은 곳 8, 73)

[켈수스가 기독교인들에게 황제를 돕고 그를 위해서 전쟁을 치르라고 권고하자, 오리게네스에 따르면 "도움"이 언급되었어야 하였다. 그 도움을 기독교인들은 모든 지도자들을 위한 기도로 이행하고 있었다. "하나님을 경외하면 할수록, 그만큼 더 통치자들을 위한 자기의 도움을 이행한다." 나아가서 고래로부터 전승되는 일반적으로 인정된 사제계급의 특권을 상기해야 한다. 그에 따르면 사제들은 직접 전쟁에서 면제되어서, "그 어떤 사람의 피로 더럽혀지지 않은 정결한 손으로" 신들에게, 전해 내려온 희생을 드릴 수 있도록 하였다.] 이러한 것이 선한 근거를 가지고 이루어졌다면, 다른 사람들이 전쟁에 임하는 동안 이들[곧 기독교인들]은 하나님의 사제와 종들로서 전쟁에 임하는 것이 그 얼마나 더 합리적인가? 곧 그들이 자기들의 손을 정결하게 유지하고 하나님을 향한 자기들의 기도로 의로운 전쟁을 행하는 자들[17)]과 합법적인 황제를 위해서 싸우므로 의로운 일에 거슬리는 모든 것이 파멸되도록 하면서 말이다…… [요약:] 우리 기독교인들은 그[황

제]에게 군인으로서 섬기지 않도록 하라. 심지어 "그가 [혹은: 재난이] 그것을 요구할지라도" 하지 말아라. 하지만 우리는 그를 위해서 싸우고 우리 기도를 통해서 우리 군대, 곧 경건의 군대를 이루는 것이다[이 군대는 전쟁터에 나가서 자기들의 능력껏 많은 적들을 죽이는 모든 군인들 보다 황제를 위해서 더 나은 봉사를 한다].

원전 : E. Schwartz [Nr. 6]; P. Koetschau, des Gregor Thaumaturgos Dankrede an Origenes……, 1894; E. Klostermann, Origenes Werke, XI: Origenes Matthäuserklärung (II. die lat. Übersetzung der Commentariorum Series), GCS 38, 1933; P. Koetschau, Origenes Werke, V: De Principiis, GCS 22, 1913; ders., [Nr. 23]; E. Preuschen, Origenes Werke, IV: Johanneskommentar GCS 10, 1903.— 참고문헌: A. v. Harnack, Der kirchengeschichtliche Ertrag der exegetischen Arbeiten des Origenes, 1919; H. Koch, Pronoia und Paideusis, 1932; M. Harl, Origène et la fonction révélatrice du verbe incarné, Paris, 1958; R.P.C. Hanson, Allegory and event, London, 1959; G.H. Kettler, Der ursprüngliche Sinn der Dogmatik des Origenes, 1966; Akten der intern. Origeneskongresse (마지막으로는 Pisa 2001) u.d. T. ORIGENIANA, 1975ff.; P. Nautin, Origène, Paris 1977; H. Crouzel, Origène, Paris, 1985; K. J. Torjesen, Hermeneutical Procedure and Theological Method in Origen's Exegesis, 1986 (PTS 28); B. Neuschäfer, Origenes als Philologe, 2 Teile, Basel, 1987; L. Lies, "Peri Archon". Eine undogmatische Dogmatik, Darmstadt, 1992.

1) 옛날 계산으로는 거의 800권에 이른다. 물론 과장된 것이다. 그런데 작은 설교까지를 포함시키며, 또 이것이 파피루스 두루마리로는 엄청난 양이 될 수 있다는 것도 감안하면 비슷한 숫자가 나올 수도 있다(A. v. Harnack).
2) 플로틴의 선생인 암모니우스 사카스(Ammonius Sakkas)일 가능성이 아주 높다; F. H. Kettler, War Origenes Schüler des Ammonios Sakkas?, Epektasis (FS f. J. Daniélou), 1972, S. 327ff.를 참조하라.

3) 학파 소속으로 따져서 말한다면 철학자들의 이름은 이런 순서가 된다: 누메니오스(Numenios), 크로니오스(Kronios), 모데라토스(Moderatos), 니코마코스(Nikomachos) 등(피타고라스 학파); 롱기노스(Longinos)(플라톤주의자); 아폴로파네스(Apollophanes)(스토아주의자).
4) 아래 Nr. 44를 비교하라.
5) 오리게네스가 자기의 해석 원칙을 체계적으로 제시한 교리적인 주요 저작 중에서 희랍어로도 남아 있는 부분에 최초의 성경해석학이 있다.
6) 같은 곳 4, 1, 1ff.를 비교하라.
7) 혼의 발생에 대한 세 이론을 듣게 한다: 유전설—창조설—선재설.
8) 희랍어로의 가능성: *ὅτι ὁ μονμγενὴς τοῦ θεοῦ υἱός ἐστιν σοφία αὐτοῦ οὐσιωδῶς ὑφεστῶσα.*
9) 루핀의 라틴어 번역은 이러하다: *ὑπόστασις* idest substantia; 하지만 여기서 번역자의 첨가가 문제이다. 오리게네스는 일반적으로 *οὐσία*와(= 라틴어: substantia) *ὑπόστασις*를 동의어로 사용하지 않은 것으로 보인다.
10) 아래 Nr. 54a; 56a,b(아리우스!)를 비교하라.
11) Platon, Timaios 29d.e를 비교하라 ("그러니까 말해보자, 어떤 동기에서 창조자가 이루어짐과 이 만물을 창조하였는지: 그는 선하시다, 그러니까 선 안에는 시기함이 결코 일어나지 않는다……").
12) 플라톤적인 공리: 티마이오스 30b를 비교하라.
13) 그러니까 오리게네스도 속성의 교류 이론 주창자이다!
14) 여기서 본문이 훼손되었다; *ἀκριβως υἱοί*[*τυἱός* 대신]이거나: *ἀκριβεῖς*로 읽어야 한다.
15) 전통적인 주제(Locus classicus): Platon, Theaitetos 176b (*ὁμοίωσις θεῷ κατὰ τὸ δυνατόν*).
16) 이와 함께 유세비우스, 교회사 4, 26, 7ff.에 나오는 사르데스의 멜리토(Melito von Sardes, 190년 이전 사망)의 단편을 비교하라: "우리에게서 대변되는 철학(*ἡ κατ' ἡμᾶς φιλοσοφία*)은 과거에 주로 야만인들 가운데 퍼졌던 것이지만 그 완전한 개화는 당신의 백성들[마르쿠스 아우렐리우스 황제에게 말을 하는 것임]에게서 이루어졌습니다. 곧 당신의 전임자인 아우구스투스 황제의 위대한 통치 하에서 말입니다…… 그 이후로 [곧 기독교에 베푼 후의 덕분에] 로마제국은 위대하고 영광스럽게 번성하였습니다. 당신은 지금 그[아우구스투스]의 존경받는 후계자이며 당신의 아들들과 함께 앞으로도 그러할 것입니다. 곧 당신이 이미 제국과 젖을 함께 먹고 자란 자매이며[= 제국과 같이 자랐으며] 아우구스투스 황제와 함께 시작된(*φυλάσσων τῆς βασιλείας τὴν σύντροφον καὶ συναρξαμένην Αὐγούστῳ φιλοσοφίαν*) 이 철학을 보호해주는 한에서 말입니다……" 멜리토의 변증이 저술되고 약 150년 후에 오리게네스주의자 유세비우스가 콘스탄틴 황제로부터 도입된 세계제국과 세계교회의 화합(*συμφωνία*)을 종말론적인 소망이 이루어졌다고 판단한 것은 결코 그릇되게 생각한 것이 아니다!

17) 로마의 국가관으로부터(키케로, 국가론 2, 35 등) 나온 "의롭고" "의롭지 않은 전쟁"을 구분하는 것에 관해서는 켈수스 반박 4, 81f.를 비교하라.

33. 로마제국의 고조되는 내적 위기

2세기 소위 입양 황제들 치하에서 로마제국은 내적 외적으로 가장 막강한 힘과 발전을 이룩하였다. 그 후 3세기 "군인황제" 시절에는 그때까지의 역사 가운데 가장 심각한 위기에 봉착하였다. 이것은 무엇보다도 오랫동안 끌어온 페르시아와 게르만족(아래 Nr. 53. 78을 비교하라)을 상대로 한 두 국경에서의 파괴적인 전쟁의 결과였다. 그리고 그로부터 시작된 행정의 중앙집중화와 관료화, 또 경제의 근간을 심각하게 손대는 강압의 결과였다.

a) 로마의 모든 노예들에게 시민권 부여: 카라칼라 황제의 "안토니우스 법령(Constitutio Antoniniana)"(212)과 카시우스 디오의 반박(카시우스 디오, 로마사 77, 9)

하나의 파피루스(Pap. Gissensis 40) 발견은 그때까지 알려진 바가 거의 없는 명령을 최소한 단편적으로나마 원문으로 전해주었다. 그에 따르면 "제국에 있는 로마 시민이 아닌 자들에게 로마시민권이 주어졌는데, 인두세 징수대상자(dediticii)[1]들을 제외하였고 일종의 공동체 연맹은 유지되었다." —당시 사람인 역사가 카시우스 디오는 이미 여러 차례 언급하였던 "로마사"에서 이 제도를 다음과 같이—아마도 맞아 떨어지는—평가를 하고 있다.

(77, 9) …… 그[카라칼라(Caracalla)]는 자기 군인들을 위한 지출에는 우호적이었다…… 하지만 다른 모든 자들에게서는 갈취하고(*περιδύειν*) 뜯고 뺏기를 일삼았는데, 특별히 원로원들에게 그랬다. 그는 자기의 모든 신민들을 로마시민으로 만들었는데, 소위 하나의 공약 슬로건처럼 하였지만 실상은 이를 통해서 자기 수입을 늘리려는 목적으로 한 것이었다. 왜냐하면 시민이 아닌 자(*ξένοι* [= 라틴어는 [peregrini])는 [그가 새로이 부과하는] 많은 종류의 공과금을 낼 필요가 없었기 때문이다…… 이것은 차치하더라도 그가 로마에서 이동할 때마다 길 가운데 그 길이 아무리 짧다고 하더라도 모든 종류의 건물과 값비싼 계단들을 세워야 했기 때문이다…… 짐작하기로 그는 아마도 이 중 어떤 것도 눈여기지 않았을 것이다.

b) 세금과 공과금에 대한 10인조 원로원 임무(유스티니아누스, 법학대전 50, 2, 1; 50, 4, 3, 15)

유스티니아누스 황제의 "법학대전", 곧 그에 의해서 시작된 고전적 법률가들의 법(황제법과 다른) 수정본에 있는 다음과 같은 두 개의 명령은 세베루스 알렉산더(222-235) 치하에 있는 유명한 법학교사요 고위 공직자였던 울피안에게로 소급된다.

(50, 2, 1) 속주를 다스리는 자(praeses provinciae)는 10인조 원로원[시의회 원로원(curiae)]이 자기가 속한 도시(civitas)를 떠나서 다른 지역으로 이주한 것이 증명이 되면 자기 본 도시로 돌아가서 자기에게 부과된 의무(munera)[2)]를 지게 하도록 하여야 한다.

(50, 4, 3, 15) 속주를 다스리는 자는 시의회 안에서 나이와 신분 변화에 따라서 의무나 명예직을 부과하되, 이전부터 확립되

어 있는 의무와 명예직의 차등에 따라 합당하게 부과하도록 하여야 한다. 차이도 없이 [너무] 자주 같은 것을 맡기면서 재정이나 인물에서 손실이 발생하지 않도록 하여야 한다.

c) 백성의 착취: 신탁간구 목록(Papyrus Oxyrhynchus 1477)

이집트 중부에 있는 고대 옥시린코스는 오늘날 무엇보다도 로마시대 파피루스의 주된 발굴 장소로 알려졌다; 그중에는 3세기 후반의 다음과 같은 것도 있다:

…… 내가 압류를 당하겠나이까?…… 내 소유가 늘어날까요? …… 내가 걸인이 될까요[?] 도피를 하여야 할까요? 내가 사신이 될까요[?] 시의회 의원(*βουλή*)이 될까요? 도주가 수포로 돌아가겠나이까?

d) 화폐가치의 절하(Papyrus Oxyrhynchus 1411, 260년)

아우렐리우스 프톨레미(Aurelius Ptolemaeus), 또는 네메시아누스(Nemesianus)라고도 불리는 옥시린코스 지역의 전략가로부터. 관리들이 모여서 환전상들이 문을 걸어 잠그고 황제의 거룩한 돈을 받지 않으려 한다는 불만을 상소하였다. 그래서 모든 환전상들에게 황제의 칙령으로 명령하지 않을 수 없게 되었다. 문을 열고 모든 동전을 받고, 교환하여야 한다. 물론 분명하게 망가지고 위조한 동전은 제외한다; 하지만 이것은 단지 그들에게만 해당되는 것이 아니고 어떤 형식으로든지 물건을 거래하는 일에 종사하는 모든 자들에게도 해당된다. 또한 만일 이 칙령을 거역할 시에는 통치자의 권위가 이미 정한 형벌을 받게 될 것도 분명히 하여야 한다……

원전: S. Riccobono 외, Fontes iuris Romani anteiustiniani, I, Florenz 1940[2] ("Constitutio Antoniniana"); U. P. Boissevain [Nr. 13] III, 1901; B. P. Grenfell—A. S. Hunt, The Oxyrhynchus Papyri, XII,, London, 1916.—참고문헌: G. Walser—Th. Pekary, Die Krise des römischen Reiches, 1962; G. Alföldy, Römische Sozialgeschichte, (1975) 1979[2], S. 139ff., 214ff., 230f.; J. Martin, Spätantike u. Völkerwanderung, OGG 4, [2]1990, S. 1ff., 143ff.; J. U. Krause, Art. Klassen, RAC (준비중).

1) 원래는 스스로 원한 "굴복"(deditio)으로 로마에 종속되었지만 아무런 "동맹" 또는 "조약"(foedus)도 가지지 않은 dediti의 후예들을 지칭한다. 이 개념은 제정시대에 정착한 야만인들이나 처벌하여 쫓아낸 자들에게까지 확대되었다. 이들은 4세기 법적 규정에 따라서 로마의 시민이 될 수 없었다. 하지만 여기서 이 단어의 의미는 매우 논란의 대상이 되고 있다; 따라서 위에 제시한 번역은 의문의 여지가 있다.
2) 특별히 세금과 "제의"에 대한 개인적 책임, 곧 부유한 시민들의 자기 공동체를 위한 기여들을 말한다.
3) 알렉산드리아에 보좌를 둔 이집트 총독(Praefectus Aegypti).

34. 데키우스(Decius) 황제의 기독교 박해와 그 동기

(카시우스 디오, 로마사 52, 36, 1f.; 유세비우스, 교회사 6, 41, 1ff.; 제의증서 3 [J. R. Knipfing])

날카로워지는 위기감 속에서 이미 210년대에 카시우스 디오가 책임자들에게 조언을 하였다. 이 조언은 문학적인 가설에 따르면 황제가 신뢰하는 자이며 오늘날까지 유명한 예술 후원자인 매케나스가 아우구스투스에게 보낸 것이다: "당신이 정말로 불멸이 되고 싶다면,…… 앞으로 어느 곳에서고 신을 숭배하며, 다른 자들까지도 숭배하도록 시켜야 합니다(ἀνάγκαζε). 하지만 이 일로부터[곧 올바른 신 숭배로부터] 이탈하는 자는 미워하고 벌을 내려야 합니다. 그것을 멸시하는 자는 그 어떤 것에서도 벌이가 있어서는 안 됩니다. 단순히 하나님 때문만이 아닙니다. 그 신들 대신 다른 새로운 신적 존재들(*δαιμόνια*)을 두는 자들은 자기 자신들이 법을 만들게 됩니다. 그래서 모반, 공모 그리고 비밀 결사["조직"]가 생기게 되지요. 이러한 것은 군주국가에서 있을 수 없는 일입니다. 그러므로 무신론자들과 협잡꾼들은 아무도 허용해서는 안 됩니다……"—이러한 종류의 생각 가운데 데키우스 황제의 행동, 곧 최초의 조직적인 기독교인 박해가 결부된 249년 가을 그가 권력을 획득한 직후의 움직임도 일어났다고 짐작하여야 한다. 이 박해에 관해서 다른 사람들 가운데 알렉산드리아의 감독 디오니스는 (아마도 251년 가을 썼고 유세비우스에게 보존되어 있는) 안디옥 감독 파비우스에게 보낸 자기 편지에서 말하고 있다.

(유세비우스, 교회사 6, 41, 1) 우리에게 이 박해는 황제가 [희생의] 칙령(*πρόσταγμα*)을 내리면서 시작된 것이 아니다. 오히려 일 년 전 이 도시에 재앙을 예고하는 어떤 몽상가가 우리를 대항하도록 이교를 믿는 무리들을 부추기면서 시작되었다…… (2) 그에 의해서 선동된 그들은 광포한 폭력행위를 할 수 있도록 하는 모든 기회를 잡았다……[§ 3-8에는 기독교인들의 재산을 탈취하는 것 말고도 정당하지 않은 개인적으로 가하는 형벌의 예들도 나온다] (9) …… [데키우스가 권력을 쟁취하기 전에 시작된 시민전쟁 중에 알렉산드리아에서 발생했던 기독교인 학살난동이 잠잠해지고 나서] 당분간 우리는 한숨 돌릴 수 있었다. 왜냐하면 난동꾼들이 우리에 대한 자기들의 분을 풀 시간이 없었기 때문이다. 그때 우리가 지금까지 우호적으로 생각하던 황제의 통치가 [곧, 데키우스가 기독교에 우호적이었다고 간주되는 아랍인 필립에게 승리함으로 해서] 바뀌었다는 소식이 전달되었고, 우리 앞에 놓인 일에 대한 감당할 수 없는 두려움이 우리 가운데 퍼졌다. (10) 이미 박해의 칙령이 공포

되었다…… (11) [그래서] 모두가 낙심하였다. 유력한 사람들 가운데 많은 사람이 곧바로 [희생제물 담당 사제들 앞에] 서게 되었다. 혹시 공직에 있는 사람들인 경우에는 사람들이 일터에서 [곧바로] 끌고 갔다; 다른 사람들은 친구나 친지에 의해서 끌려갔다. 호명되면 더럽고 속된 제물 앞으로 끌려갔다. 어떤 이들은 제사를 드리지 않고 그들이 바로 제물이 되어 도살되어야 하므로 벌써 하얗게 질려서 부들부들 떨었다. 그래서 둘러서 있는 폭도들에 의해서 조롱거리가 되고 죽든지 제물을 바치는 비겁함이 드러나게 되었다; (12) 반면에 다른 이들은 자발적으로 제단 앞에 가서는 치사하게도 자기들이 전에 절대로 기독교인이 아니었다고 맹세하였다…… 나머지 사람들 [평범한 교인들] 중에서 어떤 이들은 이런 사람들을 어떤 이들은 저런 사람들을 모델로 삼았다; 또 어떤 사람들은 도망을 쳤다. (13) 다른 사람들은 감옥에 갇혔고, 그래서 많은 사람들이 묶여서 감옥에 갇혔다; 더욱이 몇몇은 여러 날 동안 감옥에 갇혔다; 하지만 그들도 재판대에 서기 전에 [자기들의 신앙을] 부인하였다. 갇혔던 자들 중 몇 명은 고문을 당하고 나서야 포기하였는데, 계속될 고문을 보면서 그렇게 하게 되었다. (14) 하지만 주님의 든든하고도 복된 기둥들은 주님께서 그들을 굳세게 하셨고 주님으로부터 감당할 만한 힘과 인내를 받았기 때문에 주님 나라의 놀라운 증언자들이 되었다[41, 15-42, 4에는 이 편지가 결론적으로 교회의 입장에서는 후회를 하는 "배교자들"(lapsi)을 어떻게 다루어야 하는가 하는 질문을 하기에 앞서서 개별적인 순교자들의 운명에 대해서 상세한 보도를 하고 있다].

이집트 사막의 모래는 이 시절의 것인 약간의 "희생 증명서들"(libelli)을 보존하였다. 이 증명서들은 누가 박해를 피하고 싶어 하였는지를 증명한다. 이것들은 모두 동일한 형식에 따라 작성되었다. 아래 것은 이 증명서들 중 하나이다:

테아델피아(Theadelphia) 마을의 아세시스(Aurelios Asesis Serenos)가 제사 감독으로 선임된 위원회 앞으로: 항시 나는 신들께 제물을 드려 왔고 지금도 칙령에 따라 각종 제물을 당신들 앞으로 가져 왔고 바쳐진 고기를 먹었습니다. 그래서 저에게 서명 날인된 증명서를 주실 것을 간구합니다.

증명됨 : 32세의 아세시스(Asesis)는 무고하게 혐의를 받았다 (ἐπισινής)[1]. [제사 감독 위원회의 인정 다음에 두 번째 사람이 나온다] 아우렐리우스 세레누스, 아우렐리우스 헤르마스는 당신이 제사 드리는 것을 보았다. [세 번째 사람의 서명, 다시금 제사 감독원에 의해서] 나 헤르마스는 증명합니다. [마지막으로 나시금 첫 번째 사람이 일시를 명기] 통수권자인 가이사 가이우스 메시우스 퀸투스 트라야누스 데키우스 평화의 복된 아우구스투스 1년 Payni 18일.

원전 : U. P. Boissevain [Nr. 13], II, 1898; E. Schwarz [Nr. 6]; J. R. Knipfing, The Libelli of the Decian Persecution, HThR 12, 1923, S. 345-390.—참고문헌: J. Molthagen, 위 [Nr. 5], S. 61ff.; G. Alföldy u. a. (Hg.), Krisen in der Antike, 1985, 특히 112ff.; H. D. Stöver, Christenverfolgung im Römischen Reich, 1982, S. 162ff.; F. Vittinghoff, "Christanus sum", Historia 33, 1984, S. 331-357; R. Selinger, Die Religionspolitik des Kaisers Decius (EHS R. 3/617), 1994.

1) 이 관주는 서명자가 한때 기독교인이었는지 아니었는지에 관해서 명확하게 하지 않았다. 이처럼 보존된 증명서 중에는 전혀 혐의가 없는 이교도들, 곧 이집트 악어의 신인 페테주코스(Petesuchos)의 여사제 한 명과 아르시노(Arsinoe) 인근에서 예배의 대상이었던 신의 사제 한 명(Knipfing의 리벨리 6을 참조)이 희생증명서를 받아야만 했던 것을 증명하는 그런 것들도 있다. 이것은 이 황제의 희생칙령은 기독교인들뿐 아니라, 제국의 온 백성을 상대로 했다는 것을 증명하고 있다.

35. 카르타고에서 발생한 대대적 배교

(키프리안, 배교자들에 관하여 7-11)

데키우스 황제의 박해 직전 교회의 내적인 규약에 관해서 우리는 예를 든다면 오리게네스의 예레미야서 설교(4, 3; 244년 이후에 저술)에서 어느 정도 그 암울한 모습을 얻고 있다. 그에 따르면 3세기 초부터 오래 계속된 평화기에 이루어진 괄목할 만한 선교 성과 때문에 미적지근하고 나태해진 교회는 이 시험에 별로 대비를 하지 못했다. 로마제국의 모든 신민을 국가제의로 끌어들이려는 황제의 희생칙령의 영향도 얼마나 파괴적인지 모르고 있었다. 위에서 인용한 알렉산드리아의 디오니스의 글 외에도 카르타고의 키프리안이 박해가 일시적으로 종결되고 난 직후 저술한 "배교자들에 관하여"에서 카르타고의 기독교인들을 겨냥한 황폐화에 관해서 아래에서 묘사할 때 침묵할 수도 없고 미화할 수도 없을 정도였다.

(7) …… 위협을 하는 적의 첫마디가 떨어지자 즉시 이어서 너무나 많은 형제들이(maximus fratrum numerus) 자기들의 신앙을 버렸다; 곧 그들은 [실상 그렇게까지] 박해의 압력 아래에서 넘어진 것이 아니라 오히려 스스로 자원하여서 엎드렸다……

(8) …… [몇몇 사람은 카르타고의 카피톨 위에서 제물을 바치러] 붙들려 끌려갈 때까지 한 번도 기다리지도 않고 올라갔고, 물어볼 때까지 기다리지도 않고 부인하였다. 전투하기도 전에 패배하고는, 많은 사람들은 할 수 없이 제물을 드리고 있다는 내색도 하려고 하지 않았다. 오히려 하라고 하지도 않았는데 [카피톨 기슭] 광장에 엎드렸다; 자발적으로 [영적] 죽음을 향해서 달려가기를 마치…… 오래전부터 바랬던 기회를 잡은 듯이 하였다. 얼마나 많은 사람들이 날이 어두워져서 관리들에 의해서 돌려보내져야 했

던가; 얼마나 많은 사람들이 자기들이 말하는 것을 미루지 말아달라고 간청하기까지 했던가……

(9) 심지어 많은 사람들은 자기 자신들의 파멸로 만족하지 않았다…… 오히려 그 모독을 극에 달하게 하기 위해서 심지어 아이들까지도 부모들에 의해서 팔에 안겨서 또는 손에 끌려서 좀 더 어린 나이에 자기들이 날 때부터 가졌던 것을 잃게 되었던 것이다(in primo statim nativitatis exordio) [곧 세례에서 받은 "중생"의 은혜를]…… (10) 나아가서 기가 막히게도 그러한 모독행위를 용서해줄 수 있는 단 하나의 그럴듯한 구실도 없다: 단지 고향을 떠나야 하고 물려받은 재산(patrimonium)을 포기만 했으면 되었었다.[1]…… 축복의 관은 하나님과 그의 은혜로부터 우리에게 오며, 그것은 시간이 되기 전에는 받을 수 없는 것이다. 그리스도 안에 있는 자는 아무리 한때 도망을 갔다고 할지라도 자기의 신앙을 부인하지 않고 단지 마땅한 시간을 기다린 것이다. 하지만 배교한 자는 도망가지 않았기에 이미 처음부터 부인할 준비가 되어 있었다는 것을 드러내고 있다. (11) 형제들이여, 진실은 감춰질 수 없으며 우리 병의 동기(materia)와 원인이 알려지지 않을 수는 없다. 많은 자들을 그릇되게 끌고 간 것은 자기들의 재산에 대한 맹목적인 사랑이다; 그래서 자기들의 재물이 사슬같이 되어서 끌고가는 사람들이 도망갈 마음을 먹고 준비를 한다는 것이 불가능하다는 것은 당연하다.

뒤이어 오는 장들(12-36)에서 키프리안은 신앙을 부인한 경우들 중 어떤 것들이 용서를 받을 수 있는지 제시한다. 그리고는 지나치게 관대하며 무분별한 다시 받아들임에 대해서 단호하게 말한다.

원전: M. Bévenot, Cyprian 'De Lapsis' and 'De Ecclesiae Catholicae Unitate' (본문, 번역, 역주), Oxford, 1971.—참고문헌: M. Bévenot; U. Wickert in: M. Greschat (Hg.), Gestalten der Kirchengeschichte. Alte Kirche I, 1984, S. 158-175 (광범위한 참고문헌 포함)

1) 이 반대로 터툴리안의 "박해 중에 발생한 도피에 관하여"(De fuga in persecutione)를 비교하라. 키프리안이 제시하는 돌파구가 자기 시대에서도 얼마나 논란거리였는가를 편지 14와 22가 가르쳐준다. 이 편지들에서 그는 자신의 도피를 철저하게 뒷받침하며 정당화하지 않을 수 없는 처지에 놓여있음을 보고 있다.

36. "배교한 자들"의 회개 문제

데키우스 황제 박해가 도처에서 일으킨 집단배교는 교회에게 새로운 문제였다. 이 문제와 함께 과거에는 간음죄들 때문에 논의되었던(Nr. 30 j. k를 보라) 그 "중한" 죄의 용서 가능성에 관한 질문이 새로이 시급하게 대두되었다는 면에서도 그러하다. 이 질문에서 엄격주의자들의 입장은 무엇보다도 로마 교회의 장로요 훗날 분열을 일으킨 자인 노바티안이라는 이름과 결부되어 있다. 그의 분리된 교회는 동방에서도 퍼졌고 5세기까지 그 독특한 존재를 유지할 수 있었다. 그 대립적인 입장은 무엇보다도 콘훼소르들, 공동체의 검증된 "신앙고백자들"을 배경으로 두었다. 일찍부터 성령과 교회의 이름으로 스스로 판단을 내리는 것이 익숙한 이들은 감독의 판단을 기다리지 않고 반성을 하는 배교자들의 재촉에 관용을 베풀고 곧바로 그들이 바라는 것인 교회공동체로의 복귀를 언표할 채비를 갖추고 있었다. 어떤 생각에서 결국에는 감독도 동의하는 자세를 취하였는지 아래 두 번째 본문, 곧 42명의 아프리카 감독들이 로마 감독 코르넬리우스에게 보내는 공의회서신이 잘 가르쳐 준다.

a) 유세비우스가 말하는 노바티안(Novatian)의 입장(교회사 6, 43, 1f.)

(43, 1) …… 로마 교회의 장로 노바투[티아누]스는 이들[곧 박해에서 나약하게 된 자들]을 반대하여 교만해졌다. 그래서 그들에게는 아무리 진실한 돌이킴(ἐπιστροφή)과 거짓이 아닌 회개(ἐξομολόγησις)에 속한 모든 것을 행할지라도 아무런 구원의 소망이 없다고 하게 되었다. 또한 자신의 분파의 창시자가 되었다: 정신적인 교만 가운데 자신들을 '청결자들'(Καθαροί)이라고 부르는 자들의 분파였다. (2) 이에 대해서 로마에서 60명의 감독들과 훨씬 더 많은 수의 장로와 집사들로 이루어진 큰 공의회가 모였다; 또한 속주들에서도 여러 지역의 감독들이 무엇인가 해야 할 일을 모색하기 위해서 개별 모임들을 가졌다. 이들 모두의 결정(δόγμα)은 노바투(티아누)스와 그의 사랑도 없고 철저히 비인간적인 생각을 따르기로 결정한 모든 자들을 교회에서 내쫓는 것이었다. 반대로 불행으로 떨어진 형제들은 회개의 구원수단으로 치료하고 돌보아줄 것을 결정하였다.

b) 252년 카르타고 공의회의 결정(키프리안, 편지 57)

(57, 1) 심히 사랑하는 형제여, 앞서 행한 서로간의 의견교환을 거친 후, 이미 오래전에 우리가 결정을 하기는 하였다.[1] 박해의 풍랑 속에서 마귀에게 속아서 배교를 하고 허락되지 않은 제물로 자신을 더럽힌 자들은 먼저 일정기간 온전한 회개[2]를 하여야 한다; 그리고 그들에게 병의 위험이 닥칠 때[만], 죽음에 즈음하면 다시금 받아들여짐(pax)을 얻을 수 있다. 왜냐하면 아래와 같은 일은 불의하며, 혹은 [우리의] 아버지의 사랑 및 하나님의 자비로 금지된 것이기 때문이다. 곧 교회가 두드리는 자에게 잠겨 있고, 슬퍼하며 통곡하는 자들에게 구원의 소망으로 돕는 것을 거부함으로 그들이 떨어져 나간 상태에서 주님과의 교제(communicatio)

와 화해(pax) 없이 세상을 떠나도록 하는 것 말이다. 바로 이 세상에서 주님께서 허락하시고 심지어 명령까지 하셨다: "땅에서 매이는" 것은 "하늘에서도 매일" 것이요; 그렇지만 일단 여기 교회 안에서 풀리는 것은 그곳에서도 "풀릴 수" 있으리라[마 18, 18]. 그런데 지금 두 번째 풍랑의 날이 코앞에 닥친 것[3]을 보고 있다. 그리고 수많은 징조들은 우리에게 적이 포고한 전쟁을 준비할 것과 하나님의 은혜(dignatio)로 우리에게 맡겨준 백성들을 우리가 권고함으로 준비하여 주님의 진영에서 모든 그리스도의 병사들, 곧 무기를 잡고 전쟁으로 달려갈 병사들이 집결할 것을 명령하고 있다. 이러한 비상상태에서 우리는 주님의 교회로부터 이탈하지 않고 자기들의 타락 첫날부터 회개하며, 탄식하며 주님께 [용서의] 간구를 그치지 않은 자들에게 화해를 주며 그들을 닥친 전투에 대비하도록 가르치는 것이 맞다고 보고 있다. (2) …… 당연히 평강과 안녕이 지배적인 동안에는 후회하는 자들['수난을 겪은 자들'] 에게 회개 기간을 어느 정도 길게 하였고, 병자들에게만은 임종자리에서 도움을 주었다…… 하지만 지금은 약한 자들이 아니라 강한 자들에게 화해가 절실히 필요하다. 그리고 죽어가는 자들이 아니라 살아 있는 자들에게 교제가 베풀어져야 한다; 우리가 전투를 권하며 용기를 불어넣어 주는 자들에게 무기도 없고 방패도 없게 만들어서는 안 된다. 오히려 그리스도의 피와 살의 방패로 무장하여야 한다…… 말하자면…… 도대체 우리가 어떻게 그들로 순교의 "잔"을 마시게 하려는가[막 10, 38 비교]? 우리가 사전에 교회 구성원 됨이 허락하는 법에 의지해서(iure communicationis) 그들에게 교회 안에서 주님의 잔을 마시도록 해주지 않는다면 말이다. (3) 지극히 사랑하는 형제여, 구분하여야 한다: 배교자가 되어서 한때 떠났던 세상으로 다시금 돌아가서는 이교도들의 삶을 영위하거나 이단으로 전락하고는 매일 매일 교회를 대항하여 배반의 무기를 들어올리는 자들과, 교회의 문턱을 벗어나지 않고, 꾸준히 애통에 차서 하나님과 아버지의 [돌보시는] 위로를 간구하며 이제는 영적 싸움을 준비하고 주님의 이름과 및 자기들의 구원을 위해서 용감하게 일어서 싸울 것을 약속하는 자들을 구별하여야 한다…… 하지만 하나님께서 우리 형제들에게서 멀리하게 하시는 것으로 어떤 타락한 자가 우리를 속인다면, 곧 위선적으로 평강을 간구하며 엄습하는 싸움에 임해서는 싸울 준비를 하지 않고 교회의 교제를 얻었다고 하자. 그는 사실 자기를 속이고 기만하는 것이다…… 우리는 오직 우리를 보고 판단할 수 있도록 주어지는 범위 안에서 겨우 각자의 외모만을 대할 뿐이다; 마음을 감찰하고 생각을 감찰하는 것은 못한다. 이것에 관한 판단을 내리실 분은 숨겨진 것을 살피고 보시는 분, 마음의 아주 깊은 비밀들 [까지를]을 심판하시기 위해서 오실 그분이시다. 악한 자들만이 선한 자들을 해롭게 할 수 있는 것이 아니다; 오히려 악한 자들을 선한 자들이 도와주어야 한다. 순교를 향한 자들에게도 화평이 보류되지 않는 이유는 그중 어떤 사람들이 그 화평을 거부하게 될 것 같이 보이시가 아니다; 오히려 싸우고자 하는 모든 사람들에게 평강을 허락하는 오직 한 가지 이유는 그렇게 하지 않으면 우리의 미련함으로 말미암아서 전쟁에서 면류관을 쓰게 될 [바로] 그 자가 넘어질 위험이 도사리고 있기 때문이다. (4) 누구도 아래와 같이 말하면 안 된다. 순교를 감당하는 자는 자기 자신의 피로 세례받았으며, 그래서 자기 영광의 평강을 획득하고 주님의 은혜로부터 더 큰 상급을 받게 될 자는 감독이 나누어주는 화평이 필요치 않다…… [왜냐하면] 어떻게 그 어떤 사람이 사전에 평강과 함께 "아버지의 영", 곧 자기 종들을 강하게 하시며 "우리 안에서 스스로 말씀하시며" 고백을 하는 [마 10, 20] 영을 받지 않고 고백을 할 수 있고, 할 만한 자라는 것을 증명할 수 있겠는가?……

원전 : E. Schwartz, [Nr. 6]; W. Hartel, S. Thasci Caecili Cypriani Opera Omnia, CSEL 3, 2, Wien 1871(재인쇄 1965).—참고문헌: H. Koch, Cyprianische Untersuchungen, AKG 4, 1926, S. 211-255; B. Poschmann, [Nr. 14], S. 370-424; H. von Campenhausen, [Nr. 7], S. 313ff.; H. Karpp, Die Buße, 1969, S. 180ff.; I. Goldhahn-Müller, Die Grenze der Gemeinde, Göttingen, 1989.

1) 251년 초의 공의회에서
2) paenitentia plena(온전한 회개)에 관해서는 편지 55, 6; 64, 1을 보라. 이를 따르면 "온전한 회개"라는 말에서는 "기간이 긴" 회개로 이해하여야 한다. 이 회개는 모든 배교를 동기와 상황에 따라서 세심하게 테스트하고 그에 따라서 기간을 정할 수 있도록 한다. 이 기간은 사람이 그 앞에서 잘못을 저지른 그 주님께 "보속(참회)"이 이루어지도록 한다.
3) 이 두 번째 박해는 곧 이어서 실제로 일어났지만, 로마 교회 너머까지 사로잡지는 못한 것으로 보인다.

37. 키프리안(Cyprian)

카르타고의 감독 키프리안(약 190-258)의 문서는 터툴리안과 함께 어거스틴에 이르기까지 서방의 회개 역사에 대한 아주 중요한 원전이다. 그뿐 아니라 분열과의 전쟁 중에 형성되었고, 특별히 "공교회의 단일성에 관하여"(De ecclesiae catholicae unitate)에 들어 있는 그의 교회론도 면면히 영향을 끼치고 있다.—(251/252년 쓰인) 이 교회문서에서 가장 중요하고 연구에서 논쟁이 되고 있는 세 개의 장을 제시하려고 한다. 곧 키프리안이 대표하는 라틴 기독교의 또 다른 몇 개의 중요한 관점들에 주목하도록 하기 전에 말이다.

a) 공교회만이 구원을 제공한다(교회의 하나됨 6)

그리스도의 신부가 간음하도록 끌려간다는 것은 있을 수 없다; 그는 흠도 없고 정결하다…… 그는 우리를 하나님을 위해서 보존하는 것이며, 그 나라를 위해서 아들들로 인 친다. 교회와 단절하며 부정한 관계로 접어 들어가는 자는 누구라도 교회가 약속한 그 약속들에서 자기 자신을 제외시킨다. 그리스도의 교회를 떠난 자는 그의 상급에 이르지 못한다: 그는 외인이요, 부정한 자요(profanus), 원수로다. 교회를 [더 이상] 어머니로 가지지 않는 자는 하나님을 아버지로 가질 수 없다(Habere iam[1] non potest Deum patrem qui ecclesiam non habet matrem). 노아 방주 밖에 [멸망을] 피할 길이 있었다면, 교회 밖에 있는 자를 위해서도 구원이 있을 것이다. 하지만 주님께서 경고하고 계시다: "나를 위하지 않는 자는 나를 대적하는 자이며, 나와 함께 모으지 않는 자는 흩뜨리는 자이다"[마 12, 30]. [그러니까] 그리스도의 화평을 깨며 [그와] 불화하는 자는 그리스도를 대항하는 자이다; 그리고 교회 안에서가 아닌 다른 곳에서 모으는 자는 그리스도의 교회를 흩트리는 자이다…… [바로 삼위일체 하나님의 하나됨 안에 근거를 두고 모범을 이루고 있는] 하나됨을 굳게 붙들지 않는 자는 하나님의 율법(lex)을 붙들지 않는 자며, 성부와 성자를 향한 신앙을 보존치 않는 자며, 생명과 구원에 참여하지 않는 자이다.

b) "베드로의 수위권"과 감독직(같은 곳 4f.)

맥락 : 마귀가 노골적으로 대적하는 그 면전에서와 같이, 그의 비밀스러운 뒤쫓음 앞에서 특히 여기에서 조심하여야 한다(1장). 이것이 가장 먼저 가능한 것은 승리에 찬 그리스도의 발자국을 밟고 그의 명령을 따를 때이다(2장). 사탄의 그 모든 흉계는 이단과 분열자들 안에서 모습을 드

러낸다. 이들은 다른 것이 아니라 교회의 하나됨을 깨뜨리기 위해서 고안되었다.

(4) 이것을 생각하고 시험해 보는 자는 장황한 논의나 [치밀한] 증명이 필요없다. 심지어 이렇게 증명을 하는 경우 그 증명은 간단하며 설득력이 있다. 실제로 일어난 것은 사실 모든 광범위한 증명을 불필요하게 만들기 때문이다(Probatio est ad fidem facilis conpendio veritatis). 하지만 주님께서 베드로에게 말씀하신다: "내게 네게 이르노라: 너는 베드로라, 그래서 이 반석 위에 내가 내 교회를 세우리라. 음부의 권세가 너를 이기지 못하리라. 내가 천국열쇠를 네게 주며, 네가 땅 위에서 맨 것은 하늘에서도 매일 것이요, 네가 땅 위에서 푸는 것은 하늘에서도 풀리리라" [마 16, 18f.].

A판의 계속	B판의 계속
또 바로 그에게 주님께서 부활 후에 말씀하신다: "내 양을 먹이라"[요 21, 17]. 그 위에 그는 자기 교회를 세우고 그에게 자기 양을 맡기셔서 그가 치게 하셨다; 비록 그가 모든 사도들에게 동일한 전권을 나누어주셨지만, 오직 하나의 감독좌를 세우셨고 그와 함께 자기 자신의 권세에 근거해서 교회의 하나됨의 근원과 [깨달음의] 근거를 확고히 하셨다. 분명히 다른 자들[사도들]도 베드로와 같다; 하지만 베드로에게는	그러니까 그는 "하나" 위에 교회를 세우신다; 비록 모든 사도들에게 자기가 부활하신 후에 동일한 권세를 나누어주시고 말씀하셨지만: "나를 아버지께서 보내신 것처럼 나도 너희를 보내노라. 성령을 받으라: 너희가 뉘 죄든지 사하면 사하여질 것이요 뉘 죄든지 그대로 두면 그대로 있으리라"[요 20, 21ff.]. 하지만 [이] 하나됨을 볼 수 있도록 하려고 자기 권세에 근거해서 덧붙이기를 이 단일성의 근원을 하나에게 두었다. 분명히 다른 사

그[또는 하나의] 우선권을 주셨고 이와 함께 분명하게 하기를 오직 하나의 교회와 하나의 감독좌가 있게 하였다. 또한 모두가 [동등하게] 목자들이다; 하지만 오직 하나의 양떼만 보일 뿐으로 이들은 사도들 총체가 일치하여 돌보는 것이다. 베드로의 이 하나됨을 굳게 붙들지 않는 자가 신앙을 굳게 잡으려고 마음먹겠는가? 교회가 세워진 베드로의 감독좌를 떠난 자가 자신이 교회 안에 있다는 확신을 여전히 갖겠는가?	도들 모두는 베드로와 같이, 동일한 명예와 능력을 [그처럼] 갖추었다; 하지만 처음에는 모든 것이 나오는 하나가 있으므로 교회는 모든 자들의 눈에 하나로 서 있다…… 교회의 이 하나됨을 굳게 붙들지 않는 자가 믿음을 굳게 잡을 정도로 믿겠는가? 교회와 마주서서 대적하는 자가 자신이 교회에 있다고 믿겠는가? 복된 베드로가 우리에게 같은 것을 가르치며 단일성의 비밀을 아래와 같이 가리켜 주면서 말하는데 말이다: "몸도 하나요, 성령도 하나요, 너희 부르심의 소망도 하나요, 주도 하나요, 믿음도 하나요, 세례도 하나요, 하나님도 하나이시라"[엡 4, 14 ff.]. (5) 이 하나됨을 우리는 흔들리지 말고 굳게 붙들어야 하며, 그를 위하되, 특별히 우리 감독들, 곧 교회 안에서 지도자들인 우리가 하여야 한다. 이는 우리가 감독좌 자체가 하나요, 나누어지지 않는 것임을 증명하기 위해서이다. 아무도 형제들을 거짓으로 속이지 않아야 한다; 아무도 신실하지 않아서 의무를 잊어서 신앙의 진리를 무효로 만들면 안 된다.

[A와 B 공통적 전개]

오직 하나의 감독직이 있을 뿐이다. 여기에 각각의 감독들이 자기 지역에서 연맹방식으로 참여하는 것이다.[2)] 아무리 교회가 생산적으로 자라서 다양해지고 확산된다고 할지라도…… 교회는 오직 하나이다: 주님의 빛이 골고루 비쳐 들어와서, 교회는 온 땅으로 자기 광선을 나누어 보낸다. 하지만 구석구석 보내는 그 빛은 오직 하나이다. 몸의 하나됨은 그 어떤 나눔도 용납하지 않는다; …… 오직 하나의 원천, 하나의 출처, 하나의 어머니만이 있어서 오고 오는 세대 모두에게 부족함이 없다: 그 자궁으로부터 우리가 태어났고 그 젖으로 양육 받으며 그 영으로 말미암아 살고 있는 것이다.

c) 이단 세례의 문제(편지 70, 1)

"31명의 북아프리카 감독들로 개최된 한 공의회"라고 이름 붙은 이 편지는 255년 작성되었다. "이단이 베푸는 세례"의 유효성 문제로 누미디아의 감독들 회합에서 나온 질문에 답을 하고 있다. 이 문제에 관해서 북아프리카 교회와 로마 교회 사이에 소위 이단세례논쟁이 발생하였다. 이 과정에서 키프리안은 로마의 동료감독 스테판 1세의 "교황 제도적" 주장에 대적하는 감독연맹제도의 "감독직" 원리를 열렬하게 옹호하는 자로 등장하였다. 하지만 키프리안이 대변하는 세례관은 여기서 고려가 되지 않았을 수 있다.

고귀하고 고귀한 형제들이여, 공의회로 모여 있는 가운데 우리는 당신들의 글을 읽었다. 곧 이단들과 분열론자들에게서 세례를 받은 것으로 보이는 자들이 하나의 공교회로 오게 되면 세례를 꼭 받아야만 하는가 하는 질문과 함께 당신들이 우리에게 보낸 것 말이다…… [여기에 대한 우리의 생각은] 새롭지 않고 오랫동안 우리의 선배 직임자들에 의해서 분명하게 언표되었고 우리가 지키고 있는 것이다...... 곧 우리는 누구도 밖, 곧 교회 밖에서 세례 받을 수 없다고 믿으며, 그것이 정확하다고 여긴다. 왜냐하면 거룩한 교회 안에는 오직 하나의 세례만이 제정되었기 때문이다......[렘 2, 13; 잠 9, 17을 비교하라]. 하지만 여기서는 먼저 사제에 의해서 물이 정결하게 되고 거룩하게 구별되어서, 사제가 자기 세례를 통해서 수세자의 죄를 씻어낼 수 있어야 한다...... [겔 36, 25f.를 비교하라]. 그런데 어떻게 자기 자신이 부정하고 자기 안에 성령이 거하지 않는 자가 물을 정결하게 하고 성별시킬 수 있겠는가? 주님께서 민수기[19, 22]에서 말씀하신다: "부정한 자가 만진 것은 다 부정할 것이요." 아니면 세례를 베푸는 자 스스로가 교회 밖에 있으며 [고로] 자기 자신의 죄로부터 해방되지 못하였다면 어떻게 다른 자에게 죄의 용서를 줄 수 있겠는가?[3)]

d) 그리스도를 대신한 성례전의 희생(편지 63, 2. 9. 14)

253/254에 쓰여진 것이 확실한 (빌타의?) 감독 캐킬리우스에게 보낸 이 큰 서신에서 키프리안은 몇몇 북아프리카 교회 안에 만연된 폐단을 반대하고 있다. 여기에 따르면 금욕적인 근거에서인지, 성례전에서 포도주나 포도주 섞은 것 대신에 물을 사용하였다. 이 맥락에서 아래 주장이 나온다:

(63, 2) 이것을 알아야 한다. 곧 잔을 바칠 때(in calice offerando) 주님으로까지 소급되는 전통을 지키며, 주님께서 우리를 위해서 먼저 하신 것 말고는 다른 아무 것도 하지 않아야 한다. 곧 그를 기념하며(in commemoratione eius) 바치는 잔은 포도주 섞은 것으로 채워 바쳐야 된다고 우리는 배웠다. 그리스도께서 말씀하시기를: "나는 참 포도나무요"[요 15, 1]라고 했기 때문

에 그리스도의 피는 분명히 물이 아니라 포도주이다. 또한 우리를 구속하시고 살려주신 그의 피가 그 잔에 있다고 생각할 수 없다. 만일 온 성경이 비밀에 가득차서 암시하고 증언하고 있는 바처럼 그리스도의 피를 가리키는(quod Christi sanguis ostenditur) 그 포도주가 없다면 말이다. (9) …… [마 26, 27-29에서] 우리가 경험하게 되는 것은 주님께서 바친 그 잔은 포도주 섞은 것으로 가득차 있었고, 그가 피라고 묘사했던 것은 포도주였다. 그러므로 혹시 잔에 포도주가 없다면 그리스도의 피는 바쳐지지 않고(sanguis Christi non offerri), 혹시 그 바침과 우리의 희생이 [그리스도의] 수난[과정]에 상응하지 않는다면, 그 주의 희생이 합법적인 성별을 통해서 거행된 것이 아니라는 것이 분명하다(nec sacrificium dominicum legititima sanctificatione celebrari)…… (14) …… 말하자면 그리스도 예수 우리 주 하나님께서 하나님 아버지의 대제사장이시고, 자기 자신을 아버지께 제물로 바치고 바로 이것을 자기를 기념하여 행하도록 우리에게 명하였다. 그렇다면 [오직] 그 사제만이 참 그리스도의 대리(vice Christi)로 행하는 자, 곧 그리스도께서 하신 일을 흉내내는(imitatur) 자이다. 그리스도께서 바치신 것을 자기가 본 대로 제물을 바치면, 비로소 그는 하나님, 아버지께 교회 안에서 참답고 완전한 희생(sacrificium verum et plenum)을 바치는 것이다.

e) 유아세례 문제(편지 64, 2. 5 터툴리안, 세례론 18과 비교)

키프리안의 서신교환 가운데 64번 편지는 한 북아프리카 공의회(251년이나 253년)의 이름으로 작성된 편지로, 유아세례의 날짜에 관한 감독 피두스의 질문에 대한 답을 제시한다.

(64, 2) 신생아들(infantes)의 [세례] 문제와 관련해서 당신이

가진 생각은 아이들이 태어나고 이삼일 내에 세례를 베풀어서는 안 되고, 옛[약속] 할례[에 관한] 규정(legem circumcisionis antiquae)을 지켜야 한다는 것이다. 그래서 신생아들은 생후 8일 이전에는 세례를 베풀고 성별해서는 안 된다고 당신은 믿고 있다. 하지만 …… 당신이 그렇게 하는 것이 옳다고 여기는 거기에 [우리 공의회의] 아무도 동의하지 않는다; 오히려 우리의 일치된 생각은 태어나자마자 곧바로 하나님의 자비와 은혜를 보류해서는 안 된다는 것이다…… [그리고] 우리가 할 수 있는 한 어떤 영혼도 잃게 되어서는 안 된다. 하나님의 손에 의해서 엄마의 자궁에서 만들어진 자에게 아직 없는 것이 있나면 무엇이겠는가?…… (5) …… [요약:] 우리 생각에 따른다면 누구도 은혜를 얻는 것에 방해받고, 영적인 할례가 육체의 할례로 손상되어서는 안 된다. 반대로 예외 없이 모두는 그리스도의 은혜로 가도록 허락되어야 한다…… [행 10, 28 비교]. 혹시 사람이 은혜를 얻는 데에 여전히 방해하는 것이 있다면, 차라리 어른들에게…… 그들이 저지른 중죄들이 방해가 될 것이다. 하지만 아주아주 무거운 죄를 저지르고 과거에 여러 가지로 하나님을 대적한 자들이라도 후에 믿음으로 오게 되면, 그들에게도 죄의 용서가 허락되며 아무도 세례와 은혜에서 제외되지 않는다. 하물며 아이에게랴? 이제 겨우 태어났고 아무런 [스스로] 죄를 범하지 않았고(qui recens natus nihil peccavit), 오히려 어쨌든 아담의 방식을 따라서 육체 가운데 태어나서는 출생 순간부터 옛 죽음의 결과를 끌어안게 되어 있기에 말이다(nisi quod secundum Adam carnaliter natus contagium mortis antiquae prima nativitate contraxit). 자기 스스로의 것이 아니라 오직 남의 죄만 용서받아야 하는 그는 훨씬 더 쉽게 죄 용서에 이를 수 있다.[4)]

f) 선행의 공로(선행과 자선[De opere et eleemosynis] 1. 2. 5. 26: 253년경 저술)

(1) 지극히 사랑하는 형제들이여, 하나님 아버지와 그리스도의 풍성하고도 넘치는 선하심이 우리 구원을 위해 능력이 있음이 증명되고 여전히 항상 증명하고 있는 하나님의 자비가 많고도 크도다…… [그리스도께서 오시고 나서조차도] 우리는 [여전히]…… [말하자면] 순결(innocentia) 계명으로 말미암아 궁지에 처해 있도다[요 5, 14등을 비교]. 새롭게 하나님의 사랑이 우리를 돕고 의로움과 자비의 사역을 보여주면서 우리 구원의 확실함으로 가는 길(viam…… tuendae salutis)을 열어서 우리를 더럽힌 모든 더러움을 자선으로 씻어내도록 해주시지 않는다면, 우리 인간적 결함이 가진 나약함과 무능함은 스스로를 도울 수 없도다.

(2) …… 치유하는 물로 목욕[세례]으로 지옥의(gehenna)의 불이 꺼지듯이, 자선과 의로운 사역을 통해서 [세례 받은 후에 저지른] 허물의 화염이 질식되는 것이다……

(5) 하나님과 화해시키는 구원수단(remedia propitiando Deo)은 그러니까 하나님 자신의 말씀을 통해서 우리 손에 주어졌다……: 곧 의로운 사역으로 하나님께 참회를 행하고 자비의 공로로 죄에서 정결케 되는 것이다(operationibus iustis Deo satisfieri, misericordiae meritis peccata purgari)……

(26) …… 보응의 날이거나 박해의 날이…… 우리를 선행을 행하기 위한 고통 가운데(in hoc operis agone) 달음박질하는 자로 발견하게 되면, 주님께서 절대로 우리의 공로에 상이 없게 하시지 않으리라; 오히려 화평 중에서는 주님은 이긴 자들에게 하얀 관을 주시지만, 박해 중에는 여기에 더해서 그들의 상급 때문에 진홍의 [관]을 씌워주시리라.

원전 : M. Bévenot [Nr. 35]; W. Hartel [Nr 36]; E. V. Rebenach, Thasci Caecili Cypriani De opere et eleemosynis (Text, engl. Übers., Komm.), Washinton, 1962.—참고문헌: H. Koch, Cathedra Petri, BZNW 11, 1930; M. Bévenot 위의 책; ders., The tradition of manuscripts. A. Study in the transmission of St. Cyprian's treatises, London, 1961; U. Wickert, Sacramentum Unitatis, 1971; ders. [Nr. 35]; M. M. Sage, Cyprian, Philadelphia, 1975 (PMS 1); A. Laminski, War der altkirchliche Episkopat wirklich monarchisch?, Theol. Versuche 8, 1977, S. 85ff.; J. D. Laurance, "Prist" as type of Christ, New York, 1984; L. F. Meulenberg, Cyprianus, Kampen, 1987.

1) 이 문장은 대부분 증거를 더 가지고 있는 "iam"이 없이 인용되었다. "iam과 함께 본다면 이 문장은 교회 안에서 세례를 받은 자들에 대한 경고이다"(M. Bévenot).
2) Episcopatus unus est cuius a singulis in solidum pars tenetur……

[A]	[B]
Et idem post resurrectionem suam dicit illi: 'Pasce oves meas'. Super illum aedificat ecclesiam et illi pascendas oves mandat et, quamvis apostolis omnibus parem tribuat postestatem, unam tamen cathedram constituit et unitatis originem adque rationem sua auctoritate disposuit. Hoc erant utique et ceteri quod fuit Petrus, sed primatus Petro datur et una ecclesia et cathedra una monstratur; et pastores sunt omnes, sed grex unus ostenditur qui ab apostolis omnibus unianimi consensione pascatur. Hanc Petri unitatem qui non tenet, tenere se fidem credit? Qui cathedram Petri,	Super unum aedificat ecclesiam et, quamvis apostolis omnibus post resurrectionem suam parem potestatem tribuat et dicat: 'Sicut misit me Pater et ego mitto vos, Accipite Spiritum sanctum: si cuius remiseritis peccata remittentur illi; si cuius tenueritis tenebuntur', tamen, ut unitatem manifestaret, unitatis eiusdem originem ab uno incipientem sua auctoritate disposuit. Hoc erant utique et ceteri apostoli quod fuit Petrus, pari consortio praediti et honoris et potestatis, sed exordium ab unitate proficiscitur ut ecclesia Christi una monstretur …… Hanc ecclesiae unitatem qui

super quem [v. l. quam] fundata ecclesia est, deserit, in ecclesia se esse confidit?	non tenet, tenere se fidem credit? Qui eccle siae renititur et resistit in ecclesia se esse confidit, quando et beatus apostolus Paulus hoc idem doceat et sacramentum unitatis ostendat dicens: 'Unum corpus et unus Spiritus, una spes vocationis vestrae, unus Dominus, una fides, unum baptisma, unus Deus'? (5) Quam unitatem tenere firmiter et vindicare debemus maxime episcopi, qui in ecclesia praesidemus, ut episcopatum quoque ipsum unum adque indivisum probemus. Nemo fraternitatem mendacio fallat, nemo fidei veritatem perfida praevaricatione corrumpat.

3) 키프리안의 맞상대인 로마의 스테판은 이와 반대로 아래 입장을 견지했다. 공교회로 받아들일 때 그 이탈자가 이미 세례를 받았다면, "회개의 안수"만이 필요하다. 곧 "그 반대로 이단들이 자기들에게 오는 자들을 자기들 방식으로 세례를 베풀지 않고 단지 공동체로 받아들이기만 하는 것과 같이 말이다"(키프리안, 편지 74, 1).
4) 이 반대로는 터툴리안, 세례에 관하여 18을 비교하라: [세례는 대충 별생각 없이 베풀어서는 안 된다는 것을 세례 베푸는 자는 모두 알고 있다; 이는 마 7, 6과 딤전 5, 22의 가르침과 상응하는 것이다. "서둘러서" 베푼 세례의 경우들, 곧 행 8, 9 같은 경우들도 그 반대 기준이 되지 않는다. 왜냐하면 이것들은 특별한 상황에 근거를 두고 있기 때문이다. 서두름이 주어진다면, 하나님의 은혜는 이미 자격 갖춘 자들을 제때에 알게 하지 않을 리가 없다.] (3) …… [하지만] 모든 [인간적인 세례] 갈망은 속일 수 있고 속을 수 있다. (4) 그래서 상황과 세례 받는 각자의 [영혼의] 상태와 나이에 따라서 세례를 미루는 것이 유리할 수 있다. 특별히 어린 아이들(parvuli)의 경우에는 말이다…… (5) 주님께서 분명하게 말씀하신다: '내게 오는 것을 막지 말라' [마 19, 14]. 아이들은 배울 수 있고 또 자기들이 어디로 가야할는지 배울 수 있을 때 와야 한다; 그들이 그리스도를 알 능력이 있을 때 그리스도인이 되어야 한다. 그 순결한 나이에 죄 용서를 왜 그렇게 서두르게 하느냐(Quid festinat innocens aetas ad remissionem peccatorum)?…… (6)

…… 세례에 어떤 무게가 있는지를 사람들이 안다면, 그들은 세례를 미루는 것보다 세례 베푸는 것을 더 두려워 할 것이다; 순결한 믿음은 구원 확신이 있다(Si qui pondus intellegant baptismi magis timebunt consecutionem quam dilationem: fides integra secura est de salute)!

38. 공동체 내에서의 금욕

금욕적인 경향은 특별히 피타고라스주의, 플라톤주의, 스토아와 영지주의에서처럼 초기 기독교에도 처음부터 있었다. 특히 여러 층의 신약 외경 세계가 그에 관해서 가르쳐 준다. 이미 콘스탄틴 황제 이전 세기에도 일반적으로 서방 교회 공동체 안에 "동정녀" 신분이 전제되어 있었다면, 동방에는 여전히 방랑 금욕(여기에 대해서는 Nr. 8b를 비교하라)이 지배적이었던 것으로 보인다. 하지만 이곳이고 저곳이고 간에 이제는 단지 개별적으로 금욕적인 이유 때문에 "세상"과의 단절로 나아갔다.

a) 키프리안이 말하는 동정녀 신분과 그 근거(동정녀의 자세[De habitu virginum] 3.21-23; 249/250년 저술)

(3) …… [동정녀들은] 교회의 가지에 달린 새싹이요, 영적 은혜의 꾸밈이고 장식이다.…… 또 명예와 존경의 정결하고도 온전한 작품이요, 주님의 거룩함에 [참답게] 상응하는 하나님의 형상이고, 그리스도 양떼의 그 아주 명예로운 부분이다. 어머니 교회의 영광에 찬 자궁은 그들을 기뻐하며 그들 가운데서 울창하게 피어나고 있다.

(21) …… 생명으로 인도하는 길은 좁고 협착하며[마 7, 14 비교], 영광스러움으로 치닫는 비탈길은 험준하고 가파르다. 이 길을 순교자들이 갔고, 동정녀들이 가며, 모든 의로운 자들(iusti)이 밟

았다…… 가장 첫 째 되는 그 백배의 결실[마 13, 23 비교]은 순교자들의 것이고, 두 번째, 곧 육십 배는 너희들의 것이다. [따라서] 순교자들에게는 육체와 세상에 관한 생각이 전혀 없으며, 사소하며 일상적이고 여유로운 싸움은 있을 수 없다. 이와 같이 은혜의 상급으로는 두 번째 자리를 차지하는 너희들의 덕과 인내함은 바로 그들 다음에 선다…… (22) …… [눅 20, 34f.]에 따라 우리가 될 모습을 너희는 이미 되기 시작하였다. 너희는 벌써 이 땅에서 부활의 영광에 참여하였다; 너희는 이 세상에 물들지는 않으면서 이 땅을 순례하고 있다: 정숙하고 동정녀로 머무는 한, 너희는 하나님의 천사들과 같도다(angelus Dei…… aequales)…… (23) [하나님의] 첫 번째 말씀(sententia)은 생육하고 번성하라[창 1, 28]고 명령하셨다(praecepit); 두 번째 말씀[눅 20, 34]은 금욕도 권하였다(continentiam suasit). 땅이 혼돈하고 공허할 때는 우리가 풍성하고 결실이 있는 생산 가운데 우리를 심어야 했고 인류의 숫자가 늘어나도록 해야 했다; 하지만 지금은 땅이 이미 가득차고 세상에는 사람들이 거하고 있기 때문에 금욕을 견지할 수 있는 자들은 거세를 하되[마 19, 12 비교], 거세한 자들로 사는 것이 하늘나라를 위한 것이다. 하지만 주님께서는 이것을 명하신 것이 아니고, 권면(hortatur)만 하셨다; 의지의 결단이 자유하기 때문에(voluntatis arbitrium liberum) 강제적인 멍에를 메우시지 않았다. 하지만 주님께서 자기 아버지 집에는 거할 곳이 많다고 하실 때[요 14, 2], 분명하게 하신 것은 [더 열악한 거처들 말고] 더 좋은 집들도 있다는 것이다. 이 더 좋은 거할 곳으로 너희가 매진하고 있는 것이다; 육체의 욕망을 제어하면서, 너희는 하늘에서의 더 큰 은혜의 상급을 확실하게 만들고 있는 것이다(maioris gratiae praemium in caelestibus obtinetis). 세례로 하나님과 아버지의 거룩함의 선물을 얻은 모든 자는 그 안에서 거룩하게 하는 씻음의 은혜를 힘입어 옛 사람을 벗어버리고, 성령으로 새롭게 되어서 거듭남으로 말미암아 옛날 묻은 더러움에서(a sordibus contagionis antiquae) 깨끗하게 된다; 하지만 더 큰 거룩함과 중생의 현실은 너희, 곧 더 이상 육체와 몸의 욕구를 모르는 너희에게 오느니라……

b) 유세비우스가 전하는 노바티안의 소극적 태도(교회사 6, 43, 16)

유세비우스 교회사에 있는 노바티안 분열에 관한 소식(6, 43)의 주요 근원지는 노바티안의 맞상대인 교황 코르넬리우스가 안니옥의 파비우스에게 보낸 세 번째이다. 유세비우스는 이 편지로부터 상세하게 인용했고 그 중 아래와 같은 것도 인용했다:

비겁함과 생명에 대한 옳지 않은 열망(*φιλοζωία*)에서 그[노바티안]는 [데키우스 황제의] 박해기간에 사제라는 사실을 부인하였다. 집사들이 그에게 그 스스로 숨은 방에서 나와서 사제가 행해야 마땅한 바 곧 위험에 처해 있고 도움을 필요로 하는 형제들을 힘써서 도와주기를 간청하였다. 그때 그는 집사들의 부탁을 따르기는커녕, 자기는 다른 철학을 신봉하기 때문에(*ἑτέρας γὰρ εἶναι φιλοσοφίας*) 더 이상 사제가 아니라고 선언하였던 것이다.

원전 : A. E. Keenan, Thasci Caecili Cypriani De habitu virginum (Text, engl. Übers., Komm.), Washington, 1932; E. Schwartz [Nr. 6].—참고문헌: K. Heussi, Der Ursprung des Mönchtums, 1936, S. 11-52; U. Rancke-Heinemann, Das frühe Mön-chtum, 1964, S. 33-125; G. Kretschmar, Ein Beitrag zur Frage nach den Ursprüngen der frühchristlichen Askese, ZThK 61, 1964, S. 27-67; R. Lorenz, Die Anfänge des abendländischen Mönchtums im 4. Jahrhundert, ZKG

77, 1966, S. 1-61; B. Lohse, Askese und Mönchtum in der Antike und in der Alten Kirche, 1969, S. 131-173; K. S. Frank, Grundzüge der Geschichte des christlichen Mönchtums, (1975), 1983[4], S. 1-19; F. v. Lilienfeld, Art. Mönchtum II, TRE 23, 1994, S. 150-193 (여기서는 150/160).

39. 발레리안(Valerian) 황제의 기독교 박해

(키프리안, 편지 80)

두 번째로 기독교에 대한 전반적인 박해는 황제 발레리우스(253-260)의 칙령으로 촉발되었다. 이 칙령은 257년 8월에 나온 것으로 우선적으로 기독교 사제들을 겨냥하였다. 원문도 그렇게는 남아 있지 않다; 하지만 알렉산드리아의 디오니스와 키프리안을 상대로 한 재판 기록에서 그 의도가 확실하게 드러난다: 엄중한 처벌로 위협하면서 사제들이 예배 모임을 거행하는 것을 막았으며, 사제들에게 옛 신들에 대한 신앙고백을 하도록 요구하였다. 이와 반대로 모두가 희생을 드리는 것까지는 생각하지 않은 것 같다. 그리고 모두가 피를 흘리는 것도 생각하지 않았다. 하지만 258년 여름 두 번째 칙령은 확실히 더 잔인하였다. 자기 후임 감독에게 보내는 아래 키프리안의 편지는 이 점과 관련된다:

(1) 내가 아주 귀하게 여기는 형제여, 내가 지체하지 않고 당신들에게 편지했던 이유는 닥친 [박해의 발발이 원인인] 이 투쟁에 직면하여 모든 성직자들이 여기에서 더 앞으로 나아갈 수 없다는 사실이다; 모든 성직자는 신적이고 천상의 영광(gloria[v. l. corona)]을 위하여 그들의 마음을 복종한 데 대한 상급을 위해

(pro animi sui devotione) 준비되었다. 하지만 당신들이 알아야 할 것은 우리와 관계한 칙령의 실제적인 내용을 알아가지고 우리에게 전하게 하려고 내가 로마에 보내었던 사절들이 그 사이에 돌아왔다. 거기에 대해서 벌써 무수하게 많은 모순되고 불확실한 소문들이 난무하고 있다. 사실은 아래와 같은 것이다: 발레리우스는 원로원에 감독, 장로 집사들을 변함없이 계속(in continenti animadvertantur) 처형하라는 내용의 칙령[이에 동의하도록[1)]]을 전했다; 하지만 원로원들과, 귀족들(egregii viri) 로마의 기사들이 작위와 재산 몰수에 처해지며 만일 몰수 이후에도 계속해서 기독교인으로 남을 것을 고집하면 위의 사람들과 동일하게 처형되어야 한다; 귀족[기독교] 여성들(matronae)은 재산을 몰수당한 채로 추방되어야 하지만, 황제의 모든 관리(Caesariani)들은 벌써 이전에 실토를 했든 아니면 이제야 실토를 하든 상관없이 재산 몰수형에 처해져서는 황제의 다양한 소유지로 보내지되 사슬에 매여서 [강제노역을 하러] 끌려가야 한다. 황제 발레리우스는 원로원에서의 진술(oratio)에다가 우리 때문에 속주 총독들에게 보낸 이 문서의 사본을 첨부하였다. 우리는 고난을 감수할 각오를 하고 믿음을 든든하게 유지하면서 이 편지의 도착을 매일 학수고대하였으며 주님의 도우심과 가호로 영생의 관을 바랐다. 이외에도 니희기 알 것은 [감독] 식스투스[로마의 식스투스 감독]가 8월 6일 한 공동묘지(cometrium)에서 네 명의 자기 감독들과 함께 참수되었다는 사실이다. 하지만 현재도 여전히 로마에서 방백들이 이 박해를 매일 계속해 나가고 있다: 그들의 손아귀에 잡히는 자는 처형되며 그의 재산은 국고로 몰수된다. (2) 이것을 우리의 다른 동료감독들에게 알려서 모든 곳에서 형제들이 이 감독들의 권고로 담대해져서 영적 싸움을 준비하도록 해주기를 바란다. 그래서 우리 모두가 불멸보다는 죽음을 가벼이 여기고 신앙심에 가득 차서 힘차게 주님께 헌신하기를 바란다. 그래서 신앙을 고백할 수

있는 지금 하나님과 그리스도의 군병들은 죽는 것이 아니라 면류관을 얻는다는 깨달음 안에서 두려워하기보다는 오히려 기뻐하기를 바란다. 지극히 사랑하는 형제여, 주님 안에 있는 변함없는 복을 원하노라.

원전 : W. Hartel [Nr. 36].—참고문헌: W. H. C. Frend [Nr. 34]; J. Molthagen [Nr. 5], S. 85ff.; C. J. Haas, Imperial religious policy and Valerian's persecution of the Church……, ChH 52, 1983, S. 133-144; K. H. Schwarte, Die Christengesetze Valerians. In: W. Eck (Hg.), Religion und Gesellschaft in der r?mischen Kaiserzeit, Köln-Wien, 1989, S. 103-163.

1) 동의가 필요한 것은 이 움직임에 해당될 수 있는 고위 인물들이 많았기 때문이다.

40. 신플라톤주의자 플로틴(Plotin)의 가르침

약 205년에 태어나서 270년경에 죽은 플로틴에 관한 연구는 그를 신플라톤주의의 창시자로 취급한다. 제정로마 시대 철학이란 단지 타락의 과정만이 그 충실한 영향을 끼친 것이라고 보는 자들의 생각에서조차, 플로틴은 고대 말기의 거의 유일한 사상가로서 고전 희랍철학의 대가들과 견주어도 문제로 삼지 않는 자였다. 그의 나이 50세까지 우선적으로 로마에서 구두로 가르치는 일에 전념했으며, 그 후에야 다른 사람의 권고에 따라 그때그때 대두되는 질문들을 문서적으로 다루었던 것으로 보인다. 이 논문들은 플로틴이 죽은 지 오랜 후에 그의 제자인 포르피리우스가 편집하여서 폭넓은 독자층이 대할 수 있도록 하였다. 포르피리우스는 자기 손이 닿는 플로틴 논문들을 일반적으로 높게 여기는 여섯과 아홉이라는 수에 가치를 두고는 "아홉 개"씩 여섯으로 나누었으며, 거듭거듭 원래 긴밀한 관계에 있는 것들을 많은 수의 논문으로 나누었다. 하지만 자기 선생의 문서적인 유산의 창조적인 특성을 없애는 것은 극도로 피하였다. —플로틴의 철학은 사실 "신학"이기 때문에 고대 기독교 신학에 강력한 영향을 끼쳤는데, 특별히 마리우스 빅토리누스, 밀라노의 암브로시우스와 어거스틴에게 끼쳤다.

a) 일자의 원리(엔네아드 6, 5, 9, 47f.)

(47) 만약에…… 질료들(*στοιχεῖα*)이 이미 생성되고 나서 일자가 모든 질료를 생각 가운데서 하나의 공 모습으로 통합시킨다면, 질료들 하나하나가 한 부분을 만들어내기 위해서 조각조각 잘라내면서 이 공을 많은 생성자로 소급시켜서는 안 된다. 이 생성의 원인은 하나여야만 하며, 이 하나는 전체로서의 자기를 가지고 생성한다(*ἕν εἶναι τὸ αἴτιον τῆς ποιήσεως ὅλῳ ἑαυτῷ ποιοῦν*). 곧 그의 각 부분이 다른 것을 생성하는 방식이 아니다; 만일 이 생성을 나누어지지 않고 존재하는 하나로 소급시키지 않는다면, 이것은 다시금 많은 생성자가 되고 말기 때문이다; 아니면 나누어지지 않고 존재하는 하나는 실제로는 그 공을 생성하는 자가 아니든가; 그리고 생성 자체는 그 공에 자기 자신을 쏟아 붓지 않으면서, 전체로서의 공을 생성하는 자와 연결되든가 이다.

b) 원초적인 세 실체(같은 곳 5, 2, 1, 1-6; 2, 7)

(1, 1) 일자(*τὸ ἕν*)는 만물이지만 유일한 것이 아니다. 이는 만물의 근원은 만물이 아니라, 만물이 그에게서(?) 왔기 때문이다. 만물은 그를 향해 흡사 위로 치달려 가듯 간다. 더 좋은 표현으로는: 만물은 아직 그에게 없고, 앞으로 있을 것이다. (2) 그런데 일자 안에는 아무런 다양함이 있는 것도 아니고, 어떤 것의 조각들의 결합이 아닌데, 어떻게 만물이 그에게서 나올 수 있을까? 그 안

에는 아무 것도 없는 바로 그 이유 때문에 만물이 그에게서 나올 수 있는 것이다; 존재하는 것이 실재할 수 있기 위해서 그(αὐτός) 자신은 존재하는 자가 아니고, 그의 산출자이다. 이렇게 비교의 방식으로 언급한 산출(γέννησις)은 근원적인 산출이다: 그는 완전한 무르익음이기에(그는 아무 것도 구하지 않고, 아무 것도 가지지 않고, 아무 것도 필요하지 않다), 마치 흘러넘치는 자같이 되었으며 그의 넘침은 다른 것을 산출하였다. (3) 그런데 그렇게 해서 생성된 것은 도로 그를 향하였고 그에 의해서 열매 맺게 되었다. 생성되면서 그 생성된 것은 일자를 바라보았다; 그것이 영(νοῦς)이다. 일자에게로 그가 향할 때 존재하는 것을 생성하였고, 그를 바라봄이 영을 생성한 것이다; 이제 영이 그를 보기 위해서 그에게로 향했기 때문에, 영은 동시에 영이기도 하고 존재하는 것이 되었다. (4) 이것은 일자의 모형이기에, 그도 충만한 능력을 쏟아내면서 일자와 같은 것을 행한다; 이것은 영 자신의 형상이다. 마치 영보다 앞서서 일자의 능력이 쏟아 부은 것의 형상이 바로 영인 것처럼 말이다[?]. 영의 본질(οὐσία)에서 산출된 능력(ἐνέργεια)이 혼(ψυχή)이다; 그것이 혼이 된 것은 영이 자기로 머물면서 되었다. 마치 영에 앞서서 일자가 자기를 유지하면서 영이 되어졌던 것처럼 말이다. (5) 이와 반대로 혼은 자기를 유지하지 않으면서 만들어내는데, 오히려 움직이면서 자기 모조품을 산출한다. 혼이 자기가 나온 것을 향해 위를 바라보는 동안에는, 혼이 그로 충만해진다; 하지만 혼이 다른 상반된 방향으로 달음질칠 때, 혼은 자기 자신의 모형으로 [짐승들의] 감각적인 혼과 식물 안에서 일어나는 성장의 혼을 생산한다. (6) 하지만 어떤 것도 영보다 앞에 있는 것으로부터 떨어져 나가거나 단절되지 않는다; 상위의 혼으로부터 식물의 세계에까지 이르는 것이라고 생각하여야 한다; 실제로 그 어떤 방식으로는 혼이 그렇게 행한다. 식물들 안에 있는 성장의 힘이 바로 그의 것이다; 하지만 혼 전체가 식물 안에 있다는 것이 아니라, 혼이 식물 안으로 들어가는 한에서만 그러하다. 혼이 아래로 내려가며, 이 전진함과 작은 것을 향한 준비가 한 걸음 나아간 실체(ὑπόστασις)를 존재하게 한다. 하지만 영과 연결된 혼의 상부도 영을 자기 안에서 쉬도록 만든다.

(2, 7) 이렇게 이 과정은 근원(ἀρχή)에서 가장 아래에까지 달려가며, 개별 개별의 단계는 항상 자기 본연의 자리에 머무른다……[1]

c) 일자를 향한 상승(같은 곳 6, 9, 11, 77-79)

포르피리우스가 "엔네아드"의 마지막을 장식하게 한 논문 "선과 일자에 관하여"(Περὶ τἀγαθοῦ ἤ τοῦ ἑνός)는 플로틴의 모든 문서 중에서 가장 유명하다. 무엇보다도 여기(§49ff.)에서 "신비적인" 관조에 관해서 폭넓게 서술한 증언 때문이다. 그 마무리가 아래와 같다:

(77) 이 모든 일[곧 "신비적" 관조, 침잠의 가장 높은 단계인 황홀경에 관한 모든 암시]들은 단지 모조품들이고, 비밀한 것들을 말하는 자들(προφῆται) 가운데 있는 지혜자들이 저기 있는 참 신(θεὸς ἐκεῖνος)을 어떻게 바라보아야 하는가를 암시한 것뿐이다; 이 암시를 이해하는 지혜로운 사제는 저 깊숙한 방에 들어서게 되면 참 관조에 이를 수 있다. 그런데 비록 그가 이 방을 밟지 않더라도 – 이 방을 볼 수 없는 것, 곧 원천이고 근원로 여긴다면, 그는 알게 된다: 근원만이 근원을 보며, 그만이 그와 하나가 되고, 같은 것만이 같은 것과 하나된다[2]; 이렇게 그는 혼이 관조에 앞서서 소유할 수 있는 그 신적인 것 중 아무 것도 놓치지 않는다. 그밖의 것들은 관조에서 얻는다; 그런데 그밖의 것들이란 그가 만물 너머로 나서기만 한다면 그는 그것을 만물보다 앞서 가진다. (78) 혼은 자기 존재로는 그 절대적으로 존재하지 않는 것(τὸ πάντη

$\mu\dot{\eta}$ $\check{o}\nu$)에 도달할 수 없다; 그가 밑으로 내려가면, 그는 악과 존재하지 않는 것에 가게 되지 그 절대적으로 존재하지 않는 것에 이르는 것이 아니다; 이와 반대로 혼이 그 반대 방향으로 달려가면, 그는 다른 자가 아니라 자기 자신에게 도달한다. 이렇게 그는 다른 것 안에 존재하지 않기 때문에 무 안에 있지 않고 자기 자신 안에만 있다; 겨우 자기 자신 안에 있지, 존재하는 것인 그분 안에 있는 것은 아니다: 사람이 그분과 교제하는 한 더 이상 존재가 아니라 존재 너머에 있는 것이다(ἐπέκεινα οὐσίας). 어떤 사람이 자기 자신이 그 상태에 있는 것을 보게 되면, 그는 자신에게서 그분에 관한 비유를 가진다. 하나의 모상인 자기에게서 원형으로 건너가면, 그는 순례의 목적지에 도달한다. 그가 관조(θέα)에서 깨어나면, 자신 안에 있는 미덕을 일깨운다. 자기 자신이 그 미덕을 통해서 질서와 형상에게 사로잡힌 것을 깨달으면, 그는 다시금 가벼워지고 그 미덕을 통해서 영과 지혜를 향해 상승하고 지혜를 통해서 그분께 올라가게 된다. 이것이 신들의 삶이고 신적이고 복받은 인생의 삶이다. 이 삶은 이 땅에 있는 다른 모든 것으로부터 결별이고, 땅의 것을 즐기는 삶이 아니고, 홀로 있는 자가 홀로 있는 자를 향해서 도피하는 것이다(ἀπαλλαγὴ τῶν ἄλλων τῶν τῆδε, βίος ἀνήδονος τῶν τῆδε, φυγὴ μόνου πρὸς μόνον).

d) 세계 안에 있는 인간(같은 곳 2, 9, 8f., 70f., 75-80)

영지주의자들에 대해서 플로틴은 정통교부들 만큼이나 철저히 경계선을 그었다. 이 사실은 그가 영지주의를 대교회가 했던 것과 똑같이 큰 위협적인 세력으로 느꼈다는 결론을 내리도록 한다. 그 대립은 결국 인간 삶의 공간인 (가시적인) 세계에 관한 가치판단으로 귀착된다.—논문 "영지주의자들 반박"의 발췌문(엔네아드 2, 9)은 플로틴은 자신의 반영지주의적 싸움에서 얼마만큼이나 스토아의 생각을 끌어들일 수 있었는가를

보여준다:

(8, 70) 만일…… 다른 세계가 우리 것보다 낫다면, 어떤 세계인가? 필히 하나의 세계가 존재해야 하며, 다른 세계는 존재하지 않는다면, 그것은 저 위의 것의 모상을 담고 있는(*ὁ τὸ μίμημα ἀποσῴζων ἐκείνου*) 여기 우리의 세계이다. (71) 하지만 이 온 땅은 많은 생명체들로 꽉 차있고, 불멸의 것들로 만물은 하늘에까지 충만해 있다……

(75) 하지만 나아가서 이 우리의 세계가 생겨먹기를 이 안에서 지혜(*σοφία*)를 가질 수 있고, 여기 거하는 동안 그 높은 분의 판단에 따라 살 수 있도록 되어 있다면, 이것은 바로 이 세계는 저 위의 세계의 영향 아래 있다는 것에 대한 확실한 증거이다.

(9, 76) 그런데 혹시 부와 가난이 존재하고 그런 재물들이 공평하지 않게 분배된 것을 비난하려고 한다고 하면[3], 그것은 잘못 본 것이다. 첫째로 지혜자(*σπουδαῖος*)는 그런 재물의 공평에 관심이 없다; 그는 부를 특권으로 보지도 않으며, 정치적으로 힘 있는 자들을 개인들보다 더 우선시하지도 않고, 그러한 일들은 다른 사람들에게 넘겨준다. (77) 지혜자는 이 땅에 두 종류의 삶, 곧 지혜자들의 삶과 대중(*οἱ πολλοί*)들의 삶이 있다는 통찰을 가졌다; 지혜자들의 삶은 지고의 선, 저 위를 향한다; 일반적인 사람들의 삶에는 다시금 두 종류가 있다; 상위의 삶은 미덕을 생각하고 그 어떤 가치 있는 것에 도달하지만, 일반 대중(*ὁ…… φαῦλος ὄχλος*)은 말하자면 그 더 고상한 자들에게 아주 없어서는 안될 정도의 것들만을 가지려고 한다(*οἷον χειροτέχνης τῶν πρὸς ἀνάγκην τοῖς ἐπιεικεστέροις*). (78) 그런데 아무리 한 사람이 살인자가 되거나 나약함 때문에 자기 욕망에 굴복한다 하자. 무엇을 이해할 수 없는가? 그리고 실수가 있다는 사실은 영이 아니라 혼들과 관계되는 것이다. 아이들처럼 성숙하지 않은 혼들이다……

네가 불의를 겪는다고 하더라도, 어떻게 그것이 너의 그 불멸적인 부분을 놀라게 하겠는가? 네가 살해당했다면, 너는 네가 원하던 것을 얻은 것이다. (79) 네가 혹시 이 세상이 싫다고 하자—아무도 너를 여기 머물도록 강요하지 않는다…… (80) [신들 스스로가] 만물을 질서에 따라 세상 처음부터 마지막까지 주관하며 각각의 것에게 마땅한 부분을 나누어준다. 이 부분은 과거 자기 삶의 여정에 대한 보상으로 스스로의 행위들로부터 온다[4]; 이것을 모를 정도로 어떤 분별력이 없는 자가 있다면 그는 하나님의 일에 관해 바보처럼 말하고 있는 것이다(R. Harder).

원전 : P. Henry—H. R. Schwyzer, Plotini Opera, 3 Bde., Paris—Brüssel, 1951ff.— 번역 : R. Harder, Plotins Schriften (Neubearb. m. griech. Lesetext u. Anm., fortgef. v. R. Beutler u. W. Theiler), 6 Bde., Philos. Bibl. Meiner 211-215. 276, 1956ff.— 참고문헌 : A. H. Armstrong, The Architecture of the Intelligible Universe in the Philosophy of Plotinus, Cambridge, 1940 (Nachdr. Amsterdam 1976); ders., Plotinian and Christian Studies, London, 1979; Chr. Elsas, Neuplatonische und genostische Weltablehnung in der Schule Plotins, 1975; mehrere Beiträge in: H. Doerrie, Platonica Minora, 1976; Wl. Beierwaltes, Denken des Einen, Frankfurt, 1985; ders., Selbsterkenntnis und Erfahrung der Einheit, ebd. 1991; J. Halfwassen, Der Aufstieg zum Einen, Stuttgart, 1992; ders., Geist und Selbstbewußtsein, ebd. 1994.

1) 플로틴은 부분적으로는 반영지주의적인 예리함을 가지고, 존재하는 것이 그냥 다수이며 그것이 그저 구체화 및 실체화가 일어나는 것이 아니라고 반복해서 분명하게 하였다. 더 정확하게 말하면 오직 세 *ἀρχικαὶ ὑποστάσεις* 곧 일자, 영, 혼만이 있다는 것은 기독교의 삼위일체 교리를 형성하는데 아무런 의미가 없을 수 없다. 왜냐하면 바로 그 이름의 논문 "원초적인 세 실체들에 관해서"(엔네아드 5, 1)도 교부들에 의해서 다른 플로틴의 문서들보다 더 많이 인용되는 것으로 보이기

때문이다(P. Henry, Les états du texte de Plotin, Paris, 1938, S. 420f.을 비교하라).

2) "같은 것은 오직 같은 것을 통해서만 인식"될 수 있다는 소크라테스 이전 주제에 대해서는 특별히 괴테에 의해서 유명해진 엔네아드 1, 6, 9, 43을 참조하라: "사람이 관조를 목표로 한다면, 그는 보는 것을 보게 되는 것과 닮게 해야 하고 비슷하게 만들어야 한다; 어떤 눈도 태양 같지 않으면 태양을 볼 수 없다; 이와 같이 아름답지 않은 영혼은 아름다움을 보지 못한다.

3) 아래 것들을 위한 스토아의 병행구절들과 관련해서는 A. M. Ritter [Nr. 31]을 보라.

4) ("오르픽 신비종교의") 플라톤적인 혼의 여행에 관한 가르침(다시 육체를 입는 것을 과거에 저지른 죄에 대해서 도덕적 가르침을 목적으로 하는 벌로 보는 것)의 소리를 낸다. 이 가르침에 관해서는 플라톤 신화들 중 가장 유명한 것들(고르기아스, 파이돈, 파이드로스와 국가론)을 많든 적든 소상하게 다루고 있다.

41. "두 명의 디오니스(Dionys)의 논쟁"

고대 교회의 삼위일체론의 형성을 위해서는 "사벨리우스주의처럼" 생각하는 리비아 펜타폴리스의 감독들과 치렀던 알렉산드리아의 감독 디오니스의 논쟁은 중요한 의미를 가진다. 이 싸움에 로마의 동료 감독이자 같은 이름을 가진 감독도 개입하였다. 이것과 관련한 소식들(무엇보다도 아타나시우스에게 있는)에서는 "추가적인 교부들의 증거"가 문제가 되었다(L. Abramowski)고 할 수 없다(무엇보다도 유세비우스가 니케아 공의회에 관해서 자기 교구에 보낸 편지[Nr. 56c를 보라]가 그 반대를 말하고 있다. 여기서 [아마 니케아에서] 자기가 "고대인들 가운데 몇몇 학식 있고 유명한 감독들이" 하나님 아버지와 아들과 관련해서 이미 "ὁμοούσιος라는 용어를 사용했다"는 것을 알게 되었다는 그의 주장[Urk 22, 13]은 밝혀지지 않고 있다!). 그렇다면 "디오니스들 간의 논쟁"은 4세기 "아리우스주의" 논쟁들에서 아주 중요한 요소들이 앞당겨 사용되었다는 면에서 "아리우스주의 논쟁"의 예고편으로 보아야 한다.

a) 로마의 디오니스가 사벨리우스주의자(Sabellianer)들을 반대하여 보낸 서신(아타나시우스, 니케아 공의회의 결정들 26)

(26, 2) 내가 순서에 따라서 교회의 아주 성스러운 가르침(*κήρυγμα*), 곧 [하나님의] 홀로 통치하심을 마치 일종의 세 능력(*δυνάμεις*), [세 개의] 실체와 세 신성을 말하는 것처럼 갈가리 찢어놓고, 산산조각을 내며 파괴시키는 자들을 대적하는 데는 확실한 이유가 있다. 내가 듣기로는 너희[알렉산드리아 교인들] 중에는 [바로] 이런 생각을 따르며, [그러니까] 사벨리우스가 말하는 것과는 그 정반대의 주장을 대변하는 세례교육을 받는 자들과 하나님 말씀을 가르치는 자들이 있다고 한다. (3) 말하자면 사벨리우스가 불경스럽게도 성자는 성부[와 동일한 분]이며 성부도 또한 그렇다고 주장한다면, 그들은 거룩한 일자[‘단일성’]는 서로 다르며 각각 완전히 구분된 세 실체들(*εἰς τρεῖς ὑποστάσεις* [라틴어: substantias] *ξένας ἀλλήλων παντάπασι κεχωρισμένας*)로 나누면서, 말하자면 삼신을 선포한다. 하지만 이유를 막론하고 만물의 하나님과 하나님의 로고스는 하나여야 하며, 성령은 하나님 안에서 안식하며 거하여야 한다. 하지만 하나님의 삼위[‘셋 됨’]는 하나, 곧 만물의 하나님이며, 전능하신 분 안에 마치 하나의 정점(*κορυφή*) 안에 있는 것과 같이 서로를 포함하고 결합되어야 한다는 것은 필수불가결하다. 하나님의 단독 통치를 세 원리(*ἀρχαί*)로 나누고 갈라놓는[1] 멍청한 마르키온의 가르침－마귀의 가르침은 그리스도의 참 제자들과 그분, 곧 구세주가 사랑하는 자들의 가르침이 아니다. 말하자면 그들은 너무도 분명하게 성경에서 삼위가 선포되고 있다는 것을 알았다; 하지만 세 하나님은 구약도 신약도 가르치지 않는다. (4) 당연히 이와 똑같이 아들을 피조물[‘만들어진 자’(*ποίημα*)]로 여기며 그분이 실제로 만들어진 것들 중 하나라고 생각하는 자들도 비판받아 마땅하다; 하지만 [성경에 있는] 하나님의 가르침은 그에게 출생(*γέννησις*)을 마땅하고 걸맞는 범

주라고 인정하고 있다…… 말하자면 성자가 생겨났다면, 그는 언젠가 없었다(ἦν ὅτε οὐκ ἦν).[2] 하지만 그분 스스로 말했듯이[요 14, 11] 그가 "아버지 안에" 계시며, 그가 그리스도이시고, 로고스요, "지혜"요 "능력"이라면[고전 1, 24] 그는 항상 계셨던 것이다……. 하지만 이것들이 하나님의 능력(δυνάμεις)들이다!……(7) 그러니까 신적인 일자를 세 신성으로 나누어도 안 되며 주님의 높으심과 넘치는 위대함이 한 피조물[의 개입]을 통해서 침해받게 해서는 안 된다[3]; 오히려 하나님, 아버지, 전능하신 분과 그리스도 예수 그의 아들과 성령을 믿어야 하는데—만물의 하나님과 로고스가 하나로 된 것을 믿어야 한다…… [요 14, 10f.] 왜냐하면 이렇게 하여야만 신적인 삼위[개념과]와 [하나님의] 거룩한 단독 통치하심의 가르침이 견지될 수 있기 때문이다.

b) 알렉산드리아의 디오니스의 "반박과 변호"(아타나시우스, 디오니스의 의도 15, 17f.)

(15, 1) 하나님께서 아버지가 아니었던 시간은…… 없었다. [이와 같이 그리스도도] 그가 로고스, "지혜"와 "능력"[고전 1, 24]이기에 항상 존재하였다. 하지만 하나님께서 이들의 원천은 결코 아니었다(οὐ γὰρ δὴ τούτων ἄγονος ὢν θεός)……; 하지만 아들은 자기 존재를 자기 자신이 아니라, 아버지로부터 가진다.

(17, 1) 우리가 일컫는 이름들[성부, 성자 성령] 중 각각의 이름은 그 이름과 이웃해 있는 이름하고 나눌 수 없고 떨어뜨릴 수도 없도록 연결되어 있다. [그러니까] 아버지를 말한다면, 내가 [드러내놓고] 아들을 개입시키기 전에 [이미] 아들을 아버지 안에 함께 표현한 것이다…… (2) …… 우리는 이런 식으로 하나됨을 나누지는 않으면서 셋으로 확장시키고 또 그 반대로 셋을 하나로 축소시키지 않으면서 하나됨으로 모으고 있다(οὕτω μὲν ἡμεῖς εἴς τε τὴν τριάδα τὴν μονάδα πλατύνομεν ἀδιαίρετον, καὶ *τὴν τριάδα πάλιν ἀμείωτον εἰς τὴν μονάδα συγκεφαλαιούμεθα*).

(18, 1) 사람들은 이것을[곧 성부와 성자의 관계를] 생겨나고 만들어진 것들의 영역에서 온 어떤 일들에서 분명하게 할 수 있다. 이렇게 말하면서 나는 즉석에서 사실 나의 의도에 완전하게 맞아 떨어지지 않는 하나의 예를 들었다. 곧 식물들은 그것을 가꾸는 자들과 동일하지 않고, 배가 또한 배 만드는 자와 같지 않다고 말했다. (2) 하지만 그 후에는 더 장황하게 목적에 더 잘 맞는 사례들을 다루었으며, 더 맞아 떨어지는 것[비유]들을 더욱 자세하게 다루었다. 곧 내가 당신[분명히 로마의 디오니스를 말한다]에게 다른 편지에서도 그렇지 않다고 제시했던 여러 보탬이 되는 증거들을 찾아내었다; 이 편지에서 나는 사람들이 마치 내가 그리스도는 하나님(아버지)과 동일본질[4]이라는 것을 부인[또는: 침묵]한다고 하는 사람들의 비난이 틀렸다고 반박하였다(*ὡς οὐ λέγοντος τὸν Χριστὸν ὁμοούσιον εἶναι τῷ θεῷ*). 이 개념은 성경 어디에도 없고 찾을 수 없다고도 주장한다면, 사람들이 무시하려고 작정하였던 내가 그 후에 했던 말들은 절대로 이 생각과 일치하지 않는다. 곧 나는 실례로 사람들의 출생관계를 들었다. 왜냐하면 여기서는 분명히 종족의 동일성의 관계가 문제이기 때문이다(*καὶ γὰρ ἀνθρωπείαν γονὴν παρεθέμην δῆλον ὡς οὖσαν ὁμογενῆ*). 부모는 [바로] 자기 자식이 아니라는 이 한 가지에서만 자기 자식들과 다르다고 나는 말했다…… (3)…… 하나의 씨앗이나 한 뿌리에서 나온 식물이 자기들이 뚫고 나온 그것과는 다르다고도 말했다; 하지만 그 식물은 그 뿌리하고 완전한 본성의 동등성 가운데 있다(*καὶ πάντως ἐκείνῳ καθέσθηκεν ὁμοοφυές*) …….

원전 : H. G. Opitz, Athanasius Werke, 2, 1, 1935f.—참고문헌: W. A. Bienert, Dionysius von Alexandrien (Einl., Übers., Komm.), 1972; L. Abramowski, Dionys von Rom (268) und Dionys von Alexandrien (264/65) in den arianischen Streitigkeiten des 4. Jahrhunderts, ZKG 93, 1982, S. 240-272.

1) "M[arkion]이 최소한 '원리들'(ἀρχαί)을 말하지 않고 '신들'(θεοί)에 관해서 말했다는 것은 더할 나위 없이 확실하다. 왜냐하면 그는 성경사상가였기 때문이다…… 질료를 마르키온 자신은…… 한 번도 'θεός' 라고도 하지 않았고 'ἀρχή' 라고 부르지도 않았나. 비록 그가 그렇게 불렀었어야 한다 할지라도"(A. von Harnack [Nr. 15], S. 99. A. 1).
2) 항목 b와 아래 Nr. 54a를 비교하라.
3) 스탤린(O. Stählin, ZKG 58, 1939, S. 587)에 따르면 여기에서는 κωλύειν 대신에 κολούειν ('낮추다')으로 읽어야 한다.
4) 4세기 삼위일체 신학논쟁에서 정통주의의 십볼렛이 될 이 용어의 의미에 관해서는 다음을 보라. 여기에 따르면 디오니스에게 ὁμοόσιος는 ὁμογενής와 ὁμοφυής이 동일한 의미를 갖는다. 곧 영지주의자 프톨레미가 플로라에게 보낸 자기 편지[Nr. 25d](= 에피파니우스, 약상자 33, 7, 8)에서 생각한 것처럼!

42. 고대 로마 교회의 세례문답

"선언형식의" 신앙고백(그 시작은: "나는 믿나이다" 또는 "우리가 믿나이다")은 4세기 이전에는 전혀 나타난 바가 없다; 그 가장 오래된 증거는 앙퀴라의 마르켈이 로마의 감독 율리우스에게 보낸 편지(341)[1]에 나온다. 이 반대로 "세례문답" 혹은 "질문 형식의" 고백은 터툴리안(위 Nr. 30을 보라)에 의해서 적어도 간접적으로나마 증언되고 있다(mart. 3, 1; spect. 4, 1; bapt. 6, 2; res. mort. 48, 11; cor. 3, 3등). 이에 더하여 2세기 후반에 최소한 두 번째 "신앙 검증"이 "옛 겔라시우스 성례전

목록"에서 알려진 형태로 남아 있다(W. Kinzig). 이 interroga-tiones de fide의 표현이 아래와 같다.

당신은 하나님, 전능하신 아버지를 믿습니까? 그의 대답: 제가 믿나이다. 당신은 또한 예수 그리스도, 유일한(독생하신) 아들, 우리 주, 태어나시고 고난 받으신 분을 믿습니까?(Credis et in Iesum Christum filium eius unicum dominum nostrum, natum et passum?) 답변: 제가 믿나이다. 또한 당신은 거룩한 교회의 (안에 있는?) 성령, 죄의 용서, 몸이 다시 사는 것을 믿습니까? 답변: 제가 믿나이다.

이러한 "세례문답"은 "신앙규범"(위 Nr. 27c; 30g 등을 보라)과 함께 4, 5세기의 "선언 형식의 신앙고백"을 이루는 재료이다.

원전 : K. Holl, [Nr. 15], III, GCS 1933.—참고문헌: A. M. Ritter, Art. Glaubensbekenntnisse V, TRE 13, 1984, S. 399-412.

1) 내용 : "나는 하나님, [아버지] 전능하신 분을 믿습니다; 그리고 예수 그리스도, 그의 독생자 우리 주님을 믿나이다. 그는 성령과 동정녀 마리아에게서 나시고, 본디오 빌라도 아래에서 십자가에 못 박히시고 장사지낸 바 되었다가 제 삼일에 부활하시고 하늘에 올라가셔서 아버지 우편에 앉아 계시다가 거기로부터 산 자와 죽은 자를 심판하러 오시리라; 성령을 믿사오며 거룩한 교회와 죄를 사하여 주시는 것과 몸이 다시 사는 것 [그리고 하나의] 영원한 삶을 믿나이다".—마르켈에게서 *πατέρα*가 생략된 것은 아마도 교리적인 의도에서 기인한 것 같다; 옛 로마의 세례문답(위를 보라)과 루핀(Rufin)의 "사도신경 주석"(CChr. I, 20, S. 133ff.)에는 "아버지"가 제시되어 있다. "몸이 다시 사는 것"에 "영원한 삶"을 덧붙인 것은 마르켈의 본문과 루핀의 본문이 가지고 있는 두 번째 중대한 차이이다.

43. 마니교(Manichäismus)

"영지주의의 원형이며 완성으로서 영지주의와 그 역사적인 모든 문제들을 함께 가지는"(C. Colpe) 마니교는 이슬람이 등장하기 이전 고대세계의 마지막 위대한 종교창조물이다. 원래는 의도적인 혼합주의였지만, 마니교는 기독교에 대한 맞수가 되는 종교였다. 왜냐하면 마니교는 여러 곳에서 자기들이 기독교 이단으로 간주될 만큼 기독교 안에 깊숙이 침투하는 것을 목적으로 하였기 때문이다; 교회사가 유세비우스에게도 그렇게 나타나고 있다(교회사 7, 31, 1f.). 창시자인 마니(페르시아의 귀족 가문출신으로서 216년 출생; 276년 페르시아 왕 바람(Bahram) 치하에서 처형되었다)는 7권의 책을 집필하였다: "샤푸르서", "생명의 복음"(여기 속한 마니교 신화를 거창한 형식으로 만든 삽화를 갖춘 "우화집" [Chr. Markschies], "생명의 보화", "신비종교서", "전설들"과 마지막으로 "거인들의 책", 게다가 편지들, 찬가와 기도, 모두가 아람어로 쓰여졌다. 제일 먼저 언급한 책까지도. 이 책은 페르시아의 대왕 샤푸르 칭송으로 모국어, 중 페르시아어로 집필되었다. "그의 제자들은 우선적으로 찬송을, 그리고는 '교육-장', 소위 '케팔라이아'를 만들어내었다"(Chr. Markschies).

a) "사푸라칸"(šahpuhrakān)[1] 서두에서 보는 마니의 존재와 사명(Al-Bīrūni, Chronologie orientalischer Völker, S. 207 Sachau)

하나님께서 보내신 자들이 세대에서 세대로 끊임없이 전해주어야 하는 지혜와 작품들이 이것이다. 그것[곧 지혜와 작품]들의 도래가 한 시대에는 보냄을 받은 자[2]의 형상 안에서[문자적으로는: 형상을 전달하므로] 인도 땅으로 왔고, 이는 곧 부다[3]이다. 다른 [시대에는] 페르시아 땅으로 짜라두스트[4]의 형상 안에서 이루어졌다; [다시금] 다른 [시대에는] 예수의 형상으로 서방으로 왔다; 그리고는 이 계시가 아래로 내려와서는 이 마지막 때에 이 선지자의 위엄이 바벨의 땅에서 나 곧 마니, 참 하나님이 보내신 자 그 형상 안에 나타났다.

b) 마니의 "거인들의 책"이 말하는 이원론(안디옥의 세베루스, 설교 123)

두 원리, 선과 악[이 있다]. 이 둘 각자는 창조되지 않았고 근원이 없다. 바로 빛인 선과 어둠이요 물질이기도 한 악은 아무 것도 함께 가지지 않는다…… 저 변치 않으며 언제나 처음부터 항존하는 것들—마니는 물질과 하나님에 관해서 말한다—은 각자 자기의 고유한 존재로 항존한다……

c) "사푸라칸"이 말하는 마니교의 보편성(= F. C. Andreas, 중부이란의 마니교 II, S. 295f.)

내가 택한 종교는 열 부분에서 다른 종교들보다 월등하고 낫다(?). 첫째: 이전(?) 종교들은 [겨우] 한 나라와 하나의 언어 가운데에 머물렀다. [이제] 나의 종교는 각 나라와 모든 언어로 나타나고 있고 먼 나라들에서도 포교될 것이다.

둘째: 이전 종교[공동체]들은 정결한 지도자들이 있는 동안은 [온전하였다]. 하지만 그 지도자들이 들리고 나면[= 죽으면], 그들의 종교[공동체]들은 혼란에 빠지고 계명과 사역에 해이하여졌다. 또 [하지만 내 종교는 훌륭한 조직 덕분에]…… 살아 있는[?] [문서들로 말미암아], 선생들, 감독들, 선택받은 자들과 청문자들[을 통해서] 그리고 지혜와 작품들을 통해서 끝[곧 세상의 끝]까지 가리라.

셋째: 자기들 종교에서 사역을 완수하지 못한 저 과거 종교의 혼들이 내 종교로 올 것이며, 이 종교는 그들을 위해서 구원의 문[5]

이 되리라.

넷째: 두 원리에 관한 나의 계시와 [내] 살아 있는 문서들, 지혜와 지식은 이제까지의 종교들보다 월등하고 낫다.

다섯째: 과거 종교의 모든 문서, 지혜와 우화들은 [그들이] 이 [내 종교]에 더하여 왔기 때문에……

…… 그들은 죽이고 있다……; 그들은…… 저들을 불쌍히 여겨야 한다. 그래서 악한 것들이 [자기들을] 죽이는 것처럼 저들을 죽이지 않게 하여야 한다. 하지만 모든 짐승들의 죽은 고기는 그것을 손에 넣게 된 곳 어디서고—[짐승들이] 죽거나 도살되었으면—그것을 먹을 수 있다; 그리고 그것을 얻는 때는 언제고 -샀든지 잔치에서나 아니면 선물로 받았든지—먹어도 된다. 그들에게는 이 모든 것으로 충분하다. 이것이 청문자들의 제일 계명이다.

둘째 계명, 그들은 속이는 자가 되면 안 되며, 한 사람이 다른 사람에게 불의를 행하여서는 [안 된다] 그리고 진실하게 살아야[?] 한다. 그리고 청문자는 청문자를 사람이 자기 형제와 가족들을 사랑하듯 그렇게 사랑해야 한다. 이는 그들[청문자들]은 생명력 있는 가족[6]이며 빛의 세계의 아이들이기 때문이다.

셋째 계명, 자기들이 보지 못한 것에 관해서는 누구도 비난해서는 안 되며, 누구를 대적해서 거짓 증언을 해서는 안 되고 어떤 경우에서고 거짓 맹세를 해서는 안 되며, 사기성과…….(A. Adam)

d) 어거스틴의 서약서(어거스틴, 마니교도 펠릭스와의 토론 2, 22)

기독교에 닥친 마니교의 길고 긴 위협의 징후의 마지막으로 서약형식을 제시할 수 있다. 이것은 한때 마니교도였던 어거스틴이(아래 Nr. 91b) 398년 발표한 자기의 두 권짜리 저작 De actis cum Felice Manichaeo에서 전해주었다.

어거스틴은 건네준 종이 위에 이런 말을 적었다: 나, 공교회의 감독 어거스틴은 이미 마니[문자적으로: 그 마니교도], 그의 가르침과 그자를 통해서 그토록 못된 모독들을 내뱉는 영을 저주하였다(anathemavi). 왜냐하면 그는 유혹의 영(spiritus seductor)이며, 진리가 아니라 비열한 거짓[의 영]이기 때문이다. 펠릭스에게 동일한 종이가 건네지자, 그도 직접 아래의 글을 적었다: 나 한때 마니에게 나의 신뢰를 바쳤던(credideram) 펠릭스는 이제 그를 그의 가르침과 그 유혹의 영, 곧 아래와 같이 말하는 자 안에 있는 영과 함께 저주한다: 하나님께서 자기 자신의 일부를 어둠의 백성과 혼합시키셨고(partem suam genti tenebrarum miscuisse) 자신의 해방을 아래와 같이 무서운 방식으로 완성시키신다고 말이다. 곧 하나님은 자기 힘(vertutes)을 남성적인 귀신들을 대적하여서 여성들로 변신시키고, 다시금 여성적인 귀신들을 대항해서는 여성들을 남성 존재들로 변신시키심으로, 결과적으로 하나님은 자기 자신의 나머지 부분을 항상 어둠의 영역[혹은: 무리](globus tenebrarum)과 묶어 놓으신다. 나는 이 모든 것을 마니의 그밖의 모독들처럼 저주한다. 나 어거스틴은 교회 안에서 모든 백성 앞에서 행한 상론들에 서명한다. 나 펠릭스는 상론들(gesta)에 서명한다.

원전 : E. Sachau, Al-Bīrūnī, Chronologie orientalischer Völker, 1878; F. Cumont [-M. -A. Kugener], Recherches sur le Manichéisme, Brüssel, 1912, S. 89-150 (Severus von Antiochien) F. C. Andreas, Mitteliranische Manichaica aus Chinesisch-Turkestan, II, 1933; J. Zycha, Augustin, De actis cum Felice Manichaeo, CSEL 25, 1891f.—번역: A. Adam, Texte zum Manichäismus, KIT 175, 1969². —참고문헌: G. Widengren, Manichäismus (Hg.), Der Manichäismus, (1977) 1982²; J. P. Asmussen, X^{U} āstvānīft. Studies in Manicheism.

Acta Theologica Danica 7, Kopenhagen 1965 (참고문헌 포함); L. Koenen/C. Römer (Hg.), Der Kölner Mani-Codex, 1988; Chr. Markschies, Die Gnosis (위 Nr. 45를 보라), S. 101ff. (인용: 103); ders.-A. Böhlig, Gnosis und Manichäismus, Tübingen 1994; S. N. Lieu, Manichaeism in Mesopotamia and the Roman East, Leiden, 1994; ders., Manichaeism in Central Asia and China, Tübingen, 1998.

1) 아마도 = "샤푸르에게 바치는 [책]". 샤푸르 1세(242-273), 성공적인 사산왕조의 통치자는 260년 에뎃사 성문 앞에서 있던 전투 다음에 심지어 로마 황제 발레리안을 제압하기까지 하였다. 그는 마니에게 사산왕국 전역에서 포교활동을 허락하였다. 아마도 모든 신하들에게 하나의 종교를 허락하는 것이 통치자의 책임 때문이었던 것 같다.
2) 원래의 아라비아어 본문 "모든 곳에 동일한 명칭"(rasūl)이 나온다. "이것을 후에 무하마드가 취하였다"(A. Adam, a. a. O.).
3) 인도의 왕자 싯다르타, 또 가우타마라고도 부르는(약 563-483) 불교의 창시자에 대한 명예로운 호칭('깨달은 자').
4) = 짜라투스트라 또는 (희랍어 이름의 형태로는) 조로아스터, 고대 이란의 마짜교 또는 조로아스터교라는 종교의 창시자이다. 그가 등장한 때(주전 일천년의 첫 세기)도, 장소(북부이란)도 정확하게 제시할 수 없다.—조로아스터교의 제국교회를 개혁하는 방식을 취한 사산왕조의 종교정책 전환에 마니가 희생되었다.
5) "영혼의 이동이 전제되어 있다"(A. Adam a. a. O.).
6) "마니교 공동체의 명칭"(같은 곳)

44. 포르피리우스(Porphyrius)의 기독교인 공격

(단편 1, 80 [하르낙])

플로틴의 제자 포르피리우스(약 234-301/305), 그는 당대 플라톤주의의 전문가였고 최고의 창조적인 문필가였다(77개의 제목이 전해져 오고 있다; 그중에는 유명하고 우리가 아직도 보존하고 있는 아리스토텔레스 논리학의 소개서와, 고대 기독교 신학에 강력한 영향을 끼친 수많은 신학적 논문들 및 아랍어로 번역된 철학의 역사, 곧 대부분 아랍어로 보존된 고전희랍철학에 관한 보고의 원천이 있다). 그는 켈수스보다 거의 정확하게 100년 후인 270년(하지만 300년이 되어서일 가능성도 있다) 15권에 달하는 문서 "기독교도 반박"(*Κατὰ Χριστιανῶν*), 곧 "고대에 기독교를 대적하여서 집필된 이론의 여지없이 가장 광범위하고 가장 학문적인 작품"(하르낙)을 출판하였다. 하지만 포르피리우스의 비판은 근본 입장과 그 철학적 기초에서 볼 때 켈수스의 논쟁과 일치되었던 것으로 보인다 – 작품 자체가 "콘스탄틴의 회심" 이후에 황제의 심판에 희생되었을 뿐 아니라, 대부분의 기독교 적대문서들이 매몰되었기 때문에 확실한 판단을 내리는 것은 거의 불가능하다 – 그래도 그것이 하르낙의 모음이 제시하는 그 문서의 서문에서 온 것이 분명하고 유세비우스에게 남아 있는 아래 편린이 가르쳐줄 수 있다:

…… 조상들의 예절들(*τὰ πάτρια ἔθη*), 곧 모든 민족과 모든 국가에 결속을 주는 그 예절들에서 떨어져 나간 그러한 사람들을 어떻게 경건치 않으며 하나님 없는 자들이라고 하지 않을 수 있겠는가? 또는 구원자들(*σωτῆρες*[1])의 적과 원수로 자처하며 선을 행하는 자들(*εὐεργέτες*)과 충돌하는 그러한 자들이 무엇을 공정하게 선한 것이라고 기대했었을 수 있겠는가? 그들이 바로 하나님의 원수들(*θεομαχοῦτες*)이 아니고 무엇이란 말인가? 하나님에 관해서 고래로부터 희랍인과 야만인들 모두에게, 도시들과 촌락에서 많은 종교들, 희생제의와 신화들 가운데서 모든 왕들, 통치자들과 철학자들이 한마음으로 가르쳤던 것들로부터 돌아서고 사람들 가운데 불경하고 하나님도 없는 것으로 향하는 자들이 그 어떤 관용을 얻을 수 있겠는가? 조상의 유전(*τὰ πάτρια*)을 곤경에 빠뜨리고 대신에 낯설고 도처에서 경멸당하는 유대인들이 만들어낸 이야기들을 쫓으려고 애쓰는 그들에게 도대체 어떤 벌을 내리는

것이 온당하겠는가? 거리낌도 없이 자기의 고유한 것들에서는 떨어져 나가고는 우둔하고도 검증도 불가능한 믿음을 가지고는 (ἀλόγῳ······ καὶ ἀνεξετάστῳ πίιστει) 불경한 일과 모든 민족들에게서 미움을 받는 사람들[2)]을 추종하며, 심지어는 유대인들에게 구속력이 있는 계명에 따라 유대인들이 공경하는 하나님을 믿는 것도 아니고, 희랍인들의 유전이나 유대인들의 전승에도 충실하지 않은 새롭고도 단절되어 있으며 변명의 여지도 없는 가르침을 적당히 만들어내는 것, 이것이 바로 극도의 초라함과 경망함의 증명이 아니겠는가?

기독교를 대적하는 포르피리우스의 공격이 가진 특별한 것은 무엇보다도 그가 켈수스보다 구약과 신약성경을 훨씬 더 잘 알았고, 자기의 괄목할 만한 언어학적이고 역사적인 학식을 가지고 성경 안에 있는 수많은 불분명함들, 애매모호함과 모순들을 비판하였다는 데에서 찾을 수 있다. 특별히 히에로니무스도 감탄해마지 않던 그 엄청난 양의 다니엘서 연구(= 하르낙, 던편 43)는 유명하다. 여기서 그는 "예언"이 절대로 바빌론 왕 느부갓네살 시대가 아니라, 안티오코스 에피파네스 4세 시대와 관계가 된다는 것, 이것은 절대로 미래의 것을 말한 것이 아니라,—vaticinium ex eventu로서—당시 일어난 일을 보고하는 것이라는 사실을 제시할 수 있을 정도였다. 하지만 여기서는 포르피리우스 비판의 요약만 전달할 수밖에 없다. 이를 따르면 그, 곧 "귀신들의 대변자"(유세비우스)가 볼 때 기독교인들의 행위는 신들을 노엽게 하는 결과를 낳았다(하르낙, 단편 80):

하지만 [구원의 신] 아스클레피오스(Asclepios)와 다른 신들에 대한 참배(ἐπιδημία)가 이루어지지 않았기 때문에 우리 도시[로마?] 안에서 그렇게 여러 해 동안 전염병이 극성을 떨고 있는데 이제 사람들이 이상하게 여기고 있다; 왜냐하면 예수가 [신적인] 경배를 받고 나서는 신들이 도움을 주기 위해서 한 번도 공식적으로 개입하시지 않았다는 사실을 사람들이 깨닫지 못했기 때문이다.

원전 : A. von Harnack, Porphyrius "Gegen die Christen", 15 Bücher. Zeugnisse, Fragmente und Referate, AAB 1, 1916, 1 (Nachtrag SAB 1921, 14); 여기에 관해서는 T. D. Barnes, Porphyry Against the Christians: date and the attribution of fragments, JThS NS 24, 1973, S. 424-442.—참고문헌: H. O. Schröder, Celsus und Porphyrius als Christengegner, WG 17, 1957, S. 190-202; P. de Labriolle, La réaction paienne, Paris 1950[11], S. 223-296; T. D. Barnes a. a. O.: R. L. Wilken in: Early Christian Literature and the Classical Intellectual Tradition (FS f. R. M. Grant), Paris, 1979, S. 117ff.; ders., [Nr. 10], VI 장; A. Meredith, Porphyry and Julian Against the Christians, ANRW II, 23, 2, 1980, S. 1119-1149; W. H. C. Frend, Prelude to the Great Persecution: The Propaganda War, JEH 38, 1987, S. 1-18.

1) 빌라모비츠(Wilamowitz)가 주장하듯이 여기서는 *σωτηρίων* 대신 *σωτήρων*으로 읽어야 한다.—옛날부터 전승되는 구원의 신들인 *θεῖοι σωτῆρες*에 관해서는 C. Andresen, Art. Erlösung, RAC 6, 1966, Sp. 54-219를 보라(여기서는: Sp. 86ff.).
2) 물론 켈수스처럼(오리게네스, 켈수스반박 5, 25를 비교하라) 유대인들은 자기 조상들의 미덕을 굳게 지킨다는 사실을 칭송할 수 있으면서도 이 미덕을 인정하려고는 하지 않는 포르피리우스의 반유대주의에 관해서는 위 Nr. 32a를 비교하라.

45. 디오클레티안(Diocletian)과 제국의 재편성

누메리안이 살해되고(283/284) 일뤼리아 지역의 군인 디오클레스(C. Valerius Diocles), 후에 스스로 디오클레티안(C. Aurelius Valerius

Diocletianus)이라고 부른 그가 군인들에 의해서 황제로 등극하고 한 해 안에 단독통치권을 얻게 되면서 군인황제의 시대는 막을 고한다. 그의 총 통치기간(284-305)은 든든한 제국의 권세를 회복시키려는 강력한 추진으로 점철되었다. 군사, 경제, 통화, 종교와 문화에까지 이르는 그의 재건정책의 알맹이는 사두통치(두 명의 아우구스투스와 두 명의 가이사, 곧 한 명의 선배 황제와 한 명의 후배가 각각 한 명씩의 부황제 또는 황제후보를 두는 '네 개의 통수권')로 통치조직을 재편성하는 것이었다. 이것은 전래된 제국행정의 분산화로 보충하였다: 속주들은 축소되어 그 숫자가 약 100개로 늘어났으며 새로 만들어진 12개의 관구로 묶어졌다; 게다가 군사행정과 시민행정이 엄격하게 분리되었다. 이렇게 세워진 로마제국의 재편성은 다음 콘스탄틴이 계속해서 이끌어 마무리하였다. 그 결과는 고대 후기의 전제국가였다!

a) 사두체제와 그 구성(아우렐리우스 빅토로, 황제론 39)

(39, 1) …… 군대지휘관들과 부지휘관들의 결정에 근거해서 황제경호사령관(domesticos regens) 발레리우스 디오클레티안을 [황제로] 선발하였다; 아주 의미심장한 인물……[하지만 그의 탁월함에서 의미가 있을 뿐 아니라, 그가 저지른 잘못에서도, 특히 이 잘못에서:] (4) 그는 제일 먼저 자기의 선임자 중에서는 겨우 칼리굴라와 도미티안[1]이 하였던 것처럼 자기를 공식적으로 '주'(Dominus)[2]라고 부르게 하되, 신처럼 공경하며 부르게 하였다…… (17) ["로마제국의 구속력이 미치는 지역을 보호하고 확장시키기 위해서"(tuendi prolatandive gratia iuris Romani) 많은 사람들을 자기의 행정에 참여자들로 취하였다, 곧] 그는 [먼저 갈리아 지역의 소요 때문에] 자기의 친한 친구 막시미안을 황제로 임명하였는데, 그는 반은 농부, 반은 전투에서 용맹한 사람으로 좋은 기질을 가졌었다. (18) 그는 후에…… 발레리우스[디오클레티안]가 [(자기 생각에) 가장 높은 신인 주피터 옵티무스 막시무스

를 따라서] 요비우스라는 별명을 가졌듯이, [자기가 경배하는 신 헤라클레스-헤르쿨레스를 따라서] 헤르쿨리에라는 별명을 얻었다…… (24) [페르시아인들이 제국의 동쪽을, 그리고 다른 민족들이 아프리카를 동시에 뒤흔들 때] 그[두 명의 황제]들은 율리우스 콘스탄티우스와 갈레리우스 막시미아누스를…… 부황제들로 임명하였고 동시에 [입양과 같은] 가족동맹을 통해서 그들을 자기들에게 묶어두려고 하였다…… (26) 이들 모두는 일뤼라이 지역 출신이다; 훌륭한 교육(humanitas)은 받지 못하였지만 그들의 농촌의 삶과 군복무가 주는 고통의 익숙함 덕분에 알맞는 통치자들이었다(satis optimi reipublicae)…… (29) 이들 모두는 발레리우스를 아버지같이 또는 능력 있는 신처럼 우러러 보았다…… (30) …… 콘스탄티우스에게는 알프스 너머의 갈리아 전체, 헤르쿨리에게는 아프리카와 이탈리아가 맡겨졌다; 갈레리우스는 [자기 혼자 앞으로] 흑해 해협까지 이르는 일뤼리아 해안지역을 얻었다면, 그 나머지[곧 그 밖의 모든 동방]는 발레리우스 수중에 있었다.

b) 통화제도의 개혁(최고가격에 관한 디오클레티안의 칙령)

경제적 곤궁을 디오클레티안은 꾸준한 국가행정과 제재기구들 및 301년에 나온 칙령으로 해결해 보려고 하였다. 이 칙령은 물건과 용역에 대한 최고가격에 관한 커다란 목록을 제시하였으며 이것에 대한 위반은 엄중한 형벌로 다스리게 하였다. 하지만 황제가 퇴위(305)하고는 효력을 상실하였다. "가격은 청동으로 주조되었고 공화정 때보다는 훨씬 가치가 떨어지는 데나리온으로 매겨졌다. 마른 상품의 척도는 castrensis modius(17, 5리터)였고, 젖은 물건은 이탈리아의 sextarius(0, 547리터)를 사용하였다. 고기는 이탈리아 파운드(327그램)로 계산하였다. 이 가격들은 동시대에 나온 이집트 파피루스가 가리켜주듯이 부분적으로는 시장가격보다 현저하게 낮았다"(M. Arend).—약 1000개의 물건들과 용

역들 목록 중에서 조금 골라본다면:

곡식

밀	100	올리브유(일차유)	40
보리	100	올리브유(이차유)	24
호밀	60	올리브유(삼등품)	12
귀리	30	식초	6
완두콩	100	꿀(일등품)	40
아마씨	150	꿀(이등품)	20

포도주 고기

피케너	30	돼지고기	12
팔레르너	30	소고기	8
지역포도주	8	염소나 수양고기	8
베르무트주	20	훈제된 돼지고기 소세지	16
훈제된 소고기 소세지	10		

품삯

농사일당	25
건축일당	50
페인트공(pictor parietarius)	75
실내페인트(pictor imaginarius)	150
이발사품삯 두당	2
고급필사자 100줄 품삯	25
평필사자 100줄 품삯	20
교사에 대한 한 학생의 월사금	50
초등학교 교사 학생당 월사금	50
산수선생(calculator)의 두당 월사금	75

희랍어나 라틴어선생(grammaticus)과 기하학자 ……………200
수사학교사의 학생당 월사금 ……………………………………250

장화
장화(못이 없는 최고급 작업화) ………………………………120
군인장화(못 없는)……………………………………………………100
도시민 신발(calcei patricii) ……………………………………150
여성신발 …………………………………………………………………60
(W. Arend)

c) 제사제도의 개혁(카르눈툼(Carnuntum)의 미트라스(Mithras) 비문)

디오클레티안은 자기의 전임자들, 특히 데키우스와 발레리우스와 함께, 제국을 종교와 신념으로 확립시켜 놓지 않고는 지속적인 질서유지에 대한 소망이 없다는 참 로마적인 확신을 공유하고 있었다. 고대 로마제국의 신들을 위한 제의를 되살려놓는 것 외에 특별히 인도 이란의 신 미트라스 종교를 결집시키는 데에 자기 기대를 걸었다. 이 신을 군대는 거의 일치단결하여서 믿었으며 사람들은 그를 오래전부터 "무적의 태양신"과 동일시하는 것에 익숙하였다. 이러한 노력에 관해서 307년에 세워진 판노니아의 카르눈툼(오늘날 페트로넬(Petronell)) 요새에서 나온 아래 비문이 증언하고 있다:

무적의 태양신 미트라스(Deo Soli invicto Mithrae), 자기들의 통치를 도우시는 분을 위해 요비어와 헤르쿨리어, 가장 신앙 깊은 황제들과 부황제들이 [이] 신전을 복구하였다.

d) 297년 디오클레티안의 마니교 칙령(Lex Dei sive Mosaicarum et Romanorum legum collatio, tit. XV, 3)

신들이 자기 제국을 위대하게 만들었다는 것은 로마인들의 변함없는 확신이었다. 디오클레티안에게 와서 새로운 것은 신들의 가호는 희생이나 제의를 통해서만 얻어지는 것이 아니라는 점이다; 오히려 그 가호는 모든 사람들에게 "경건하고, 신을 경외하며, 고요하며 정결한 삶"을 요구한다. 황제의 법 포고자의 의무는 이러한 신적인 요구를 해석해주는 자가 되는 것이다.[3] 엄격하게 전통적이고 로마적인 디오클레티안 종교정책 추진의 이면은 "그때까지 알려지지 않았던 모든 새로운 종파들"을 점점 더 용인하지 않는 것이었다(위를 보라). 이것을 감지할 수 있게 된 첫 번째 분파는 원수된 페르시아로부터 들여왔고, 그래서 이중으로 수상한 마니교 분파였다.

(15, 3, 2) 불사의 신들이 무엇이 선하고 진실한지를 규정하고 다스리는 자신들의 섭리 가운데에 계심으로…… 옛 종교가 새로운 것에 의해서 공격받지 않게 하셨다. 그 언젠가 고대인들에 의해서 확립되고 규정이 되었으며 지금까지도 자기의 옛 위치와 옛 존재를 유지하고 있는 것을 폐지하는 것은 가장 큰 범죄이다. (3) 그래서 저 상스러운 인간들의 미련한 고집(pertinacia)을 벌할 것을 생각하게 되었던 것이다. 곧 옛 종교들에 지금까지 알려지지 않은 새로운 종파들(novellas et inauditas sectas)을 마주 대하게 하면서 자기들의 패괴한 자의성으로 우리를 과거에 신들이 우리에게 허락하신 것으로부터 단절시키려고 하는 자들 말이다. (4) [최근에 마니교도들에 관해서 우리가 들었을 모든 것들을 고려하면] 두려워하여야 할 것은 그들이 일반적으로 그렇듯이 시간이 가면 자기들의 좋지 않은 관습과 어리석은[또는: 왜곡된] 페르시아인들의 법을 가지고 죄 없는 사람들, 겸손하고 평안한 로마 백성들, 심지

어 우리 온 지구를 교활한 뱀의 독처럼 감염시키려고 할 수 있다는 것이다. (5) …… (6) 그래서 우리는 [이 종파의] 창시자들과 우두머리들을 그들의 혐오스러운 책들과 함께 가장 엄중한 벌, 곧 화형을 명한다: 그 사상의 무리들, 특히 그들 중에서 완고한 자들은 효수되고, 그들의 재산은 몰수되어야 한다. (7) 또한 …… 고위 인물들이 지금까지 알려지지도 않았고 모든 면에서 비난받아 마땅한 이 종파, 곧 페르시아인들의 가르침으로 넘어갔다면, 그들의 재산은 황제의 금고로 귀속되어야 하고 그들은 페넨이나 프로콘넬 광산으로 보내야 한다. (8) 이 아무짝에도 쓸모없는 이 역병은 근절되어야 한다……

원전 : F. Pichlmayr, Sexti Aureli Victoris Liber de Caesaribus, BT, 1970²; Th. Mommsen[- H. Blümmer], Edictum Diocletiani de pretiis rerum venalium, 1893; H. Dessau, Inscriptiones Latinae Selectae, I, 1954²; J. Baviera (Hg.), Fontes Iuris Romani Anteiustiniani, 2, Florenz 1940, S. 580f.—번역: W. Arend, Geschichte in Quellen, I, Altertum, 1965.—참고문헌: F. Altheim - R. Stiehl, Finanzgeschichte der Spätantike, 1957; H. Chadwick in: Early Christian Literature and the Classical Intellectual Tradition (Nr. 44와 관계해서 보라), S. 135-153 (마니교 칙령의 날짜와 그 동기); 그밖에는 Nr. 46의 참고문헌을 참조하라.

1) 주후 37-41의 로마 황제 칼리굴라(Calligula: '작은 장화')는 등극하자마자 헬라 왕들의 스타일로 자기를 "황제 신"으로 행세함으로 로마에서 미움을 샀다; 이와 비슷하게 도미티안(Domitian, 81-96)은 자신의 업적 때문보다는 독재정치와 황제 숭배를 살려냄으로써 이름을 날렸다.
2) 이 때문에 고대 후기 국가에서 황제의 법적 지위를 아우구스투스의 제국 법이 말하는 "제일시민(Princeps)"과 달리 "주(Dominus)"라고 하였다; 도미누스의 특징은 전래해 온 공화정 형식의 합법성을 폐기함, 그러니까 많든 적든 노골적인 전제정치 및 왕조 사상의 승리이다.
3) 우선 295년 결혼에 관한 커다란 법 서론을 비교하라(Lex Dei 등, tit. VI, 4, 1).

46. 락탄츠(Laktanz)가 말하는 디오클레티안 치하에서의 기독교인 박해

(박해자들의 다양한 죽음 10-15)

기독교를 박멸하려는 고대 최후의 그리고 가장 처절하고 광범위한 시도인 디오클레티안 박해 발발에 관해서 바로 그 직전에 기독교로 전향하고, 사실 그때까지 니코메디아(비투니아)에 있는 황제의 궁에서 수사학교시로 활동하던 락탄츠가 316에서 321년 사이에 집필한 자기의 박해사에서(De mortibus persecutorum) 아주 자세하게 전한다.

맥락 : 자신들이 거듭해서 반복한 짐승 도살이 아무런 징조를 더 이상 제시하지 않았던 내장 살피는 자들(haruspices)(10장) 중 우두머리와 자기의 부황제이며 훗날의 왕위 계승자인 갈레리우스와 미신을 믿는 모친에 의해 부추김을 받고는 결국에는 디오클레티안은 기독교인들을 향해서 단호한 행동을 취하였다(11장). 이 계획을 실행하는 데에 적당하고 성공을 약속하는 날로 경계신의 축일(Terminalia)인 (303) 2월 23일을 선정하였다(12, 1).

(12, 2) 이날이 동트자마자—그 두 황제[문자적으로: '원로들' 그러니까 상황제 또는 선배황제들 곧 디오클레티안과 막시미안]들 중 하나는 여덟 번째, 다른 한명은 일곱 번째 집정관으로 재직 중이었다—갑자기 아침 여명 가운데 총독이 몇 명의 고위 관료, 부사령관들과 재정관들과 함께 [니코메디아] 교회 앞에 나타났다. 문이 열렸고 하나님 상(simulacrum dei)을 찾았지만, 문서들[1][만] 발견하였고, 이 문서들은 곧바로 불태워졌다. 이어서 교회는 약탈의 대상이 되었다…… [궁전에 바로 붙어 있는 교회에 불을 놓는 것이 너무 위험해 보여서 군인들을 보내었는데, 그들은 몇 시간

안에 교회 건물을 땅바닥 같이 만들어 버렸다].

(13, 1) 다음날 칙령 하나가 붙었고, 이 칙령과 함께 이 종교 신봉자들은 명예와 존귀를 상실하게 된다고 선포되었다. 지위 고하를 막론하고 고문에 처해졌다. 그들을 상대로 하는 모든 고발은 수용된 반면, 그들은 불의를 당해도 간음과 강도짓에 대해서 고소를 할 수 없었다. 요약한다면: 그들의 모든 법적 보호(libertas ac vox)가 박탈되었다. (2) 이 칙령을 어떤 사람이 뜯었는데, 이것은 불법이긴 하지만 대단한 용기였다. 그리고는 찢어버리면서 냉소적으로 내뱉었다: 고트족과 사마르텐들을 이겼다는 승전보나 붙여라.[2] (3) [이 때문에] 바로 그 자리에서 잡혀갔고, 고문을 당했을 뿐 아니라 갖은 방법을 동원해서 달달 볶았고 이 모든 것을 놀라운 인내심으로 견디고 나서 그는 재가 되어 사라졌다.

이것으로 만족하지 않고 갈레리우스는 디오클레티안이 더 심하게 행동하게 될 방법을 찾았다. 이 목적으로 그는 두 번 거의 연속적으로 황제궁에 불을 놓았고, 혐의를 황제 식솔들 중 기독교인들에게 돌렸다(14장).

(15, 1) [이 두 번의 방화 후에는] 황제의 분노가 더 이상 식솔들을 제외시키지 않았고 모든 사람을 향하게 되었다. 누구보다도 우선 자기 딸 발레리아(Valeria)와 부인 프리스가(Prisca)[3]에게 제물로 더럽혀지도록 강요하였다. (2) 가장 먼저 진짜 전권을 가졌던 내시들, 그때까지 왕궁과 황제의 기둥이었던 저들이 목숨을 잃었다; 사제들과 집사들이 잡혀 와서는 조그마한 증거나 어떤 잘못에 대한 고백도 없이 유죄판결을 받고 그들의 딸린 자들과 함께 처형되었다. (3) [나아가서] 모든 연령의 남녀 사람들이 구속되었고 화형되었다. 유죄로 판결된 사람들의 숫자가 얼마나 많았는지 사람들이 하나씩 처형할 수가 없어서 무더기로 처리되었으며 한 무더기의 불로 둘러쌓아서 태워 죽였다. 황제식솔에 속했던 자는

맷돌을 목에 묶어서 바다에 빠뜨렸다. (4) 이에 못지않게 그밖의 백성들에게도 박해의 압박이 닥쳤다. 형리들은 모든 신전으로 흩어져서는 모든 사람에게 제물을 강요하였다. (5) 감옥은 차고 넘쳤고; 들어 보지도 못한 고문들이 개발되었다. 누구에게라도 혹시 부지중에 권리를 주는 일이 없도록 심문소와 재판소에 제단을 설치함으로 소송을 제기하는 자들이 참소하기에 앞서서 제물을 먼저 드리도록 하였다…… (6) 막시미안과 콘스탄티우스[서방 부황제이며 콘스탄틴의 아버지]도 힘을 써서 같은 행동을 취하도록 서신들이 당도하였다; 사전에 그들의 마음이 어떠한지 묻는 것이 중요한 질문임에도 불구하고 필요하나고 여기지를 않았다. [그럼에도 불구하고 이탈리아의 황제인 막시미안은 자발적으로 뒤따랐는데, 그는 심하게 돌출행동을 하려는 기질에는 자비라고는 찾아 볼 수 없는 사람이었다. (7) 반면에 콘스탄티우스는 자기 상급자들(maiores)의 명령을 거부하는 인상을 주지 않기 위해서 [기독교인들의] 모임장소들(conventicula), 곧 다시 세울 수 있는 벽들을 허물게 하였다; 하지만 사람들 중에 있는 진짜 하나님의 성전(verum …… Dei templum, quod est in hominibus)은 손상되지 않게 하였다.

원전 : J. Moreau, Lactance. De la mort des persécuteurs, SC 39 I.II, Paris 1954f.—참고문헌: J. Molthagen, 위 [Nr. 5], S. 101ff.; P. Guyot/R. Klein 위 [Nr. 20], I, S. 166-191; K. H. Schwarte, Diokletians Christengesetz, in: R. Günther—S. Rebenich, E fontibus haurire, Paderborn, 1994, S. 203-240 (WTS).

1) 디오클레티안의 마니교 칙령을 비교하라[Nr. 45d].
2) 고트와 사르마텐들과의 전쟁은 사두체제 시절에는 “말하자면 계속되는 일상적인 일”이었다(J. Moreau). 비꼬는 내용은: 황제들이 밖으로부터 오는 위협을 방어하

는 데에 총력을 기울이지 않고 방어능력도 없고 무고한 백성들과의 싸움에서 이긴 것을 축하하고 있다는 것이다.

3) 이들이 기독교도들이었다고 말할 수는 없다. 오히려 황제 가문의 식구들을 포함한 모든 사람이 제물드릴 것을 강요했다는 사실로 말미암아서 그것을 거부함으로 자기들이 그리스도인이라는 것을 알게 만든 자들은 모두 처형되었다는 것이다.

47. 엘비라(Elvira) 공의회의 법령들

엘비라에서 모인 스페인 전체 공의회에는 이곳에서 일어난 박해(306)가 채 끝나기도 전에 19명의 감독들과 24명의 장로들이 참여하였다—물론 날짜는 현재까지도 논란이 되고 있다. 이 감독들 중에는 고백자 감독이며 훗날 콘스탄틴의 교회 정치적 조언자였던 코르도바의 오시우스(Ossius of Cordova)도 있었다. 이 공의회는 "스페인 공동체에서 일어난 괄목할 만한 타락현상들을 제거하고 여러모로 무시해 온 기독교 신앙의 근본 규정들을 폭넓은 개혁으로 다시금 힘을 발휘하도록 하자는 계획을 내어놓았다"(Th. Klauser). 그 공의회의 법령이라고 하는 81개 중에 앞에 나오는 21개만이 그 공의회 것이라고 생각할 충분한 이유가 있다. 그러므로 콘스탄틴 시대 초기의 교회 상황에 대해서 파악하려고 하면 우선 이 21개에 의지하는 것이 바람직하다(다르게 보는 것은 현재 E. Reichert).

a) 참회제도(법령 2. 6. 7)

(2) 세례에서 자기들의 신앙을 고백하고 거듭난 후에 제물을 바친 플라미네스[1]들은 죽을 때까지 성찬식에 참여할 수 없다.

(6) 누군가가 다른 사람을 마술(maleficium)로 죽인다면, 이것은 우상숭배 없이는 있을 수 없는 일로서 그가 사는 동안 성찬을 허락해서는 안 된다.

(7) 기독교인이 한 번 간음을 저지르고 나서 정해진 기간이 지나고 참회를 알고도 또 다시 간음을 범한다면, 그는 사는 동안 성찬에 참여하지 못한다.

b) 노예취급(법령 5)

혹시 여주인이 분에 못이겨서 자기 여종을 채찍으로 때려서 사흘이 못되어 영이 떠났는데, 죽일려고 작정했는지 아닌지가 분명치 않을 경우, 살해라고 하면 7년, 단순히 매를 때린 것인데 죽었다면 5년 후에야 그 여주인은 성찬에 다시 참여할 수 있다. [물론 두 경우 모두 오직] 마땅한 참회를 행한 다음이나. 하지만 정해진 기한 내에 그가 병이 든다면 [즉각] 성찬을 받을 수 있다.

c) 이교도들과의 결혼(법령 15-17)

(15) 처녀들이 남기 때문에 기독교도 처녀들은 최소한(minime) 이교도와 결혼할 수 있다…… (16) 공교회로 오기를 거부하는 이단들에게는 공교회 소녀가 [결혼]할 수 없다; 또한 신자들과 불신자들 사이에는 교제가 있을 수 없으므로 유대인에게도 주어서는 안 된다. 이 금지(interdictum)를 어긴 부모는 5년간 [성찬공동체]에서 제외시켜야(abstineri) 한다. (17) [기독교도 부모가] 자기들의 딸들을 우상제의의 사제들하고[까지] 결합시키면, 죽을 때까지 그들에게 성찬을 허락해서는 안 된다.

두말할 나위 없이 아래 규정들은 엘비라 공의회 시대에 걸맞는다:

d) 순교와 부추김(법령 60)

혹시 어떤 사람이 하나님의 성상을 부수고 그 이유로 죽임을 당했다면 그는 순교자들의 숫자에 포함될 수 없다; 왜냐하면 복음서에는 거기에 대해서 아무 것도 말하지 않았고, 사도시대에는 한 번도 그러한 것이 일어났다는 것[최소한의 흔적]도 없기 때문이다.

e) 성상숭배(법령 36)

성상들이 교회 안에 있으면 안 된다. 그렇게 해서 경배와 공경을 받아야 하는 것들이 벽에 그려지는 일이 없도록 해야 한다(Placuit picturas in ecclesias esse non debere, ne, quod colitur et adoratur, in parietibus depingatur).[2)]

원전 : E. J. Jonkers, Acta et symbola conciliorum quae s. IV habita sunt., Leiden, 1954.—참고문헌: Ch. J. Hefele-H. Leclercq, Histoire des conciles d'après les documents originaux,, I, 1, Paris, 1907; V. C. de Clercq, Ossius of Cordova, Washington, 1954, S. 85-147; S. Laeuchli, Power and Sexuality. The Emergence of Canon Law at the Synod of Elvira, Philadelphia, 1972; M. Meigne, Concile ou Collection d'Elvire?, RHE 70, 1975, S. 361-387; E. Reichert, Die Canones der Synode von Elvira, 1990.—"콘스탄틴 회심" 직전의 교회 상황 일반에 관해서는 A. A. T. Ehrhardt, Politische Metaphysik von Solon bis Augustin, II, 1959, S. 227ff. ("콘스탄틴 이전 통속적 기독교") 및 G. Kretschmar, Der Weg zur Reichskirche, VuF 13, 1968, S. 3-44; 더 나아가서는 E. Reichert를 보라.

1) 엄격한 금지와 계명에 복종하며 신들의 축제 관장을 책임진 플랑드르의 사제직은 세습되었다. 엘비라 공의회 시대에 기독교로 전향한 자들에 의해서도 거듭거듭 거행되었다는 것은 당연한 일이다.

2) 성상파괴와 그 역사적 자리매김에 관해서는 Th. Klauser, Ges. Arb. z. Liturgiegeschichte, Kirchengeschichte und Christl. Archäologie, JAC, Erg.Bd. 3, 1974, S. 328ff., 338ff., R. Grigg, Aniconic Worship and the apologetic tradition, ChH 45, 1976, S. 428ff.; E. Reichert, 위의 책, S. 141-143.

48. 도나투스(Donatus) 분열의 발단

벌써 과거에 데키우스 황제 박해가 끝난 후에 그러했던 것처럼 디오클레티안 박해의 종식(로마제국의 서쪽에서는 306년부터)과 함께 많은 곳에서 "배교자들" 처리 문제에 관해서 분열이 발생하였다. 가장 많은 결과를 몰고 온 것은 카세 니그래(Casae Nigrae)의 감독이었고 나중에는 카르타고의 감독이었던 도나투스(355년경 사망)라는 이름과 결부되었다; 북아프리카 교회는 100년 이상 동안 끝까지 극복되지 못하는 혼란에 빠졌다. — 여전히 완전하게 밝혀지지 않은 도나투스 논쟁의 초기단계에 대한 주요한 원전은 밀레베의 옵타투스(Optatus von Mileve, 400년 이전에 사망)의 7권의 작품 "도나투스주의자 파르메니안 반박"(부록으로 회담기록 모음집을 갖추었음) 외에 다른 무엇보다도 어거스틴의 반도나투스주의 문서들이 있다. 여기에서 기회가 주어질 때마다 분열발단을 거듭거듭 제시하고 있다.

a) 어거스틴이 말하는 411년 카르타고 공의회의 신앙에 관한 담화문에서 보는 카르타고의 감독 멘수리우스(Mensurius)와 티기시 감독 세쿤두스(Secundus von Tigisi) 간의 서신교환 (Breviculus collationis cum Donatistis 3, 13, 25)

도나투스주의자들은 상황한 서론에서 멘수리우스(개킬리안(Caecilian)보다 이전에 카르타고 교회의 감독)가 박해시절에 거룩한 문서들을 건네주었다(tradiderit)고 진술하였다. 이 주장의 증거로 멘수리우스가 당시 누미디아 감독들의 수장이었던 티기시의 세쿤두스에게 보낸 편지를 낭독하였다. 이 편지에서 멘수리우스는 추정되는 범법을 시인하는 듯이 보였다; 당연히 그는 자기가 거룩한 책들을 넘겨주었다고 기록하지는 않았다. 오히려 그는 그 문서들을 빼돌려서 숨기면서 박해하는 자들이 발견할 수 없도록 하였다. 그리고는 노보룸 성당에 내버려야 할 만한 모든 이단적인 문서들을 남겨두었다. 박해하는 자들이 이것들을 발견하고 폐기처분해 버릴 때, 더 이상은 요구하지 않았다는 것이다. 물론 카르타고 교회회의(ordo)의 몇몇 대리인들이 나중에 집정관 대리에게 기별하기를 기독교인들의 문서를 압수해서 불태워버리라고 보낸 자들이 속아서 쓸모도 없고 거룩한 문서들에 속하지도 않는 것[물건]만을 찾아내었다고 하였다. [색출하려고 했던] 문서들은 그 사이에 감독의 집에 숨겨져 있다; 거기서 그것들을 가져와서 불태워야 한다고 하였다. 하지만 집정관 대리는 이 생각에 동의할 마음이 없었다. 바로 그 편지에서 또 볼 수 있는 것은 멘수리우스의 실책을 발견한 자들은 박해하는 자들에게[문자적으로: 박해에] 붙잡힌 것이 아니라 스스로 모습을 드러내고는 자발적으로 자기들이 그 문서들을 내어주려고 하지는 않았지만 그것들을 가지고 있다고 고백한 자들이었다. 하지만 이 모든 것들을 누구도 그들에게 요구하지 않았던 것이다[1]; 또한 멘수리우스는 기독교인들이 그러한 사람들을 [고백자들로] 존경하는 것을 막았다…… 도나투스주의자들은 그 책들을 넘겨준 것 이것만을 멘수리우스의 실책으로 치부하였다; 그들은 말하기를 멘수리우스가 자기가 넘겨준 것은 성문서가 아니었다는 주장으로 속였고, 사실 그들이 그의 문제로 본 것은 그의 기만이었는데도 그는 자기 범법을 호도하려고 했다고 하였다!

그들은 또 티기시의 세쿤두스가 화해의 색채를 띠고 멘수리우스에게 보낸 답장도 읽었다. 여기에서 세쿤두스 자신도 박해하는 자들이 누미디아에서 저지른 것을 보고하였다: 누가 구금되었고, 누가 거룩한 문서들을 넘겨주는 것을 거부하였는지, 누가 많은 고통을 감수하였는지, 누가 무거운 고문을 당하였는지, 누가 죽임을 당했는지; 이들 모두에게 세쿤두스는 그들의 증언(martyrium)의 공로를 이유로 경배할 것을 권하였다……

또한 세쿤두스는 자기에게 시감독관[2]과 교회회의에 의해 한 명의 위관과 한 명의 병사가 파견되었다고 말했다. 이들은 거룩한 문서들(codices)을 태우려고 찾았다고 한다. 하지만 그는 이렇게 대답하였다고 한다: "나는 그리스도인이요 감독이지 트라디토르['넘겨주는 자']가 아니다." 그리고 그들이 그에게서 뇌물(aliqua ecbola)과 다른 것을 요구했을 때도 그는 마카비 가문의 엘레아사르[마카비 2서 6, 18ff.]의 본보기를 따라 주지 않았다고 한다. 이 사람은 다른 자들에게 의무를 저버리는 사례를 주지 않으려고 돼지고기를 먹는 것처럼 속이려고 하지 않았던 사람이다.

멘수리우스와 세쿤두스의 편지 낭독이 끝날 때까지 공교회 교인들은 조용히 경청하였다; 하지만 이들은 이 편지들은 교회싸움(causa ecclesiae)과는 무관한 순수 개인적인 편지들임을 강조하였다.

b) 카르타고의 도나투스주의자들의 공의회(307/8? 311//2?): 캐킬리아누스(Caecilianus)의 폐위와 마이오리누스(Maiorinus)를 대립 감독으로 서임(같은 곳 3, 14, 26; 밀레베의 옵타투스(Optatus von Mileve), 도나투스주의자 파르메니안 반박 1, 19. 20; 어거스틴, 풀겐티우스(Fulgentius) 반박 26)

(같은 곳 3, 14, 26) [나아가서] 도나투스주의자들에 의해서 거의 70명의 감독이 캐킬리아누스를 대적하여 모인 카르타고 공의회가 거행되었다고 낭독되었다. 이 회의에서 그들은 그가 없는 중에 유죄로 판결을 내렸다. 왜냐하면 건네준 자들에 의해서 안수 받은 자로 자기들 앞에 출석할 것을 그가 거부하였고, 감금되어 있는 순교자들에게 생필품을 전달하는 것을 그의 집사시절에 방해했다고 사람들이 말했기 때문이다. 또한 몇몇 캐킬리아누스의 동료감독들도 거명되었는데, 이들은 건네준 자들이라고 공개

적인 재판 기록에서 주장되었다; 물론 기록들은 낭독되지 않았다. 그들 중에서도 특별히 압퉁기(아프리카의 총독령 속주)의 펠릭스를 겨냥해서는 그를 "모든 악의 원천"이라고 부를 정도의 고발이 있었다. 그 다음에 [그 공의회에 모인 감독들] 한명 한명이 자기 판결(sententia)을 내렸다. 그 첫째가 그들 중 수장이었던[3] 티기시의 세쿤두스였고 다른 자들이 뒤를 이었다; 거기에서 그들은 캐킬리아누스와 그의 동료 감독들은 [더 이상] 교회 공동체에 있을 수 없다(non communicare)고 선포하였다(옵타누스, 파르메니안 반박, 1, 19).…… 사람들은 카르타고에서 모여야 하겠다고 [전갈을] 티기시의 세쿤두스에게 보내었다. 그러자 위에서 [1,13f.] 언급된 건네준 자들이 서둘러 길을 떠났다…… 그런데 위에서 말한 자들 누구도 [카르타고] 백성들이 캐킬리아누스를 중심으로 모여 있는 교회로는 가지 않았다. 그러자 캐킬리아누스는 [감독들 공의회 앞에서] 선언하였다: "혹시 나를 상대로 고발할 것이 있으면, 고발자가 나서서 고발하라." 하지만 그때 그 많은 대적자들로부터는 아무 것도 그에게 덮어씌울 수가 없었다; 그 반대로 그를 안수한 자[압퉁기의 펠릭스][4]는 캐킬리아누스가 사람들에 의해서 부당하게 "넘겨준 자"가 되었다는 품행증명을 하였다. 한 걸음 더 나아가서 캐킬리아누스는 선언하기를 펠릭스가 정말 부당하게 서임하였다고 한다면, 이 자[의심하는 자]들이 캐킬리아누스가 아직 집사라도 되는 양 안수해야 한다고 생각하는 사람들이 얼마나 되느냐고 하였다. 여기에 대해서 푸르푸리우스는 자기의 그 익숙한 비열함을 가지고 캐킬리아누스가 마치 자기 조카라도 되는 듯이 말하였다: "캐킬리아누스는 감독서품을 위해 안수를 받아야 하듯이 여기 출석해야 하고, 그러면 사람들이 회개의 차원에서 힘껏 머리를 때릴 것"이라고 하였다. 이 일의 소문이 자자해지자 온 공동체가 캐킬리아누스를 다시 불러서 이 무리들에게 그를 넘겨주지 않게 하였다…… 일의 결말은 한 제단의 맞상대로 다른 제단을 세웠고 온당치 않은 방식으로 서품이 축제적으로 거행되어 캐킬리아누스의 집사시절 낭독자였고, 루킬라 가문에 속한 마이오리누스를 뇌물(ipsa suffragante)을 받고 감독으로 서임하였다…… (20) …… 그 사이에 그[스캔들에 둘러싸인 도나투스주의자]들은 자기들이 가지고 있는 범죄 원천에서…… 하나의 비난, 곧 성문서를 건네주었다는 비난을 캐킬리아누스 안수자 쪽으로 돌려야겠다는 생각을 하게 되었다…… [이 생각에서] 그들은 모든 방면으로 시기심에 가득 차서 쓴 편지를 보내었다; 우리는 이것을 나중에 다른 기록문서들 안에서 제시할 것이나.

(어거스틴, 풀겐티우스 반박 26) 너희들의 마르키아누스는 다른 사람들의 면전에서 아래 주장을 하였다. 70명의 출석자가 그 주장에 동의하지 않았다는 이유로 그들을 거부하는 주장이다. 그의 주장: "자신의 복음에서[요 15, 1] 주님께서는 '나는 참 포도나무요, 내 아버지는 농부라고 하셨다. 열매 맺지 않는 가지마다 잘라 버리워지느니라; 하지만 내 안에 있어 열매를 맺는 것마다 내가 정결케 하리라[5].' 이를 따라 열매 맺지 못하는 가지가 잘라 내버리게 되듯이, 희생제물을 드리고(turificati) 책들을 넘겨주는 자들은 하나님을 대적하는 자들이기 때문에 교회 안에 머물 수 없다. 혹시 자기들의 비탄이 들리게 하고 참회로 다시금 화목하게 되지 않는다면 말이다. 이 때문에 분열의 와중에 성문서를 넘겨준 자로부터 임명된 캐킬리아누스하고는 교회 공동체가 있을 수 없다."

원전 : H. von Soden, Urkunden zur Entstehungsgeschichte des Donatismus, KlT 122, 1950²; J. -L. Maier, Le Dossier du Donatisme, 2 Bde., 1987, 1989 (TU 134, 135).—참고문헌: W. H. Frend, The Donatist Church, Oxford, 1952; E. Tengström, Donatisten und Katholiken, Göteborg, 1964; B.

Kriegbaum, Kirche der Traditoren oder Kirche der Märtyrer? (IThS 16), 1986; A. Schindler, Augustins Ekklesiologie in den Spannungsfeldern seiner Zeit und heutiger Ökumene, FZPhTh34, 1987, S. 295-309; J. E. Merdinger, Rome and the African Church in the time of Augustine, New Haven, 1997.

1) 이와 비슷한 순교를 향해 내달리는 것은 고대 원전에서는 특히 몬타누스주의자들 탓으로 돌린다(다른 것보다 터툴리안, An Scapula 5를 비교하라); 이에 대해서 알렉산드리아의 클레멘스, 양탄자 4, 17, 1에서 비판적이다.
2) Curator (rei publicae) = 시의 재정관리를 감독하도록 정부의 전권을 가진 자; 제정시대 후기에는 시의 항존직 관료.
3) 그러니까 순수 누미디아 공의회였다!
4) 별반 중요하지 않은 아프리카 감독교구의 수장에 의해서 캐킬리아누스가 서품 받았다는 것이 벌써 누미디아 감독들을 향한 타격이었다. 왜냐하면 "키프리안 시대 이후로 누미디아의 수장은 아프리카와 카르타고의 새로운 수장을 서임하는 권세를 획득했기 때문이다. 언제인가는 확실하게 단정할 수는 없지만, 이 사실은 어거스틴의 도나투스파를 반박하는 시 44-46행이 인증하고 있다"(Frend, a. a. O., S. 16)
5) purgat illud: 이것은 희랍어 *καθαίρει αὐτο*가 라틴어에서 상응하는 말은 남성임에도 불구하고 (너무나) 문자적으로 번역한 것이다.

49. 락탄츠가 말하는 갈레리우스(Galerius)의 용인칙령

(박해자들의 다양한 죽음 34)

갈레리우스는 디오클레티안과 막시미안의 퇴임(305) 후에 동방의 황제로 승급되었고 콘스탄티우스의 사망(306) 이후로는 사두체제의 선임위치를 가졌으며 제국 전체를 포괄하는 명령권을 소유하였다. 그는 임종 직전 아래 칙령을 선포하였다. 락탄츠가 이 본문을 보존하였고 유세비우스[1]에게 그 희랍어 번역이 남아 있다. 락탄츠에 따르면(35, 1) 이 칙령은 니코메디아에서 선포되었고 311년 4월 30일자로 기록되어 있다.

(34, 1) 국가의 안녕과 유익을 목적으로 선포한 다른 명령들 가운데서 지금까지 우리는 모든 것을 옛날의 법들과 로마인들의 공식적인 질서를 따라(iuxta leges veteres et publicam disciplinam Romanorum) 제정하였으며, 다음과 같은 것을 원해서 결정하였었다. 자기 선조들의 삶의 방식(secta)[2]을 떠난 기독교인들도 다시금 이성을 되찾는 것. (2) 말하자면 그들은 어떤 이유에서인지 옛날 사람들의 제도들(veterum instituta), 어쩌면 자기 자신들의 조상들이 소개했었을 것들을 더 이상 따르지 않을 정도로 자기 고집과 미련함에 빠져버렸다. 그리고는 자기들의 생각을 따라서 그리고 각자가 원하는 그런 식으로 자기 자신들의 법을 만들고 여기저기서 다양한 민족[에 속한 자]들을 하나의 공동체로 규합시켰다(per diversa varios populos congregarent).[3] (3) 이러한 생각에서 우리가 그들을 향한 명령, 곧 선조들의 관습으로 되돌아 올 것을 명령하고 나서, 많은 사람이 재판에 휘말렸고, 또 많은 사람이 제거되었다(deturbati[4]). (4) 하지만 대부분은 자기들의 의도에서 물러서지 않았고, 그래서 우리는 그들이 [일반적으로 인정되고 있는] 신들에게 합당한 제의와 공경도 하지 않고 그리스도인들의 하나님의 제의도 행하지 않는다는 결론을 내릴 수밖에 없었다. 그래서 우리의 무한한 관용과 은혜를 기억하면서(contemplatione mitissimae nostrae clementiae), 모든 사람에게 관대함(venia)을 베푸는 우리의 불변의 관습에 따라서 이들[곧 그리스도인들]에게까지도, 그것도 즉시 우리의 면책권(indulgentia)을 확대해야 하겠다고 믿게 되었다. 그러니까 그들은 다시 기독교인들이 될 수 있으며 그들의 모임 처소들도 다시

세울 수 있다. 물론 절대로 [현]질서에 대항하지 않는다는 조건 하에서 말이다. (5) 다음 서신에서 우리는 속주 통령들(iudices)에게 무엇을 [사항별로] 주목해야 할는지에 관한 명령들을 보낼 것이다. 도출되는 결론: 우리의 이 면책에 따르면 자기들의 하나님께 우리 자신들, 우리 국가 그리고 자기 자신들의 안녕을 위해서 간구하는 것을 자기들의 의무로 삼는 것이다. 그렇게 함으로 국가는 모든 면에서 온전하며 그들 [스스로도] 자기들의 삶의 터전에서 안전하게 살 수 있게 되기를 바라는 것이다(debebunt deum suum orare pro salute nostra et rei publicae ac sua, ut undique versum res publica perstet incolumnis et securi vivere in sedibus suis possint).

원전 : J. Moreau, [Nr. 46] a. O.—참고문헌: J. R. Knipfing, The Edict of Galerius (311 A. D.) reconsidered, Revue belege de phil. et d'hist., 1, 1922, S. 693-705; J. Moreaus Kommentar a. a. O. (SC 39, II); H. U. Instinsky, Die alte Kirche und das Heil des Staates, 1963; J. Molthagen, 위 [Nr. 5], S. 111f. 118-120; A. Demandt, 위 [Nr. 34], S. 65; J. Bleicken, Constantin d. Gr. und die Christen, 1992, S. 6ff.

1) 교회사 8, 17, 3-10. 여기에는 서두에 갈레리우스, 콘스탄틴과 리키니우스의 이름과 직책을 갖춘 인사말도 있다. 물론 리키니우스의 이름은 다음 판에서는 유세비우스 자신에 의해서 삭제되었다.
2) 여기에 대해서는 Moreaus Kommentar를 비교하라.
3) 의미에 관해서는 위 [Nr. 34]의 매케나(Maecena)의 웅변에서의 인용을 보라.
4) 번역이 어려운 단어이다. 단지 앞에 나오는 말(periculo subiugati)과 대비하여 점층을 꾀하였던 것까지는 분명하다.

50. 콘스탄틴(Konstantin)의 부상과 기독교

갈레리우스(Galerius)가 죽은(311) 다음 네 명의 분할통치자들 가운데 싸움이 벌어졌다: 로마와 이태리 지배권을 획득한 막센티우스(Maxentius)는 찬탈자 콘스탄틴을 인정하지 않고 콘스탄틴과 리키니우스(Licinius)를 대항하여 막시미누스 다자(Maximinus Daja)와 연합하였다. 작은 군대를 거느리고 콘스탄틴은 갈리아에서 이태리로 침투하였다. 로마에 근접해 있는 티베르 강(ponte Molle) 위에 있는 물비안 다리에서 312년 10월 28일 결전이 벌어졌다.—이 사건의 의미를 가능한 한 과장하지 않아야 하는 만큼, 이 해석 또한 처음부터 논란이 되었다.

a) 락탄츠(Laktanz)의 증언(박해자들의 다양한 죽음 44, 1-12)

(44, 1) 이미 그들[곧 콘스탄틴과 막센티우스] 사이에 시민전쟁이 터졌다. 그가 로마 시 문을 나서서 발을 딛는 경우에는 몰락할 것이라는 신탁이 있어서 막센티우스는 로마 시 안에 머물렀다. 하지만 박상한 군대로 전쟁을 지르도록 하였다. (2) 숫자적으로는 막센티우스의 군대가 월등하였다…… (4) 막센티우스가 등극한 기념일인 10월 28일이 코앞에 왔고, 자기 통치 5년을 맞이하여 축제적인 분위기가 막바지에 이르렀다. (5) 콘스탄틴은 꿈에 하나님의 천상의 상싱(caeleste signum dei)을 자기 병사들의 방패에 장식하게 하고 전쟁에 임하라는 명령을 받았다. 그는 명령을 받은 대로 행하고 그리스도를[곧 그리스도 머리글자] 맨 위의 가지는 꾸부러진 하나의 교차된 X와 함께 방패에 장식하게 하였다. [이 상징으로 무장하고 그의 군대는 적을 섬멸하고 완전한 승리를 거두었다. 콘스탄틴은 "원로원과 백성이 커다란 희열을 표시하는 가운데 황제로 받아들여졌고" "그의 용맹에 대한 감사로 첫째 아우구스투스라는 칭호(primi nominis titulus)를 얻게 되었다].

b) 유세비우스의 증언(콘스탄틴의 생애 1, 28f.)

맥락 : 콘스탄틴은 세계제국의 수도인 로마가 독재자 막센티우스 치하에서 억압받는 것을 보았다. 그 해방을 우선 다른 자들, 곧 세베루스(Severus)와 갈레리우스에게 일임하였다; 하지만 효과는 별반 없었다(26장). "그는 자신이 군대의 힘보다 더 강력한 도움이 필요하다는 것을 깨닫게 되었다. 독재자의 궁정에서 그토록 열중하는 심각한 마술놀이를 보면서 깨닫고는 하나님의 도움을 구하였다. 곧 무기를 소유하는 것을 사소히 여기게 되었고,…… 그러나 하나님의 함께 역사하는 힘은 저항할 수도 이겨낼 수도 없다는 것을 깨달았다(*τά δ' ἐκ θεοῦ συνεργίας ἄμαχα εἶναι καὶ ἀήττητα λέγων*). 이 때문에 어떤 하나님께 자신을 헌신하여야(*ἐπιγράψασθαι*) 할지 생각하였다……" 자기들을 섬기는 자들을 보호하는 데도 들어주지 않은 이교도의 별 볼일 없는 신들과 자기 아버지 콘스탄티우스의 유일신 사이의 대립 상황에서 그는 유일신에게 충성할 것을 결정하였다.

(28, 1) 그에 따라서 그는 자기 아버지의 이 분[한 하나님(*μόνος θεός*)]을 향해 기도와 간구를 하면서 그가 누구인가를 자기에게 계시하여 주시고, 그 오른 손을 펴서 처한 난국에서 자기를 도와주실 것을 간구하였다. 그가 그토록 울며 기도하는 중에 황제에게 놀라운 하나님 표시(*θεοσημία τις ἐπιφαίνεται παραδοξοτάτη*)가 나타났다. 만일 이것을 말하는 자가 황제가 아니었다면 도저히 믿을 수 없는 일이었다; 하지만 오랜 후에 승리한 황제 스스로가 자서전을 집필하는 자에게 개인적으로 알게 되어 대화를 할 수 있을 때 이것을 말하고 자기 말을 맹세하면서 강조하는 데에야 누가 이 증거가 믿을 만하다는 것을 믿지 않을 수 있겠는가, 특히 그 뒤에 일어난 일이 그 진실을 증명하는데 말이다! (2) 그가 말하기를 점심때쯤, 그러니까 날이 기울기 시작할 때쯤

자기 눈으로 하늘 태양 위에 빛이 만들어내는 십자가의 승리의 상(*τρόπαιον*)과 그 위에 새겨진 글을 보았다는 것이다: "이 [표지]로 이겨라!(*τούτῳ νίκα*). 이 환상으로 인해서 그와 그의 원정을 따르며 이 이적의 증인이었던 온 군대는 놀라자빠졌다는 것이다.

(29) 계속해서 증언하기를 이 상징의 의미가 무엇일까를 곰곰 생각했다고 한다. 계속해서 생각하고 깊이 묵상하는 중에 밤이 찾아 왔다고 한다; 자는 중에 하나님의 그리스도께서 하늘에서 보았던 표지를 가지고 그에게 나타나서는 이 표지의 모형을…… 만들어 적들과 맞닥뜨릴 때는 언제고 방패(*ἀλέξημα*)로 사용하라고 명령했다는 것이다.

c) 313년에 나온 익명의 한 이교도 찬송작가의 증언(Panegyrici Latini 9, 2. 4)

콘스탄틴이 이탈리아 원정에서 돌아온 후에 아마 트리어에서, 늘 그랬듯이 이루어진 축사가 콘스탄틴의 전쟁준비를 설명하는 상황(2-5, 3장), 특히 아래에 나오는 생각들의 도입부에 등장한다. 이것은 우리가 아는 물비안 다리에서의 승리에 대한 첫 번째 종교적인 해석이다:

(2, 1) 먼저 지금까지 내가 믿기로는 아직까지 아무도 건드리려고 하지 않았던 것을 파악하고 이 원정에서 당신이 가진 계획의 확고함(constantia)에 대해서 말하고 싶습니다. 당신의 승리에 대한 찬사를 내가 늘어놓기 전에 말입니다. (2) 악한 만물이 자기 힘을 잃고 [가시적으로 신들의] 불쾌함이 거두어진 지금, 당신을 향한 우리의 사랑이 허락해준 그 솔직함을 취하고 싶습니다…… (3) 도대체 가능한 일입니까, 그 강력한 군사력, 소유욕으로 뭉친 그 일치된 마음, 범죄의 악성 역병들이…… [당신을 상대로] 연합하였고, 특히나 당신의 동료 황제가 손 놓고 구경만 하고 이해가

되지 않는 행동을 하는 그러한 전쟁을 하겠다는 그 담대함을 당신의 마음이 가질 수 있었다는 것이 가능한가요? (4) 어떤 신, 어떤 [천상의] 위엄이 당신의 동료들과 당신의 군대지휘관들이 속으로 우물쭈물할 뿐 아니라 노골적으로 자기들의 두려움을 표시하는 상황에서 사람들의 권고와 내장을 살피는 자들의 경고도 아랑곳하지 않고 당신이 로마를 해방시킬 시간이 왔다고 믿을 수 있을 만큼 당신을 담대하게 만들 정도로 당신에게 가까이 있단 말입니까? (5) 콘스탄틴, 분명히 당신은 저 신의 영과 비밀스러운 교제를 하고 있습니다(Habes profecto aliquod cum illa mente divina…… secretum). 곧 우리[같은 사람들]를 돌보는 것은 등급이 낮은 신들에게 맡기고 당신에게만 자신을 드러내시는 신 말입니다……

(4, 1) 황제여, 당신이 이 모든 것을 생각하고, 알고, 보며, 조상의 강한 성격[혹은: 신중함(gravitas)]도 당신의 본성도 그렇게 당신을 용맹하게 하지 않았다면, 우리에게 말해주기를 부탁합니다: 신(divinum numen)의 조언이 아니라면 누구의 조언을 들었습니까?

분명히 저런 생각도 황제를 움직였을 수 있다. 곧 이렇게 대등하지 못한 전쟁일지라도 더 좋은 일은 망할 수 없다는 생각이다; 심지어 한쪽이 힘으로 우위를 차지한다면, 다른 쪽은 정의를 위해서 싸운다는 생각이다. 맞수 막센티우스와 콘스탄틴을 비교하자. 불경, 잔혹함, 부도덕함, 미신적인 의식에는 경의를 표하지만 성전을 도둑질하고 그밖의 모독들을 하는 쪽과, 조상들의 경건함을 유지하고, 온유함, 엄격한 군기, 신의 계율을 두려워함과 황제로서의 배려를 하는 다른 쪽을 본다고 하자. 그렇다면 분명하다: 물비안 다리에서의 승리에는 군인들의 수효가 아니라 이 모든 부분들의 공로가 결정적이었다.[1)]

d) 아를르(Arles)의 감독들에게 보낸 편지에서 보는 황제의 자기 증언(밀레베의 옵타투스 부록 5)

도나투스주의 분열을 잠재우기 위한 목적으로 314년 8월 1일 아를르로 소집되었고 서방제국 전체가 파견된 공의회, "콘스탄틴 시대"의 첫 번째 "제국공의회"를 향해서 콘스탄틴은 서신을 보냈다. 이 편지가 밀레베의 옵타투스가 쓴 일곱 권의 "도나투스주의자 파르메니안 논박"에 부록으로 첨부된 도나투스주의 논쟁 기록모음에 보존되어 있다(그리고 최소한 여기 기술하는 부분만큼은 진정성을 지녔을 수 있다).

황제 콘스탄틴은 공교회의 감독들, 곧 귀하고 귀한 형제들(carissimis fratribus)에게 안녕을 기원하노라! 우리 하나님의 영원하고 거룩하며 측량할 수 없는 사랑(pietas)은 절대로 인류가 더 오랜 시간 어둠 속에서 방황하는 것을 용납하지 않으신다. 또 어떤 자들의 악한 계교[혹은: 미움에 찬 완고함]가 우세해서 하나님의 사랑이 자기의 밝게 빛나는 빛으로 구원의 길(iter salutare)을 새롭게 가르쳐주며 그들에게 의로움의 규율로 돌이키게 하지 못하게 되는 것을 허락하지 않으신다. 이렇게 나는 다른 사람들의 많은 예에서 경험하였고 나 자신에게서도 이것을 알 수 있다. 내 안에 처음에는 분명하게 정의가 결여되었었다; 또 아주 높은 힘이 내 마음 깊은 곳에 숨어 있는 것을 알게 된다는 것도 믿지 않았다. 하지만 내가 말한 것의 마지막이 어떤 것이었겠는가? 하나만은 확실했다. 그것이 모든 악으로 가득하다는 것이다. 단지, 하늘 망루(specula)에 계신 전능하신 하나님께서 내가 벌어들이지 않은 것을 허락하셨다: 천상의 가호 가운데서 그분이 자기의 종(famulus)인 나에게 허락하신 것은 분명하게 묘사도 열거도 할 수 없다.

원전 : J. Moreau [Nr. 46]; I. A. Heikel, Eusebius Werke, I, GCS 7, 1902; E. Galletier, Panégyriques Latins, II, Paris 1952; K. Ziwsa, S. Optati Milevitani libri VII……, CSEL 26, 1893. ―참고문헌: J. Burckhardt, Die Zeit Constantins des Großen, Ges. Ausg. 2, 1929; E. Schwartz, Kaiser Constantin und die christliche Kirche, 1936^{2}; H. Doerries, Das Selbstzeugnis Kaiser Konstantins, 1954; H. Kraft, Kaiser Konstantins religiöse Entwicklung, 1955; ders., Konstantin der Große, WdF 131, 1974; T. D. Barnes, Constantine and Eusebius, Cambridge, 1981; ders., The New Empire of Diocletian and Constantine, Cambridge, 1982; Th. Grünewald, Constantinus Maximus Augustinus, 1990; J. Bleicken (위 Nr. 49); R. Leeb, Konstantin und Christus, Berlin, 1992; A. M. Ritter, Constantin und die Christen, in: ZNW 87, 1996, S. 251-268; E. Mühlenberg (Hg.), Die Konstantinische Wende, Gütersloh 1998; A. Dörfler-Dierken u.a. (Hgg.), Christen und Nichtchristen in Spätantike, Neuzeit and Gegenwart, Mandelbachtal-Cambridge, 2001.

1) 콘스탄틴과 그의 종교적 발전에 대한 이교도적 시각의 평가에 관해서는 310년에 나온 찬가(Pan. 6[7], 21, 3-6: 무적의 태양인 아폴로의 환상!), 321년의 나차리우스의 찬가(Pan. 10, 7, 4; 13, 5; 14), 그리고 원로원과 로마 백성들이 315년에 세운 콘스탄틴 아치에 새기도록 한 비문(CIL 6, 1139)을 보라: "통치자 가이사 플라비우스 콘스탄틴, 경건한 자, 복된 자이신 황제에게 원로원과 로마 백성은 그의 승리로 장식된 개선문을 바쳤습니다. 이는 그가 신성의 영감에 따라(instinctu divinitatis) 자기 영의 위대함을 가지고 자기 군대와 함께 한 순간에 의로운 승리로 말미암아 국가를 위해서 독재자와 그의 추종자에게 복수하였기 때문입니다."

51. 락탄츠가 말하는 "밀라노 칙령"

(박해자들의 다양한 죽음 48, 2-12)

리키니우스는 313년 초 막시미누스 다자에 대하여 승리하였다. 물비안 다리에서의 승리를 통해서 콘스탄틴은 서방에서 명실상부한 통치를 하게 되었다. 이와 같이 이후 10년 동안 리키니우스에게는 제국 동쪽의 단독지배권을 가져다주었다. 그 후에 리키니우스는 같은 해 6월 13일 다음과 같은 회람(칙령이 아니다!) "교회 재건에 관하여"(De restituenda ecclesia)[1]를 자기 거주지인 니코메디아에 공식적으로 제시하였다. 이 회람은 그 이전 겨울 밀라노에서 콘스탄틴과 한 약속(이 때문에 "밀라노 칙령"이라고 잘못 일컬어진다)에 기초하고 있으며 비투니아 지역 지사에게 전달되었다. —유세비우스(교회사 10, 5, 2)는 (동일하게 공식적인) 희랍어 번역에서 그 기초가 되는 락탄츠 본문에 해당되는 부분을 부분적으로는 다르게 제시하고 있다.[2]

(48, 2) 나 황제 콘스탄틴과 황제 리키니우스 우리 둘이 공공의 행복과 안녕이 관계된 일을 논의하기 위해서 기쁘게 밀라노에서 회동하였을 때, 문제들 가운데 다수에게 유익한 것을 약속했던 것들 중에서 무엇보다도 신을 섬기는(divinitatis reveretia) 문제에는 새로운 규율이 필요하다고 믿었다. 말하자면 우리는 모든 자들, 곧 다른 모든 사람들과 마찬가지로 기독교인들에게도 각자가 원하는 종교를 따를 수 있는 자유와 가능성을 주어서 하늘 보좌에 앉은 신적인 것이 우리와 모든 제국국민들에게 자비롭고 친절하게 대할 수 있도록 해야 했다(quicquid [est] divinitatis in sede caelesti, nobis atque omnibus…… placatum ac propitium possit existere). (3) 그래서 우리는 이 결론을 내리는 것이 유익하며 아주 올바르다고 생각하였다. 곧 기독교인들의 종교적 행

위(observantia)나 자기에게 가장 긍정적으로 여겨지는 종교에 헌신하는 것이 누구에게도 절대로 불가능하게 만들지 않는 것이다. 그렇게 함으로 우리가 자발적으로 신앙의 봉사를 하는 그 최고 존재(summa divinitas, cuius religioni liberis mentibus obsequimur)가 우리에게 모든 것에서 본연의 은혜와 자비를 보이실 수 있어야 한다고 생각하였다.

이어서 과거에 기독교인들을 향해서 반포된 모든 제약 법규와 명령들이 예외 없이 형식을 갖추어서 폐기되었다. 또 다른 "종교나 관습"과 마찬가지로 기독교를 따르는 것도 "우리 시대에 평강(quies)을 다시금 선사하도록" 하기 위해서 허락되었다(4-6). 나아가서 기독교인들의 집회 장소들과 그밖의 교회 소유(묘지들(Coemeterien)같은)들을 그들에게 되돌려 주어야 한다. 손해가 없어야 하지만, 반환 의무가 있는 개인들은 국고에 도움을 요청할 수 있다(7-10).

(11) 이러한 방식으로 이미 우리가 위에서 말한 것처럼 그토록 커다란 일에서 우리가 경험하였던 그 신적 가호는 보편적 안녕의 담보인 우리 노력들에 대해서 언제나 결실을 유지시켜 주었다(ut …… divinus iuxta nos favor…… per omne tempus prospere successibus nostris cum beatitudine publica perseveret). (12) 그렇지만 우리의 이 관대한 명령의 내용들이 모두에게 알려지도록 하기 위해서 너는 공시를 통해 이 회람을 공적으로 알리고 도처에 게시하여서…… 우리의 귀한 의도가 내린 결정을 모르는 사람이 없도록 할 것을 명하노라.

원전 : J. Moreau [Nr. 46] — 참고문헌: H. Doerries [Nr. 51], S. 228ff.; H. Nesselhauf, Das Toleranzedikt des Licinius, HJ 74, 1955, S. 44-61; J. Bleicken (위 Nr. 49), S. 17ff.

1) 좁은 의미에서(파괴된 니코메디아 교회 재건[Nr. 46을 보라])와 넓은 의미 모두에 해당한다.
2) 상이점과 그 평가에 관해서는 Moreau 판(SC 39, 1), S. 132ff.와 Kommentar (SC 39. II), S. 456-484를 보라.

52. 콘스탄틴으로 말미암아 기독교에 온 혜택

막센티우스에게 승리하고 난 직후(나중 리키니우스를 제거한 다음처럼) 기독교에 직접적으로 우호적인 명령들에서 콘스탄틴이 기독교도들의 신에게 향하고 있음을 읽을 수 있다. 그 명령들 중에서 뚜렷한 특징이 있는 것을 발췌하여 아래에서 제시해 본다:

a) 얼굴훼손 금지(테오도시우스 법전9, 40, 2[315년 아니면 316년 3월 21일])

어떤 사람이 붙잡히게 된 범죄의 심각성을 고려하여 놀림감이나 아니면 광산에서 [강제노동]에 처해졌을 때, 얼굴에는 낙인을 찍지 말고 [모든 경우에 손이나 장딴지에] 해야 한다…… ; 왜냐하면 하늘의 아름다움의 모양을 따라서 지어진 얼굴이 손상되어서는 안 되기 때문이다.

b) 일요일 법(유스티니아누스 법전 3, 12, 2; 테오도시우스 법전 2, 8, 1)

유스티니아누스 법전 3, 12, 1[321년 3월 3일] 모든 재판관들, 시민들과 수공업자들은 무슨 일을 하고 살던지 간에 존귀한 태양일(venerabilis dies solis)에는 쉬어야 한다. 반대로 시골 사람들은 자유스럽게 방해받지 않고 자기 땅 경작을 할 수 있어서……

하늘의 보호하심으로 말미암아서 [추수와 포도수확을 하기에] 가장 적당한 시간이라고 그들에게 주어진 기회를 [얻는 것도 없이] 낭비하지 않도록 해야 한다.

(테오도시우스 법전2, 8, 1 [321년 7월 3일]) 높고도 귀한 주일을 법정 싸움과 편당으로 채우는 것은 결코 마땅치 않다고 여기노라. 이와 마찬가지로 [그 반대로] 그 날에 [하나님이] 특별히 기뻐하시는 일(quae sunt maxime votiva)을 하는 것이 우리에게 가장 귀하고 마땅한 일이니라. 그러므로 이 축일에 [자기들의 노예들을] 방면하고 내어보내는 일[혹은: 자기들의 아들들을 성년이라고 선언하고 자기들의 종들은 방면하는 것]을 모든 사람에게 허락하노라(ideo emancipandi et manumittendi…… cuncti licentiam habeant); 또 그에 대한 기록을 남기는 것도 허락하노라.

c) 성직자의 면책특권에 관한 법(테오도시우스 법전16, 2, 2[319년 10월 21일])

하나님을 섬기는 종교적 사명에 헌신한 모든 자(Qui divino cultui ministeria religionis inpendunt), 곧 성직자라고 부르는 자들(hi, qui clerici appellantur)은 모든 공적 의무수행(munera)[1]에서 완전히 면제되어야 한다. 이는 어떤 자들의 불경스러운 질투로 말미암아서 신적인 임무(divina obsequia)들이 방해 받는 일이 없도록 하기 위해서이다.

d) 감독재판(테오도시우스 법전1, 27, 1[318년 6월 23일])

판사가 자기 직무에 따라 눈여겨야 할 것은 만일 감독이 하는 재판(episcopale iudicium)이 요구되면 조용히 허락하여야 한다; 또 누군가 쟁론을 기독교법(lex Christiana)으로 끌고 가고 싶다고 하며 그 재판을 요구하면, 아무리 해당 판사 앞에서 이미 분쟁사건[의 심의]이 시작되었더라도 받아들여져야 한다; 마지막으로 이들[감독 판사들]에 의해서 판결이 난 것은 최종 심급의(pro sanctis) 판단으로 간주되어야 한다……[2)]

e) 교회건축에 관한 명령(유세비우스, 콘스탄틴의 생애 2, 46)

324년에 나온 아래 서신의 수신자는 가이사랴의 유세비우스이다; 하지만 동방의 지도적인 감독들에게 콘스탄틴이 보낸 같은 본문의 편지 내용일 수 있다.

오늘날까지 [리키니우스의][3)] 깨끗하지 않은 의도와 압제가 구원신의 종들을 박해했기 때문에 사랑하는 형제들이여 내가 믿고 확신하는 바는 모든 교회건물들이 돌보지 못한 결과로 붕괴되었거나 위협적인 불의를 겪는 데 대한 두려움 때문에 지나치게 나쁜 처지에 놓여 있다. 하지만 다시금 자유가 주어졌고 높으신 하나님의 보호하심과 우리의 동역 덕분에(*θεοῦ τοῦ μεγίστου προνοίᾳ ἡμετέρᾳ δ' ὑπηρεσίᾳ*) 저 용[계 12, 3-17; 20, 2]이 공적인 일을 주장하는 데서 이제는 쫓겨나 버렸다. 이 때문에 내가 믿기는 하나님의 능력이 모든 자들에게 나타났고 [그와 함께] 두려움과 불신으로 인해서 모든 종류의 오류에 빠져버렸던 자들이 참 존재자(*τὸ ὄντως ὄν*)를 알게 되었고, 따라서 참답고도 올바른 삶의 모습에 이르게 되었다.

그렇지만 이것이 낳은 결과는 교회들이 부족하여서 세우거나, 아니면 넓히거나 아니면 새롭게 지어야만 하는 상황이었다. 콘스탄틴은 유세비우스와 그를 통해서 동방의 모든 감독들과 성직자들에게 도처에서 이 하나님께 합당한 일에 손을 댈 것을 독려하였다. 동시에 이미 시달 받은 총독들과 속주지사들에게 국가적인 도움을 요청할 수 있는 전권을 위임하였다.[4)]

원전: Th. Mommsen, Theodosiani libri XVI cum constitutionibus Sirmondianis, 1, 2, 1954[2]; P. Krüger, Codex Iustinianus, 1877; I. A. Heikel [Nr. 50]—참고문헌: H. Doerries [Nr. 50], S. 162ff.; P. R. Coleman-Norton, Roman State und Christian Church, 1, London 1966; W. Rordorf, Sabbat und Sonntag in der Alten Kirche, Traditio Christiana 2, Zürich, 1972; A. Steinwenter, Art. Audientia episcopalis, RAC 1, 1950, Sp. 915-917; Th. Klauser [Nr. 47], S. 180-211, 230-232; L. Voelkl, Die Kirchenstiftungen des Kaisers Konstantin im Licht des Römischen Sakralrechts, 1964; U. Süssenbach, Christuskult und Kaiserliche Baupolitik bei Konstantin, 1977; V. Keil (Hg.), Quellensammlung zur Religionspolitik Konstantins d. Gr. 1989.

1) 여기에 관해서는 위 Nr. 33b를 비교하라. 의무들로부터의 면제와 함께 기독교 성직자에게는 이교 제사장들과 유대교 회당장들이 오랫동안 가졌던 특권이 부여되었다. 그리고 유대교 회당장들에게 해당되는 것들은 기독교화된 로마제국에서도 계속해서 유지되었다.—법 전체에 관해서는 유세비우스, 교회사 10, 7을 참조하라.
2) 감독들의 재판기능은 민사사건에 국한되었고, 국가적인 재판에는 자발적인 참여뿐이었다. 그런데 이것도 동방에서는 398년(유스티니아누스 법전 1, 4, 7), 서방에서는 408년(const. Sirmond. 16), 감독의 방청(audientia episcopalis)제도가 다시금 폐지되면서 끝이 났다.
3) "밀라노 칙령" 이후의 반기독교적인 명령들에 관해서는 유세비우스, 교회사 10, 8, 10f. 14-19; 콘스탄틴의 생애 1, 51-54를 보라.
4) 콘스탄틴의 교회건축에 관해서는 유세비우스, "콘스탄틴의 생애" 3, 30-43. 48-50. 58; 4, 39. 58-60을 보라.

53. 안토니우스(Antonius)와 수도원의 시작

수도원에 관해서 먼저 말할 것은 개별적인 금욕가들이나 조직된 공동체들이 "세상"으로부터 단절하고, 사막이나 또는 "세상"으로부터 엄격하게 단절된 수도원적인 공동체—사람들이 말하는 것처럼 "인위적인 사막"—안에 자기들의 거처를 삼고 "완전한" 기독교인들로부터 "홀로" 혹은 "따로 떨어져 사는 자들", 그러니까 "수도사들"(희랍어 *μόνοι* 또는 *μοναχοί*에서 왔다)이 된 것이라고 하겠다. 수도사들의 전통 가운데서 "수도사들의 아버지"는 356년 105세로 죽은 콥트인 안토니우스로 들고 있다. 하지만 이미 안토니우스가 아주 오래된 전승을 따라서 선배들을 보고 있기 때문에, 엄격하게 말한다면 그는 "은둔자들"(희랍어 *ἀναχωρεῖν* [세상에서] '물러난' 에서 왔다)의 창시자가 아니다. 하지만 기독교화된 로마제국의 안이고 밖이고를 떠나서 교회가 간 길을 생각할 때 더 이상 없어서는 안 되는 고대 교회 수도원 중에서 그가 우리의 손이 닿을 수 있는 첫 번째 사람이다!—믿을 만한 소식들은 가장 먼저 Apophthegmata Patrum, 곧 5세기 말에 생겨난 "[수도사-] 교부들의 금언" 모음집에 있는 (총) 38개의 안토니우스 어록이 전해준다고 하겠다. 하지만 영향사적으로 더 중요한 안토니우스의 모습은 수도사의 아버지가 죽은 직후 집필된 것이 분명한 알렉산드리아의 아타나시우스가 쓴 안토니우스의 생애가 전하고 있다.

a) 아타나시우스의 "안토니우스의 생애"에서 보는 안토니우스의 모습(1-3. 5. 7f. 12. 14. 67. 69. 94)

(1) 안토니우스는 이집트인이었고, 충분한 재산도 소유한 기품 있는 부모의 아들이었다; 그들이 기독교인들이어서, 그도 기독교적으로 교육받았다...... (2) [부모님들이 죽고 나서 불과 몇 달밖에 되지 않았을 때] 그는 [겨우 스무 살도 되지 않았는데 사도들과 초대교인들이 소유를 포기하는 것에 대한 생각에 빠져서] 습관 대로 교회(*τὸ κυριακόν*)에 갔다...... 그런데 마침 복음서가 낭독될 때 그는 주님께서 한 부자에게 말씀하시는 바를 듣게 되었다: "네가 완전하려면, 가서 네가 가진 것을 다 팔아서 가난한 자들에게 주어라; 그리고 와서 나를 좇으라, 그리하면 네가 하늘의 보화를

갖게 되리라"[마 19, 21]. 하지만 안토니우스는 마치…… 그 성경 낭독이 자기 때문에 이루어진 것 같았다; 그래서 곧바로 교회에서 나와 조상으로부터 물려받은 소유를…… 자기 고향 마을주민들에게 거저 주었다…… (3) [이어서] 그는 철저하게 금욕에 투신하였다, 그런데 자기 집 앞에서 하였다…… 당시에는 아직 이집트에 수도원군락(*συνεχῆ μοναστήρια*)이 없었고, 그래서 거대한 광야에 관해서는 수도사에게 아무 것도 알려져 있지 않았었다; 심지어 자기 자신을 돌아보려고(*ἑαυτῷ προσέχειν*) 생각하는 자들마다 자기 거주지에서 멀리 떨어지지 않은 곳에서 금욕에 헌신하되, 홀로(*καταμόνας*)하였다……

(5) 그런데 마귀가…… 그 젊은 사람의 그렇게도 굳센 의지를 차마 그대로 놓아둘 수 없었다…… 하지만 그의 생각은 그리스도와 그에게서 얻은 고귀함과 영혼의 새로움(*τὸ νοερόν*)에 가 있었다…… 이렇게 이 모든 것[마귀의 유혹]들은 원수에게 부끄러운 것만 되고 말았다. 말하자면 한때 하나님같이 되려고 생각한 자를 이제는 한 제자가 놀림감으로 만들었기 때문이다…… 하지만 우리 때문에 육신을 취하시고 마귀를 이기는 승리를 몸에 허락하신 주님께서 도우셨기 때문에 모든 의로운 전사는 다음과 같이 말할 수 밖에 없는 것이다: "내가 아니라, 나와 함께 한 하나님의 은혜니라"[고전 15, 10].

(7) …… [성경으로부터 원수의 계교가 얼마나 다양한지 알게 된] 그는 점점 더 자기 몸을 제어하며 길들였다…… 말하자면 [고후 12, 10에 있는 사도의 말씀을 생각하면서] 영혼의 팽팽한 힘(*τόνος τῆς ψυχῆς*)은 육체적인 쾌락이 "약할" 때 "강하다"고 그는 말하였다……

(8) [후에] 그는 마을에서 떨어져 있는 무덤들로 가서…… 그 무덤들 중 하나를 골라[밖에서 사람들이 빗장을 지르게 한 다음에] 그 안에서 홀로 거하였다……

(12) …… [더욱 멀리 떨어져서 광야로 자리를 옮긴 다음에, 마지막에는 수많은 벌레들이 차지하고 있는 버려진 성곽을 발견하였다]. 거기에 거처를 삼아 살았다…… 일 년에 겨우 두 번 벽을 통해서 위에서 아래로 빵을 주도록 하였다……

(14) 거의 온전한 이십 년을 그렇게 그는 금욕을 하며 홀로 살았다…… 그런데 그 후로는 많은 사람들이 그의 금욕을 따르겠다고 열렬하게 사모하였다……; 그렇게 그들이 와서 [그의] 문에 당도했다…… 그때 안토니우스는 마치 성지(*ἄδυτον*)에서 나오듯이 나왔는데, 그는 성스러웠고 영감으로 충만하였다(*μεμυσταγωγημένος καὶ θεοφορούμενος*)…… 그들이 그를 보았는데, 그의 몸이 이전과 똑같은 외모를 유지하고 있고…… 금식과 마귀와의 싸움에 의해서도 조금도 손상되지 않은 것에 놀랐다…… 거기 있던 자들 중 육체적인 고통을 가지고 있던 많은 자들을 주님께서 그를 통해서 고쳐주셨다; 어떤 자들은 주님께서 귀신들로부터 해방시켜 주셨다. 주님은 안토니우스에게 은사(*χάρις*)를 주셔서, 슬픔에 잠긴 많은 사람들을 위로하고 싸움에 처한 사람들을 화해시켰다…… [영혼의 목자로서의] 가르침으로 그는 "자기 아들도 아끼지 않으시고 우리를 위해서 넘겨주신"[롬 8, 32] 하나님께서 우리에게 증명하신 그 장래에 올 복과 인간 사랑을 생각할 것을 권하였다. 이를 통해서 그는 많은 사람들이 은자의 삶(*μονήρης βίος*)을 생각하게 설득하였다. 그래서 그 후로 그 골짜기에 수도원들이 생겨났고, 광야[1]는 자기가 가진 것을 버리고 천상의 삶(*ἐν τοῖς οὐρανοῖς πολιτεία*)에 자기를 헌신한 수도사들로 들끓게 되었다.

(67) 그는 인내심이 많은 사람이었고 영혼은 겸손하였다; 이러한 기질로 그는 교회의 질서(*κανών*)도 정도 이상으로 공경하여서 모든 성직자가 자기보다 우월한 명예를 가지기를 원하였다. 감독들과 장로들에게 인사하는 것을 그는 아주 좋게 여기지는 않았다;

한 번은 집사 한 사람이 영적 교육(ὠφέλεια) 때문에 그에게 왔을 때, 그는 무엇이 교육을 세우는지에 관해서 그와 이야기를 나누었다. 그런데 기도에서는 집사에게 우선권을 양보하였다. 왜냐하면 자기 스스로 배우는 것을 그는 그다지 좋게 여기지 않았기 때문이었다……

(69) 언젠가 아리우스주의자들이 그도 자기들과 똑같이 생각한다는 거짓된 주장을 퍼뜨렸을 때 그는 그들에 대해서 언짢아졌고 화가 났다. 그리고는 감독들과 모든 형제들의 부탁을 받고 산에서[2) 내려와 알렉산드리아로 갔다. 거기서 그는 아리우스주의자들을 저주하고, 이들이야말로 마지막 이단들이고 적그리스도의 선봉이라고 선언하였다…… [그가 백성들을 가르치기를] 이 자들이 아버지로부터 나온 아들 하나님의 로고스가 피조물(κτίσμα)이라고 가르치면, 그들은 이교도들과 다를 것이 하나도 없다; 그들은 [또] 피조물을 창조의 하나님 위치로 섬기고 있다……

(94) ["안토니우스의 생애"의 마무리] 이제 이것을 다른 수도사들 앞에서 읽어 수도사의 삶이 어떠해야 하는가를 알 수 있게 하라. 그리고 우리 주 구세주 예수 그리스도께서는 자기를 높이는 자들을 높이신다는 것을 확신케 하라. 또 그를 끝까지 섬기는 자를 하늘나라에 인도할 뿐 아니라 이미 여기에서도 그들이 자신들을 감추고 홀로 거하려고(ἀναχωρεῖν) 노력한다면, 그들의 덕(ἀρετή)과 다른 사람들의 교화를 위해서 어디서나 모든 눈이 보고 알도록 하신다는 것도 알게 하라. 또 필요하다면 이것을 이교도들에게도 읽어주어서 그들도 알게 하라: 우리 주 예수 그리스도는 하나님이고 하나님의 아들이다; 그뿐 아니라 그를 진정으로 섬기고 경외함으로 그를 믿는 기독교인들도 아래 사실을 증명한다. 곧 희랍인들이 하나님이라고 여기는 귀신들은 신들이 아니다; 기독교인들은 그들을 발로 밟으리라[눅 10, 19 비교]. 사람들을 유혹하고 파멸로 이끄는 그들을 그리스도 예수 우리 주님으로 말미

암아 쫓아내리라. 그에게 영광이 영원히 있을지어다.

b) "교부들의 금언집"에서 보는 안토니우스의 모습(금언집. 1-5. 7.9-11. 23f. 26. 36f.)

(1) 언젠가 거룩한 압바스['원조'] 안토니우스가 언짢은 기분(ἀκηδία)으로 우울한 생각에 가득차서 사막에 앉아, 하나님께 말씀드렸다: "주여, 저는 구원을 원하지만 나의 골몰함이 허락지 않나이다. 이런 억눌림 가운데서는 무엇을 해야 할까요? 어떻게 해야 제가 구원받을 수 있나이까?" 그리고는 곧바로 일어나 광야로 갔는데, 거기서 자기와 비슷한 사람을 보았다. 그 사람은 거기에 앉아서 일을 하고 있었다. 그리고는 기도하기 위해서 일에서 손을 놓았다가 다시 일로 돌아갔다. 자기 밧줄에 매달려 [계속해서] 꼬다가 다시금 기도하러 일어났다; 그는 바로 안토니우스로 하여금 흔들리지 않고 바른 길을 향해 가도록 하기 위해서 보냄 받은 주님의 천사였던 것이다. 그는 천사가 하는 말을 들었다: "그렇게 하면, 네가 구원을 얻으리라." 이것을 들을 때 그는 큰 기쁨과 확신으로 충만케 되었고, 그런 행함으로 말미암아 그가 그토록 찾던 구원을 얻었다.

(2) 압바스 안토니우스가 하나님 섭리의 깊이를 생각하는 일에 몰두하여 질문하였다: "주여, 어떤 자는 짧은 생을 살고 죽는데, 어떤 자들은 나이가 많이 들게 되는 일이 왜 일어나나이까……?" 그때 한 음성이 그에게 들렸다: "안토니우스, 너 자신을 살피거라(σεαυτῷ); 왜냐하면 그것은 하나님의 섭리이고, 그것을 아는 것이 네게 유익이 없느니라."

(3) 한 사람이 압바스 안토니우스에게 물었다: "하나님을 기쁘시게 하려면 내가 무엇을 주의해야 할까요?" 게론['노인']이 답하였다: "내가 네게 명하는 것을 따르라: 네가 어디를 가든 – 항상 주님을 눈앞에 모시어라; 네가 무슨 일을 하든—모든 증거를 성경

안에서 구하라; 마지막으로 네가 머무는 곳이 어디든—그곳을 곧 바로 떠나지 말라. 이 셋을 따르라, 그리하면 네가 구원받으리라."

(4) 압바스 안토니우스가 압바스 포이멘에게 말하였다: "사람이 자기 죄를 자기 자신 너머 하나님 앞에까지 던지는 것이 인간이 행하는 위대한 일입니다.; [그 밖에는] 마지막 숨을 쉬는 때까지 유혹들을 해결해 나가는 것입니다." (5) 바로 그가 언젠가 말하였다: "시험을 겪지 않은 자는 아무도 천국에 갈 수 없다. 유혹을 내어버리라, 그리하면 아무도 구원을 얻지 못하리라."

(7) 압바스 안토니우스가 말하였다: "원수의 모든 그물이 땅에 펼쳐져있는 것을 보았습니다. 그래서 한숨지으며 말하였습니다: 도대체 누가 거기에서 벗어날 수 있을까? 그때 한 음성이 말하는 것을 들었습니다: '겸손' "

(9) 언젠가 그가 말하였다: "이웃으로부터 [우리에게] 생명과 사망이 나온다. 곧 우리가 형제를 얻으면 우리가 하나님을 얻으리라. 반대로 형제를 노엽게 하면, 우리가 그리스도를 향해 죄를 범하느니라." (10) 바로 그분[안토니우스]께서 말하였다: "물고기들이 장시간 물 밖에 있으면 죽는 것처럼 수도사들이 오랫동안 자기 골방(*κέλλιον*) 밖에 머물고 자기들의 시간을 세상 사람들과 함께 쓰면 고요함이 주는 [또는: 고요함에 없어서는 안 되는](*ὁ τῆς ἡσυχίας τόνος*) 팽창력이 날아가 버린다. 그러니까 물고기가 물 속으로 들어가듯이, 우리는 골방으로 물러나려고 애를 써서 밖에 머물면서 내적인 깨어있음(*ἔνδον φυλακή*)을 놓치지 않도록 하여야 한다." (11) 다시금 그가 말하였다: "[자기 골방의] 사막에 앉아 고요 속에 몰입하는 자는 세 가지 유혹에도 끄떡없다: 듣고, 말하고, 보는 유혹; 이제 남은 싸움은 하나뿐이다: 자기 육욕(*πορνεία*)과의 싸움이다."

(23) 또 그가 말하였다: "하나님께서는 현 세대에게 옛 사람들[곧 수도원 교부들]에게와 같은 싸움을 주시지 않는다. 나약하고

견뎌내지 못한다는 것을 아시기 때문이다." (24) 안토니우스에게 사막에서 계시되었다: "시내에 너에게 필적할 만한 자가 있는데 의사의 표지를 가졌다. 자기에게 남는 것은 필요한 자들에게 주고 하루 종일 천사들과 함께 삼성창(Trishagios)[3]를 부르고 있느니라."

(26) 형제들이 압바스 안토니우스에게 와서 레위기에 나오는 말의 의미를 물었다. 그래서 고승은 사막으로 들어갔는데 그의 습관을 아는 압바스 암모나스가 눈치채지 않게 뒤를 따랐다. 오랫동안 고승이 기도자세로 있더니 큰 소리로 부르짖었다: "아 하나님, 모세를 보내셔서 이 말에 대해서 나를 가르치게 하소서." 그러자 음성이 나타나서는 그와 말하였다. 나중에 압바스 암모나스가 전하였다: "그와 말하는 음성을 나도 들었지만, 그 의미(*δύναμις*)는 파악할 수 없었다."

(36) 또 그가 말하였다: "극기(*ἐγκράτεια*)와 함께 하는 복종(*ὑποταγή*)은 야수를 제어한다." (37) 다른 기회에 그가 말하였다: "나는 많은 노력(*κόποι*) 후에 넘어져 영이 혼돈에 빠진 수도사들을 안다. 이는 그들이 자신들의 행위 위에 집을 세우면서 '네 아버지께 여쭈어라, 그리하면 그가 너를 지도하리라' [신 32, 7]라고 말한 자의 가르침을 귓등으로 들었기 때문이다."

원전 : MPG 65, Sp. 71ff. (Apophthegmata Patrum); MPG 26, 837ff. (Vita Antonii); 편지에 관해서는 S. Rubenson(아래를 보라), S. 15-34를 보라.— 참고문헌: H. Doerries, Die Vita Antonii als Geschichtsquelle, (jetzt) in: ders., Wort und Stunde, 1, 1966, S. 145-224; M. Tetz, Athanasius und die Vita Antonii, ZNW 73, 1982, S. 1-30; T. D. Barnes, Angel of Light or Mystic Initiate?, JThS 37, 1986, S. 353-368; S. Rubenson, The Letters of St. Antony, Minneapolis, 1995; ders., Evagrios Pontikos und die Theologie der Wüste, in:

Logos (FS f. L. Abramowski), hg. v. H. C. Brennecke u.a., 1993, S. 384-401; B. Müller, Der Weg des Weinens (FKDG 77), 2000(Rubenson)의 주장에 대한 본질적인 비판도 포함[색인을 보라]).

1) 우선은 성 안토니우스 산(아래를 보라)과 성 바울의 산 피스피르에 본부를 두고 있는 이집트 중부("성 안토니우스 동굴"), 다음에는 이집트 하부(니트리아와 스케티아), 마지막에는 이집트 상부(테베).
2) 이집트 중부의 "성 안토니우스 산"으로, 홍해에서 멀지 않다(Kolzim).
3) 여기서는 분명히 성경적인 Sanctus(사 6, 3)를 말하는 것이 아니라, 동방교회가 하고 있는 존경의 외침과 기도의 부르짖음을 말한다. 루터의 노래(EKG 309)에 여전히 명맥을 가지고 있다: "거룩하신 주 하나님, 거룩하시고 강하신 하나님, (거룩하시고 자비하신 구세주), 영원하신 하나님 당신……"(희랍어로는 *Ἅγιος ὁ θεός ἅγιος ἰσχυρός ἅγιος ἀθάνατος ἐλέησον ἡμας*).

54. 아리우스(Arius)와 삼위일체 논쟁의 시작

310년대에 시작된 논쟁으로서, 이 과정에서 하나님의 삼위성에 관한 중차대한 교리적인 규정이 확실하게 된 이 논쟁은 그 첫 단계에서 [리비아 출신인] 아리우스(아레이오스)라는 인물, 또 그의 신학과 관련이 있었다. 이 사람은 분명히 알렉산드리아에서 신학적인 수업을 받았고, 마지막에는 알렉산드리아의 바우칼리스 교회의 장로였다. 그가 큰 소요를 일으키며 선전한 그 가르침에 관해서 그는 경우에 따라서 디오클레티안 황제 박해에서 순교의 죽음을 당한 안디옥의 루키안을 끌어대었다. 일차적으로 이 가르침은 과격하며—플라톤, 곧 중기 플라톤식의 존재관념(?) 때문에—혼란스럽게 되어버린 오리게네스주의로 이해해야 한다.—몇 번의 심의를 거쳐서 결국에 이루어진 알렉산드리아 공의회(319)에서의 아리우스 파문은 먼저 이 싸움을 급속도로 확대시켰다. 이 싸움은 리키니우스의 기독교 적대정책 탓에 할 수 없이 2년을 휴지한 다음에 콘스탄틴이 동방의 통치자가 되자마자 다시금 불이 붙게 되었다.

a) 알렉산드리아의 알렉산더(Alexander von Alexandria) 감독의 교서에 나타난 "아리우스 논쟁"의 시작(Opitz, Urkunde 4b)

(3) …… 최근 우리 교구(*παροικία*)에 법을 파괴하는 자이며, 그리스도의 적인 사람들이 출현하였다. 그들은 적그리스도 [출현]의 전조이며, 이렇게 표현하는 것이 지극히 옳은 사람들로서, [신앙으로부터의] 이탈을 가르치는 사람들이다. (4) [처음에는 이 모든 일에 대해서 침묵하는 것이 바람직하게 보였지만, 최근 니코메니아의 유세비우스가 개입함으로 새로운 국면을 맞이하게 되었다]. 이 사람은 베뤼토스 교회를 사임하고 니코메디아 교회로 자기의 탐욕스러운 눈길을 보내고도 그 일로 처벌을 받지 않았다. 그 이후로 그가 모든 교회의 일이 자기에게 달려 있다는 공상을 하게 되었던 것이다; 이렇게 자기를 [이제는] 그 배교자들의 지도자로 세우고 전혀 짐작도 못하는 몇몇의 사람들을 아주 부끄럽고 [그 심층에는] 그리스도를 대적하는 이 이단에 끌어들이려고 온 세상에 그들의 추천서를 보내었다. 이러한 이유로 나는…… 이 침묵을 깨고 당신들에게 알려주는 것이 시급하다고 생각하게 되었다. (5) 그렇게 함으로 당신들이 그 배교자들과 그들이 가르치는 저주받을 주장들을 알게 하려는 것이다…… (6) [우선] 배교자들의 이름이 있다: 아리우스, 아킬레우스, 아에이탈레스, 다른 아리우스와 사르마테스 이들은 모두 한때 장로들이었다; 나아가서 한때 집사들이었던 유초이우스, 루키우스, 율리우스, 메나스, 헬라디우스와 가이우스가 있다; 그들 중에는 심지어 세쿤두스와 테오나스 같은 한때 감독칭호를 가졌던 자들도 있다. (7) 그들이 [성]경과 모순되게 생각해 낸 것들(*ἐφευρόντες*)이 아래와 같다: "하나님께서는 항상 아버지가 아니었다; 오히려 하나님께서 아버지가 아닌 때가 있었다

(ἦν ὅτε ὁ θεὸς πατὴρ οὐκ ἦν). [또한] 하나님의 로고스가 항상 계셨던 것이 아니라, [언젠가] 무로부터 출현하였다. 왜냐하면 [불변하시도록] 하나님이신 [그런] 분이 그렇지 않은 분을 무로부터 생산하셨기['만드셨기'] 때문이다(ὁ γὰρ ὢν θεὸς τὸν μὴ ὄντα ἐκ τοῦ μὴ ὄντος πεποίηκα). 이렇게 그[로고스]가 계시지 않은 때가 있었다(ἦν ποτε ὅτε οὐκ ἦν). 왜냐하면 아들은 피조물(κτίσμα)이고 만들어진 자(ποίημα)이기 때문이다. 그는 본질로는(οὐσία) 아버지와 유사하지(ὅμοιος)않고 실제로 그리고 본성적으로는 아버지의 로고스도 아니고, 그의 지혜도 아니다; 그는 만들어지고 생겨진 존재들 중 하나인데, 로고스와 지혜라고 온당치 않게(καταχρηστικῶς) 불린 것이다. 왜냐하면 그도 하나님 자신의 말씀과 하나님[자신] 안에 거하는 지혜로 말미암아 생겨났고, 하나님께서 그 지혜 안에서 만물처럼 그도 생산하셨기 때문이다. (8) 이 때문에 그는 자기 본성을 따라서 다른 모든 이성적인 존재들처럼 달라지고 변화된다(τρεπτός…… καὶ ἀλλοιωτὸς τὴν φύσιν). 그, 곧 로고스는 [하나님 존재와는] 멀고 그와 차이가 나며 하나님의 존재로부터 제외되어 있다(ξένος τε καὶ ἀλλότριος καὶ ἀπεσχοινισμένος ἐστὶν ὁ λόγος τῆς τοῦ θεοῦ οὐσίας). 그리고 성자 자신에게도 하나님은 볼 수 없는 분이다(ἀόρατος). 그는 아버지를 완전하며 정확하게 아는 지식을 갖지 않았으며 완전하게 볼 수도 없다. 심지어 자기 자신의 존재(οὐσία)도 아들은 [실제의] 존재 그 자체 같이는 알지 못한다. (9) 그는 우리 때문에 만들어져서 하나님께서 마치 도구(ὄργανον)인양 그를 통해서 우리를 창조하신 것이다. 그래서 만일 하나님께서 우리를 만들려고 하시지 않았다면 그는 전혀 존재하지 않았을 것이다." (10) 어떤 사람이 그들에게 하나님의 로고스가 마치 마귀가 할 수 있는 것처럼 그렇게 변화할 수 있는가를 물었을 때 그들은 어떤 이유도 달 수 없었다: "예, 그럴 수 있습니다; 하지만 그는 생겨지고 만들어졌기에 가변

적인 본성을 가졌습니다." (11) 거의 100명의 이집트와 리비아 감독들이 함께 모였을 때 우리는 그런 말을 [감히] 하는 것을 조금도 두려워하지 않는 아리우스의 추종자들과 그들과 더불어 있는 자들을 정죄하였다(ἀνεθεματίσαμεν). 물론 유세비우스를 중심으로 한 우리들이 그들을 받아들이고 그 다음부터는 거짓을 진리와 뒤섞는 데에 힘썼다…… 하지만 이루어지지 않을 것이다…… (12) …… 왜냐하면 [복음서의 기자] 요한이 "태초에 말씀이 계시니라" [요 1, 1]고 하신 말씀을 들은 자가 어떻게 "그가 없을 때도 있었다"고 주장한 자들을 정죄하지 않겠는가? 나아가서 누가 그분이 피조물들(ποιήματα) 중 하나라고 하는 자들을 혐오하지 않으면서 복음서에서 "독생자"와 "그로 말미암아 만물이 생겨났다"[요 1, 18; 1, 3]는 구절을 듣겠는가?……

이런 방식으로 알렉산더의 회람은 아리우스주의자들의 진술들을 성경의 주장들, 특히 이것들을 바울의 편지와 요한복음에서 찾아내어 대립시키면서 전개하고 있다. 유세비우스의 음모에 대해서 다시금 새롭게 경고하고 나서 회람은 17명의 장로들과 24명의 집사들의 서명으로 끝을 맺는다. 이 중에는 알렉산드리아에서 온 두 명의 아타나시우스라는 이름과 마레오티스에서 온 17명의 장로들과 20명의 집사가 있다.

b) 아리우스와 그의 동료들이 알렉산드리아의 알렉산더 감독에게 제출한 신앙고백(320년경: Urkunde 6)

(1) 장로들과 집사들이 복을 받으신 우리의 아버지(μακάριος πάπας)이며 감독이신 알렉산더께 주님 안에서 강건하기를 바랍니다! (2) 선배들로부터[전승되어] 온 우리의 믿음은 우리가 당신께로부터도…… 배운 바와 같이 이러한 내용을 가지고 있습니다: 우리는 한 하나님을 믿습니다. 그분만이 생겨나지 않았으며(ἀγέννητος), 홀로 영원하시며, 홀로 시작이 없으시며(ἄναρχος)

홀로 참되시고, 홀로 불멸하시며, 홀로 지혜로우시며, 홀로 선하시고,⋯⋯ 변개치 않으시며 변화하지 않으십니다(ἄτρεπτος καὶ ἀναλλοίωτος)⋯⋯ 그는 생각이 닿지 않는 시간 이전에 독생자를 낳으셨는데, 이분을 통해서 그는 영원도 만물도 창조하셨습니다. 하지만 이를 낳으신 것처럼 하신 것이 아니라(οὐ δοκήσει) 진짜로 낳으셨습니다. 곧 자기 자신의 의지를 통해서 존재로 부르시기를, 변개치 않으며 변하지 않는 하나님의 완전한 피조물(κτίσμα ⋯⋯ τέλειον)로 부르셨지만, (3) [다른] 피조물들 중 하나가 아니고, 산출된 자(γέννημα)로 부르셨지만 [다른] 산출된 자들 중 하나같이 부르시지 않았습니다; 또한 발렌티누스가 아버지의 생산을 유출(προβολή)로 가르치는 것과 같은 방식이 아니고, 마니가 그 생산을 아버지와 본질적으로 동등한 쪼가리(μέρος ὁμοούσιον)같이 말하는 식으로 된 것이 아닙니다; 심지어는 사벨리우스가 하나(μονάς)를 나누어서 "아들 아버지"(υἱωπάτωρ)라고 말하는 식으로도 아니고, 그 생산을 히에라카스[1]가 말하는 다른 빛에서 불붙여 온 빛으로 (생각)하든가 아니면 나누어진 불꽃[2]같은 식으로도 아니고, 전에 [이미] 있던 자가 추후에 아들로 태어났든가 덧붙여서 생산되는 방식으로도 아닙니다. 하나님께 복 받은 당신도 교회와 [성직자들의] 모임에서 그러한 것을 제시하는 자들을 한 번 이상 바르게 지적해 주셨던 것처럼 말입니다. 오히려 우리는 그분이 하나님의 뜻으로 말미암아 시간과 영원 이전에 생산되었으며 성부로부터 생명, 존재와 성부께서 그분과 함께 존재토록 하신 영광(δόξαι)을 받으셨다고 말합니다. (4) 왜냐하면 성부께서는 그분께 모든 것을 유업으로 주실 때 생겨남이 없이 처음부터 자기 안에 가지고 계신 것을 잃지는 않기 때문입니다; 그는 모든 존재의 원천이십니다. 따라서 세 분의 위격[: 성부, 성자와 성령]이 계십니다. 말하자면 하나님은 모든 존재의 근원이시기에 절대적으로 홀로(μονώτατος) 근원이 없으십니다. 성자는 시간 밖에서(ἀχρόνως)

성부로부터 탄생하였고, 모든 영원 이전에 만들어지고 갖추어졌기에 생산되기 전에는 계시지 않았습니다; 하지만 이분만이 시간 밖에서 모든 것[다른 피조물]들 이전에 생산되었기에 성부[자신]로부터 존재로 불리워졌습니다. 그는 영원하지도 않고 성부와 함께 영원하지도 않으며 성부와 함께 비출생을 나누어 가지지도 않습니다 (*οὐδὲ…… ἐστιν…… συναγέννητος τῷ πατρί*); 또한 그는 어떤 사람들이 [아리스토텔레스]의 관계의 범주(*τὰ πρός τι*)[3]를 보면서 두 개의 비출생의 원리를 도입시키는 것처럼 성부와 함께 존재를 가지지도 않았습니다…… 오히려 하나님께서는 일자(*μονάς*)이시며 모든 존새의 근원으로서 만물보다 앞에 계십니다…… (5) …… 하지만 "그에게서 나오며", "그의 배에서 나오며"[시 109(110), 3]를…… 어떤 사람들이 해석하기를 이 구절들은 [로고스가] 그에게서, 곧 [그와] 동일본질 [및 같은 종류](*μέρος αὐτοῦ ὁμοουσίου*)에게서 나온 한 조각, 그리고 유출이라고 합니다. 그렇다면 그들의 생각 대로라면 성부가 합성되었고, 나누어질 수 있고, 가변적이고, 육체적이라는 것이며; 그러한 것들인 한에는 비육체적인 하나님께서 육체에 해당되는 것들을 겪으시게 되는 것입니다.

c) 알렉산드리아의 알렉산더 감독과 아리우스에게 보낸 콘스탄틴의 편지가 말해주는 콘스탄틴의 교회논쟁에 개입(324년 10월: Urkunde 17)

황제는 논쟁 양 당사자에게 동시에 제안을 하면서 논쟁의 양쪽 진영 위에 있는 자기의 위치를 부각시켰다. 이러한 자기의 개입은 하나님께서 자기에게 부과하신 이중 사명에 그 근거를 가지고 있다고 그는 생각하였다: 한편으로는 백성의 종교적 목적에 "같은 형식"을 취하도록 하며 하나로 묶는 것이고, 다른 한편으로는 온 천하에 있는 상처받은 육신들을 소생케 하며 낫게 하는 것을 말한다. 그는 자기 소망대로 "하나님의 종들" 가운데에 완전한 일치가 이루어진다면 공공의 업무들도 만인의 경건한 사고에 걸맞는 것, 곧 더 좋은 것을 지향하게 되리라고 알고 있었다(§1). 이 때문에 아프리카에서[4] 생각이 짧은 경박함으로 결속 대신 분열이 공적예배를 주도했다는 것은 이미 명백하게 제정신이라고 할 수 없다(§2, 3).

(4) …… 그런데 사람들이 나에게 당신들 가운데 거기[아프리카]에 남아 있는 것보다 더 심각한 분열이 일어나고 있다는 것을 전해줄 때 우선은 내 귀 혹은 내 마음에 어떤 치명적인 상처를 주었던지…… 하지만 지금은 내가 이 [논쟁의] 동기와 문제점을 곰곰 생각하였기 때문에 그 명분은 관심도 없고 절대로 그러한 쟁투의 가치가 없다는 것이 드러났다. 그래서 할 수 없이 당신들에게 이 편지를 보내며, 당신들의 마음에 호소하고 하나님의 가호를 힘입어 허락이 되는 대로 서로 아웅다웅하는 이 싸움 한복판에 나를 당신들 가운데에 평화를 가지고 오는 자로 내어놓노라. (6) 내가 듣기로 오늘의 이 모든 싸움은 알렉산더 당신이 장로들에게 율법에 있는 특정 구절(아마도 잠 8, 22ff.) 아니면 물을 가치도 없는 부분에 대해서 생각하는 바를 물었고, 아리우스 당신은 우선은 전혀 생각하지 않았던 것, 혹은 이미 생각했다면 죽어도 입에 담아서는 안 되는 것을 깊이 생각하지 않고 응수하면서 시작되었다고 한다…… (7) 말하자면 당신들 각자는 동등하게 다른 자를 용서하고 당신들의 동역자들(*συνθεράπων*)[5]이 정당하게 조언한 것을 들어야 한다…… (9) …… 하지만 율법에 있는 주요한 가르침 중 어떤 것도 구실을 제공하지 않았고 당신들이 하나님을 섬기는 것과 관련해서 그 어떤 근본적인 혁신(*καινὴ…… αἵρεσις*[6])이 도입되지 않았다; 오히려 당신들은 하나의 마음이며, 그래서 일치의 언약을 찾아낼 수 있었어야 했다. (13) 물론 어쨌든 시시한 것이 분명한 질문에서 철저하게 하나의 마음을 가져야 한다고 당신들을

협박하듯 말하는 것은 아니다…… (14) 하나님의 섭리(πρόνοια)와 최고의 존재에 관해서는 [물론] 하나의 신앙, 하나의 이해가…… 있어야 한다; 하지만 이러한 사소한 질문들에 관해서 서로 면밀하게 생각한 것은 혹시 그것이 일치된 생각에까지 도달하지 않았다면 당연히 당신들 각자의 아주 깊고도 드러내지 않은 생각 속에 간직되어야 한다. 반대로 우정어린 연합이라는 고귀한 선, 진리에 대한 믿음, 하나님에게 드려지고 율법을 섬김에 드려지는 명예는 너희 가운데 흔들리지 않고 보존되어야 한다……

원전 : H. G. Opitz, Athanasius Werke, 3, 1. Urkunden zur Geschichte des arianischen Streites 318-328, 1934f.—참고문헌: M. Simonetti, Studi sull' Arianesimo, Rom 1965; F. Ricken, Das Homousios von Nikaia als Krisis des altchristlichen Platonismus, (현재) in; H. Schlier u. a., Zur Frühgeschichte des Christologie, 1970; E. Boularand, L'hérésie d' Arius et la foi de Nicée, Paris, 1972; M. Simonetti, La crisi ariana nel IV seculo, Stud. Aug. 2, Rom 1975; R. Lorenz, Arius Judaizans?, 1979; R. C. Gregg/D. E. Groh, Early Arianism, London, 1981; R. C. Gregg (ed.), ARANISM, Philadelphia, 1985; R. Williams, Arius, London, 1987; R. P. C. Hanson, The Search for the Christian Doctrine of God, Edinburgh, 1988; A. M. Ritter, Arius Redivivus? Ein Jahrzwölft Arianismusforschung, ThR 55, 1990, S. 153-187; ders., in: HDThG², I, S. 144ff.; G. C. Stead, Arius in Modern Research, JThS 45, 1994, S. 24-36.

1) 다방면으로 학식이 풍부한 이집트인(약 270-360)이며 오리게네스주의자이고 (오늘날은 사라진) 성경주석과 시편 집필자이다.
2) 횃불은 대부분 나뭇가지나 나무 쪼가리 묶음을 말하기 때문에 쉽게 나누어진다. 곧: 어둠 속에 있는 두 사람 중 한 사람이 불붙는 횃불을 가지고 다른 자에게 그 반을 나누어주어서 그 한 횃불이 둘에게 나누어지게 된다(H. Görgemanns).
3) 아리스토텔레스, 범주론 7b. 15를 비교하라.
4) 위 Nr. 48. 50d를 비교하라.

5) "외적인 업무들[또는: 외부에 있는 자들]을 위한 감독"이라는 콘스탄틴의 자기 호칭을 비교하라(*ἐπίσκοπος τῶν ἐκτός* [유세비우스, 콘스탄틴의 생애 4, 24]).
6) 문맥을 통해서 추측한 *αἵρεσις* 해석에 관해서는 H. Doerries[Nr. 50], S. 57, 각주 2를 보라.

55. 콘스탄틴이 324년 속주민들에게 보낸 편지에 나타난 종교활동 용인 약속 다짐

(유세비우스, 콘스탄틴의 생애 2, 56)

리키니우스에게 승리(324년 9월)하고 나서 콘스탄틴은 동방 속주민들에게 두 개의 커다란 서신을 발송하였다. 그 첫 번째 서신(유세비우스, 콘스탄틴의 생애 2, 24-42)은 과거 박해와 새로운 박해에 희생된 것들을 포괄적으로 복권 및 보상하도록 관료들에게 독려하고 있다. 동방 속주에 있는 그리스도인들에게 보낸 두 번째 서신(같은 책, 2, 48-60)은 "밀라노 칙령"의 용인약속을 갱신하였다. 그런데 이번에는 기독교인들을 향해서만이 아니라, 이교도들도 해당되었다. 곧 이 편지는 기도 형태로 마무리를 하는 "변증론의 성격을 지닌 선교서신"이다(H. Kraft):

(56, 1) 나의 소망은 당신의 백성이 온 땅(*οἰκουμένη*)에서 그리고 모든 사람이 보편적인 최고의 복지를 누림으로 평강하게 살고 분열이 없는 것입니다(*ἀστασίαστος*). 신앙인들[곧 기독교인들]과 마찬가지로 잘못된 자들도 같은 평강과 같은 안락함을 얻고 기쁘게 누려야 합니다. 왜냐하면 공동의 희열은 그들까지도 더 나은 길과 바른 길로 인도할 수 있기 때문입니다. (2) 오직 당신이 당신의 성스러운 법 안에서 안식하도록 한 자만이 거룩하고 정결

하게 산다는 것을 바른 생각을 가진 자들은 잘 압니다. 하지만 이에서 벗어나는 자들은 자기들 뜻에 따라서 자기들 기만의 성전을 붙들 수밖에 없습니다; [하지만] 우리는 그 빛나는 당신의 진리의 집을 붙듭니다. 당신께서 자연에 합당하게(*κατὰ φύσιν*) 주신 것을 저들에게도 허락하셔서 저들도 보편적인 일치에 눈을 뜨는 것과 같은 그 내적인 기쁨을 경험하게 되기를 간구하나이다.

원전 : I. A. Heikel, [Nr. 50]—참고문헌: A. H. M. Jones, Notes on the Genuineness of the Constantinian Documents in Eusebius' Life of Constantine, JEH 5, 1954, S. 196ff; H. Doerries, [Nr. 50]; H. Kraft, [Nr. 50]; P. R. Coleman-Norton, [Nr. 52].

56. 니케아 공의회와 니케아 신조

콘스탄틴에 의해서 단독통치권이 확립된 이후 곧바로 아리우스(와 알렉산더)를 둘러싼 논쟁이 발발하였다. 논쟁의 양쪽 당사자들(위 Nr. 54c를 보라)에게 호소로도, 또 교회 문제에 관해서 황제의 자문가인 코르도바의 오시우스(Ossius von Cordoba)의 직무수행에도 불구하고 알렉산드리아와 안디옥(325년 초)의 교회적 평강이 다시금 깨어지게 되었다. 이때 황제는 아를르의 전례(위 [Nr. 50d]를 보라)를 따라서 온 나라의 감독들을 황제의 거처 니코메디아와 가까운 한 지방의 작은 도시 니케아(Nikaia)로 공의회를 소집하였다. 서방에서는 소수의 사람들만이 참여하였고 삼위일체 신학적 논쟁을 종식시키려는 주 목적은 이루지 못하고 결국 국가를 반목으로 끌고 갔다. 하지만 "에큐메니칼" 공의회의 첫 번째인

이 "318명 교부들"의 공의회는 이후 모든 교리 결정의 근거요 "황제의 공의회 권세"의 모델로서 탁월한 권위를 얻었다.

a) 알렉산드리아, 이집트, 리비아와 펜타폴리스에 보낸 공의회 교서에서 보는 공의회의 협상들(Urkunde 23)

(2) 하나님의 은혜와 하나님께서 아주 사랑하시는(θεοφιλέστατος) 콘스탄틴 황제께서 모든 속주와 도시들에 있는 우리를 크고도 거룩한 공의회로 니케아에 불러 모았다. 그 거룩한 공의회에 대해서 무조건적으로 필요하다고 여겨진 것은 너희에게 편지를 보내어 너희로 무엇이 논의되고 검증되었으며, 무엇이 결정되고 확고하게 되었는지 알게 하는 것이었다. 무엇보다도 하나님께서 아주 사랑하시는 콘스탄틴 황제가 계시는 가운데 아리우스와 그의 추종자들의 불경과 범법과 관련된 모든 것을 점검하였다; (3) 그리고 아래의 결정이 만장일치로 가결되었다. 그의 불경한 주장(δόξα)에 대해서 파문을 결정하였고, 하나님의 아들과 관련한 그의 모독에 사용한 망령된 표현방식과 개념들도 마찬가지였다. 곧 그분은 "무로부터" 계시게 되었고, "그가 탄생하기 전에는 계시지 않았고", "그가 없던" "시간"이 있었다; 그분은 자기 의지의 결정으로(αὐτεξουσιότης) 악과 덕을 선택할 수 있으며, 그[아리우스]가 부르고 이름을 붙였듯이, 하나의 피조물이요 만들어진 자이다. (4) 이 모든 것에 대해서 성스러운 공의회는 파문선포를 하였다. 왜냐하면 공의회는 그런 불경한 가르침, 그런 왜곡된 뜻과 그런 불경한 주장은 들으려고 하지 않았기 때문이다...... (5) ...... 하지만 하나님의 은혜는 이집트를 그 악한 가르침들(κακοδοξία)과 모독과 [그와 함께] 그런 사람들로부터 자유케 하셨다. 곧 그들은 그때까지 [또는: (박해가 끝난 후에) 새로이(ἄνωθεν)] 평강 가운데 거하는 백성들 사이에 혼란과 갈등을 감히 심은 자들이다. 그 후에 멜리티우스와 그가 서임한 자들의 오만불손함(προπέτεια)과

관련한 문제를 해결하는 작업이 있었다; 사랑하는 형제들이여, 우리는 이 문제에 관해서 공의회가 결정한 것에 관해서도 너희에게 알려주기를 원한다……

중부 이집트에서 발생한 멜리티우스주의자들의 분열을 말한다. 그들의 대변인은 리코폴리스의 감독 멜리티우스(Melitius von Lykopolis)였다. 그는 디오클레티안 박해 동안에 그 도피했던 알렉산드리아의 감독 베드로의 교구에서 서임을 주관하였다. 306년(?) 돌아온 베드로는 그 이유 때문에 멜리티우스의 감독권을 박탈하고 부활절 축하서신을 통해서 14개 회개법령을 선포하였다. 이 법령은 사례별로 차별적인 회개기간을 정해주는 것들이었고, 또 감독의 관대함도 나타내는 것이었다. 그러자 반목이 치열해지고 엄격주의자들이 멜리티우스를 중심으로 "순교자들의 교회"를 형성하였다. 니케아 공의회 기간에 이집트에는 34개의 멜리티우스 감독교구(약 총 100개 중에서)가 있었다고 본다.—공의회서신이 말하기는 이 문제로 멜리티우스와 그가 서임한 성직자들은 유임시키지만 권한을 제한하어서 서인권이나 서임 대상으로 선출되는 데에는 능동적인 참여권이 없도록 결정되었다; 또한 공석이 발생할 경우에는 그 후보자로 고려의 대상이 되어야 한다고 결정되었다. 멜리티우스 본인은 지난 불순종과 주제를 넘는 성향은 특별한 규정을 필요로 하다는 이유로 제외되었다(§ 6-10).

(11) 특별히 이집트와 거룩하고도 거룩한 알렉산드리아 교회에 해당하는 논의와 결정들은 그렇게 났다. 그밖에 존경받을 우리의 동료감독(*συλλειτουργός*)과 형제인 주 알렉산더의 입회 하에 판단되고 결정된 것은 알렉산더가 이 과정에 중차대한 몫을 감당했기에 그가 돌아와서 직접 너희에게 조목조목 밝힐 것이다. (12) 하지만 너희의 기도 덕분에 부활절 축제(*τὸ ἅγιον πάσχα*)[거행]와 관련한 의견 일치가 다시금 이루어졌다는 기쁜 소식을 너희에게 알리는 것까지는 우리가 기꺼이 원하는 바이다. 그 축제를 지금까지 유

대인들과 동시에[곧 유대교의 유월절, 니산월 14일; 그래서 그들의 이름이 "14일주의자들"] 거행하는 동방에 있는 모든 형제들은 이제부터 로마교인들, 너희들 그리고 너희와 함께 옛적부터 [올바른] 부활절을 고수하였던 우리들 모두가 함께 거행하게 되었다.

알렉산더가 돌아올 때 그가 받아 마땅한 예를 갖추고 순종의 자세로써 맞이하라는 권고와 마무리 소망으로 이 편지는 끝을 맺는다(§13).

b) 니케아 신조(N)

우리는 한 분 하나님 아버지, 전능자이시며 보이는 것과 보이지 않는 만물의 창조자를 믿습니다; 그리고 주 예수 그리스도, 하나님의 아들, 아버지로부터, 곧 아버지의 존재로부터(*τουτέστιν ἐκ τῆς οὐσίας τοῦ πατρός*) 낳으신 독생자(*μονογενής*)를 믿습니다. 이는 하나님으로부터 온 하나님이요, 빛으로부터 온 빛이요 참 하나님께로부터 온 참 하나님이시고, 나으셨지 만들어지지 않으셨고, 아버지와 한 존재이시며(*θεὸν ἀληθινὸν ἐκ θεοῦ ἀληθινοῦ, γεννηθέντα οὐ ποιηθέντα, ὁμοούσιον τῷ πατρί*), 그를 통해서 만물, 곧 하늘 위에 있는 것과 땅 위에 있는 것이 생겨났으며, 그는 인간과 우리 구원을 위해서 내려오셔서 육신이 되시고 사람이셨으며, 고난 받으시고 사흘 만에 부활하시고 하늘로 오르셨으며, [또] 산 자와 죽은 자를 심판하시기 위해서 오실 것을 믿습니다; 성령을 믿습니다.

그런데 "그분이 없을 때가 있었다"와 "태어나시기 전에는 없었다"와 "없던 자에서 그는 생겨났다"라고 말하는 자들이나 그분은 [아버지가] 아닌 다른 실체나 존재(*οὐσία*)에서 오셨다거나 하나님의 아들은 [만들어졌거나] 변하거나 바뀔 수 있다([*ἢ κτιστὸν*] *ἢ τρεπτὸν ἢ ἀλλοιωτόν*)고 말하는 자들을 사도적 공교회가 저주하노라.

c) 동일본질(Homousios)의 삽입과 유세비우스가 자기 교구에 보낸 편지가 말하는 그 의미(Urkunde 22)

니케아신조(N)의 작성(시리아-팔레스타인 지역의 옛 신앙 규범에 기초를 두고 있는 것이 분명하다)과 핵심 단어인 호모우시오스 삽입에 대한 가장 중요하고—또 이론의 여지가 없는—원전의 하나는 가이사랴의 유세비우스가 공의회 중에 또는 폐회 직후에 자기 교구에 보낸 편지이다. 유세비우스는 자기 편지를 다음과 같은 말로 시작하며 뒷받침한다. 곧 수신자들은 "니케아에서 모인 공의회에서 교회 신앙과의 관계에서 논의"된 것을 보고 소문에 불과한 것에 의존하는 일은 없어야 한다는 것이다. 그리고 무엇보다도 먼저 "자기가 제출한 자기 신앙에 관한 설명(*περὶ πίστεως γραφή*)"을 전하고 싶다고 미리 알리고는 "다음으로 그들[곧 공의회 대부분의 계파들]이 자기의 입장표명(*φωναί*)에 몇 개의 사항만 덧붙이면서 제시한 두 번째 [설명]"을 하겠다고 예고했다(§1). 물론 그는 자기 자신의 "신앙설명"이 필수적인 것이 된 데 관해서는 노련하게 연막을 쳤다. 그 다음으로 "하나님께서 가장 사랑하시는 황제의 임석 중에 읽고" 올바르다고 판단된 "신앙설명"이 뒤따른다(§ 2-6).

(7) 우리가 제출한 이 신앙은 어디에도 모순이 없다; 하지만 하나님께서 아주 사랑하시는 황제는 그 누가 그 단어를 취하기도 전에 [뚜렷하게] 증언하기를 그것[이 신앙]은 완전한 정통 가르침이라고 하였다. 나아가서 자기 자신의 생각은 바로 이것과 일치한다고 고백하고는 모든 배석자들에게 거기에 동의하라고 명하였다…… 곧 동일본질(*ὁμοούσιος*)이라는 하나의 단어를 삽입해야 한다는 것이다. 거기에 그는 그 단어를 해석하기를: 성자가 동일본질이라는 것은 육체적인 겪음의 의미(*κατὰ τῶν σωμάτων πάθη*)가 아니고 아버지로부터 존재가 되었다는 것이다. 곧 나눔이나 분리의 결과가 아니다; 왜냐하면 비물질적이고 영적이며 비

육체적인 존재[하나님]는 그 어떤 육체적 영향을 겪지 않기 때문이다; 오히려 그런 일들에 관해서 우리에게 신적이고 형용할 수 없는 방식으로 하나의 개념을 만드는 것은 우리의 일이라고 하였다. 이것이 가장 지혜로우시고 가장 하나님이 기뻐하시는 우리 황제의 생각이었다. 하지만 저들은 [황제가 바라는] 그 단어의 삽입이라는 구실(*πρόφασις*) 하에서 아래 문서를 작성하였다……

그리고는 위에서 제시한 니케아신조가 "만들어지거나"(*ἢ κτιστόν*)까지 모두 일치되는 인용이 뒤따른다(§8).

(9) 그들이 이 형식을 제안했을 때, 우리는 무슨 의미에서 "아버지의 존재로부터"와 "아버지와 동일본질이시고"를 사용했는지 묻는 것을 빼놓지 않았다. 이어서 질문과 답변이 따랐고, 이 용어의 의미를 묻는 데까지 토론하였다. 그래서 그들은 "[아버지의] 존재로부터"라는 문장은 아들이 자기의 존재를 아버지로부터 가졌지만 아버지의 한 부분이 아니라는 것을 가리킨다고 고백하였다. (10) 그런 이해를 전제하는 가운데 우리는 동의를 표하는 것이 옳다고 생각하였다……, 특히 우리는 높은 목표인 평강을 주목하고 있다는 것을…… (11) 이러한 방식으로 우리는 "태어나셨지, 만들어지지 않았다"를 받아들였다. 왜냐하면 그들은 "만들어졌다"로 아들을 그를 통해서 존재가 되었지만 그와는 전혀 유사성이 없는 다른 피조물들과 공통적인 것으로 만든다는 것을 분명히 했기 때문이다…… (15) 그들이 만들어낸 신앙과 관련된 저주문도 우리는 악의가 없다(*ἄλυπος*)고 여겼다; 하지만 저주문이 성경에 걸맞지 않으며 교회[안에 있는]에 거의 모든 혼란과 불안을 불러일으킨 개념[만큼]을 사용하는 것은 허락하지 않았다[!]……

d) 법령 5와 6

니케아에서 접하게 된 20개의 교회법령들(Kanones) 중에서 역사적으로 가장 큰 의미를 갖는 것은 제국 속주(Eparchien[Nr. 46a]을 비교하라)와의 연계 속에서 교회적으로 대도시체제를 도입하였던 것들(제 5법령) 및 알렉산드리아와 안디옥의 특별한 위치(동일하게 언급된 로마에까지는 영향을 끼치지 않는다)를 언급하며 훗날의 총대주교체제에 길을 연 법령이다(제6법령).

(제5법령) 성직자들과 평신도들의 파문과 관련해서는 각 속주($\dot{\epsilon}\pi\alpha\rho\chi\acute{\iota}\alpha$) 감독들의 판결 선언이 법적인 효력을 가진다. 감독에 의해서 파문된 자는 다른 사람들에 의해서 받아들여질 수 없다는 규칙을 따라야 한다…… [하지만 자의성을 피하기 위해서] 각 속주에서 매년 두 번씩 공의회, 곧 해당 속주의 모든 감독들이 참여하는 공의회를 연다는 결정을 내렸다; 감독들은 공동으로 조사를 행해야 한다[그리고 그들의 결정은 그들 스스로 다시 폐기 또는 약화시키기 전까지 효력을 갖는다]…… 이 공의회 중에서 한 번은 테사라코스테[부활절로부터 40일의 금식기간] 시작 이전에……, 다른 한 번은 가을에 개최해야 한다.

(제6법령) 이집트, 리비아, 펜타폴리스와 관련된 옛 관습들은 보존되어야 한다. 그에 따르면 알렉산드리아의 감독이 이 모든 것[속주들] 위에 사법권($\dot{\epsilon}\xi o\upsilon\sigma\acute{\iota}\alpha$)을 가지는 것을 말한다. 로마 감독에게도 이런 종류의 관습법($\tau\grave{o}$ $\tau o\iota o\hat{\upsilon}\tau o\nu$ $\sigma\acute{\upsilon}\nu\eta\theta\epsilon\varsigma$)이 있다. 이와 같이 안디옥과 그밖의 속주들에게도 전래되어 온 우선권($\tau\grave{\alpha}$ $\pi\rho\epsilon\sigma\beta\epsilon\hat{\iota}\alpha$)이 유지되어야 한다. 그 외에 만일 그 누군가가 메트로폴리탄[곧 대도시 = 속주 수도의 감독]의 동의 없이 감독이 된 경우에는 그의 감독직을 상실한다고 큰 공의회가 분명히 확정하였다. 그렇지만 그 선택이 모든 사람에 의해서 공동으로, 신중하게

그리고 교회질서에 합당하게 이루어졌다면, 아무리 두세 명의 감독이 모순된 생각으로 반대한다고 할지라도 대다수의 결정이 효력을 가져 마땅하다.

원전 : H. G. Opitz, [Nr. 54]; G. L. Dossetti, Il simbolo di Nicea e di Constantinopoli, Rom, 1967; J. Alberigo u. a., Conciliorum Oecumenicorum Decreta, 1962.—참고문헌: 위 Nr. 54를 비교하라; 덧붙여서 J. N. D. Kelly, [Nr. 42], S. 205-259; G. C. Stead, 'Eusebius' and the Council of Nicea, JThS NS 24, 1973, S. 85-100; ders., Art. Homousios, RAC 16, 1994, S. 364-433, 특히 401ff.; L. Abramowski, Die Synode von Antiochien 324/325 und ihr Symbol, ZKG 86, 1975, S. 356-366; H. von Campenhausen, Das Bekenntnis Eusebs von Caesarea (Nicaea 325), ZNW 67, 1976, S. 123-139; H. C. Brennecke, Art. Nicäa I, TRE 24, 1994, S. 249-441; A. M. Ritter, in: HDThG I, [2]1999, S. 163ff.(참고문헌 포함); 그밖에는 Nr. 54의 참고문헌을 비교하라.

57. 326년 콘스탄틴의 이단법령

(유세비우스, 콘스탄틴의 생애 3, 64f.)

콘스탄틴은 그 누구도 강제로 그 어떤 신을 숭배해서는 안 된다는 인식을 버린 적이 한 번도 없다. 그래서 그는 이교도들보다 이단들에게 관용을 훨씬 덜 베풀었다. 아래의 "신이 없는 이단들에게 보내는 편지", 곧 "콘스탄틴이 보낸 모든 진정한 편지들 중에서 제일 분노에 찬 편지"(H. Kraft)가 그것을 증명한다. 기독교의 이단법 반포는 이 편지로 서막을 연다. 이 모순적으로 보이는 행동의 근거에 관해서는 위 Nr. 55i를 보라.

Nr. 54c와 비교하라.

(64, 1) 너희 노바티안주의자, 발렌티누스주의자, 마르키온주의자, 바울주의자[1], "프리기아"라는 말로 불리는 너희들[2], 그러니까 축약해서 너희의 특별한 회집(*συστήματα*)을 통해서 분파를 형성하는 모든 자들아, 너희는 이 법(*νομοθεσία*)을 통해서 너희의 우둔함이 어떤 거짓에 얽혀 있으며 너희 가르침이 어떤 사망의 독에 흠뻑 젖어서 너희로 말미암아 건강한 자들이 병으로, 살아 있는 자들이 영원한 죽음으로 끌려갔는지 깨달으라. (2) …… (3) 하지만 시간의 부족과 우리의 [또 다른] 일들이 우리에게 너희의 흉악함에 관해서 단지 필수불가결한 것만을 말하는 것도 허락하지 않는데, 우리가 무엇을 낱낱이 열거해야 하겠는가? …… (4) 그러니까 그 어떤 흉악함을 더 참아야 하겠는가? 우리의 오랜 관용이 만들어낸 것이라고는 건강한 자들까지 페스트 같은 병에 침투되도록 만든 것뿐이다. 그러니까 왜 공적으로 증명된 엄격함(*δημοσία ἐπιστρέφεια*)을 통해서 가능한 한 조속히 이 큰 악의 뿌리를 뽑지 않겠는가?

(65, 1) 이러한 의도를 가지고 이 법(*νόμος*)으로 이제부터 너희 중 누구도 모임을 개최하려 해서는 안 된다는 것을 명하노라. 그러므로 또한 명하는 바 너희가 모임들(*συνέδρια*)을 개최했던 너희의 모든 집들을 몰수하노라; 우리의 염려는 공적으로만이 아니라 절대로 개인집이나 사유지역에서 너희의 미혹하는 미친 모임이 거행되어서는 안 되는 것까지 포함하노라. (2) …… [어떤 경우에서고] 우리가 통치하는 이 행복한 시기로부터 너희의 잘못된 가르침의 속임수, 곧 이단들과 분리자들의 저주해 마땅하며 썩어 없어질 반목을 철저히 추방하노라. 말하자면 하나님의 은혜로 말미암아 (*σὺν θεῷ*) 우리가 즐거워할 수 있는 행복에 [도움이 되고] 걸맞는 것은 자기 삶을 장차 올 복에 대한 소망으로 이끄는 모든 사람들

을…… 어둠에서 빛으로, 오류의 광기에서 진리로, 죽음에서 구원(σωτηρία)으로 인도하는 것이다. (3) 하지만 이 치유(θεραπεία)에 필수적인 강조(ἴσχυς)를 주기 위해서 지금까지 말한 것처럼 우리는 이 미신의 모든 집회 장소들, 말하자면 모든 이단들의 신전(이것들을 신전이라고 이름 붙일 수 있다면)을 압류할 것을 명한다. 그리고 그것을 이의를 제기할 여지도 없고 지체도 없이 공교회에 넘겨주며, 그러나 그밖의 장소들은 국고에 귀속시키고, 또 장래에 너희가 모일 수 있는 어떤 가능성도 허락하지 않노라.

원전 : I. A. Heikel, [Nr. 50] — 참고문헌: H. Doerries, [Nr. 50]; ders., Konstantinische Wende und Glaubensfreiheit, in: ders., Wort und Stunde, 1, 1966, S. 1-117, 특히 103ff.; H. Kraft, [Nr. 50]; K. I. Noethlichs, Die gesetzgeberischen Maßnahmen der christlichen Kaiser des 4. Jahrhunderts gegen Häretiker, Heiden und Juden, Diss. Köln, 1971.

1) 니케아의 19번째 법령에서 "바울주의자들"이라고 불린 268년 정죄된 사모사타의 바울, 곧 역동적 군주신론 및 "경륜적" 삼위일체 전통을 대표하는 자의 추종자들을 말하는가(F. Loofs)? 그밖의 이단들 명칭에 관해서는 위 Nr. 36a. 25. 15를 보라.
2) "카타프리거"라고 불린 몬타누스주의자들을 말한다: 위 Nr. 18을 보라.

58. 고대 말기의 국가는 전제국가

(테오도시우스 법전 5, 17, 1; 12, 1, 1; 13, 5, 1)

"콘스탄틴의 회심" 이후 로마제국은 기독교의 중심부로부터 발생한 문제점들에 점점 더 많은 힘을 쏟아 붓는 부차적인 부담을 안게 되었다

(위 Nr. 54c. 57을 보라). 나아가서 디오클레티안에 의해서 취해진 개혁 조치들(위 Nr. 46b를 보라)과 함께 "싹텄지만, 나중에는 더 광범위한 붕괴로 치닫게 된"(N. Brockmeyer) 단기간의 경제적 도약이 이루어졌다. 더욱이 외부로부터의 위협(게르만족의 침입)은 4세기를 지내는 동안 더욱 강하여 졌다. 이 때문에 아래 증거들이 말하여주듯이 전체적으로 볼 때 통치체계의 강압적인 특성(Dominat)은 별로 변하지 않았다:

(테오도시우스 법전5, 17, 1[303년 10월 30일]) 다른 자의 소유(iuris alieni)[1]인 소작인이 발견된 자[토지소유자]마다 그 소작인을 온 곳으로 돌려보낼 뿐 아니라 그를 위해서 인두세(capitatio [caput = 남성 노동력])를 [그가 자기 임무를 수행한] 시간만큼 내어야 한다. 도주 계획을 세웠던 농노들은 노예 취급을 하는 방식 대로 쇠사슬에 묶어서 자유민으로서 그들이 해야 할 의무를 노예 신분의 형을 받은 대로 강제적으로 이행하여야 한다.

(테오도시우스 법전12, 1, 1[313년 3월 15일]) 어떤 판사 [및 속주의 총독]도 회원[도시 의회의 구성원]을 공공의 일(civilia munera)[2]에 대한 자기 의무로부터 자유하게 하거나 자기들의 좋은 생각에 따라서 도시의회(curia) 소속에서 풀어주어서는 안 된다. 그 누군가가 불행한 상황으로 말미암아 재정적으로 도움이 필요한 처지에 이르렀다면, 그의 처지를 우리가 알도록 하여서 일정기간 [자기 공동체의] 시민으로서의 자기 의무로부터 자유를 허락하도록 하여야 한다.

(테오도시우스 법전13, 5, 1[319년 3월 19일]) 어떤 사람이 화물선 선주 가문 출신(navicularius originalis)인데 더 소형선(levamentarius)[3]의 선장으로 승격되었다고 하자. 그렇더라도 그는 본래 자기 부모가 속해 있던 바로 그 직업군에 변함없이 머물러야 한다.

원전 : Th. Mommsen [Nr. 52].—참고문헌: N. Brockmeyer [Nr. 3], S. 121ff.(참고문헌 포함).

1) 토지소작인은 땅에 속해 있으며 그가 도망하였기 때문에 도망친 노예(servus fugitivus)로 취급받는다.
2) 여기에 관해서는 Nr. 33b를 보라.
3) W. Arend의 번역 [Nr. 45].

59. 파코미우스(Pachomius)의 수도원

은둔수사들(위 Nr. 53을 보라)을 뒤이어서 그리고 그들과 나란히 4세기에는 "공동생활을 하는" 수도원(*κοινόθιον* 라틴어 vita communis ['공동의 생활'])이 생겨났는데, 이 형태가 앞날의 수도원 모습이다. 이 창시자는 콥트인 파코미우스(346 사망)이다. 이미 320년에 그는 테베에 있는 타벤니시에 수도원을 세웠는데, 후에는 8개의 수도원과 2개의 수녀원이 수도원장 그의 통솔 하에 있게 되었다.

a) 팔라디우스(Paladius)의 수도원 역사에서 보는 파코미우스와 타벤니시(Tabennisi)의 수도사들(Historia Lausiaca 32f.)

(32) 타벤니시는 테베에 있는 한 지역의 이름이다. 이곳에 바른 인생길을 찾아든 사람들 가운데 하나인 파코미우스가 살고 있었다. 그는 예언을 하고 [혹은: 예언을 받고] 천사의 현현을 볼 정도였다…… 언젠가 그가 굴속에 앉아 있을 때 천사가 나타나서 말을 하였다: "너 스스로를 위해서라면 모든 것을 올바르게 하였다(*Τὰ κατὰ σαυτὸν κατώρθωσας*), 그러니까 너는 불필요하게 동굴에 앉아 있는 것이다! 밖으로 가서 모든 젊은 수사들을 모아가지고

그들과 함께 거하며 그들을 위하여 내가 네게 주는 모범을 따라서 하나의 규율을 세워라(*νομοθέτησον*)." 그리고는 천사가 그에게 하나의 동판을 건네주었는데 거기에는 아래와 같은 것이 쓰여 있었다:

"모두 자기 능력껏 먹고 마시도록 하고 능력에 따라서 일을 분배하라. 금식도 먹는 것도 방해하지 마라. 하지만 더 행할 능력이 있는 자들에게는 더 많이 행하도록 명하는 반면에 더 나약하며 더 엄격하게 금욕생활을 하는 자들에게는 더 손쉬운 일을 나누어 주도록 하여라. 수사들의 촌락(*αὐλή*)에 여러 장막을 치고는 한 장막에 세 명씩 거하도록 하라. 하지만 식사는 한 집에 차리도록 하라. 그들은 누워서 취침하지 말고 비스듬한 의자를 만들고는 그 위에 양탄자를 깔고 거기 앉아서 자야 한다. 밤에는 셔츠와 베를 걸치고 허리는 묶도록 하라. [낮에는] 무두질한 염소 가죽을 걸치되 그것을 탁자에도 벗어 놓아서는 안 된다. 안식일과 주님의 날에 그들이 성찬식에 갈 때는 허리띠를 풀고 염소 가죽을 벗어 놓고 오직 쿠쿨레[1)]만 걸치고 교회에 들어가야 한다. 쿠쿨레는 아이들 것같이 안감을 대지 않아야 하고 단지 자주색 십자가만 낙인찍혀 있어야 한다. [나아가서] 수사들은 24 부서(*τάγματα*)로 나누고는 매 부서에 [특징으로] 희랍어 알파벳 글자를 주어라…… 단순하고 맑은 존재를 가진 자들에게는 이오타(I)를 주고 무뚝뚝하고 미지근한 자들에게는 X를 주어라…… 다른 규율(*τύπος*)을 따르는 다른 수도원에서 손님이 오거든 이 수사들과 함께 먹거나 마셔서는 안 되고 여행 중에 있는 경우가 아니라면 집에 들이지도 말라…… 식사 중에 수사들은 쿠쿨레로 머리를 감싸서 형제가 다른 형제의 먹는 것을 보지 못하게 하라. 또한 식사 중에 말하거나 접시나 식탁이 아닌 다른 곳을 바라보아서는 안 된다. 하루 종일 열두 번의 기도를 하고, 불을 밝히는 시간과 한밤중에도 마찬가지로 각각 열두 번의 기도를 하고 제9시에는 세 번을 하라. 무리가 탁자에 앉을 때도 매 기도에 앞서서 시편찬송을 해야 한다."

여기에 대해서 천사에게 파코미우스가 기도가 너무 작지 않느냐고 반문을 하자 천사가 대답하였다: "기도를 그렇게 확정하므로 작은 자들(*μικροί*)까지도 어려움 없이 이 규정을 지킬 수 있도록 한 것이다. 완전한 자들은 아무런 규율(*νομοθεσία*)도 필요치 않다; 하지만 이들은 자기의 장막에서 자기 자신들을 위해서 일생을 하나님 관조(*θεωρία*)에 전념하여야 한다. 반면에 통찰력을 덜 가진 자들 모두에게 이 규율을 주어서 최소한 종처럼 규율을 따라서 살고 좀 편하게(*παρρησία*) 살 수 있도록 한 것이다." 이 규율을 따라서 설립된 수도원들이 제법 많았다; 수도사들이 거의 7000명에 달하였다. 첫 번째 수도원이며 모체가 되는 수도원에 파코미우스가 살고 있었다……; 거기에는 1300명의 수도사가 있었다.…… [파코미우스 식의 수도원들에는] 각양 수공업이 행해지고 있으며, 얻은 소득으로 그들은 수녀원과 죄수들을 돌보고 있었다…… 그들은 성경 전체를 암기하고 있었다(*ἀποστηθίζουσι*).

(33) 약 400명의 수녀들이 있는 수녀원이 있다; 이 수녀들은 바로 그 규율을 따르고 있으며 단지 염소 가죽을 걸치지 않는다는 것뿐이지 같은 생활방식을 취하고 있다. 수녀들은 [나일] 강 저편에, 수사들은 이편에 거한다. 혹시 수녀 하나가 죽으면 그 시체를 다른 수녀들이 방부 처리를 하여 강둑으로 운반하고 거기에 내려놓는다; 그러면 형제들이 보트로 건너와서는 죽은 자를 야자수와 종려나무 가지와 함께 시편을 부르면서 건너편 둑으로 옮겨서 거기 자신들의 장지에 안장한다. 장로와 집사를 예외로 하고는 누구도 수녀원에 발을 들여놓을 수 없다; 그리고 이들도 주의 날에만 온다……

b) 파코미우스 수도규율이 말하는 수도원에 받아들임(규율 49)

파코미우스가 콥트어로 집필한 규율, 곧 우리가 아는 첫 번째 규율은 개별 조항들에서만 후대의 수도원 규율에 영향을 끼친 것이 아니다; 오히려 그때부터 그러한 규율이 있었다고 널리 당연하게 여겨졌다.— 온전하게는 겨우 404년 히에로니무스가 희랍어를 따라서 그대로 완성시킨 라틴어 번역으로만 보존된 파코미우스 수도규율의 전형적인 규정이 아래와 같다:

어떤 사람이 세상을 버리고 형제들의 무리에 합류하겠다는 소망을 가지고 수도원 문에 오면 들어오도록 허락해서는 안 된다; 오히려 수도원의 원장(pater)이 먼저 그에 대해 알아야 한다. 그리고는 그[후보자]는 여러 날 문 앞에 서 있어야 한다. 그리고 그에게 주기도문과 많은 시편을 그가 [외울 수] 있을 정도로 가르쳐야 한다; 그는 힘써서 [자기 소명이 참되다는 것을] 증명하여야 한다: 자기가 어떤 거짓도 행하지 않았고 잠시의 어려움 가운데 [세상]에서 도망치지 않았다는 것과, 누군가의 억압 가운데 있지 않고 또 자기 부모를 부인하고 자기 소유를 경멸할 수 있음을 증명해야 한다. 그리고 그가 모든 면에서 쓸모가 있다 생각하면, 수도원의 다른 질서를 가르쳐야 한다, 곧 무엇을 하여야 하고, 누구를 섬겨야 [및 복종해야] 하는지, 모든 형제들의 모임(collecta)에서나 자기에게 맡겨준 집 안에서나 식탁에서의 규정에서든 말이다: 배우고 선한 행위로 완성이 되면 그때 형제들에게 합류할 수 있다. 그 후에 그에게서 세상 옷을 벗도록 하고 수도사의 옷을 입혀야 한다; 그를 문지기(ostiarius)에게 부탁하고, 문지기가 모든 형제들에게 소개하게 해야 한다; 하지만 그가 [입고 왔고 이제는] 벗어 놓은 것은 이러한 직임을 맡은 자들이 받아 두어야 한다; 옷 창고(repositorium)로 보내어져서 수도원장(princeps monasterii)의 처분에 맡겨진다.

원전 : C. Butler, The Lausiac History of Palladius, II, Cambridge 1904; A. Boon, Pachomiana Latina Règle et Épitres de s. Pachome…… Löwen, 1932.—참고문헌: H. Bacht, Antonius und Pachomius, in: Antonius magnus eremita, hg. v. B. Steidle, Rom, 1956, S. 66-107; ders., Pakhome et ses disciples, in: Théologie de la vie monastique, Paris, 1961, S. 39-71; A. Veilleux, Pachomian Koinonia I-III, Kalamazoo /Mich, 1980-1982; H. Holze, Erfahrung und Theologie im frühen Mönchtum, 1991 (FKDG 48); 그밖에는 Nr. 38을 비교하라.

1) *Τὸ κουκούλλιον* (혹은 *κουκούλιος*[라틴어 cucullus])—어른들이 아닌 아이들이 흔히 걸치고 다니는 [속]옷에 부착된 모자!

60. 330년 콘스탄티노플로 천도

(발레시우스가 말하는 익명인 6, 30)

이교도 역사가 조시무스(Zosimus, 500년경)에 따르면 콘스탄틴이 이방신 숭배를 거부하였기 때문에 벌어들인 원로원과 로마 시민의 점점 커가는 미움은 로마와 같은 무게를 가질 수 있는 도시를 물색하게 만들었다(새로운 역사 2, 30). 이 반대로 유세비우스는 옛 희랍 식민지인 비잔틴 지역에 동방을 위한 두 번째 수도를 세우려는 콘스탄틴의 결단을 모든 비기독교적 존재들로부터 깨끗한 수도를 가져 보려는 그의 소망과 연결시켰다(콘스탄틴의 생애 3, 48). 하지만 실제적으로는 이 새 도시 건설에는 정치적-정략적인 관점이 동기를 주었을 것이다. 아무리 그 결과가 이러한 한계를 뛰어넘었다고 하더라도 말이다. "새로운 로마" 건설의 교회사적으로 중요한 결과는 이를 통해서 발생한 서방 지역의 "권력공백"

이 무엇보다도 기독교화한 제국에 대한 로마의 원로원 귀족들의 저항이 거세어지게 한 것이다. 다른 하나는 독립된 교회 통솔, 곧 교황권이 발생하는 것을 도와주었다. —330년 5월 11일 축제적으로 헌정되고 "콘스탄틴의 도시"로 개명된 새로운 수도 창건에 관해서 익명의 콘스탄틴 연대기의 단편이 말해준다. 이것은 프랑스인 발레시우스가 암미아누스 마르켈리누스 출판에 함께 편집하였으며, 그 이후로 "발레시우스가 말하는 익명인(Anonymus Valesianus 또는 Valesii)"이라고 불린다.

자기[매제이며 동반 황제 리키니우스(Licinius)에 대한] 승리를 기념하면서 콘스탄틴은 [옛]비잔틴을 자기를 따라서 콘스탄티노플로 개명하였다. 그는 그 도시를 마치 자기 고향 도시처럼 갖은 치장으로 장식하였으며 로마와 [그 서열에서] 동등하게 세우려고 하였다; 온갖 곳으로부터 시민들을 불러들였으며 황제인 자기 소유가 거의 바닥이 날 정도로 그들에게 풍성하게 선물하였다. 또한 두 번째 서열의 원로원을 거기에 두었으며 그 구성원들에게 'clari'라는 호칭을 주었다.[1)]

원전 : J. Moreau, Excerpta Valesiana, BT, 1969². —참고문헌: A. M. Schneider, Konstantinopel. Gesicht und Gestalt einer geschichtlichen Weltmetropole, 1956; G. Dagron, Naissance d'une capitale. Constantinople et ses institutions de 330 á 451, Paris, 1974; G. Schmalzbauer, Art. Konstantinopel, TRE 19, 1989, S. 303-318.

1) 로마의 원로원들은 'clarissimi'라고 불렀다.

61. 샤푸르 2세 치하의 페르시아에서의 기독교인 박해: 감독 시몬(Schemón)의 순교

“콘스탄틴의 회심”은 기독교 전체에게 박해의 억압에서 해방을 가져다주지 않았다. 반대로 로마제국 내에서 황제와 교회가 밀접하게 결합한 것은 동방에 있는 적 페르시아 안에서 기독교인들이 로마와 비밀 동맹자가 되도록 하면서 국가에 의해서 최초로 조직적인 박해를 당하게 하였다. 반면에 그때까지 사산왕조는 서방에서 쫓겨 온 그리스도인들에게 도피처가 되었고 모든 박해는 예외 없이 국지적인 성격을 띠고 있었다.—수십 년에 걸친 샤푸르 2세(310-379) 치하에서의 기독교인 박해에 관해서 늦어도 5세기 초반에 발생한 셀류키아-테시폰의 감독인 페르시아 최초 순교자 시므온의 순교가 말해준다.

…… 알렉산더 통치 이후 655년, 곧 우리 주님께서 십자가에 달리신 이후 296년이고 페르시아 통치 177년 그리고 호르미즈드(Hormīzd)의 아들인 왕 샤푸르 31년에 로마의 왕인 그 복된 콘스탄틴이 죽은 다음에 그의 아들들이 아직 어렸기 때문에 샤푸르는 그들을 상대로 전쟁할 기회를 얻게 되었다. 그리고는 꾸준히 로마 영토에 약탈적인 침략을 감행하였다. 이 때문에 그는 자기 영토에 있는 하나님의 종들에게 아주 특별한 미움을 사게 되었고 그래서 믿는 자들을 박해할 구실을 찾으려고 혈안이 되어 있었다. 로마제국 안에 있는 기독교인들을 이중 과세로 박해할 구실을 찾아내었다. 그래서 아래와 같은 칙령을 벳 후자예(Bēṯ Hūzāyē)에서 벳 아라마예(Bēṯ Arāmāye)에 있는 관리들에게 보내었다: “우리가 보내는 이 편지에서 우리, 곧 신들의 명령을 발견하는 즉시 너희는 나사렛인(Nasaraye)들의 두목인 시므온을 체포하라. 그리고는 그가 기록에 인장을 찍고 또 우리, 곧 신들의…… 권세가 미

치는 지역에 거하는 모든 나사렛 족속들로부터 이중 인두세와 이중의 세금을 낼 것을 수용할 때까지 억류하여라; 왜냐하면 우리, 곧 신들은 곤궁과 전투 가운데 있고; 하지만 그들은 안녕과 복락 가운데에 있기 때문이다. 그들은 우리 땅에 거하고 있기는 하지만 우리의 적인 황제의 동지들이니라. 우리는 전쟁 중에 살고 그들은 평강 가운데 있도다."…… 왕의 칙령이 그들에게 당도하자 그들은 그 복된 사베의 아들 시몬을 체포하고는 그에게 왕이 쓴 글을 읽어주고 기록된 대로 이행할 것을 종용하였다. 하지만 그 복된 시몬은 아주 겸손하게 그들에게 대답하고,…… 말하였다: "나는 [무릎 꿇어] 왕 중 왕을 칭송하며 그의 명령을 내 힘껏 높입니다. 하지만 그의 명령이 나에게서 원하는 것에 관계해서 말하자면 나의 주 그리스도 백성들로부터 세금을 종용하는 것은 나의 일이 아니라는 것을 당신들이 알 줄로 믿습니다. 왜냐하면 그들 위에 있는 우리의 힘이라는 것은 보이는 것이 아니라 보이지 않는 것, 곧 우리 주님을 믿는 믿음과 관계가 있기 때문입니다……" 그런데 이 [모든] 것을…… 말한 바 대로 그들이 받아 적어서는 긴급사절을 통해서 샤푸르 왕에게 벳 후자예로 보냈다. 그의 면전에서 이것이 낭독될 때, 왕은 분기가 탱천하여 이를 갈고 손을 마주치면서 말하였다: "시몬은 자기 제자들과 자기 백성들을 내 권위에 반대하도록 사주하고 자기들 신앙의 동지인 황제의 신하로 만들려고 하노라. 그래서 그는 내 명령을 따르지 않는 것이다." 그런데 유대인들, 곧 항상 우리 민족을 대항하며 선지자들을 죽이고, 그리스도를 십자가에 못 박고, 사도들에게 돌을 던지고 꾸준히 우리 피에 목말라하는 그 사람들이 비방하고 거스릴 기회를 발견하였다. 그들은 자기들의 신앙동지인 여왕과 결탁함으로 마음 놓고 떠들어댔다……[1)]

관리들의 서신이…… 왕 면전에서 낭독되고 나서 왕은 그들에게 시몬과 관련하여 또 다른 조치를 명하였다: "너희는 우리, 곧 신들의 이 칙서를 보는 즉시 시몬을 너희 앞으로 불러 그에게 우리 명령을 전하여라: 어찌하여 너는 자원하여서 너의 생명과 네 가르침을 따르는 자들의 생명을 버리고 너와 그들을 죽음에 넘겨주고 있는가? 너의 자부심과 너의 자만 가운데서 너는 백성들을 나에게 대항하도록 선동하려고 하고 있다. 너희가 만일 내 명령을 이행하지 않으면, 이제 내가 너희에게 이르러서 너희를 지상에서 박멸하고 사람 중에서 제하여 버리리라."…… 이 [두 번째] 칙령이 당도하고, 시몬은 관리들로부터 소환되었다…… 그래서 그가 도착하자 그의 앞에서 칙령을 낭독하였다…… 그는 대답하였다: "나의 첫 번째 말과 마지막 말은 하나입니다: 그리스도 나의 주께서 내게 허락하신 그 백성을 나는 진리를 위해서 세금을 내는 대로 넘겨주지 않습니다. 차라리 진리를 위해서 모든 죽음을 내가 받을 것입니다. 그리고 그리스도께서 온 땅과 온 나라들의 백성들을 위해서 십자가에 달리심으로 자기 십자가에서 그들에게 자기 생명을 주셨습니다. 이와 같이 나도 내게 주신 나라의 백성들을 위해서 죽으므로 그들이 진리에 대해서 죽지 않도록 할 것입니다……" 관리들이 거룩한 시몬이 두 번째 칙령에 대해서 한 대답을 듣고는, 그것을 받아 적어서 왕에게 기별하였고, 왕 앞에서 낭독되었다…… 그러자 왕은 제사장들과 레위인들에 대해서 즉시로 목을 베도록 하고, 교회는 파괴시키고 성지들은 더럽히고 제사 직무를 위한 것(기명)들은 노략의 대상이 되도록 명령하였다. "또한 시몬, 곧 술사들의 우두머리는 사슬에 묶어서 내게로 끌고 오라. 왜냐하면 그가 자기 신을 숭배하고 나의 신들을 모욕함으로 나의 위엄은 내던지고 황제의 권위를 택하였기 때문이니라." 즉시로 왕 샤푸르로부터 벳 후자예에서 보낸 세 번째 칙서가 발송되어 벳 마라마예의 관리들에게 당도하였다. 거기에는 아래와 같이 쓰여 있었다: "너희가 우리, 곧 신들의 칙서를 보는 즉시 시몬, 곧 나사렛인들의 우두머리를 붙잡아 사슬에 묶어서는 신속히 왕궁으로 보내라. 그의 교회는 파괴되어야 한다."…… 그런데 복 받은 자 시몬은 이것을 듣고도, 두려움에 떨지 않았다……, 그리고는 자기 눈으로 자기 교회가 파괴되는 것을 볼 때도 절망하지 않았다. 그는 일어서서 관리들이 그를 붙들기 전에 그들에게 갔다. 그들은 그에게 날짜를 정해 주었다: "지금부터 사흘 안에 너는 왕의 궁으로 가야할 것이다." 거룩한 시몬은 이것을 기쁘게 받아들였다. 즉시로 교회를 파괴하는 박해자들이 오면서 셀류키아와 테시폰이라는 도시들에서는 큰 소요가 일어났다. 계약[2]은 파묻혀졌고, 양떼는 다시금 숨어버렸으며, 우두머리 시몬은 체포되었다……

이 시절에 벳 라팟의 감독들 가댜브와 사비나, 호르미즈드 아르다시르의 감독 요하난, 프랏의 감독 불리다, 카르카다-마이샨의 감독 요하난과 많은 사제들과 집사들이 체포되었다. 그들은 사슬에 매여서 왕의 궁전이 있는 벳 후자예, 샤푸르가 새로이 건설한 카르카 다-라단에 왔다. 이곳은 샤푸르가 아랍, 시가르, 벳 자브다이, 아르존, 카르두, 아르멘과 다양한 지역으로부터 전쟁 포로로 잡은 자들을 정착시킨 곳이었다. 하지만 이 기간에 카톨리코스[3]인 거룩한 시몬은 사슬에 묶여서 벳 아라마예에서 카르카 다-라단으로 보내어졌다……

왕은 시몬을 자기에게 오도록 명령하였다. 시몬이 당도하였을 때, 그는 [무릎을 꿇어] 예를 표하였고 왕은 시몬에게 말하였다: "시몬, 네가 나에게 보인 버르장머리 없는 짓은 도대체 뭐냐? 그게 너에 대한 나의 사랑이냐? 그것이 내가 너를 높여준 예란 말이냐?……" 시몬은 다시금 경의에 차서 왕 앞에서 얼굴을 땅에 대고 엎드려서는 왕에게 말하였다: "왕이신 주여, 왕의 명령을 가벼이 취급하는 자가 누구란 말입니까? 당신의 관리들과 종들의 명령에 항거하는 맹랑한 짓을 하는 자가 누구입니까? 그들의 명령이 하나님의 뜻에 걸맞기만 하다면 말입니다. 왕이신 주여, 확실히 저는 당신의 위엄 덕분에 명예를 얻었고 당신의 자비로 영광을 얻었나이다. 거짓말은 하나님 앞에서와 사람들 중 가장 훌륭한 분이신 당신 앞에서 혐오스러운 일입니다. 하지만 저는 당신을 찬양하는 것 때문에 하나님 찬양을 포기하지 않습니다. 곧 당신을 영광으로 두르시고 위대하게 만드신 분 말입니다. 또한 당신의 명예 때문에 의의 하나님을 경외하는 것을 버리지 않습니다. 그분은 당신을 만백성 그들의 왕들 위에 있는 왕 중의 왕으로 만드시고 이토록 크고 강하며 놀라운 권세를 당신의 손에 주셨습니다. 그런데 왜 제가 당신 영광의 종들 중에서 가장 작고 미약한 제가 당신의 영광에 의해서 선동자로 불리고 있습니까?" 왕이 말하였다: "왜냐하면 너는 너의 백성에게 우리, 곧 왕들이 명령한 세금을 부과하지 않았기 때문이다." 이에 대해서 거룩한 시몬이 왕에게 대답하였다: "왕이신 주여, 당신의 종이 하나님의 겸손한 백성을 위해서 압제자가 되지 않게 해주시옵소서……" 시몬이 이렇게 말하고 나자 술사들과 관리들과 압제자들이 사방팔방에서 그를 둘러싸고 말하였다: "자기도 세금을 부담하지 않으려고 하는 이 자는 자기와 함께 자기 백성도 선동하려고 합니다"……

그러자 시몬과 그의 모든 형제들은 칼로 처형하라는 명령이 내려졌다. 하지만 그때가 금요일 제6시였고, 주님께서 십자가의 고난을 감당해 나가던 그 시간에 그 승리한 자들은 죽음에 이르렀다…… 그래서 승리한 시몬은 목이 잘려짐으로 이룬 자기 승리의 말과 함께 마지막을 맞았다. 우리 주님 수난의 금요일 제9시였다. 이 일이 일어날 때 어두워졌고 태양은 갑자기 숨어버렸으며 두려움과 떨림이 모든 보는 자들을 사로잡았다[4](G. Wießner).

원전 : M. Kmosko, Maryrium Beati Simeonis Bar Sabba 'e, PS 1, 2, 1907, S. 715ff.(Syr. Text m. lat. 번역).—번역: Originalübertragung von G. Wießner, der auch die Auswahl besorgt.— 참고문헌: G. Wießner, Märtyrerüberlieferung aus der

Christenverfolgung Schapurs II. (Untersuchungen zur syr. Literatur I), AAG 3, 67, 1967; W. Hage, Die oströmische Staatskirche und die Christenheit des Perserreiches, ZKG 84, 1973, S. 174-187 (참고문헌).

1) 여기에 관하여는 위 Nr. 22와 각주 3을 비교하라.
2) 여기서는 틀림없이 교회 소속성 전체에 대한 호칭이지 단순한 금욕주의자들을 칭하지 않는다.
3) 이 칭호의 사용은 은둔주의를 말한다. 왜냐하면 페르시아 땅에 있는 감독교구를 (여섯 개의) 수도들의 연맹으로 묶음과 왕의 큰 거주 도시 셀류키아-테시폰의 대주교를 새로운 교회조직의 공통의 수장("카톨리코스")을 세운 것은 겨우 5세기의 일이다.
4) 이 모티브(imitatio passionis Christi)에 관해서는 폴리캅의 순교와 이와 관련한 캄펜하우젠[Nr. 22]을 보라.

62. 삼위일체 신학자 앙퀴라의 마르켈 (Markell von Ankyra)

아리우스주의와의 투쟁 초기 인물들 가운데에는 앙퀴라의 감독 마르켈(374년 고령으로 사망하였다)이 있다. 그는 겨우 최근에야 심층적 연구를 통해서 그리고 대부분 아타나시우스의 이름으로 잘못 알려진 문서군에 속한 중요한 본문들이 소개되면서 새로운 인물로 알려지게 되었다. 알렉산드리아의 알렉산더와 그 후계자(328년 이후)가 된 아타나시우스는 니케아 이후 첫 몇 년 동안을 아리우스주의자들과 멜리티우스주의자들(위 Nr. 56a를 보라)과의 싸움을 통해서 얻은 자기들의 수도주교구에서의 자신들의 입지를 공고히 하며 황제의 교회정치(325: 아리우스와 또 니케아에서 파문된 자들 추방; 326: 안디옥의 유스타티우스와 다른 니케아주의자들 폐위; 327: 아리우스를 니케아로 받아들임; 335: 두로에서 열린 황제의 공의회로 아타나시우스를 폐위하고 트리어로 추방)를 흔들어서 계획하는 바가 좌절되지 않게 하려는 일에 몰두하였다. 반면에 마르켈은 니케아에서의 공방(아래 본문 b를 보라)을 넘어서 반쪽 혹은 온전한 아리우스의 친구들의 방향을 강력히 비판하며, 니케아의 호모우시오스를 포기하지 않고 오히려 해석하려고 애를 쓰면서 신학적 논쟁을 추구하였다. 물론 그의 이러한 해석은 곧바로 교리적인 불분명함으로 빠져들면서 "사벨리우스주의"의 의심을 받게 되었다. 그리고 이것은 결국 콘스탄티노플 공의회(381)로 최종적인 정죄를 받게 되었다. 하지만 이것은 한 예로 4세기 말 소위 신니케아주의자들 중 가장 강력한 사변적 영재인 니사의 그레고리와 19세기에는 슐라이에르마허가 마르켈의 삼위일체 신학적인 구상에 특별히 매력을 느끼게 되는 것은 막지 못하였다.

a) 유세비우스의 "마르켈 반박"과 "교회적 신학에 관하여"에 있는 마르켈의 단편(66f. 52. 60. 111. 113. 121. 41 [Klostermann])

(단편 66) 세 인격체가 존재해야 한다고 하자. 그렇다면 먼저 이 삼위['셋 됨']가 자기들의 근원을 일자['하나']에게서 얻지 않았다면 이 셋이 하나로 일치되는 것은 불가능하다. 하지만 거룩한 사도 바울이 말하였듯이 [근원적인] 하나, 곧 하나님께 속하지 않은 것들[만]이 일자에 "통합"[된다]면, 일자, 하나님께는 로고스와 성령만이 속한다(*ἀδύνατον γὰρ τρεῖς ὑποστάσεις οὔσας ἑνοῦσθαι μονάδι, εἰ μὴ πρότερον ἡ τρίας τὴν ἀρχὴν ἀπὸ μονάδος ἔχοι. ἐκεῖνα γὰρ ἀνακεφαλαιοῦσθαι ἔφησεν μονάδι ὁ ἱερὸς Παῦλος, ἃ μηδὲν τῇ ἑνότητι τῷ θεῷ διαφέρει. ἑνότητι γὰρ ὁ λὸγος καὶ τὸ πνεῦμα τῷ θεῷ διαφέρει μόνα*).

(단편 67) 그러니까 로고스는 분명하게 아버지로부터 나와서 우리에게 왔다. 성령은 그러나…… "아버지로부터 나온다"[요 15,

26]. 그리고 주님께서도 어디선가 성령에 관해서 말하셨다: "그는 스스로 말하지 않고, 그가 들은 것을 말하고 너희에게 나중 일을 알리리라. 그는 나를 영화롭게 하리라. 왜냐하면 내 것을 가지고 너희에게 알리리라"[요 16, 13f.]. 그렇다면 아무리 비밀에 찬 말이라고 할지라도 그 신적인 일자가 어떤 방식으로 분리하지는 않으면서 삼위로 확장되는가가 분명하고 확실하게 눈에 들어오지 않는가(…… *ἡ μονὰς…… πλατυνομένη μὲν εἰς τριάδα, διαιρεῖσθαι δὲ μηδαμῶς ὑπομένουσα*)? 이는 만일 로고스가 아버지로부터 나오고, 성령도 같은 방식으로 아버지로부터 나오면서 알려지고 구세주도 다시금 성령에 관해서 말하기를: "저는 내 것으로 너희에게 알리리라"고 했다면, 그 숨겨진 비밀이 여기서 아주 뚜렷하게 드러나지 않는가? 비록 일자가 나누어질 수 없다고 하더라도 그 일자가 삼위로 확장되는 식이 아니라면 어떻게 성령에 대해서 말하기를 아버지로부터 나온다고 말하며, 다시금: "그는 내 것으로 너희에게 알리리라"고 말할 수 있겠는가……? 이런 방식이 아니라면 성령이 아버지로부터 나온다면 마찬가지로 그 성령에 관해서 어떻게 이 직무를 아들로부터 받는다고 말할 수 있는지 [설명이 되겠는가]?…… [마르켈이 결론내리는 것은 아버지와 아들이 "두 개의 동떨어진 인격체"(*δύο διαιρούμενα…… πρόσωπα*)라는 생각일랑 있을 수 없도록 제외시키는 것이었다].

(단편 52) "태초에 말씀이 계시니라"[요 1,1]는 말씀으로 그[성경기자]는 로고스는 고요하게 계시는 힘(*δυνάμει*)으로서 아버지 안에 계시다는 것을 가리키려고 하였다 — 왜냐하면 생겨지게 된 모든 것의 시작은 "그에게서 모든 것이 나오는" 하나님이기 때문이다[고전 8, 6] — ; "로고스가 하나님과 함께 계셨으니"라는 말로 로고스가 역사하는 힘(*ἐνεργείᾳ*)으로 아버지 곁에 계셨다는 것을 말하고 있다 — 왜냐하면 "모든 것이 그로 말미암아 되었고, 그가 없이 생겨난 것은 아무 것도 없기 때문이다"[요1, 3] — ; 마지막으

로 로고스가 하나님이라는 말로는 로고스가 그 안에 있고 그가 [하나님이] 로고스 안에 있기 때문에 사람이 신성을 나누면 안 된다는 것을 가리키려고 한 것이다. 그가 말하기를: "아버지가 내 안에, 내가 아버지 안에 있느니라"[요 10, 38].

(단편 60) 세상이 있기 전에 로고스는 아버지 안에 있었다. 하지만 전능하신 하나님께서(*ὁ παντοκράτωρ θεός*) 하늘과 땅에 있는 모든 것을 만드시기로 결정하셨을 때, 세상을 위해서 일하시는 능력(*ἐνέργεια δραστική*)이 필요하였다. 하나님 외에는 아무것도 없었기 때문에—만물이 그에게서 만들어졌다고 신앙고백이 말하기 때문에—그때 로고스가 나와서(*προελθών*) 세상의 창조자가 되셨다. 하지만 하나님께서는 이미 사전에 [신성] 내부에서 영적으로(*νοητῶς*) 이 세상을 준비하셨다. 선지자 솔로몬이 "그가 하늘을 만드실 때 내가 [자기 일의 시작인 "지혜"가] 그의 곁에 있었고……, 그가 즐거워 한 자가 나다……"[잠 8, 27-30].

(단편 111) 이제 내려와서 동정녀를 통해서 육신을 입은 분은 이 때문에 교회 위에 왕으로 좌정하심으로 과거에 하늘나라에서 쫓겨난 사람이 로고스로 말미암아 왕의 위엄을 얻게 하셨다. 과거에는 자기의 불순종 때문에 왕국에서 쫓겨난 사람을 하나님께서 주와 하나님이 되기를 원하셨고 이로 인해서 [두 번째] 경륜['구원 사역'][1)]을 실행하셨다. 하지만 최고로 거룩한 예언자인 다윗이 예언하였다: "주께서 왕이 되셨고, 땅은 이를 기뻐하나이다"[시 96, 1].

(단편 113) 이러므로 과거에 유혹에 넘어간 인간은 인간의 몸에 여전히 머물지만 다스릴 것이며, 로고스로 말미암아 왕으로 등극하여서 "마귀의 모든 통치", "권세와 권능"을 파할 것이다. "왜냐하면 그가 다스리기를" 말하자면 "그가 원수를 자기 발아래 두실 때까지 해야 할 것이기 때문이다"[고전 15, 24]. 거룩한 사도가 의미하는 바는 모든 것을 자기 발아래 굴복시키실 때 이것

이 우리 주 예수 그리스도 통치의 [목적이며] 끝(τέλος)이라는 것이다.

(단편 121) …… 내가 신적인 책에서 뚜렷하게 깨닫지 않은 것은 묻지를 마라…… 하지만 분명히 내가 현재 [아직은 여전히 겨우 “부분적으로”만 깨닫고 “얼굴과 얼굴을 맞대고” 보는 것을 고대하는 동안(고전 13, 12)] 성경에서 믿는 것은 한 분 하나님께서 계시고 그의 로고스가 아버지로부터 나오셔서 “만물이 그로 말미암아서”[요 1, 3] 존재하도록 하셨다는 사실이다. 심판을 하시고 만물을 제자리에 두시며(διόρθωσις) 대항하는 모든 세력을 제하시는 그 시간 이후에 그분 “자신이 자기에게 만물을 굴복케 하신 자에게 굴복하실 것이라”[고전 15, 28], 곧 “하나님 아버지께”. 이렇게 함으로 로고스가 세상이 있기 전에 있던 모습으로 [다시금] 아버지 안에 계시게 되리라. 말하자면 과거에는 하나님 한 분 밖에는 아무 것도 없었다; 하지만 만물이 로고스로 말미암아 생겨나야 했을 때, 로고스는 활동하는 힘으로 나오셨던 것이다(προῆλθεν…… δραστικῇ); 하지만 이 로고스는 아버지의 로고스였다.

(단편 41) 그 때문에 그는 자신을 하나님의 아들이라고 하지 않고 인자로 부르면서 이 고백(ὁμολογία)을 통해서 인간을 입양의 방식으로(θέσει) 하나님의 아들이 될 수 있게 하려고 했다. 그리고 자기는 완성시킨 구원의 역사 후에(μετὰ τὸ τέλος τῆς πράξεως) 다시금 로고스로서 하나님과 하나가 되도록 하였는데, 이로써 사도의 증언을 이루었다: “그 후에는 자기에게 만물을 굴복하게 하신 분께 자신을 복종하시므로 하나님께서 모든 것의 모든 것이 되게 하셨다”[고전 15, 28]; 말하자면 그 후에 그는 원래의 자기 모습이 될 것이다.

b) 마르켈과 로마 신조(Symbolum Romanum)(에피파니우스, 약상자 72, 2, 1-3, 5)

(72, 2, 1) 가장 복 받은 동료 감독인 [로마의] 율리우스에게 마르켈이 그리스도 안에서 문안인사를 올립니다! 과거에 자기들의 일그러진 신앙 때문에 정죄를 받고 니케아 공의회에서 내가 반박을 하였던 자들이 나를 반대하여 당신의 경건을 상대로 하여서 글을 쓰며, 사람들이 그들을 반대하여서 가지고 온 것을 나에게 둘러 씌우려고 힘을 썼습니다. (2) 때문에 내가 로마에 갔을 때 당신에게 제안할 수밖에 없다고 생각했습니다. 곧 내가 그들을 면전에서 대하고는 두 가지 문제에서 확실하게 못을 박을 수 있는 기회를 주도록 그들에게 연락을 취해주는 것이었습니다: 나를 상대로 한 그들의 덮어씌우는 것이 거짓이라는 것과 그들이 [이미 니케아에서 상정된] 거짓을 계속하고 있다는 점입니다…… (3) 하지만 그들은 출두하기를 거부하였고,…… 내가 일 년과 일분기 동안을 로마에 머물렀음에도 불구하고 계속되었습니다. 그래서 떠날 날에 임박해서 공명정대하게 내 손으로 작성한 신앙의 진술, 곧 성경에서 나 스스로가 배우고 깨우침을 받았던 것을 제시하려고 마음먹었습니다. 하지만 당신에게 그들의 통상적인 주장을 상기시켜서 그들이 자기들의 말을 듣는 자들을 속이고 진리를 가리려고 계획하는 것을 당신이 알도록 해야겠다고 결정을 하였습니다. (4) 하지만 그들은 아들이신 우리 주 예수 그리스도가…… 아버지와는 또 다른 위격(*ἄλλην ὑπόστασιν διεστῶσαν τοῦ πατρός*)이라고 말하고 있습니다…… (6) 성경을 따라서 나는 그 반대로 한 분 하나님께서 계시고 그의 독생자인 로고스가 있는데, 이는 항상 아버지와 함께 있으며 시작을 가진 적이 절대로 없으며 항상 계시고 항상 하나님 아버지와 함께 다스리십니다(*ἀεὶ ὤν ἀεὶ συμβασιλεύων τῷ θεῷ καὶ πατρί*), "그의 나라는" 사도가 가르치듯이 "끝이 없을 것입니다"[눅 1, 33]……[2)]

이어서(72, 3, 1) 옛 로마 신조가 따라 나오는데, 마르켈이 여기에 대한 가장 최초의 증언자이다(위 Nr. 42를 보라). 그리고 편지의 마지막에 다시 한 번 자기 자신의 삼위일체론을 뭉뚱그린 요약이 나온다. 이것은 아버지와 아들의 "불가분리성"을 언급한다. 마르켈이 생각하기에는 모든 다른 것은 이신론이나 아니면 아들에게서 참 신성을 빼앗는 데에 이르게 된다.

원전 : E. Klostermann, Eusebius Werke, IV. Gegen Markell. Über die kirchliche Theologie. Die Fragmente Markells, GCS 14, 1972[2]; K. Holl, Epiphanius (Ancoratus und Panarion), III, GCS 37, 1933.—참고문헌: E. Schendel, Herrschaft und Unterwerfung Christi, BGBE12, 1971, S. 111ff.; M. Tetz, Zur Theologie des Markell von Ankyra I-III, ZKG 75, 1964, S. 217-270; 79, 1968, S. 3-42; 83, 1972, S. 145-194; ders., Markellianer und Athanasios von Alexandrien, ZNW 64, 1973, S. 75-121; ders., …… Glaubensfragen auf der Synode von Serdika (342), ZNW 76, 1985, S. 243-269; S. G. Hall, The Creed of Sardica, StPatr 19, 1989, S. 173-184; G. Feige, Die Lehre Markells von Ankyra in der Darstellung seiner Gegner, Erfurt, 1991; K. Seibt, Die Theologie des Markell von Ankyra (AKG 59), Berlin/New York 1994; M. Vinzent, Markell von Ankyra. Die Fragmente-Der Brief an Julius von Romg (VigChr. S. 39), 1997.

1) "첫 번째", 곧 하나님으로부터 로고스의 "출현" (위 Fr. 60; 아래 Fr. 121을 보라).
2) 하지만 아래 Fr. 113. 121과 비교하라.

63. 세르디카에서의 "서방측" 공의회의 교령

(테오도렛(Theodoret), 교회사 2, 8, 39ff.)

337년 콘스탄틴이 죽자, 그에 의해서 추방되었던 자들이 돌아올 수 있었다. 그리고는 새로운 쟁투가 시작되었다. 아타나시우스와 마르켈이 로마에서 후견을 얻는 반면에, 그들의 주적인 니코메디아의 유세비우스는 아들이 아버지와 단순히 "유사성"을 가졌음을 고백하는 (이 때문에 이 경향을 [희랍어 *ὅμοιος* '유사하다' 에서] "유사파"라고 지칭한다) 의미에서 니케아 신조를 재해석하는 자기 정책을 위해서 동방의 새로운 황제 콘스탄티우스 2세와 대부분의 동방 감독들을 얻을 수 있게 되었다 (341년 안디옥의 교회봉헌 공의회). 서방의 강력한 요청에 따라 결국 342년 가을 열리게 된 세르디카(소피아) 제국 공의회가 본회의가 채 시작도 하기 전에 동쪽과 서쪽에서 반쪽짜리 공의회로 갈라지며, 서로를 향해서 파문을 하는데서 이 균열이 완전히 가시화되었다. ―무엇보다도 테오도렛에게 (교회사 2, 8, 1-50) 보존되어 있는 방대한 양의 서방 교인들의 공의회 기록, 곧 상대방 언급에는 비난만 가득한 이 기록 중 동방과 서방의 교리적 대립이 유난히 두드러지는 몇 단락만을 발췌한다:

(39) 우리는 이와 같이 받았고, 우리는 이와 같이 배웠으며, 이것이 공교회적이며 사도적 전승이라고 확신한다…… 곧 성부와 성자와 성령은 [오직] 하나의 위격을 가졌는데, 이것을 이단들은 '존재' [또는: '본질'](*οὐσία*)로 표현한다. (40) 혹시 누군가가 묻기를: "무엇이 아들의 위격이냐"?고 하면, 우리는 아버지의 그 [유일한] 위격과 동일한 것이며, 아들이 한 번도 아버지 없이 존재하지 않은 것처럼 아버지는 아들이 없이 존재하지 않았다고 고백한다. (45) [오직] 한 하나님이 계시고, 아버지의 신성과 아들의 신성이 [유일한] 하나라고 우리는 고백한다. 누구도 아버지가 아들보다 더

크다[요 14, 28 비교]는 것을 반박하지 않을 것이다; 하지만 이 우월성은 위격의 차이에서 온 것이 아니고…… 아들보다 더 큰 아버지의 이름에서 기인하였다…… (47) [이와 함께] 우리가 믿고 확신하는 것은 [주님의] 거룩한 입이 "나와 아버지는 하나이다"[요 10, 30]라는 말을 사용하였는데, 이는 아버지와 아들에게 동일한 것인 위격의 단일성 때문이기도 하였다는 것이다(*καὶ διὰ τὴν τῆς ὑποστάσεως ἑνότητα, ἥτις ἐστὶ μία τοῦ πατρὸς καὶ μία τοῦ υἱοῦ*).[1)]

원전 : L. Parmentier - F. Scheidweiler, Theodoret. Kirchengeschichte, GCS 44 (19), 1954². — 참고문헌: W. Schneemelcher, Serdika 342. Ein Beitrag zum Problem Ost und West in der Alten Kirche, Sonderheft zur EvTh, (f. E. Wolf) 1952, S. 83-104; H. Hess, The Canons of the Council of Sardica, A.D. 343, Oxford, 1958; K. M. Girardet, Kaisergericht und Bischofsgericht, Antiquitas 1, 21, 1975, S. 106ff.; J. Ulrich, Die Anfänge der abendländischen Rezeption des Nizänums, Berlin, 1994 (PTS 39), S. 26-109.

1) 세르디카의 서방 교인들이 "아리우스 마니아" 이단들을 비판하면서 언급하는 소위 341년 안디옥의 교회봉헌 두 번째 신앙고백은 반대로 아래와 같이 명령하였다. 아버지, 아들과 성령는 "뇌는 내로 의미도 없고" 유익함도 없이 주어진 것이 아니라, 정확하게 "언급된 분들 각각의 위격, 위치와 영광을 표현하였으므로"(*τὴν οἰκείαν ἑκάστου τῶν ὀνομαξομένων ὑπόστασίν τε τάξιν καὶ δόξαν*) 그들은 "위격에 따라서는 셋이요, 일치[의도의 동등함]로 볼 때는 그 반대로 하나"이다(*ὡς εἶναι τῇ μὲν ὑποστάσει τρία τῇ δὲ συμφωνίᾳ ἕν*). 이미 오리게네스가 표현하였던 것과 유사하다(위 Nr. 32i를 보라).

64. 콘스탄티우스 2세와 이교

(테오도시우스 법전16, 10, 2-4)

콘스탄틴 사후 "제국을 분할하면서" 아우구스투스로서 동방을 통치하였던 콘스탄티우스 2세는 13년 후에 권력 찬탈자인 마그넨티우스(Magnentius)에 의해서 자기 형제인 콘스탄스가 살해당하면서 단독통치권을 얻게 되었다. 그 후로 그는 제국 전역에서 "유사파적인" 고백(아래 Nr. 68을 보라)에 근거하고 "내가 원하는 것이 판단기준이 되어야 한다"(ὅπερ ἐγὼ βούλομαι τοῦτο κανών)[1]는 슬로건에 따라서 교회정책도 적극적으로 하였다. 하지만 종교정책적으로도 이교와의 관계로 말한다면 자기 형제인 콘스탄스 통치 하에서와 같이 콘스탄틴이 취한 방향(위 Nr. 55를 보라)에서 선회한 것이 뚜렷하였다. 비록 언표하고 추진되지는 않은 이 새로운 방향성이 그렇게 큰 강조나 "결과"를 낳지는 않은 것으로 보인다고 하더라도 말이다.

(테오도시우스 법전16, 10, 2[341년]) 미신은 [즉시로] 중단되어야 하고, 희생을 드리는 광기는 폐지되어야 한다(Cesset superstitio, sacrificiorum aboleatur insania). 말하자면 신적인 통치자, 곧 우리 아버지의 법[2]을 위반하고 우리의 관용에 찬 가르침에 손상을 입히면서 희생드림을 감행하는 자는 마땅한 형벌을 받게 될 것이며, 여기서 말한 선포의 결과를 체험하게 될 것이다.

(같은 곳, 16, 10, 3[342 혹은 343년 11월 1일] 모든 미신은 뿌리째 근절되어야 마땅하지만, [로마] 시의 성벽 밖에 세워진 신전들은 손상되지 않고 보존되어야 한다는 것이 우리의 뜻이다. 이 신전들 중 어떤 것들과는 그 원래적 의미로 볼 때 게임과 경주나 시합들과 관련이 있기 때문에 파괴되지 않아야 한다; 이들을 통해

서 로마 시민의 오랜 습관인 오락들이 [정기적으로] 개최되어야 한다.

(같은 곳 16, 10, 4[346년 혹은 354년 12월 1일]) 즉각적으로 도시와 농촌 도처에 있는 신전들이 폐쇄되어야 하며 그리로 다가가는 것을 금지하여서 비난받은 모든 사람들이 죄 지을 기회를 얻지 못하게 할 것을 우리는 결정하였다. 이와 마찬가지로 모든 사람이 제물 드리는 일에 가까이 해서는 안 된다는 것이 우리의 뜻이다. 하지만 혹시 누군가 그러한 죄를 범하면, 그는 상응하는 처벌인 효수를 당하게 될 것이다. 이와 마찬가지로 우리는 그런 방식으로 처형당한 자의 재산은 환수될 것을 정하였다. 이와 유사한 방식으로 주 총독들이 그러한 범법을 벌하지 않는다면, 그들도 처벌받아 마땅하다.

원전 : Th. Mommsen, [Nr. 52]—참고문헌: H. Doerries, [Nr. 50], S. 206ff.; ders, 위 [Nr. 57], 특히 S. 45; P. R. Coleman-Norton, [Nr. 52], II, 1966 (Vol. III에 있는 색인을 보라); K. L. Noethlichs, [Nr. 57]; ders., Art. Heidenverfolgung, RAC 13, 1986, Sp. 1149-1190, 특히 1155-1157; G. Dagron, L'empire romaine d'orient au IV siècle et les traditions politiques de l'hellénisme: Le témoignage de Thémistios, in: Travaux ex mémoires, 3, Paris, 1968, S. 1-242; J. Gaudemet, La condamnation des pratiques paiennes au 391, in: Epectasis (FS. f. J. Card. Daniélou), Beauchesne, 1972, S. 597ff.; R. Macmullen, Paganism in the Roman Empire, New Haven 1981; W. H. C. Frend, The Church in the Reign of Constantius II……, in: L'Eglise et l'empire au IVe siècle, Genf 1989, S. 73-112.

1) 아타나시우스, 아리우스주의자들의 역사 33, 7; 여기에 관해서는 거의 100살이나 되는 오시우스의 답변을 비교하라(같은 곳 44): "…… 이러한 관점에서 당신들은 우리에게 당신들의 명령을 주지 않고 오히려 우리로부터 배우려고 합니다. 하나님

께서는 당신들에게 황제의 권세를 넘겨주셨고 - 우리에게는 교회의 일을 맡기셨습니다…… 기록되기를: '가이사의 것은 가이사에게……!; 이것으로 볼 때 땅에서 통치권을 행사하는 것은 우리의 일이 아니고, 당신들 곧 황제들에게 화목의 제사를 드리는 것도 우리의 일이 아닙니다. 당신들의 영혼 구원을 염려하여서 이것을 쓰고 있습니다.

2) 이 내용을 가진 콘스탄틴의 "법"으로 소급시키면서 개별적인 금지, 말하자면 사적 점술가가 가내에서 행하는 희생같은 것을 금지하는 "개별적 금지를 일반화시키는 오해"(Cod. Theod 9,, 16, 1, 2; 16, 10, 1)이다(H. Doerries, [Nr. 50], S. 207). 어쨌든 콘스탄틴으로 말미암은 보편적인 희생 금지에 관한 언급일 가능성은 희박하다.

65. 기독교의 이교배척: 피르미쿠스 마테르누스 (Firmicus Maternus), 이교들의 오류

(16, 4; 28, 6; 29, 1, 4)

347년경, 곧 기독교로의 회심 직후 수사가인 원로원 출신인 시실리 사람 피르미쿠스 마테르누스는 이교들의 오류라는 글을 썼다. 여기서 그는 황제 콘스탄티우스 2세와 콘스탄스에게 이방 종교들, 특히 신비제의들을 폐지시킬 것을 종용하였다(여기에 대해서 그는 이밖에도 아주 가치 있는 시달을 전하고 있다!). 이것과 관련해서는 그 어떤 고대의 증거가 없다고는 하지만 그 정도로 고위 신분을 가진 인물이 집필한 책자가 이 책 헌정 대상인 황제들의 종교정책에 아무런 영향을 끼치지 않았을 리 없다고 생각하여야 한다.

(16, 4) 성스럽고도 성스러운 황제들이여(sacratissimi imperatores) 이러한 관행은 당신들의 그 매우 매서운 표현으로 선언된 법을 집행함으로 뿌리까지 잘라내고 끄집어내어서 없애버

려야 합니다. 그렇게 해서 이러한 [이교의] 오만함(praesumptio)의 그 혐오스러운 오류가 로마인의 세계를 더 이상 더럽히지 않게 하여야 합니다. [이교도들도 마치 병자들이 처방된 그 쓴 약을 좋아하듯이 합법적이기를 소망하는 것까지는 할 수 있습니다. 하지만 그들의 뜻에 반해서라도 황제들에게는 그들을 구해낼 의무가 하나님으로부터 주어졌습니다. 왜냐하면] …… 그들이 자발적으로 파멸로 빠지는 것을 허락하기보다는 그들의 의도에 반하여서 해방시켜주는 것이 그들에게 더 낫기 때문입니다(melius est, ut liberatis invitos quam ut volentibus concedatis exitium) ……

(28, 6) 성스럽고도 성스러운 황제들이여, 버리세요, 신전 장식들을 버리세요! 당신들의 동전[제조국]의 작열함이나 당신들의 용광로 불길이 이 신들을 구워버리도록 하십시오! 신전에 바쳐진 모든 것들이 당신들을 섬기게 하고 그것들을 당신들이 주장하도록 하십시오. 신전들을 파괴함으로 당신들은 하나님의 덕을 향해 한 길음 더 나아기게 될 것입니다……

(29, 1) 성스럽고 성스러운 황제들이여, 필히 이 악을 처벌하고 상응하도록 갚아주어야 합니다. 그리고 당신들이 의무적으로 이행하여야 하는 가장 높으신 하나님의 법은 당신들의 엄격함으로 우상을 숭배하는 이 엄청난 범죄를 같은 방법으로 박해하는 것입니다. 이러한 범죄에 관한 하나님의 그 명령들을 듣고 마음에 받으십시오…… [이어서 신 13, 6-11. 13-19를 가리키며, 이스라엘 백성을 우상숭배로 끌고 가려고 하는 모든 자들을 향한 하나님의 위협이 함께 나온다]…… 이러한 방식으로 모든 것이 당신들에게 유익하도록 잘 마무리 될 것입니다: 이김, 복락, 평강, 부요함, 건강과 승리가 당신들의 것이 됨으로 하나님의 권세가 도와주시면서 당신들은 온 땅을 행복하게 통치하시게 될 것입니다.

원전 : K. Ziegler, I. Firmicus Maternus. De errore profanarum religionum, BT, (1908) 1953[2]. — 참고문헌: C. A. Forbes, Firmicus and the secular arm, Class. Journ. 55, 1960, S. 146ff.; H. Doerries, [Nr. 57], 특히 S. 44f.

66. 예루살렘의 퀴릴(Kyrill von Jerusalem)의 "세례문답집"

(예비 교리문답 2. 12. 16; 교리문답 3, 10; 18, 33)

4세기는 그때까지 경험해 보지 못한 세례지원자들의 쇄도를 경험하였다. 이 쇄도는 전래되어 온 세례교육(Katechumenat)을 시급히 확충하고 더 확고하게 정리하도록 하였다. 하지만 고대 교회의 세례교육의 특징이며 중심 기능은 도덕적 교육과 제의적인 훈련의 밀접한 결합(위 Nr. 8. 21d를 보라)이었다. 이 세례교육은 로마제국의 지경 안에서 기독교화가 마무리될 수 있을 그때 비로소 와해를 맞이하였다. — 350년경 예루살렘의 퀴릴이 콘스탄틴이 건축한 무덤교회에서 행하였고, 후에 한 사람의 청중이 만든 속기록에 근거해서 출판하였던 세례문답교육이 유명하다. 입문 또는 예비 교리문답을 제외하면 부활절 금식기간(Quadragesima)에 세례지원자들(*φωτιζόμενοι*) 앞에서 행한 18개의 인사말이다. 그중 처음 다섯은 죄, 회개와 믿음에 관해서 이고, 나머지 13개는 (381년 콘스탄티노플 신조[아래 Nr. 81a을 보라]와 유사한) "예루살렘의 세례신조"를 연속해서 설명하고 있다. 퀴릴의 이름 하에 전승된 5개의 "신비주의적 세례문답교육"이 있다. 이들은 부활절 주간에 새로이 세례를 받은 자들(*νεοφώτιστοι*) 앞에서 행하는 강연으로서, 부활절 축제 때 받은 성례들

(19/20: 세례; 21: 관유[Chrisma]; 22/23 성찬)을 다루고 있다. 이것들이 퀴릴의 것이지, 그의 후계자 예루살렘의 요한의 것이 아니라는 것은 오늘까지도 학계에서 논란이 되고 있다.

(예비 교리문답 2) 언젠가 시몬 마구스도 세례의 탕(*λουτρόν*)에 와서 세례를 받았으나[행 8, 13 비교하라], 깨우침을 얻지는 못했다(*ἐβαπτίσθη, ἀλλ' οὐκ ἐφωτίσθη*)…… 그의 몸은 [물속으로] 내려갔다가 다시 올라왔다; 하지만 그의 영혼은 그리스도와 함께 장사되지 않았고, 그와 부활하지 못했다[롬 6, 3ff.]. 내가 이 예를 상고하고 있는 것은…… [너희가 주의깊게 보도록 하기 위해서 이다: 너희 중 아무도 은혜를 시험하는 자로 발견되어서는 안 된다. "그리고 쓴 뿌리에서[부터 싹이] 자라 해를 끼친다"[히 12, 15]는 것을 주목해야 한다. 너희 중 누구도 여기 들어와서 아래와 같이 말해서는 안 된다: 자 신앙인들이 하는 것이 무엇인가 보자; 여기 무엇이 일어나는가를 보고 경험이나 하려고 끼어들고 싶다고 말이다. 너는 보는 것만 기대하고, 보이게 될 것은 기대하지 않느냐? 무엇이 일어나는지 캐어 볼 수 있는데, 하나님께서는 그 정도로 너의 내면을 살펴보지 않는다고 생각하느냐? (12) 이제 이 세례교육(*κατήχησις*)이 끝나고, 아직 세례 받지 않은 자가 너에게 선생이 무어라고 했느냐고 물으면, 멀찌감치 서 있는 자들에게는 침묵하여라; 장차 올 세계를 향한 소망에 근거가 되는 비밀(*μυστήριον*)을 너에게 맡기노라: 이 비밀을 [심판 때에] 너에게 답해줄 분을 위해서 보존하라. 혹시 그 누군가가 아래와 같이 말한다면 너는 귀를 막으라: 내가 [그 비밀을] 알게 된다고 한들 무엇이 문제냐? 왜냐하면 병자들도 포도주를 원하기 때문이다; 포도주가 적당하지 않은 때에 주어진다면, 그것은 [치명적인] 열을 일으키고, 결국은 두 개의 악이 온다: 그 병자가 죽으면, 그 의사는 나쁜 평판을 얻게 된다. 아직 세례 받지 않은 자에게도 바로 그렇다. 혹시 그가

세례 받은 자로부터 [그의 귀에 들어가지 않아야 할 것을] 듣는다면, 들은 것을 이해하지 못하기에 열에 들뜨게 되고, [철저한 무지로 인해서] 그 들은 것을 손상시키고 비방하게 된다⋯⋯ 지금 말하고 있는 것이 전파할 가치가 없다는 것이 아니라; [아직 세례를 받지 않은 자의] 귀가 그것을 받을 만큼 되어 있지 않기 때문이다⋯⋯ 언젠가 경험(*πεῖρα*)을 통해서 너에게 가르친 것의 정점에 이르게 된다면, 너는 왜 아직 세례 받지 않은 자가 그것에 대해서 들으면 안 된다는 것인지도 깨닫게 될 것이다. (16) 너희가 마주대하고 있는 세례는 위대한 것이다: 잡힌 자에게 자유요, 죄의 용서요, 죄의 사망이요, 영혼의 거듭남이고, 빛나는 옷이요, 거룩하고 없어지지 않는 인침이고, 하늘의 동반자요, 낙원의 광희고, 왕국의 시민이고 양자됨의 은사이다(*Μέγα, τὸ προκείμενον βάπτισμα. αἰχμαλώτοις λύτρον. ἁμαρτημάτων ἄφεσις. θάνατος ἁμαρτίας. παλιγγενεσία ψυχῆς. ἔνδυμα φωτεινόν. σφραγίς ἁγία ἀκατάλυτος. ὄχημα πρὸς οὐρανόν. παραδείσου τρυφή. βασιλείας πρόξενον. υἱοθεσίας χάρισμα*).[1] 하지만 그 용이 길가에 숨어 있느니라⋯⋯ 그가 충분하지 않은 믿음 때문에 물지 않도록 주의하라⋯⋯ "너의 발은 평강의 복음이 예비한 것으로 신을 신으라"[엡 6, 15]; 그렇게 하면 그가 너희를 물더라도 해를 끼치지 못하리라 ⋯⋯

(교리문답 3, 10) 세례를 받지 않은 자에게는 [세례의] 물 없이도 하늘나라를 얻은 순교자들을 제외하고는 구원이 없다. 구세주께서 십자가로 온 땅을 구원하실 때, 찔린 옆구리에서 피와 물이 솟아나와 흘렀는데[요 19, 34 비교], 이는 평강의 때를 사는 자들은 물로 세례를 받고, 박해 시에 사는 자들은 반대로 자기 자신들의 피로 세례를 받게 하기 위함이었다. 하지만 주님께서도 "너희가 내가 마시는 잔을 마시며, 내가 받는 세례를 받을 수 있느냐?" [마 20, 22]고 하실 때, 순교를 세례라고 표현하였던 것이다. 순교

자들은 자기들의 고백을 함으로 "세계 곧 천사와 사람에게 구경거리가 되었던 것이다"[고전 4, 9]. 또 너도 잠시 후에 고백을 하여야 한다. 하지만 아직은 네가 거기에 대해서 들을 때가 아니다.

(교리문답 18, 33) 거룩하고 구원을 가져오는 부활의 날이 지나면…… 그 주일 지난 두 번째 날부터 시작해서 그 다음 주간의 매일 매일 그 다음 단계의 가르침을 받게 될 것이다. 거기에서 너희는 다시금 너희가 겪은 것의 근거와 원인에 관해서 조목조목 배우게 될 것이다: 우선 세례의 행위 바로 직전에 일어난 것에 관해서, 다음으로는 너희가 어떻게 해서 주님으로 말미암아 죄로부터 깨끗하여졌는지에 관해서, 곧 "물로 씻어 말씀으로"[엡 5, 26], 또 너희가 어떻게 사제와 같이(ἱερατικως) 그리스도의 이름에 참여하게 되었으며, 어떻게 너희에게 성령의 교제의 인침이 주어졌는지를 말이다. 하지만 새 계약의 제단에서 거행된 신비들에 관해서도 배울 것이다: 성경이 우리에게 전해준 그 신비한 것들, 곧 그 능력(δύναμις)은 무엇이며, 어떻게 사람이 그에 접근하며, 언제 그리고 어떻게 그것들을 사용하여야 하는가를 말이다; 마지막으로 너희 모두가 영원한 생명을 누릴 수 있기 위해서 앞으로 받은 은혜에 합당하게 행동과 말을 어떻게 하여야 하는가에 대해서도. 하나님께서는 이 모든 것을 너희가 배울 것을 원하신다.

원전 : W. C. Reischl-J. Rupp, Cyrilli Hierosolymitarum archiepiscopi opera quae supersunt omnia, 2 Bde., 1848-1860(재인쇄 1967).—참고문헌: B. Neunheuser, Taufe und Firmung, HDG IV, 2, 1956, S. 59-70; A. Stenzel, Die Taufe. Eine genetische Erklärung der Taufliturgie, 1958, S. 77-164; J. Daniélou, Liturgie und Bibel. Die Symbolik der Sakramente bei den Kirchenvätern, 1963; G. Kretschmar, Die Geschichte des Taufgottesdienstes in der alten Kirche, Leiturgia V, S. 198-210; K. Deddens, Annus liturgicus?,

Goes 1975; E. A. Bulgarakes, Die Kyrills von Jerusalem, Thessalonike, 1977 (현대 희랍어).

1) 거의 같은 표현이 가이사랴의 바실리우스, 세례설교 4(PG 31, 433AB)에 있다; 또한 알렉산드리아의 클레멘스, 선생 1, 6, 25. 26과 나찌안스의 그레고리, 강론 40, 4도 비교하라; G. Kretschmar, Die Geschichte des Taufgottesdienstes in der Alten Kirche, Leiturgia V, 1970, (S. 2-346; 여기서는), S. 202, 각주 193에 따르면 예비 교리문답 16은 후대 서시리아의 물을 거룩하게 하는 기도를 "구성하는 각각의 단락과도 대부분이 문자적인 일치를 제시하지는 않지만 놀랍게도 그 맥을 같이 하고 있다."

67. 아타나시우스의 반아리우스주의와 그 동기

(니케아 공의회 결정들 20장과 아리우스주의자들 반박 2권, 67-69장; 3권 31장)

알렉산드리아의 아타나시우스(295-373)는 끝까지 니케아 정통주의의 선봉이라고 이론의 여지없이 인정되지만, 그는 생애 내내 "신학자"와 "교회정치가"를 통합한 자였다(W. Schneemelcher). 그는 초지일관 니케아에서 선포된 아리우스와 그의 추종자들에 대한 정죄가 정당함을 옹호하였고, 황제가 교회 일에 개입하는 것에 저항하였으며, 이 때문에 통산 다섯 번의 유배가 말해주듯이 부당한 대우를 받았다. 하지만 니케아신조와 호모우시오스의 옹호활동은 겨우 오랫동안의 서방체류(339-346) 후에야 시작하였다. 곧 처음으로는 니케아 공의회 결정에 관한 편지(350/351ff.)와 이집트 사막의 수도사들과 같이 지낸 세 번째 유배(356ff.) 중에 이루어졌고, 지나칠 정도로 논쟁적인 (3권의) 아리우스주의자들 반박에서 하였다. 이 두 문서는 어떤 동기들이(알렉산드리아 총대주교의 권력욕을 제외하고) 아타나시우스의 반아리우스주의에 있는지,

하르낙 같은 고대 교회 교리비판가도 부인하지 않는 아타나시우스의 구상이 가지는 위대함을 이루는 것이 무엇인지를 동시에 알려준다.

(니케아 공의회 결정들 20, 3) 그런데 [니케아 공의회의] 감독들은 그[아리우스주의자]들의 위선을 알았으므로……, 자기들 스스로가 [성]문서로부터 의미를 깨닫고 과거에 했던 말들을 더 오해의 여지가 없도록 하여 문서적으로 확정할 필요가 있다는 것을 알았다: 아들은 아버지와 동일본질(*ὁμοούσιος*)이시다. 이 말로 그들이 보여주려는 것은 그분은 [아버지와] 유사(*ὅμοιος*)할 뿐 아니라, 동일하시며(*ταὐτὸν τῇ ὁμοιώσει*) [그렇게] "아버지로부터" 오셨다는 것이다; 이 동일본질과 불가변성(*ἀτρεψία*)이라는 말의 관건은 우리에게서 볼 수 있으며 우리가 계명을 지키면 그 덕[스러움]으로 얻을 수 있는 것같은 모방(*μίμησις*)과는 전혀 다른 것을 의미한다는 것을 말해주는 것이다. (4) 서로 비슷한 몸들은 아이들과 자기 부모들과의 관계에서 일어나는 것같이 언젠가는 분리되고 다른 개체가 된다…… (5) 하지만 성자가 성부로부터 출생하는 것은 자연적이고 인간적인 과정과는 전혀 관계가 없으며 성자는 성부와 비슷할 뿐 아니라 성부의 본질과 뗄 수 없도록 결합되어 있다(*ἀδιαίρετος…… τῆς τοῦ πατρὸς οὐσίας*). 그분 자신의 말에 따르면 그와 아버지는 하나이시다; 마치 광선과 빛의 관계와 같이 아버지는 항상 로고스 안에, 아버지 안에는 [항상] 아들이 있었다. 이 때문에 이것을 잊지 않은 공의회는 해당되는 개념 *ὁμοούσιος*를 문서적으로 작성한 공의회 신앙고백에 받아들였던 것이다……

(아리우스주의자들 반박 2, 67) …… 그[육신이 되신 로고스] 안에서 인류는 완성되었고, 태초의 모습처럼 회복되었다; 아니 더 커다란 은혜를 받았다. 왜냐하면 죽은 자들로부터 부활하면서, 우리는 죽음을 더 이상 두려워하지 않고 하늘에서 그리스도 안에서

영원히 다스릴 것이다. 하지만 이것은 하나님 안에 계신 하나님 자신의 로고스가 [그] 육[체]을 입어 인간이 되셨기 때문에 이루어 졌다. 말하자면 그가 피조물이고 그런 인간이었더라면, 인간은 그 일에도 불구하고 원래 자기 모습처럼 그런 존재에 불과하였을 것이다: 하나님과 연관되지 못하고. 도대체 피조물인 인간이 어떻게 피조물을 통해서 조물주와 연합될 수 있었겠는가?…… 바꾸어 말한다면 로고스가 피조물이라면 어떻게 하나님의 [저주] 선언을 폐기시키고 죄를 용서할 수 있었겠는가? 하지만 예언서 어딘가에는 이것이 오직 하나님만이 하는 일이라고 쓰여 있지 않은가…… [미 7, 18]?…… 주님께서 말씀하신 것처럼 [죄를] 주님 스스로 제하셨다: "만일 아들이 너희를 자유케 하면……"[요 8, 36 비교], 그리고 [우리를] 자유하게 하신 아들은 그 사실을 통해서 진정으로 보여주셨다. 곧 그가 피조물이거나 생겨난 존재 중 하나일 가능성이 없으며, 오히려 그가 [하나님의] 바로 그 로고스이고, 태초에 그 판결을 말씀하시고 홀로 죄를 용서하신 아버지 존재의 형상이신 것을. 말하자면 로고스 안에서 아래와 같이 말했다: "너는 흙이니, 다시 흙으로 돌아가리라"[창 3, 19]. 이 때문에 일관되게 그 로고스 자신을 통해서 그리고 그 안에서 저주의 심판이 해체되고 폐기되었다. (68) 아무리 구세주께서 피조물이었다고 해도 하나님께서는 말만으로도 저주를 폐할 수 있었다고 그들은 반박하고 있다…… 하지만 보아야 할 것은 사람을 경건하게 만드는 것이지, 하나님께 가능한 것이 무엇인가가 아니다…… 그 [구세주]가 행하신 것은 인간들에게 유익하기까지 하다. 그래서 그분이 우리에게 증거된 모습과 다르다[문자적으로: 다른 자라]는 것은 온당치 않다…… 만일 분명히 그에게 가능한 것인바, 곧 그가 단순한 말씀에 만족하고 그런 식으로 저주를 폐기하였다면, 명령하는 분의 능력은 뚜렷해졌을 수 있다. 하지만 인간은 아담도 죄를 범하기 전에 가졌던 것과 같은 기질을 얻었을 것이다: 그는 은혜를 밖으로부터 받기는 했지만(ἔξωθεν λαβὼν τὴν χάριν) [육신적으로] 자기 [자신]의 몸과의 연관 속에서 받지는 않았을 것이다…… ; 어쩌면 [아담보다] 더 가치가 없는 기질을 얻었을 것이다. 왜냐하면 인간이 그 사이에 죄 범하는 것에 익숙해졌기 때문이다…… 이렇게 이것[하나님의 용서하심]이 없어서는 안 된다는 사실은 한없이 남아있었어야 했을 것이고, 따라서 이것에도 불구하고 인간은 죄의 빚을 진 자요 종으로 머물렀을 것이다 …… (69) 다시 말한다면: 아들이 피조물이라면, 인간은 그럼[인간되심]에도 불구하고 하나님과 맺어시지 않았기 때문에 죽을 수밖에 없는 상태에 머물렀을 것이다……

(3, 31) …… 하나님으로서 그[육신이 되신 로고스]는 하나의 몸을 가졌으며, 이[몸을]를 하나의 도구(ὄγρανον)로 사용하면서 우리를 위해서 인간이 되셨다. 그러므로 이[골 2, 9에 따라서 신성이 그 안에 육신적으로 거하시는 육체]에 어울리는 것들을 그가 육체 안에 거하기 때문에 그분 스스로가 언급하였다; 예를 들면, 배고픔, 목마름, 고통, 피곤함 등, 육체가 겪을 것들 말이다. 하지만 로고스 자신에게 해당되는 사역들, 곧 죽은 자를 일으키고, 소경이 보게 하고 혈루증 앓는 여인을 고치는 것들을 그분 스스로 자기 자신의 몸을 수단으로 해서 일으키셨다. 그러니까 로고스는 육체의 나약함을 마치 자기의 것인 양 짊어지셨다; 육체가 그의 것이었다. 거꾸로 말한다면 육체도 신성의 사역을 그 안에 가지고 있었기 때문에 사용하였다; 하나님께서 몸을 가졌다. 반대로 선지자가 정곡을 찔러 말하기를: "그가 짊어지셨다"고 했다. 선지자는 그가 "우리의 약함"을 치료하셨다고 말하지 않으므로 마치 그분이 몸 밖에 있으면서 그가 항상 했던 것처럼 그를 단순히 치료를 하면서 인간들을 새로이 죽음에 던지는 분으로 만들지 않으려 하였던 것이다. 절대로 그렇게 안 하였다. 그는 우리의 약함을 짊어지시고 우리의 죄를 담당하심으로써 그는 우리 때문에 인간이 되셨

고 그가 짊어진 몸이 바로 자기 것이라는 것을 분명하게 하셨다. 하지만 그가 자기의 몸으로 우리 죄를 [십자가-] 나무에 달아매셨을 때[벧전 2, 24] 그분 스스로는 아무런 해도 겪지 않으셨다(οὐδὲν ἐβλάπτετο)…… 하지만 우리 인간은 우리의 질고로부터 구원받았고 로고스가 주신 의로움으로 채워졌다.

원전 : H. G. Opitz, [Nr. 54], 2, 1934 (De decre.); MPG 26, Sp. 12ff. (Orr. c. Ar.).—참고문헌: E. Schwartz, Zur Geschichte des Athanasius, (NGG 1904. 1905. 1908. 1911 =) Ges. Schriften, 3, 1959; F. L. Cross, The study of St. Athanasius, Oxford, 1945; W. Schneemelcher, Athanasius von Alexandrien als Theologe und Kirchenpolitiker, ZNW 43, 1950/1951, S. 242-256; D. Ritschl, Athanasius. Versuch einer Interpretation, 1964; Ch. Kannengießer, Athanase d'Alexandrie, Paris 1983; G. Arentzakis, Einheit der Menschheit, Einheit der Kirche bei Athanasius, Graz, 1978; E. P. Meijering, Athanasius: Die dritte Rede gegen die Arianer, 3 Bde., Amsterdam 1996-1998; A. M. Ritter in: HDThG, I, [2]1999, S. 178-185; L. Abramowski, Das theologische Hauptwerk des Athanasius: Die drei Bücher gegen die Arianer (Ctr. Arianos I-III), in: CV 42, 2000, S. 5-23.

68. 359년 5월 22일 제4차 시르미움 신앙고백

(아타나시우스, 이탈리아 아리미눔과 이사우리아 시르미움에서 거행된 공의회 8)

아타나시우스가 "아리우스주의자 반박"을 집필할 때, 동방에서는 콘스탄티우스 2세가 교회에 대한 강력한 제제를 하는 가운데서 새로운 전선이 확립되었다: 과거 안디옥의 집사 아에티우스(Aëtius, 367 사망)와 훗날 퀴치코스의 감독 유노미우스(395 사망)의 정신적인 통솔 하에 있는 과격한 신 아리우스주의가 형성되었다(주요 용어: 로고스는 아버지와 "모든 면에서 상이하다"[ἀνόμοιος]; 그래서 "상이파"라고 불린다). 그래서 아타나시우스의 극단적인 투쟁에 의해서 (세 분의 신적인 개체라는 그들의 주장 때문에) 예외 없이 똑같이 "아리우스주의적"이라고 불렀던 오리게네스 파가 다양하게 분열되었다. — 이러한 혼란 가운데서 황제의 교회정치가 어떤 과정으로 끌고 가려고 했는지를 황제의 위원회가 계획한 네 번째 또는 (그 앞에 제시하는 자세한 날짜 때문에) 적들이 조롱 섞어 "날짜를 매긴 신앙고백"이라고 부르는 시르미움 신조 마지막 부분이 가르쳐 준다.

'본질'(οὐσία)이라는 말을 교부들은 단순하게 수용하였다. 이 때문에 [성]경에 들어있지 않아서 알려지지 않은 그 용어는 백성들의 불쾌함을 불러일으켰다. 그래서 사용하지 않는 것이 옳다고 여기게 되었다; 어떤 경우에도 '본질'이라는 개념은 성경이 성부와 성자의 '본질'을 밀하지 않기 때문에 사용해서는 안 된다. 차라리 우리는 성경이 설명하고 가르치는 것처럼 아들은 모든 면에서 아버지와 유사하다(ὅμοιος…… τῷ πατρὶ κατὰ πάντα)고 표현한다.

원전 : H. G. Opitz, [Nr. 54], 2, 1935. — 참고문헌: J. N. D. Kelly, [Nr. 42], S. 280ff.; Ch. Kannengießer, [Nr. 67], S. 63-156 (Beiträge von K. M. Girardèt, Ch. Piétri, L. W. Barnard, J. M. Leroux); 콘스탄티우스의 교회정치 전체에 관해서는 현재 무엇보다도 H.-C. Brennekke, Hilarius von Poitiers und die Bischofsopposition gegen Konstantius II, 1984; ders., Studien zur Geschichte der Homöer, BHTh 73, 1988, S. 5ff.; W. A. Löhr, Die Entstehung der homöischen und homöusianischen Kirchenparteien, Diss. Bonn, 1986, S. 93ff.을 보라.

69. 찬송작가요 바울주석가인 마리우스 빅토리누스(Marius Victorinus)

아타나시우스와 그가 옹호하는 일을 둘러싼 싸움, 곧 실제 오늘날로 말한다면: 니케아 교리는 점점 더 라틴의 서방까지도 잡아 끌어들였으며 거기에서도 동방에서 연구되고 있는 문제를 수용한 신학적 문서가 출현하도록 만들었다. 가장 독자적으로는 마리우스 빅토리누스에 의해서 이러한 일이 발생하였다. 그는 3세기 아프리카에서 태어나서 354년 직후 기독교로 전향하기 전까지 수사학과 (신플라톤) 철학으로 로마에서 각광받는 사람이었으며, 그의 전향은 사회적으로 파문을 일으키는 사건으로 받아들여지며 한 세대 후 어거스틴에게 빛나는 사례가 되는(고백록 8, 2, 3ff.) 하나의 거보였다. 자기의 전향 직후 일련의 신학 논문들에서 포르피리우스식으로 수정된(P. Hadot) 플로틴적인 존재론의 기초 위에서 동일한 신플라톤화한 아리우스주의를 대항하여서 아버지, 아들, 성령의 본질의 동등을 옹호하고 "증명"하기 시작하였다. 아리우스주의적인 선동을 방어하는 바로 그 목표를 위해서 찬송작시가 한 몫을 하였다. 아래에 그 한 사례를 제시한다:

a) 삼위일체에 대한 첫 번째 찬송(1-16. 74-78절)

Adesto, lumen verum, pater omnipotens deus.
Adesto, lumen luminis, mysterium et virtus dei.

Adesto, sancte spiritus, patris et filii copula.
Tu cum quiescis, pater es, cum procedis, filius,
in unum qui cuncta nectis, tu es sanctus spiritus.

Unum primum, unum a se ortum, unum ante unum, deus.
Praecedis omne quantum, nullis notus terminis.
Nihil in te quantum quia neque quantum ex te est.
Namque ex te natum unum gignit magis quantum quam tenet.
Hinc immensus pater est, mensus atque immensus filius.
Unum autem et tu pater es, unum qu[e]m genui[s] filius.

Quod multa vet cuncta sunt, hoc unum est quod genuit filius,
Cuntis qui *ὄντος* semen est. Tu vero virtus seminis.
In quo atque ex quo gignuntur cuncta, virtus quae fundit dei,
Rursusque in semen redeunt genita quaeque ex semine……

Omnes ergo unum spiritu, omne unum lum[ine].
Hinc singulis vera, hinc tribus una substantia est,
Progressa a patre filio et regressa spiritu,
Quia tres exsistunt singuli et tres in uno singuli.
Haec est beata trinitas, haec beata unitas.

우리 곁에 계시옵소서, 참 빛이요, 전능하신 아버지 하나님!
우리 곁에 계시옵소서, 빛의 빛이시며, 하나님의 신비와 능력이시여!
우리 곁에 계시옵소서, 성부와 성자의 연결고리이신 성령이여!
고요함 중에 당신은 아버지이시며, 발출 중에는 성자이시며,
모든 것을 하나로 묶으시는 당신은 성령이시나이다.

첫 번째 하나시며, 자기 자신으로부터 나오시는 하나요, 하나 앞에 하나이신 하나님.

당신은 모든 것에 앞서시며, 어떠한 말로도 알려지지 않는 분이십니다.

당신 안에는 아무런 다양함이 없으니, 이는 그 어떤 다양함도 당신으로부터 오지 않기 때문이지요.

당신으로부터 나신 한 분이 다양함을 가지고 있다기보다 다양함을 생산하시나이다.

그래서 아버지는 무한하시며, 아들은 한량이 있고도 무한하나이다.

그런데 아버지이신 당신이 하나이시며, 당신이 낳으신 분인 아들이 하나이십니다.

다양한 것들이 아니고 모든 것인 그것은 아들로부터 산출된 하나입니다.

아들은 모든 것을 위한 존재의 씨앗입니다. 하지만 당신은 씨앗의 능력입니다.

곧 그 안에서, 그리고 그에게서부터 만물이 태어나며, 이것들은 하나님의 능력이 생산합니다,

이 씨앗에게로 씨앗에서 태어난 것들은 다시금 돌아갑니다……

그러니까 모두[곧 성부, 성자, 성령]는 영을 통해 하나이며, 모두가 빛으로 하나입니다!

개별적으로는 참된 본질, 셋으로는 하나의 본질이시며,

아버지에게서 아들로 가고 성령 안에서 아버지께 돌아가는,

이 셋은 개체적으로 존재하며, 셋이 한 개체로 존재합니다.

이것이 복스러운 삼중성이요, 이것이 복스러운 단일성입니다!(P. Hadot-U. Brenke)

b) 바울의 소서신들 주석(갈 2, 15f.; 빌 2, 13; 3, 9; 엡 2, 8. 15f.에 대한 주석)

빅토리누스가 회심한 후에 집필한 문서들 중에는 본문과 단어의 의의, 그리고 교리적이고 "철학적" 내용을 확정하려는 노력을 한 갈라디아서, 빌립보서, 에베소서 주석이 있다. 이것들은 우리가 아는 한 라틴어로 된 첫 번째 바울 주석이라는 면에서 주목을 받는다. 이뿐 아니라 이 바울 주석은 "오직 믿음으로 말미암아 의롭게 되는 의미에서 우리가 고대 교회로부터 보게 되는 가장 엄격한 바울문장들"을 가지고 있다(하르낙). 이에 대한 몇 개의 예를 들어 본다:

[갈 2, 15f.] 여기까지는 바울이 베드로를 꾸짖고 비난하면서 베드로가 유대인들의 사고방식에 동조하고 이방인들로 하여금 유대교식 윤리에 따라 살라고 강요하는 잘못을 저질렀다고 말하는 부분을 다루고 있다. 그는 이렇게 말한다. 이방인 출신이 아니라 유대인들인 우리는…… 그럼에도 불구하고 그리스도 신앙을 받아야 한다. 왜냐하면 사람은 율법의 행위가 아니라 믿음, 곧 예수 그리스도를 믿는 믿음으로 의롭다함을 얻기 때문이다…… 그러니까 이것을 우리가 알고, 또 의롭다함은 믿음으로 이루어진다고 믿으면서, 우리는 율법의 행위가 아니라 믿음으로 의롭다함을 얻기 위해서 우리가 [정면으로] 거부한 유대교 방식(iudaismus)으로 되돌아가는 잘못을 범하고 있다. 왜냐하면 오직 이 믿음만이 의롭다함과 거룩하다함을 선사하기 때문이다(ipsa enim fides sola iustificationem dat et sactificationem)……

[빌 2, 13] "너희 구원을 위해 힘쓰라." 이 애씀은 하나님께 감사하는 것이다. 왜냐하면 하나님께서 너희 안에 일으키시되, 곧 그가 너희의 원함을 그렇게 올바로 만드시기 때문이다(ut velitis ita). 이렇게 그 원함은 어떤 의미에서 [또한] 우리의 일이기도 하

기 때문에 우리 구원을 위해서 힘쓰는 것이 된다. 하지만: 그 원함 자체를 하나님께서 일으키시기 때문에 그 실행과 원함을 우리는 하나님께로부터 갖게 되는 것이다(ut ex deo et operationem et voluntatem habeamus)……

[빌 3, 9] …… "나는 율법으로부터 난 내 의를 가진 것이 아니라." 내가 흠 없이 살던 때 내가…… [가졌던] 그 의를 말한다; 왜냐하면 만일 [우리] 삶이 하나님의 의에 완전히 합하여 우리의 그 선한 삶으로 하나님의 의를 얻었다면 그것은 나 또는 우리의 의이다(tunc enim quasi mea iustitia est, vel nostra, cum moribus nostris iustitiam dei mereri nos putamus perfectam per mores). 하지만 내가 가진 의는 그 의가 아니라, …… 하나님께로부터 온(ex deo procedit) 것이라고 바울은 말했다. "믿음으로부터 온 의", 곧 그리스도를 믿음[πίστις χριστοῦ: 바울!]으로 얻는 믿음으로부터 오는 의이다(iustitia ex fide, quae est fides ex fide Christi)……

[엡 2, 8] 그[바울은]는 우리가 믿음의 빚을 졌다고 분명하게 선언하였다; 하지만 우리는 그리스도 안에서 믿는 자가 되었다는 것(ut credamus in Christo)만을 빚진 것이다. 그러나 이것이 오직 우리의 행위라면, 우리는 우리가 벌어들여서(meritum)가 아니라 하나님의 은혜로 구원받은 것이다.

[엡 2, 15. 16] 다른 곳에서는 중보자(mediator)라고 부른 그리스도를 바울은 우리의 평강이라고 하였다…… 그러니까 우리가 구원받은 것은…… 우리의 노력에 달려 있지 않다; 오히려 오직 그리스도를 믿은 믿음이 우리의 구원이다(ergo non nostri laboris est ut nos solvamus, sed sola fides in Christum nobis salus est)…… 우리에게는 모든 것을 능가하시는 그 분을 믿는 것 하나 외에는 아무것도 없다(nostrum paene iam nihil est, nisi solum credere, qui superavit omnia). 왜냐하면 완

전한 구원은 그리스도께서 그를 믿는 우리를 위해서 구원, 영원함, 하늘의 영광을 주시기 위해서 십자가를 참으시고 부활하시는 승리를 이루신 데에 있기 때문이다.

원전 : P. Henry-P. Hadot, Marii Victorini Opera, I. Opera Theologica, CSEL 83, 1971; A. Locher, Marii Victorini Afri Commentarii in Epistulas Pauli…… BT, 1972 (여기에 관한 F. Gori 비평 in: Riv. di fil. e di istr. class. 102, 1974, S. 487-492를 비교하라).—참고문헌: A. Harnack, Geschichte der Lehre von der Seligkeit allein durch den Glauben in der alten Kirche, ZThK, 1, 1891, S. 82-17(여기서는: S. 158ff.); R. A. Markus, Marius Victorinus und Augustine, The Cambridge History of Later Greek and Early Medieval Philosophy, Cambridge (1967) 1970, S. 331-340; P. Hadot, Porphyre et Victorinus, 2 Bde., Paris 1968; ders., Marius Victorinus. Recherches sur sa vie et ses oeuvres, Paris 1971; W. K. Wischmeyer, Bemerkungen zu den Paulusbriefkommentaren des C. Marius Victorinus, ZNW 63, 1972, S. 108ff.—번역: P. Hadot-U. Brenke, Christlicher Platonismus. Die theologischen Schriften des Marius Victorinus, BAW, Zürich, 1967.

70. 동일본질(Homousios)에 관한 문제들

(아타나시우스, 공의회들에 관하여 41-45)

동방에서 앙퀴라의 바실리우스(Basilius von Ankyra, 365 사망)의 지도 하에 한때는 "유세비우스" - 오리게네스주의적인 중도파로부터 공식적인 교회정치와 그 정치에 의해서 알려지게 된 "유사파적" 신앙고백을 반대하는 입장이 형성되었다. 이 입장은 가시적으로는 니케아주의자들과 연계되려고 힘쓰면서 아들은 아버지와 "본질적으로 유사하다"(ὁμοιούσιος 및 ὅμοιος [καὶ] κατ' οὐσίαν)는 타협적인 형식을 해결책으로 내어 놓았다(그래서 그들의 명칭이 "유사본질파"이다). 이 형식은 동방으로 유배를 당한 푸아티어의 감독 힐라리우스(Hilarius von Poitier, 315-367)같은 사람들로부터 열렬히 환영받았다. 그는 추방으로부터 돌아온 이후에 소위 "에큐메니칼" 논쟁에서 중재자로서 활동하였다. 이들뿐 아니라 심지어는 아타나시우스마저도 받아들일 용의가 있음을 드러내었다. 359년 기록한 문서 "공의회들에 관하여"의 발췌문이 그것을 보여준다:

(41, 1) [니케아] 공의회를 거부한 자들에 대해서는 이 짧은 설명[1])으로 충분히 말하였다; 그 반대로 니케아에서 결정된 그밖의 모든 것을 수용하며 단지 호모우시오스만은 받아들이기 어려워하는 자들을 적으로 취급해서는 안 된다. 또한 그들을 아리오마니텐('아리우스 마니아들')이라고 공격하지 않으며 [니케아의] 교부들의 반대자들로 보지도 않아야 한다; 오히려 우리는 그 문제를 형제끼리 하듯이 함께 연구한다. 그들은 우리가 마음먹는 것을 생각하고 단지 그 단어만을 받아들이지 않는 자들이다. (2) 말하자면 그들은 아들이 아버지의 본질에서 왔지 다른 개체에서 오지 않았으며, 아들은 피조물도 아니고 만들어진 자(ποίημα)가 아니라, [아버지와] 같은 분이요 본성이 출생자(γνήσιον καὶ φύσει γέννημα)며, 그는 영원히 아버지의 말씀이며 [그의] 지혜로서 아버지와 함께 계시다고 고백한다. 이렇게 고백하며 그들은 그 [불행한] 용어 호모우시오스를 받아들이는 데에도 그렇게 멀리 있지 않다(οὐ μακράν εἰσιν ἀποδέξασθαι καὶ τὴν τοῦ ὁμοουςίου λέξιν). 이것의 예가 신앙에 관해서 다루었던[2]) 앙퀴라의 바실리우스의 경우이다. (3) [아들은] 본질과 관계해서[도 아버지와] 비슷하

다고 간단하게 말하는 것은 아들이 "[아버지의] 본질로부터" 오셨다는 진술에는 훨씬 미치지 못한다. 오히려 그들도 인정하듯이 이것으로는 아들과 아버지 사이에 있는 관계의 순결함(*τὸ γνήσιον τοῦ υἱοῦ πρὸς τὸν πατέρα*)을 표현하고 있다…… (4) 그 사이에 그들이 '*ἐκ τῆς οὐσίας*' 뿐 아니라 '*ὁμοούσιος*' 도 말하였기 때문에 이 두 표현으로 '*ὁμοούσιον*' 라는 말[이 의도하는 바] 말고 다른 무엇을 표현하겠는가?

그 아래에서 아타나시우스는 바실리우스를 중심으로 한 유사본질파에게 남아있는 니케아의 호모우시오스를 받아들이는 것을 반대하는 껄끄러움에 대해서 언급하고 있다. 그에 따르면 한편으로는 사모사타의 바울[3]에 관해서 판결을 내린 안디옥의 (오리게네스주의) 공의회(268)가 호모우시오스를 정죄하였다는 사실이다[4]; 다른 한편으로는 알렉산드리아의 디오니스와 로마의 디오니스 사이에 오간 서신교환이다(위 Nr. 41을 보라).

원전 · H. G. Opitz, [Nr. 68].—참고문헌: J. Gummerus, Die homöusianische Partei, Helsinki 1900; W.-D. Hauschild, Die Pneumatomachen. Eine Untersuchung zur Dogmengeschichte des vierten Jahrhunderts, Ev.-theol. Diss. Hamburg 1967, S. 130-190 (광범위한 참고문헌도 제시). 또 여기에 관한 A. M. Ritter의 서평, ZKG 80, 1969, S. 397/406; W. A. Löhr, 위 [Nr. 68], S. 79ff., 142ff.

1) 곧 그들의 모순적인 견해들과 *οὐσία* 같은 개념들(이 개념이 359년 시르미움의 "날짜가 확정된 공의회의 신조"는 *ὁμοούσιος*나 최근에 나온 *ὁμοιούσιος*에 근간이 되는 단어라는 점에서 신학적인 언어 사용에서 철저하게 추방되기를 원했다: 위 Nr. 68을 보라)의 의미에 관해서 배우려는 준비가 부족하다는 증명인데, 그들은 이 개념들이 너무 "모호하다"고 하였다.
2) 여기서 아타나시우스는 분명히 358년 유사본질파의 앙퀴라 공의회의 교리결정(에피파니우스, 약상자 73, 3-11)을 끌어대고 있다.
3) 위 Nr. 57, 각주. 1을 보라.

4) 여기에 관해서는 H. de Riedmatten, Les actes du procès de Paul de Samosate, Fribourg, 1952와 최근에는 무엇보다도 F. Millar, Paul of Samosata, Zenobia and Aurelian, JRS 61, 1971, S. 1-17; H. C. Brennecke, Zum Prozeß gegen Paul von Samosata: Die Frage nach der Verurteilung des "Homousios", ZNW 75, 1984, S. 270-290.

71. 황제 줄리안(Julian)과 이교의 재건

322년 콘스탄티노플에서 콘스탄틴의 조카로 태어난 줄리안은 기독교식으로 교육을 받았음에도 불구하고 수사학자 리바니우스(아래 Nr. 87d를 보라)와 줄리안에게 신비적 제의의 세계도 가르쳐준 신플라톤주의자 에베소의 막시무스(Maximus von Ephesus)의 영향 하에서 노골적으로 기독교의 적이 되었다. 하지만 이 "배교"(그를 모독하는 이름 줄리안 아포스타타['배교자']를 참조하라)의 원인은 그의 생애에서 찾아야 한다. 그는 여섯 살 때 로마의 포악한 군인들이 자기의 사촌인 황제 콘스탄티우스 2세의 눈앞에서 황제관 후보의 가능성이 있는 자들을 쓸어버리기 위해서 그의 남자 형제들을 죽이는 살육현장에서 도망쳤다. 그러고도 나중에 콘스탄티우스는 아직 제거하지 않은 이 마지막 친족을 아주 특별히 불신을 하면서 박해하였다. 361년 단독통치자가 되었을 때, 줄리안은 자기가 가진 불안함으로 대규모 개혁 작업을 단행하였다. 이 작업은 국가와 재정 관리 및 비기독교적인 제의를 포괄하였다. 하지만 그들 중 그 어떤 것도 그가 363년 여름에 페르시아 전투에서 치명적으로 부상을 당한 다음까지 계속되지는 않았다. 그리고 시작된 "그에 대한 기억을 말살시키는"(damnatio memoriae) 탓에 그의 문서적 업적, 곧 연설, 풍자, 편지, 논설 등의 대부분이 사라졌다. 세 권으로 된 "갈릴리인들 반박"(362/363)을 특별하다고 하겠는데, 이것을 우리는 단지 알렉산드리아의 퀴릴의 항의에 있는 인용으로만 알고 있다.

a) 이교도 역사가 암미아누스 마르켈리누스(Ammianus Marcellinus)가 전하는 줄리안과 옛 제의의 재건(로마사 22, 5, 1-4)

(5, 1) 그[줄리안]는 아주 어린 소년시절부터 신들 숭배에 유난히 애착을 가졌다; 그가 자랄수록 점점 더 그 사모함으로 불타올랐다. 하지만 많은 것을 두려워해야만 했기 때문에 가능한 한 간헐적인 제의행위를 숨어서 하였다. (2) [콘스탄티우스의 죽음]과 함께 이러한 것과 관련한 그의 두려움의 대상이 없어지고, 자기가 원하는 것을 하는 것에 걸리는 것이 없다는 것을 알았다. 그러자 자기의 비밀스러운 성향을 공식적으로 드러내었으며 노골적이며 무조건 이행해야만 하는 훈령으로 신전을 다시 열고, 희생물을 제단으로 가져오게 하였으며 신들의 제의를 재건토록 하였다. (3) 자기의 의도를 더욱 강조하기 위해서 서로 싸우고 있는 기독교 분파들의 지도자들을 분파 추종자들과 함께 황궁에 불러 그들의 싸움을 덮어두고 각자가 노골적이고도 두려움 없이 자기들의 신앙적인 확신을 따르라고 친절하게 설득하였다. (4) [물론] 그는 자기가 그들에게 허락하면 할수록 그들 가운데 있는 긴장은 점점 더 팽팽해지며, 결과적으로는 그럴수록 자기는 백성이 단합하는 것[곧 자기 명령을 반대하는 것]을 두려워할 필요가 없다고 생각한 까닭에 이것을 끈질기게 추진하였다. 하지만 사실은 그 어떤 맹수도 대부분의 기독교인들이 죽일듯한 미움을 가지고 서로를 못살게 구는 정도로 인간을 원수 취급하지 않는다는 사실을 그는 자기 자신의 경험에서 분명히 알았기 때문이다!

b) 사제들의 바른 자세(편지 89b[Bidez])

겨우 단편적으로만 남아 있는 줄리안의 편지 "사제에게"(아마도 속주 아시아의 최고 사제에게 보낸 편지)는 먼저는 아무도 예외로 두지 않는 인간 사랑(φιλανθρωπία), 신들을 경외함, 그리고 몸을 정숙하게 할 것을 경고하면서(288A-296D) 그렇게 함으로 참다운 사제상을 그려 보이려고 하였다. 그 핵심적인 특성이 아래와 같다:

…… 그[사제]가…… 우리를 위해서 제사를 이행하는 동안에는…… 우리는 그를 신들이 소유한 가장 값진 것이라고 보아야 하며 따라서 경외하며 존경하여야 한다(297A)…… 신들의 은혜로(διὰ τοὺς θεούς) 최소한 밖을 향해서는 최고 사제인 [나는 비록] 그렇게 고귀한 직무를 감당할 자격이 없다는 것은 사실이다. 하지만 기꺼이 나는 그러한 자가 되기를 원한다. 그러므로 나는 항상 신들에게 간구한다(298D)…… 우리는 신들을 두려워함으로 [곧 사제신분의 개혁을] 시작하여야 한다. 왜냐하면 우리는 신들의 제의를 그들이 항상 함께하며 우리를 주시하고 계시는 것같이 이행하여야 하기 때문이다(299B)…… 하지만 사제들은 거룩하지 않은 일과 부끄러운 행위들로부터 멀리하여야 할 뿐 아니라, 그런 것들을 말하거나 심지어 듣는 것도 멀리하여야 한다…… 사제는 아르킬로코스나 히포낙스[1](300C)를 읽으면 안 된다는 나의 생각을 당신이 이해할 수 있기 위해서…… 우리들에게 적당하다고 할 수 있는 것은 철학과 철학자들 중에는 신들을 자기들의 가르침에 모시는 자들뿐이다. 예를 들면 피타고라스, 플라톤, 아리스토텔레스와 크리십과 제논(300D)같은 [스토아주의]자들이다…… 사제들은 신들을 찬양하는 노래들을 암송하여야 한다. 이것들 가운데 많은 시들 그리고 아름다운 것들이 예부터 그리고 오늘도 존재한다. 그중에서도 성전에서 부르는 것들을 배우려고 하여야 한다(301D). 왜냐하면 그들 중 대부분이 우리가 부른 신들로부터 선사된 것들이기 때문이다……; 또한 자주 하나님께 개인적으로든 공식적으로든 [또는: 개인적인 일에서나 공적인 일에서] 기도를 하되 하루에 세 번씩(302A), 아니면 최소한 아침과 저녁나절에 하는 것이 가장 옳

다. 하지만 사제가 희생을 드리지 않으면서 낮이나 밤을 보낸다면 그것은 [사제의 임무에] 합당하지 않다(302B)…… [성전에서의 자신의 제의 직임을 이행하는 기간에] 그는 전적으로 철학에 전념하여야 하며, 성소에 머물러야지 집을 찾거나 시장을 방문해서는 안 된다(302D). 또 관리와 만나서도 안 되고(303A)……, 오직 예배만 드려야 한다(303A)…… [또한] 사제는 [자기 개인적인 삶에서는] 힘써 절제하므로 우리로 자비의 하나님을 기대할 수 있게 하여야 한다.(303D)…… 특별히 그들은 흥겨운 노래를 하는 연극공연을 피해야 하고(304B)……, 배우나 마차 모는 자를 친구 삼아서도 안 되며, 춤추는 자나 광대를 집에 들여서도 안 된다(304C)……

c) 재건정책의 결과(갈라디아의 최고사제인 아르사키오스[Nr. 84a Bidez]와 철학자 아리스톡세노스에게 보낸 편지 [Nr. 78 Bidez])

(편지 84a) 헬레니즘(*Ἑλληνισμός*)은 우리가 기대했던 것만큼 번성하지 못했다; 그 책임은 그 추종자들인 우리 자신에게 있다(429C)…… 모든 도시에 숙박시설(*ξενοδοχεῖα*)을 세워서 우리들뿐 아니라 다른 사람들도 원할 때는 우리가 베푸는 호의(*φιλανθρωπία*)를 누리게 하라(430C)…… 하지만 유대인은 누구도 그 도움을 받을 수 없고, 갈릴리인들[곧 기독교인들]은 심지어 자기들[가난한 자들]뿐 아니라 우리의 가난한 자들을 돌보아준다. 그런데 우리의 가난한 자들이 우리 쪽에서 베푸는 도움이 없이 지내야 한다는 것(430D)은 수치스러운 일이다……

(편지 78) …… 튀아나에서 자비의 신 제우스 옆에 있는…… 나에게 오도록 해서 갑파도키아인들 가운데에서 [최소한] 한 명의 진정한 희랍인(*καθαρῶς Ἕλλην*)을 보여다오. 나는 지금까지 여기서 사람들이 희생드리는 것을 어떻게 거부하고 있는지를 확인하였다; 그리고 희생을 드리려 하는 자들 중 몇몇은 희생드릴 줄을

모르고 있다는 것을 확인하였다(375C).

d) 기독교인들의 법적 지위(아타르비오스에게 보낸 편지[Nr. 83 Bidez])

갈릴리인들은 죽여서도 안 되고 불법적으로 부당하게 대하거나 그 어떤 모욕도 겪게 해서는 안 된다는 것이 신들 앞에서의 내 의도이다; 하지만 그들보다는 신들을 경외하는 자들이 무조건 우선시 되어야 한다는 것을 분명히 선언하노라. 왜냐하면 갈릴리인들의 어리석음($\mu\omega\rho\acute{\iota}\alpha$)으로 말미암아 거의 모든 것이 전복되어 버렸기 때문이다; 하지만 하나님의 가호 덕분에 우리 모두는 다시 한 번 헤쳐 나왔다. 그래서 신들과 신들을 섬기는 사람과 그 도시들에 존경의 예를 갖추어야 한다.

e) 기독교 교사의 직업생활 금지(편지 42[Bidez-Cumont])

362년 6월 17일 법령 하나가 선포되었다(테오도시우스 법전13, 3, 5 = 유스티니아누스 법전 10, 53, 7). "이 법은 보기에는 별반 해가 없었지만, 기독교를 정신적으로 고립시키려는 목적을 가진다는 면에서 사실은 기독교에 대한 선전포고였다"(J. Bidez). 형식적으로는 단지 공적으로 학생들을 가르치는 선생들이나 박사(magistri studiorum doctoresque)들을 임명할 때 시의회가 그 후보자들이 도덕적 적합성으로 볼 때 아무런 문제가 없다는 인증서를 제출해야 한다는 규율을 정한 것뿐이었다. 하지만 동시에 황제가 보낸 자세한 세칙을 첨부한 회람은 황제가 요구하는 도덕적인 적합성(excellere…… moribus)이 무엇을 말하는지 분명하게 제시한다:

…… 지금까지는 신전에 참배하는 것을 반대하는 데에는 많은 이유들이 있었고, 신들에 관한 자기들의 생각들을 분명히 드러내

지 않을 때도 여러 방면에서 온 위협들이 그것을 이해 가능한 것으로 보이게 하였다. 하지만 신들이 우리에게 자유를 허락한 다음에는 사람들에게 올바르다고 믿어지지 않은 것을 가르치는 것이 얼토당토않은 것으로 여겨졌다. 혹시 [기독교 교사들이] 자기들이 [수업에서] 해석하는 그[저자]들을…… 지혜자로 간주한다면, 신들을 향한 그들의 경외심을 우선적으로 한 번은 본받으려고 하여야 한다. 하지만 혹시 그들이 생각하기에 이[그들의 저자]들이 최고로 존경받을 존재들에 대해서 잘못 생각했다면, 갈릴리인들의 교회로 가서, 거기서 마태와 누가를 해석해야 한다…… [그들, 곧 언급한 그 두 복음서들을 따라?] 희생제물로 바쳐진 헌물에 손을 대면 안 된다는 것이 너희의 법이다; 하지만 내가 원하는 것은 [이보다 한 걸음 더 나아가서] 나처럼 생각하고 내가 기뻐하는 것을 행하는 자들과 함께 내 스스로가 항상 참여하기를 원하는 그것으로 너희 귀와 혀가 [아무 것도 해서는 안 되고] 너희가 표현하는 대로 철저히 '거듭나는'(ἐξαναγεννηθῆναι) 것이다(423C.D.).

원전 : W. Seyfahrt, Ammianus Marcellinus, Römische Geschichte (lat.-dt.), Schrift u. Quell. d. alt. Welt, II, 1968; J. Bidez-F. Cumont, Imp…… Juliani Epistulae, leges, poematia, fragmenta varia, Paris, 1922 (Ep. 42); J. Bidez, L'Empereur Julien. Oeuvres Complètes, I, 2, Epitres, Paris, 1932.—참고문헌: J. Geffcken, Kaiser Julian, 1914; J. Bidez, Julian der Abtrünnige, 1940; J. Kabiersch, Untersuchungen zum Begriff der Philanthropia bei dem Kaiser Julian, Kl.-Phil. Stud. 21, 1960; G. W. Bowersock, Julian the Apostate, Cambridge/Mass. 1978; R. Klein (Hg.), Julian Apostata, 1978; W. J. Malley, Hellenism and Christianity, Rom, 1978; P. Athanassiadi-Fowden, Julian and Hellenism, Oxford, 1981; R. L. Wilken, 위 [Nr. 10], VII장; E. L., Grasmück, Kaiser Julian and der θεὸς λόγος der Christen, in: Logos 위 [Nr. 53], S. 297-327.

1) 희랍 서사시인 아르킬로코스(Archilochos, 주전 7세기); 히포낙스(Hipponax, 약 주전 540년), 그는 내실 있고-묻어날듯 한 단어와 소재선택으로 유명하였다.

72. 이집트에서 발생한 성령론 논쟁의 발단

4세기 중엽을 지나서까지 그리스도의 삼위일체론적인 위치 문제, 다른 말로 하면 로고스와 성부의 관계가 교리적 관심과 충돌의 중심에 서 있었다. 이 반면에 360에서 380년 사이에서는 무엇보다도 이집트의 교구성직자들과 평신도들 가운데서는 성령의 존재와 지위도 논의 가운데 포함되었던 것으로 보인다. 어째서 거기까지 이르렀는가는 오늘까지지도 완전히 밝혀지지 않았다. 하지만 처음 관계한 자들 중 한 사람인 아타나시우스가 하부 이집트에서 추방생활 하던 중에 이 새로운 질문들의 의미를 알아 차렸고 여기에 대한 답변의 첫 발을 내디뎠다는 사실만큼은 분명하다.

a) 이집트 "트로피커"[1]들의 주장들(아타나시우스, 트무이스의 감독 세라피온(Serapion von Thmuis)에게 보낸 편지 1, 1. 3. 15)

(1, 1) …… 사랑하며 진심으로 보고 싶은 자여, 당신도 다음과 같은 일이 언짢아서 글을 보냈다. 곧 아리우스주의자[무리]들이 하나님 아들을 모독하기 때문에 그들을 떠난 어떤 사람들이 성령을 대항하는 하나의 전선을 만들었다. 그들은 주장하기를 성령은 피조물일 뿐 아니라 "부리는 영들"[히 1, 14] 중 하나이며 천사들과는 겨우 상대적일 정도의 차이만을 가진다고 하였다(*αὐτὸ μὴ μόνον κτίσμα, ἀλλὰ καὶ τῶν λειτουργικῶν πνευμάτων ἕν αὐτο εἶναι καὶ βαθμῷ μόνον αὐτὸ διαφέρειν τῶν ἀλλέλων*).

이 사실은 그들이 아리우스주의자들을 반대한 것은 겨우 눈속임이었다는 것을 말한다; 실제로는 올바른['경건한'] 신앙을 공격하고 있는 것이다. 왜냐하면 저들[곧 아리우스주의자들]이 아들[신성]을 부인하면서 동시에 아버지를 부인하였던 것처럼 이들은 성령을 모독하면서 동시에 아들도 모독하고 있기 때문이다. 이렇게 이 두 파당은 진리를 대항하는데, 한 쪽은 아들을, 다른 쪽은 성령을 거스르면서 이 양쪽은 거룩한 삼위일체를 모독함에 참여하고 있는 것이다……

(3) …… 그들은 말하기를 "우리는 아모스 선지자에게서[4, 13 (LXX)] 읽는다: '대저 산들을 지으며 바람(πνεῦμα)을 창조하며 자기 뜻을 사람에게 보이며 아침을 어둡게 하며 땅의 높은 데를 밟는 자는 그 이름이 만군의 하나님 여호와니라.' 이것을 통해서 우리가 확신하는 것은 아리우스주의자들이 성령을 피조물이라고 표현하는 것이 옳다는 것이다."……

(15) …… [하지만] 당신이 썼듯이 이들은 진리를 거스른 싸움 벌리기를 계속해서 즐기고 있다. 물론 [지금은] 더 이상 [성]서들로부터 끄집어내지 않고(왜냐하면 거기서는 자기들을 위한 것을 가지고 올 수 없기 때문에) 자기들 생각에서 이끌어내고는 말한다: 그[성령은]가 피조물도 아니고 천사들 중 하나가 아니라 '아버지로부터 나오셨다면'[요 15, 26] 그도 아들이며 그와 로고스는 두 형제이다. 하지만 그가 [로고스의] 형제라면 어떻게 로고스가 독생자(μονογενής)일 수 있는가[요 1, 14. 18; 3, 16. 18; 요일 4, 9], 아니면 왜 둘은 같지 않고 [신앙고백과 찬양에서] 하나는 아버지 뒤에 다른 하나는 아들 뒤에서 언급하는가? 또한 그가 아버지로부터 나온다면 어째서 그에 관해서는 그가 [같은 방식으로] 태어났다거나 아들이라고 말하지 않고 성령이라고 불리는가? 하지만 그가 아들의 영이라면 [로고스의] 아버지는 성령의 할아버지(πάππος)이다.

b) 아타나시우스의 답변: 성령은 피조물이 아니다!(같은 곳 3, 2-5)

(3, 2) [아들을 아는 것은 성령에 대한 바른 지식도 얻게 하며 갈 4, 6; 요 15, 26; 고전 2, 11f. 같은 말씀들을 제시하는 것으로 논쟁에 결신이 들린 사람들도 그분을 더 이상 피조물이라고 부를 수 없음을 확신하기에는 충분할 것이다. "하나님 안에 계시며, 하나님의 깊은 곳도 통달하시고 아들을 통해서 아버지로부터 보내심을 받는 자 말이다. 또 이를 통해서 아들을 피조물이라고 부를 수 없다. 곧 로고스, 지혜, 형상, 그 안에서 모든 자가 하나님을 보는 광채 말이다. 마지막으로 다음과 같은 말을 들어야 한다: '아들을 부인하는 자마다 아버지도 없느니라' (요일 2, 23)"]. 하지만 그 하나님 없는 자들을 설득하는데 더 많은 증명을 통해서 확고히 하며, 아들이 피조물 아님을 증명한 것을 가지고 성령의 비피조물성도 증명하는 것이 타당한 일이다. 피조물들은 무로부터 생겨났으며, 자기 존재의 시작을 가지는 자들이다; 왜냐하면 "태초에 하나님께서 천지를 만드시고"[창 1, 1] 그 안에 있는 것들을 만드셨기 때문이다. 하지만 성령은 아버지로부터 왔으며 사도 바울의 말과 같이[고전 2, 11f.] 그렇게 부르게 되었다. 이제 아들이 무로부터 오지 않고 하나님께로부터 왔기 때문에 피조물이 아니라면, 당연히 성령도 아버지께로부터 온 것이 인정되었기 때문에 피조물이 아니라는 결론을 내리는 것이 합리적일 것이다……

이러한 의미에서 아타나시우스는 이어서 나오는 성경의 장들(3. 4)에서 요일 2, 27; 사 61, 1; 엡 1, 13; 4, 30; 고후 2, 15; 갈 4, 19; 고전 3, 16; 요일 4, 13; 고전 8, 6; 12, 11. 13; 골 1, 17; 지혜서 1, 7; 시 138, 7; 요 5, 19; 1, 3; 시 103, 29f.을 인용하며 주석을 하였다. 그리고는 거기에서 아래 결론을 도출하였다:

(3, 5) 이 문서들의 증거를 따르면 성령이 피조물이 아니라 창조역사에 직접 참여하였다는 것이 분명하다. 왜냐하면 아버지께서는 만물을 아들을 통하여 성령 안에서 만드셨기 때문이다; 말하자면 로고스가 있는 곳에는 성령도 있고, 로고스를 통해서 만들어진 것은 성령으로부터 로고스를 수단으로 하여서 존재할 능력(*τὴν τοῦ εἶναι ἰσχύν*)을 가진다. 시 33편에도 기록되어 있다: "여호와의 말씀으로 하늘이 지음이 되었으며['굳게 세워졌으며'] 그 만상이 그 입 기운으로(*τῷ Πνεύματι τοῦ στόματος αὐτοῦ*) 이루었도다"[LXX-시 33, 6]. 성령은 아들로부터 나누어지지 않는다(*ἀδιαίρετον πρὸς τὸν υἱόν*)는 것은 언급한 바 대로 의심의 여지가 없이 분명하다……

원전 : MPG 26, Sp. 530ff.—참고문헌: H. B. Swete, The Holy Spirit in the Ancient Church, London, 1912, S. 171f.; J. Lebon, Athanase d'Alexandrie. Lettres à Sérapion sur la divinité du Saint-Esprit, SC 15, Paris, 1947; C. R. B. Shapland, The Letters of Saint Athanasius concerning the Holy Spirit, London, 1951; W. D. Hauschild, [Nr. 70], S. 16ff.

1) 아타나시우스는 거의 이 대적자들만 이렇게 불렀다. 이 개념은 대적자들이 성경의 어떤 구절들은 "방식", 곧 "본래적 의미가 아닌" 이야기 방식으로 이해해야 한다는 근본 주장을 펴고 있다는 사실에 근거해서 만들어진 개념이다(세라피온에게 보낸 편지 1, 7. 10을 보라); 추후에 보편화된 그 이단의 이름은 "프뉴마토마켄"['성령 대적자']이다.

73. 362년 알렉산드리아 공의회

(아타나시우스, 안디옥 교인들에게 보내는 교서 3-6)

362년 2월 8일 알렉산드리인들에게 황제 줄리안의 사면이 공포되었다. 곧 콘스탄티우스 2세에 의해서 추방된 자들의 귀향을 허락하였다. 아타나시우스에게 급히 전갈이 갔고 그 달 21일에 자기가 감독으로 있는 교구 도시로 승리에 찬 입성을 하였다. 이어서 그는 줄리안이 기대했던 것과는 달리 공의회를 개최하였다. 이 공의회는 자기의 신학적-교회정치적 대적자들과 청산, 그래서 긴장들(Nr. 71a를 보라)을 더 고조시키지 않고, 그와 반대로 니케아 정통주의를 결속하는 데에 기여하였다.—여기에 관해서 우리는 아타나시우스가 회의를 마무리하고 집필한 큰 분량의 공의회 기록을 통해서 알게 된다. 이 기록은 유달리 복잡한 안디옥 교회 상황을 해결할 임무를 부여받은 감독 위원회에게 권고를 하고 있다. 그들이 직무를 수행할 때 알렉산드리아에서 일치를 본 평화를 위한 조건 외에 다른 것을 절대로 관철시키지 않도록 하라는 것이다.

(3) 우리와 사이좋게 살기를 원하는 모든 자들, 또한 아리우스주의에 등을 돌린 모든 자들에게 당신들의 초대의 부름이 닿도록 하며 그들을 마치 아비들이 자기 아들들을 받아들이듯이 용납하십시오…… 이들에게 아리우스주의자들의 이단을 저주하고 거룩한 교부들이 니케아에서 고백했던 신앙을 고백하는 것 이상을 요구하지 마십시오. 하지만 그들은 성령이 피조물이고 그리스도의 존재로부터 구분되었다고 주장하는 자들은 저주하여야 합니다(*κτίσμα εἶναι τὸ Πνεῦμα ἅγιον, καὶ διῃρημένον ἐκ τῆς οὐσίας τοῦ Χριστοῦ*). 왜냐하면 사람이 거룩한 삼중성을 나누지 않고, 또한 이 삼중성에서 나온 하나가 피조물이라고 고백하지 않아야 비로소 아리우스주의자들의 혐오스러운 잘못된 가르침으로부터 진짜로 떨

어져 나온 것이 되기 때문입니다. 하지만 이들은 니케아 신앙을 고백하는 것처럼 가장하지만 동시에 성령을 모독하려고 합니다. 또한 겉으로만 아리우스주의 이단을 거부한다고 맹세하지만, 생각 가운데서는 그들에게 신뢰를 하고 있습니다. 이와 마찬가지 방법으로 모든 자들은 사벨리우스와 사모사타의 바울의 불경, 발렌티누스와 바실리데스의 몽상 및 마니교도들의 거짓 가르침도 저주하여야 합니다. 이렇게 이행된다면 그 어떤 의구심도 없으며, 공교회의 신앙만이 온전하게 정결한 모습을 가지게 될 것입니다……

(5) …… 세 위격에 관한 그들의 가르치는 방식이 성경에서 오지 않았기 때문에(*ἄγραφος*) 비판 받고 바로 그 때문에 의심을 받고 있는 자들에 관해서 말한다면, 니케아 신앙고백[에서 물러나지 않는] 이상을 요구하지 않는 것이 옳다고 판단하였습니다. 의견의 다양성을 설명하기 위해서 질문하였습니다. 곧 혹시 *ὑπόστασις*를 아리우스 마니아들이 사용하는 의미로, 그러니까 그 위격들이 마치…… 다른 피조물과 사람에게서 태어난 자들의 경우처럼 서로 서로 존재가 상이하며 그 각자는 자체적으로 있고 다른 위격과는 분리되어 있는 식으로 생각하지 않는가 하는 질문입니다; 또한 그 사람들이 그 위격들을 예를 들어서 금, 은, 동처럼 상이한 본질(*οὐσίαι*)로 파악하고 있지 않는가, 마지막으로 다른 이단들이 세 개의 원리나 삼신을 말하는 식으로 그 세 위격을 말하고 있지 않는가 하는 질문입니다. 그러자 그들은 우리에게 분명히 하기를 그런 식으로는 한 번도 말하거나 생각하지 않았다고 하였습니다. 그리고 우리가 묻기를 그러면 당신들은 어떻게 생각했고, 도대체 왜 이 표현을 하였는가? 하였습니다. 여기에 대해서 그들은 대답하였습니다: 자기들은 거룩한 삼위일체를 믿는데, 말하자면 이름뿐이 아니라 실제로 존재하며 본질적인 삼위일체를 믿기 때문이라고 하였습니다(*εἰς ἁγίαν Τριάδα…… οὐκ ὀνόματι Τριάδα μόνον, ἀλλ' ἀληθῶς οὖσαν καὶ ὑφεστῶσαν*)……; 그 반대로 그들은 한

번도 삼신이나 세 개의 원리가 있다고 주장하지 않았다고 합니다……, 그들은 오히려 거룩한 삼중성, 유일한 신성, 유일한 근원, 아버지와 한 본질(*ὁμοούσιον*)인 아들을 인정하기를 교부들이 말했던 것처럼 하였습니다. 그리고 성령을 인정하였는데, 피조물도 아니고, [신성에서] 떨어져 있지도 않다, 오히려 아들과 아버지의 존재와 분리될 수 없이 함께 소속되어 있다고 하였습니다(*ἴδιον καὶ ἀδιαίρετον τῆς οὐσίας τοῦ υἱοῦ καὶ Πατρός*).

(6) 이들의 해석 [그들의 이야기 방식]을 정당화하는 것까지도 우리는 받아들였습니다. 그 다음에 이들로부터 비판받는 자들, 곧 오직 하나의 위격을 말했다는 이유로 비판받는 자들에게 질문을 하였습니다. 혹시 사벨리우스의 생각처럼, 그러니까 아들과 성령[의 독자적 본질]을 포기하면서 이해를 하는가 하는 질문이었습니다…… 하지만 그들은 한 번도 그렇게 말하거나 생각하지도 않았다고 맹세하였습니다. "우리는 '위격'을 사람들이 위격을 말하거나 본질(*οὐσία*)을 말하는 것과 같은 것이라고 생각하며 사용하였지만, 아들이 아버지의 본질로부터 자기 본질을 받았고 둘의 본성(*φύσις*)이 같기에 오직 하나의 위격이 있다고 생각하였습니다……" 그들이 이렇게 그들의 [하나 및 세 개의 신적 위격들에 관한] 말을 해석하고 나서, 우리 모두는 하나님의 은혜 덕분에 니케아의 거룩한 교부들이 고백한 신앙이 너무나 정확하고 의미가 충분하게 표현되었으며, 그러므로 니케아 언어사용이 앞으로도 충분하다고 여기는 것이 더 낫다는 데에 일치하게 되었습니다.[1)]

원전 : MPG 26, Sp. 796ff.—참고문헌: M. Tetz, Über nikäische Orthodoxie. Der sog. Tomus ad Antiochenos des Athanasios von Alexandrien, ZNW 66, 1975, S. 194-222.

1) *κατὰ σάρκα οἰκονομία τοῦ σωτῆρος* 문제에 해당하는 이 "Tomos"의 두 번째 기독론 부분에 관해서는 아래 Nr. 75. 76을 보라.

74. "시리아인" 에프렘(Afrēm)의 "교회 찬가"

(찬가 26/27)

동·서 로마에서 삼위일체 신학논쟁이 날뛰고 황제 줄리안은 "콘스탄틴의 전환"을 원위치로 되돌리려고 했다. 이에 반해서 로마제국의 경계 밖에 있는 근동의 기독교 지역, 이름을 들자면 시리아와 아르메니아인들에게서도 처음으로 희랍과 라틴에 견줄 만한 신학적-문서적 업적이 나타났다.—시리아 교회의 고전주의자는 에프렘(시리아어 Afrēm)이라고 일컫는다. 그는 306년 니시비스에서 태어나 자기 고향이 페르시아인들에게 정복당하자(363) 죽을 때까지(377) 에뎃사에서 가르쳤고 많은 성경 주석과 운율을 갖춘 강연 및 이단논쟁에 쓰이는 문서들로 시리아 너머까지 영향을 끼쳤다.

그의 찬양시의 예로 아래에 선택한 그리스도 찬가에는 어쩌면 초기 시리아 신학이 가장 분명하게 표현되었다. 이 시는 두 숫자로 열거되지만 "아크로스틱"하게 이루어졌기 때문에 긴밀하게 설합되었다. 첫 부분(찬가 26)의 각 연들은 첫 문자에서 "홀수" 문자 (=숫자), 두 번째 부분(찬가 27)은 시리아 알파벳의 "짝수" 문자를 따른다. "멜로디(시리아어 qala): '오 나의 제자여'"로 불러야 하는 매 연들에는 응답(시리아어 'ōnīṯā): "오 자비하신 자여, 당신께 찬양을, 그리고 오 자비하신 분의 아들이여 당신께 감사"가 따라온다.

(26. 1) 오 주님이시여, 당신의 샘에서 나를 마시게 하소서!—

당신의 은사로 내 영혼을 풍성케 하소서!—속으로 영혼을 보호하는 갑주 속으로 나를 감추어주소서!—자비하신 분답게 모든 도움을 나에게 더하소서!—나를 치료할 약도 주소서!—내 오욕을 당신 안에서 말갛게 (씻게) 하소서!—나의 빚을 당신의 보화로 청산케 하소서!

(2) 오 나의 주님이여, 당신의 완전함이 부족함을 취하셨나이다—당신의 능력이 고통에 휩싸였나이다.—자람을 통해서 온 완전하신 자여,—율법(νόμος)을 이루신 할례자여,—이새의 줄기를 어깨에 맨 영웅이여,—활에 장전된 뽑힌 화살이여!—(하늘의) 혼인잔치를 그가 자기를 사랑하는 자에게 약속하셨네;—반대로 자기를 미워하는 자에게는 지옥을!

(3) 당신의 발걸음은 평강으로 찼나이다.—오 나의 주님, 당신의 낮추심이 당신의 영광이로소이다.—당신을 믿음이 (모든) 복을 가지고 오나이다 ……

(5) 당신의 자비가 우리의 거울입니다.—들여다보는 자가 복이 있도다!—이는 (당신의 선하심의) 복은 말할 수 없기 때문입니다.—(오직) 그 선하심을 맛봄만이 그것에 대해서 이야기할 수 있나이다.—크도다 그 선을 맛보는 자의 복이여.—그 선하심은 겸손한 자를 위하여 자비로 가득 채워져 있도다.—아버지의 새겨진 상을 그는 선하심 안에 가지고 있도다.—그 선하심으로부터 아들의 타입(τύπος) 속으로 아버지께서 자신을 벗으셨도다.

(7) 누가 (모든) 당신의 위대함을 측량하겠나이까!—누가 (모든) 당신의 신성을 궁구하겠나이까!—지식의 그 충만한 그릇이—자기 충만(가운데)에서 당신 앞에서 포기하나이다.—죽음이 사멸할 자의 삶에 한계를 정하나이다.—당신의 사역을 하는 살아있는 사역자인 천사, 그의 창조자로부터 만들어진 도구가 (당신을) 궁구할 수 있다고 누가 믿을 수 있나이까!

(8) 당신을 궁구했다고 상상하는 자, 미련한 자 하나가 있기는

합니다.—그의 광기가 그를 아주 교만하게 하였나이다.—매우 낮나이다, 그의 교만은.—그의 본성은 교만을 거부하고 있음을 증언합니다.—이는 율법(νόμος)—주신 분이 그 안에 하나의 표시를 만들었기 때문입니다;—그분이 그의 속에 고통과 굶주림과 기갈을 만드셨나이다.—그는 그에게 많은 위험을 만드셨나이다.—(하나님의) 증거자들을 말입니다. 그는 교만하지 않아야 합니다!

(9) 오 나의 주님이시여, 우리의 입이 당신 앞에서 단념하나이다.—우리의 통찰이 당신에게(만은) 거울입니다.—말의 혼란함이 우리를 교만하게 하며,—거짓의 엉킴이 우리에게 허풍이 되나이다……

(27, 1) 당신의 이름 예수 안에 나의 자랑이 있으며—당신을 낳은 분의 이름 안에 나의 피함이 있어야 하겠나이다!—영원부터 시작도 없이 뿌리와 함께 있는 아들과 열매여!—다윗의 집에 자기 시작을 가진 시간 상의 아들—참된 아들, 영원히 참되신 분의 아들이여!—당신의 처음 산출을 찬양하나이다—당신의 두 번째 출생을 찬양하나이다!

(2) 당신의 위엄을 내가 두려워하나이다;—당신을 찬양하여 말한다는 것은 내가 할 수 없나이다. 이는 생각이 당신을 찾는 거기에서 생각과 그 찾음이 당신 안에 갇혀버리기 때문입니다……

(4) 지혜자들의 시혜가 거기 있나이다,—곧 (하늘) 나라 안에서 생명을 일으키는 거기에.—지혜자들의 지혜가 거기 있나이다,—선한 마지막을 준비하는 곳에. 행위가 지혜로운 요셉을 보라!—보라, 그가 어떻게 자기의 보화를 불꽃으로부터 꺼내었는지!—잠언 안에 있는 지혜로운 솔로몬의—명민함은 그 반대로 미련한 자(부인)들에게 굴복하였도다……

(6) 당신의 산출은 말로 할 수 없나이다; 모든 혀가 멀리 있나이다.—모든 높음의 천사들보다도 높나이다; 철저히 지식 그 너머에 있나이다.—시간과 숫자로 전락하지 않나이다.—절대로 말과

생각과는 닮지 않았도다—또한 너희 미련한 자들과도. 궁구하려 하지 마라—모두에게 철저히 감추어진 그 근원을!

(7) 나의 주여, 당신이 하나님이심에 우리로 놀라게 하시고—또한 당신이 사람이시기도 하심에 탄복하게 하소서……

(8) 죽은 자가 당신께 대답을 드렸고, 그래서 그는 하나의 상징이 되었나이다.—당신께서는 눈먼 자에게 답하셨고, 그래서 그는 타입(*τύπος*) 하나가 되었나이다.—죽은 자가 당신께 대답하였고, 그래서 그가 죽음을 이기었나이다.—당신이 눈먼 자에게 답을 하셨고, 그래서 그는 어둠을 이겼나이다.—죽은 자가 당신께 답을 하였습니다; 죽은 자들이 당신께 부활로 답할 것입니다.

(9) 나의 주여, 당신의 뜻은 당신과 같습니다!—당신의 뜻은 그 움직임 가운데 (겨우) 하나에 불과합니다.—그가 만물을 원하였고 꾸몄나이다.—어떤 사람도 변개할 수 없는 뜻.—당신의 뜻은 당신을 산출하신 자의 뜻입니다.—당신의 뜻은 우리에게 유익하며 우리의 행복을 (원하십니다).—우리의 뜻은 당신의 제자입니다!—나의 주여, 원하시고, 그래서 우리의 자애로운 주인이 되소서!

(10) 그분께 일곱 개의 의미를 굴복시키라—정신, 생각의 주인을!—나의 주여, 뜻들과 지체들이—다른 모든 것(의미와 지체)들과 함께 당신께 합당하게 하소서!—오 주여, 당신의 위엄이 내 뜻을 꾸미소서!—(나의) 영이 정원사처럼 (뜻들을) 자라게 하였나이다. —(나의) 영이 자기 나무들로부터—첫 열매를 당신께 드리게 하소서!

(11) 나의 주여, 당신께 드리게 하소서, 우리의 자유—(정결한) 마음에서 나오는 정결한 뜻을!—당신께 바치게 하소서, 우리의 영채도—(정결한) 입에서 나오는 정결한 찬양을!—나의 주여, 우리의 기도가 우리의 더러움을 씻어내게 하소서!—나의 주여, 당신께 당신의 양무리들이 찬양드리게 하소서!—당신께 우리의 온 양무리가 노래하며—호산나를 외치며 찬양하나이다! (E. Beck)

원전: E. Beck, Des heiligen Ephraem des Syrers Hymnen de ecclesia, CSCO 198f., 1960.—번역: E. Beck, 앞의 책, 199 (발췌: G. Wießner).—참고문헌: E. Beck, Die Theologie des hl. Ephräm, Studia Anselmiana 21, Rom, 1949; A. Vööbus, Literary critical and historical Studies in Ephrem the Syrian, Stockholm, 1958; ders, History of asceticism in the Syrian Orient, 2 Bde., CSCO Subsidia 14. 17, Louvain, 1958. 1960; N. EL-Khoury, Die Interpretation der Welt bei Ephrem dem Syrer, Tüb. Theol. Stud. 6, 1976; J. Marti-kainen, Das Böse und der Teufel in der Theologie Ephraems des Syrers, Abo 1978; ders., Gerechtigkeit und Güte Gottes, Göttingen, 1980; G. A. Rouwhorst, Les hymnes pascales d'Ephrem de Nisibe, Leiden, 1989.

75. 라오디게아의 아폴리나리스 (Apolinaris von Laodizea)의 기독론

이미 362년 알렉산드리아 공의회 때에 그렇지 않아도 어지러운 교회정치적-신학적 상황이 특별히 로마제국의 동쪽 지역에서는 삼위일체 신학(아들[과 성령]의 아버지와의 관계) 외에 새로운 문제제기가 등장하면서 더 복잡해졌다: 좁은 의미로는 그리스도 안에 있는 신적인 것과 인간적인 것 간의 관계에 관한 "기독론" 문제; 수세기에 걸쳐 가라앉지 않은 문제를 말한다. 4세기 60년대 초반에 발생한 기독론 논쟁이 발발되는 데에는 310년 문법 교사이며 장로인 아폴리나리스의 아들로 서시리아 라오디게아에서 태어났으며, 학식과 문필의 재능을 지닌 아폴리나리스가 한 역할을 하였다. 그는 361년부터 고향의 감독이었고(390년경 사망), 스스로를 아타나시우스의 유산 관리자로 여겼으며, 다른 니케아주의자들과 일치를 꾀하였던 자기 시도가 좌절되자 자기 신학에다가 스스로의 교회

조직 형태를 주려고 노력하였다.—이미 381년 이전에 여러 차례 정죄되었지만, 아폴리나리스의 기독론은 동방에서 의미심장한 결실을 얻었다. 특별히 그의 추종자 다수가 대교회와 화약을 맺고 자기들의 스승이 남긴 일련의 기독론 문서들을 정통 교부들 가운데 포함시키면서 그렇게 되었다. 그의 이름 하에, 곧 위조되지 않고 그의 교리적인 주저 "인간의 형상을 따라 이루어진 신의 성육신에 관한 학문적 서술"(*Ἀπόδειξις περὶ τῆς θείας σαρκώσεως τῆς καθ' ὁμοίωσιν ἀνθρώπου*)만이 우리에게 전해져 온다. 이 책의 대부분은 니사의 그레고리가 그를 대적하여 쓴 문서에서 다시 구할 수 있다.

a) 철학적 전제들과 그 기독론적 귀결(위 아타나시우스, 아폴리나리스 반박 1, 2; 학문적 서술 단편 81 Lietzmann; "헤노시스"에 관한 첫 강연 단편 2 Lietzmann)

(위 아타나시우스, 아폴리나리스 반박 1, 2) 두 개의 완전한 것이 하나를 이루는 것은 불가능하다(*δύο τέλεια ἓν γεγέσθαι οὐ δύναται*). 하나님과 완전한 인간은 함께 존재할 수 없다……

(학문적 서술 단편 81) 하나님께서 한 사람과 연합된다면, 그러니까 하나의 [온전하게] 완전한 자가 하나의 완전한 자와 연합된다면, 둘[두 아들들]이 존재하는 것이다: 본성으로 하나님의 아들과 입양(*θετός*)으로 된 아들.

(헤노시스 단편 2) …… 하나의 동일한 [주체에] 두 개의 이성과 의지를 가진 자들(*δύο νοερὰ καὶ θελητικά*)이 함께 존재한다는 것은 불가능하다. 곧 하나가 자기 본연의 뜻과 자기 고유의 행위로 말미암아(*διὰ τῆς οἰκείας θελήσεως καὶ ἐνεργείας*) 다른 하나와 싸우지 않고는 말이다. 따라서 로고스는 인간의 혼을 취하지 않고 단지 아브라함의 씨만을 취하였다; 이는 예수의 몸(*σῶμα*)인 신전을 이미 그 이전에 영혼이 없고 이성과 의지도 없는(*ἄψυχος καὶ ἄνους καὶ ἀθελής*) 솔로몬의 전이 모사하였기 때문이다.

b) 대적자들(학문적 서술 단편 15 Lietzmann, 안디옥의 유스타티우스(Eustathius von Antioch), 아리우스주의자들 반박 단편 41과 비교)

그리스도를 영감 받은 사람(ἄνθρωπος ἔνθεος)으로 부르는 것은 사도들의 가르침과 공의회들의 결정[1]에 모순된다; [사모사타의] 바울, [시르미움의][2] 포틴과 마르켈이 이런 방식으로 진리를 뒤집기[3] 시작한 사람들이다.

c) 그리스도 상과 그의 구원 동기(성육신론 단편 10 Lietzmann; 학문적 서술 단편 48. 49. 51 Lietzmann; 삼단논법 단편 116 Lietzmann; 요비안에게 보낸 편지 1f.)

(성육신론 단편 10) 오 새 창조요 신적인 섞음이여(μῖξις θεσπεσία): 하나님과 육신이 하나의 [동일한] 본성을 이루었도다(θεὸς καὶ σάρξ μίαν [καὶ τὴν αὐτὴν] ἀπετέλεσαν φύσιν).

(학문적 서술 단편 48) 육신이 되신 이성(νοῦς ἔνσαρκος)으로서 아들은 동정녀로부터 출생하셨다. 동정녀 안에서 [비로소] 육신이 되신 것이 아니라, 그녀를 통과하면서(παροδικῶς) 시나치시는 방식으로였다[4]……

(같은 곳 49) 희랍인들과 유대인들은 동정녀로부터 태어나신 분이 말하는 것을 하나님이 말하는 것으로 듣는다는 것을 받아들일 수 없어서 믿음을 공식적으로 포기하였다.

(같은 곳 51) 반면에 우리가 마리아로부터 태어나신 분은 엘리야와 같이 영감 받은 사람이라고 말한다면 헬라인과 유대인이 받아들일 것이다.

(삼단논법 단편 116) 하지만 그리스도의 육신은 그와 존재적으로 결합된 신성 때문에(διὰ τὴν συνουσιωμένην αὐτῷ θεότητα) 우리를 살게 한다; 하지만 살게 하는 것은 신적인 것이다; 그러니까 육체는 하나님과 결합되었기에(ξωοποιεῖ) 신적이다; 이것이

구원을 하지만, 우리는 거기에 음식같이 참여함으로 구원받게 된다…… 그리스도의 몸은 [우리처럼] 죽음의 몸이 아니라 생명의 몸이다; 그러니까 신적인 것은 인간적인 것과 한 본질(*ὁμοούσιον*)이 아니다.

(요비안에게 보낸 편지 1) 우리는 하나님의 아들이 [모든] 시간 이전에 영원히 출생하였으며(*ἀιδίως*), 마지막 때에 우리 때문에 육체를 따라서는(*κατὰ σάρκα*) 마리아로부터 나셨다고 고백한다. 거룩한 사도께서 가르치신 것처럼: "시간이 차매, 하나님께서는 자기 아들을 보내어 여인에게서 나게 하시고"[갈 4, 4]; 또한 바로 그분이 영으로는(*κατὰ πνεῦμα*) 하나님의 아들이고 하나님이며, 육신을 따라서는 사람의 아들이다; [마지막으로] 그 한 아들이 두 본성(*δύο φύσεις*)을 가지지 않는다: 경배 받으실 본성과 경배 받지 않을 본성. 그게 아니라 하나님-로고스가 육신이 되신 것처럼 하나의 본성이며(*μία φύσις τοῦ θεοῦ λόγου σεσαρκωμένη*)[5] 한 경배에서 자기 육체와 함께 경배 받으신다고 고백한다.

이와 마찬가지로 두 아들이 존재하는 것도 아니다: 하나는 참되고도 경배 받으신 하나님의 아들, 다른 하나는 마리아에게서 나신 사람으로 그는 경배 받지도 않으며 [겨우] 은혜로 하나님의 아들이 된 것이다; 같은 자이지 다른 자가 아닌 자가 마지막 날에 육체를 따라 마리아로부터 나으셨다. 마치 천사가 하나님을 나신 분(*θεοτόκος*) 마리아의 질문: "이런 일이 어찌 일어나겠나이까……" 에 답으로 주신: "성령이 네 위에 오겠고, 가장 높으신 자의 힘이 너를 덮으리라; 그러므로 태어난 거룩한 것도 하나님의 아들이라 불리게 되리라"[눅 1, 34f.] 처럼 말이다.

(2) 이에 따라 동정녀 마리아에게서 나신 자, 본성으로부터이지 은혜를 받고 참여로 말미암아서(*μετουσία*)가 아닌 하나님의 아들이고 참되신 하나님, 마리아로부터 온 육체를 따라서 인간이지만 영을 따라서는 그 동일한 분이 하나님의 아들이며 하나님[이시기

를 계속 하셨다], 그는 자기의 육체로 우리의 고통을 겪으셨다…… 하지만 신성을 따라서는 그는 고통 받지 않으시며(ἀπαθής) 불변함을 유지하셨다……

원전 : MPG 26, 1093ff. (PS. -Ath., C. Apoll.); H. Lietzmann, Apollinaris von Laodicea und seine Schule, 1904.—참고문헌: H. Lietzmann 위의 책; A. Grillmeier, Jesus der Christus im Glauben der Kirche, I, 1979, S. 480ff.; J. Liébaert, Christologie, HDG, 3, 1a, 1965, S. 79ff.; E. Mühlenberg, Apollinaris von Laodicea, 1969(그리고 여기에 관한 R. Hübner의 서평 in: Kleronomia, 4, Thessalonich 1972, S. 131-161); R. Hübner, Die Schrift des Apollinarius von Laodicea gegen Plotin…… und Basilius von Caesarea, 1989; A. M. Ritter in: HDThG, I, ²1999, S. 230ff.(참고문헌 포함).

1) 특별히 니케아신조와 호모우시오스를 말한다. 이것은 성경에서의 예수의 호칭인 "하늘로부터 온 사람"(고전 15, 47 등)과 함께 아폴리나리스에게서는 인간 예수를 하나님과 동일화하는 그의 가르침의 출발점을 이루었던 것으로 보인다.
2) 앙퀴라의 마르켈의 제자(?); 376년 사망.
3) 실제로 대적자들은 사모사타인과 포틴같이 아폴리나리스 시절에 교회가 오래전에 단절을 했던 그러한 자들이 아니다. 오히려 소위 안디옥의 "구분 기독론" 혹은 "두 본성 기독론", 우선 반아리우스적 표현으로 "옛 니케아주의자" 안디옥의 유스타티우스(337년 이전에 사망)에게서 보이는 기독론 주창자들이 대적자들이다; 그의 "아리우스주의 반박 논문"의 아래 단편(단편 41 Spanneut)을 비교하라: "…… 죽음의 고통도 양식을 갈망함도, 갈증도, 잠도, 슬픔도, 고단함도 눈물을 흘림도 그 어떤 다른 변화들도 신성의 충만과 함께 있을 수 없다: 신성은 그 본성에 따라 불변하다. 이 모든 것들은 본래적 의미로 한다면 혼과 몸으로 이루어진 사람에게 속해야 한다. 말하자면 인간적이고 순결한 반응들에서 증명되는 것은 하나님께서 겨우 겉으로만 그리고 추측에 따라서가 아니라, 아주 진실로 온전한 인간을 입으시고 그를 완전히 취하셨다는 사실이다."
4) 여기에 관해서는 같은 문서의 단편 34 Lietzmann을 비교하라: "…… 신적인 육이 되심은 그 시작을 동정녀에게서가 아니라, 이미 아브라함보다 이전에 그리고 모든 창조 이전에 가지셨다." 이러한 면에서 성육신하신 분은 "하늘에서 온 '사람'" 이다(위 각주 1을 보라).

5) 이것은 위조자로 말미암아 그에게 아타나시우스의 것으로 알려졌으며 그래서 그에 의해서 받아들여졌지만 사실은 아폴리나리스의 정형이었다. 이것은 훗날 알렉산드리아의 퀴릴로 하여금 그리스도 안에 있는 인간적인 것과 신적인 것의 "본성적인 일치"에 관하여 언급하게 하였다(아래 Nr. 93d).

76. 아타나시우스가 고린도의 에픽텟(Epictet von Korinth)에게 보낸 편지에서 보는 그의 기독론

아폴리나리스의 주장에 대해서는 알렉산드리아 공의회에서 처음으로 반응을 보였지만, 차라리 달래보는 차원에서 그리고 애매모호한 타협 형식(Tomus ad Antiochenos 7을 보라)으로 처리하였다. 그 주장이 확산하는 것을 371년 고린도의 감독 에픽텟이 이끄는 공의회에서도 막아보려는 시도를 하였다. 이 토론이 마무리되고 난 후에 그 기록문서가 아타나시우스에게 전달되었다. 아타나시우스의 답인 이 편지는 비록 아폴리나리스도 전적으로 동의할 수 있는 것이었지만(세라피온에게 보낸 편지 단편 159를 보라), 5세기와 6세기에 알렉산드리아의 퀴릴 추종자들의 진영에서 거의 경전과 같은 명성을 가지게 되었다. 여기서 아타나시우스는 서두에서 반복하기를 이미 종종 말했던 바, 곧 자기에게는 니케아신조가 교리적 질문에서 최고의 권위이며 완벽하며 충분하다고 하였다(§1; 위 Nr. 73을 비교하라). 나아가서 고린도 교회에서 언급하는 기독론적 이해를 다루었는데(§2), 이것은 자기가 볼 때 "공교회의 가르침"과 전체적으로 일치될 수 없는 것이었다(§3). 로고스가 성육신에서 취한 사람의 몸이 자기의 신성과 동일본질이라고 주장되는 근본적 오류에 근거한 것이었다. 이러한 생각의 논리적 귀결은 (로고스와 본질공동체이신) 성부가 로고스의 몸, 그러니까 피조된 것과 한 본질이라는 입장으로 가게 될 수밖에 없다. 이에 더하여: 이러한 주장이 나온 것은 정당하다. "그렇다면 무엇 때문에 로고스의 오심(ἐπιδημία)이 필요했던가"? "다른 자들의 죄를 속하기 위해서 오신 자"가 자기 자신을 위해서 희생으로 자기를 바치고 자기를 구원하시기 위해서 였다는 말인가?(§4)

(5) 하지만 그런 것은 가당치 않다! 사도는 말하기를 "아브라함의 자손을 붙들어 주려 하심으로, 저가 범사에 형제들과 같이 되셨음이라"[히 2:16f.] 하였고, 그는 우리와 같은 몸을 취하셨나…… 하지만 그 몸은 할례를 받고 취하심을 겪으셨고, 먹고, 마시고, 피곤해 하였고, [십자가] 나무에 못 박히셨고, 고난당하셨는데, 바로 이 몸에 고난당하실 수 없고 몸을 갖지 않으신 하나님의 로고스가 실재하셨다. 이 몸이 바로 무덤에 뉘어지신 몸이었다. 곧 그[로고스]가 [몸과 분리되지 않고] 베드로도 말하듯 "옥에 갇힌 영들에게" 선포하시러[벧전 3, 19] 갔을 때 말이다. (6) …… 하지만 그 몸을 [아리마대] 요셉이 베로 싸서 골고다에 장사지냈다; 모두에게 겉으로 보이기에는 몸은 로고스 자신이 아니고, [거기 장사된 것은] 로고스의 몸이었다. 이 몸은 또한 죽은 자들 가운데에서 부활하신 후에 도마가 만지고는 거기서 못 자국을 확인했던 그 몸이었다. 곧 로고스가 보면서도 자기 몸에 박도록 하였던 못으로, 그것을 막을 수 있었는데도 막지 않았던 것이다 …… 로고스의 인간적 몸이 겪은 것은 그와 연합된(συνὼν αὐτῷ) 로고스가 자기에게 받으므로 우리로 하여금 로고스의 신성에 참여할 수 있게 하였다. 물론 고통을 당하고 고통을 당하지 않은 자가 동일한 자라는 것은 신기하게 들린다: 그 자신의 몸은 고통을 겪으며 그는 바로 이 고통당하는 것 안에 있었기에 고통을 겪은 것이다; 로고스는 본성이 하나님이기 때문에 고통을 겪을 수 없어서 고통을 겪지 않는다…… 하지만 그가 이렇게 한 것은……, 그

가 우리의 것을 짊어지시고…… 대신에 우리는 그의 것으로 옷 입게 하기 위해서이고, 이것을 사도로 하여금 아래와 같이 말할 수 있도록 하기 위함이었다: “이 썩을 것이 썩지 않을 것을 입고, 죽을 것이 죽지 않을 것으로 옷 입어야 한다”[고전 15, 53]. (7) 하지만 이 일은 어떤 사람들이 생각하는 것처럼 [공허한] 상상(*θέσει*)[혹은: 가정]의 결과로 발생하지 않았다; 구세주께서 진짜로 사람이 되시면서 온 인류의 구원(*ὅλου τοῦ ἀνθρώπου σωτηρία*)이 야기되었다…… [아니라면 인간의 구원과 부활은 공허한 말인 것이 증명된다.] 하지만 우리의 구원은 그 어떤 공상이 아니고, 그래서 로고스 안에서 몸의 구원만이 아니라 진짜로 사람 전체, 몸과 영혼의 구원이다. 따라서 마리아로부터 이루어진 몸은 본성적으로 인간적인 몸이다…… 그 몸은 우리의 몸과 동일한 것이기 때문에 참 몸이었다…… (8) …… 요한에게 있는: “로고스가 육신이 되었다”[요 1, 14]는 말은 바울에게서 언급되고 있는 것과…… 동일한 의미를 가진다: “그리스도께서 우리를 위하여 저주가 되었느니라”[갈 3, 13]: 그가 자신에게 저주가 되신 것이 아니라, 그가 우리를 위하여 저주를 짊어지셨기 때문에 그가 저주가 되었다고 언급한 것이다. 육체도 이와 같이 되신 것이다. 곧 그 자신이 육체로 변하시면서 된 것이 아니라 우리를 위해서 살아 있는 육체를 입고 인간이 되셨던 것이다. 왜냐하면 “로고스가 육체가 되셨다”고 말하는 것은 로고스가 사람이 되셨다고 말할 때와 같은 의미를 가지기 때문이다…… (10) …… 몸은 물론 그 몸이 십자가에 꿰어지고, 그래서 그의 옆구리에서 피와 물이 나왔을 때 고통을 겪었다. 하지만 그것은 로고스의 전(*ναός*)이었기에 그는 신성에 충만하여 있었다. 이 때문에 태양이 자기 창조자가 학대받는 몸 안에서 고통을 겪는 것을 볼 때 그 빛을 가렸고 땅을 어둠으로 덮었다; 하지만 몸은 죽을 본성으로부터 왔지만 자기 안에 거하는 로고스 때문에 자기 본성 너머로 치솟았고, 모든 인간 위에 높으신 로고스를 입었기 때문에 자기 본연의 사멸성을 잃고 썩지 않게 되었다.

아타나시우스는 마리아의 아들과 로고스의 결합을 예언자나 성자들이 하나님의 영으로 말미암아 영감을 받는 것으로 비교할 것으로 생각하지 않고, 오히려 이 결합을 과거 예언자들과 성자들이 하나님과 가지는 관계와 본질적으로 구분하면서 마무리를 하였다(§11. 12).

원전 : MPG 26, 1049ff.—참고문헌: 위 Nr. 67을 비교하라; 나아가서 S. G. Ludwig, Athanasii epistola ad Epictetum, Theol. Diss. Jena 1911; J. Liébaert, [Nr. 75], S. 71ff.; A. Grillmeier, [Nr. 75], S. 308ff.; ders., Mit ihm und in ihm. Christologische Forschungen und Perspectiven, 1975, S. 19ff., 78ff.; J. Roldanus, Le Christ et l´Homme dans la Théologie d´Athanase d´Alexandrie, Leiden, 1968; M. Tetz, Das kritische Wort vom Kreuz und die Christologie bei Athanasius von Alexandrien, in: Theologia Crucis-Signum Crucis (FS. f. E. Dinkler), 1979, S. 447ff.; G. D. Dragas und A. Louth in: StPatr 16/2, 1985, S. 281ff., 309ff.

77. 성직자의 세속화

(암미아누스 마르켈리누스, 로마사 27, 3, 11-15)

교회가 "세속화"의 위협을 받은 것은 "콘스탄틴의 회심"부터가 아니었다. 중세의 청빈운동 시절 이후 영적인 교회비판들은 거듭거듭 그렇게 주장했었지만. 하지만 이것이 기독교가 로마제국 안에서 박해에서 용인을 거쳐 특권을 가지게 되는 발전과 연결된 교회적 삶의 모든 영역에까지 깊숙이 미치며, 심지어 전복을 시킬 만큼의 결과를 일으킨 것만은 사실이다. 아래 제시되는 에피소드는 특별히 한 번 일어난 경우가 아니라고 해야 할 정도이다. 원전인 이교도 역사가 암미아누스 마르켈리누스의 31권으로 된 Rerum gestarum에 의심을 품을 여지가 없다. 저자가 자기의 목적인 로마의 과거에 영광을 돌리는 것을, 또 그 이유로 기독교를 비객관적으로 서술하지 않으면서 이루겠다고 증언하면서까지 하였다는 점에서 그러하다.

문맥 : (수도의 평온과 질서를 책임 맡은) 로마시의 총독 비벤티우스(Viventius) 재위 기간을 설명.

(11) …… 그의 재위 기간은 모든 것이 풍성하였기 때문에 평온함과 일반적으로 만족함 가운데 흘러갔다. 단지, 그를 [이전 그의 전임자처럼] 분열된 백성들의 피 흘리는 파당싸움이 소름끼치게 하였다. 곧 아래 행동이 일으킨 싸움이었다: (12) 다마수스(Damasus)와 우르시누스(Ursinus)는 인간의 정도를 뛰어넘을 정도로 [로마] 감독 자리를 자기 것으로 끌어오려는 것에 불타올랐다. 그래서 상대를 향해서 펼친 모함으로 그들의 추종자들 가운데 죽는 자와 다치는 자들이 있을 정도로 그들은 처절하게 싸웠다. 비벤티우스는 이 소요를 금지하거나 가라앉힐 수 없다고 보고, 폭력의 난무 가운데 도시의 성문 앞에 있는 영지로 후퇴하였다.

(13) 이 싸움에서 다마수스는 자기 파의 대대적인 후원에 힘입어 승자가 되었다(366년 10월). 기독교 제의의 회집 장소인 시시니누스 성당에서 하루는 137구의 살해당한 자의 시신이 발견되었고, 그래서 이후에는 벌써 오래전부터 동요가 된 많은 사람을 아주 애를 써서 겨우 진정시켰다는 것은 잘 알려진 사실이다. (14) 물론 로마를 지배하고 있는 화려함을 생각한다면 [로마 감독의 위엄과 같은] 그러한 위엄을 추구하는 자들이 모든 힘을 쏟아 부어

서라도 그 목적을 달성해 보려고 할 수밖에 없다는 것을 부정할 수 없다. 왜냐하면 운좋게 그것을 이룬 자는 앞날을 걱정할 필요가 없기 때문이다: 귀부인들의 헌물로 그는 풍성하며, 안락한 가운데서 여기저기 다니며, 화려하게 옷을 입고, 그의 식단은 왕의 식사를 무색하게 만들만큼 풍성한 잔치를 베푼다. (15) 그들은 실제로 행복한 삶을 누릴 수 있을 것이다. 단지 그들이 자기들의 죄악을 감추기 위해서 이용하는 이 도시의 거대함에서 한 번만 눈을 돌려 어떤 속주 감독들이 가진 삶의 방식을 모델로 삼기만 한다면 말이다. 이들의 먹고 마심, 수수한 복장과 바닥을 향한 눈길로 만족해 함은 그들을 영원한 신성(perpetuum numen)과 그 신성을 참 경외하는 자들의 정결함과 덕스러움의 본보기로 삼도록 하기 때문이다.

원전 : W. Seyfahrt, [Nr. 71], 4, 1971.—참고문헌: E. Caspar, Geschichte des Papsttums von den Anfängen bis zur Höhe der Weltherrschaft, 1, 1930, S. 196ff.; J. Vogt, Ammianus Marcellinus als erzählender Geschichtsschreiber der Spätzeit, AAMz, 1963, H. 8; K. Rosen, Ammianus Marcellinus, EdF 183, 1982; T. G. Elliott, Ammianus Marcellinus and fourth century history, Toronto, 1983.

78. 가이사랴의 바실리우스 (Basilius von Caesarea)

가이사랴의 감독이며 캅파도키아의 대주교 바실리우스(약 330-379) 및 그와 함께 "위대한 갑파도키아" 세 성좌를 이룬 두 명외 다른 신학자:

그의 친구 나찌안스의 그레고리와 그의 동생 니사의 그레고리에게 결국에는 동방 전체를 포괄하고 4세기 신학논쟁을 마무리한 삼위일체 교리 속에 내포된 그 교리 개념이 소급된다. 바실리우스 안에서 니케아 신조의 호모우시오스에 대한 고백과 오리게네스 전통의 의미를 가진 신적인 세 위격 강조가 결합되었다. 하지만 동방 수도원 역사에서도 바실리우스의 의미는 작지 않다. "수도원 규율" 집필자요, 캅파도키아 고향 수도원들의 창설자로서 그는 수도원의 근본 형태를 제공하였다. 그와 그의 친구들로 하여금 특별한 열정을 가지고 성령의 신성을 위해서 개입하게 하였다. 그리고 당시의 교회정치적-신학적인 혼란 가운데서 이와 관련되어 나타나기 일쑤인 인간적인 모든 실망을 하면서도 황제 발렌스(Valens, 364-378)를 상대로 이 입장을 확실히 대변하였다. 발렌스는 콘스탄티우스 2세의 교회정치를 유지하면서 또 한 번 "유사파"의 신앙고백을 신앙문제들에서 제국의 최고로 획일적인 해결책으로 만들어 보려고 시도하였다. 이렇게 하도록 한 것은 수도사의 경험과 소망들이었다.

a) 공동체적 삶이 홀로 거함보다 우월함(긴 규범들[Regulae fusius tractatae] 7)

(7, 1) 같은 목적을 추구하는 많은 자들과 함께 생활함은 여러 방면으로 유익하다. 첫째로 우리 중 누구도 몸의 모든 필요를 홀로 만족시킬 수 없다. 이를 이루기 위해서 우리는 서로가 필요하다. 말하자면 발이 한 가지를 할 수 있다면 다른 것은 할 수 없고, 다른 지체의 도움이 없이는 자기 능력을 힘 있게 나타낼 수도 없고 꾸준하게도 하지 못하며, 자기가 가지지 못한 것도 스스로 채울 수 없다. 이와 마찬가지로 고독한 삶(μονήρης ζωή)에서도 우리가 가진 것이 우리에게 소용이 없고, 없는 것도 만들어내지 못하게 된다. 왜냐하면 기록되었듯이[시락 13, 20] 창조자 하나님께서는 한 사람은 다른 사람이 필요하도록 만드심으로 우리로 서로 서로 연합하게 하셨기 때문이다. 또 한편으로, 각자가 자기

의 유익만을 구하는 것은 그리스도의 사랑과 화합할 수 없다: "사랑은 자기 유익을 구하지 않는다"고 말하고 있다[고전 13, 5]…… 또한 홀로 있는 가운데서는 바르게 지적해줄 사람이 없기 때문에 자기 자신의 실수를 깨닫기가 쉽지 않다. 그러므로 아래 같이 말하는 일이 생겨나는 것이다: "홀로 있어 넘어지면 붙들어 일으킬 자가 없는 자에게는 화가 있으리라"[전 4, 10] 또한 많은 자들에 의해서 혼자서는 결코 이룰 수 없는 복수의 계명이 더 쉽게 이행된다. 왜냐하면 한 계명이 다른 계명을 이루는 것을 방해하기 때문이다…… [예를 들면 우리가 병자를 심방할 때, 동시에 나그네를 돌보아 주지 못한다]. (2) 하지만 우리 모두가 부르심의 소망 가운데서 받아들여진 다음에 한 몸이 되고 그리스도를 머리로 가진다면……: 어떻게 [고독 속에 살고 그러니까 서로서로] 갈라지고 떨어진 우리가, 지체들의 상호 교화를 하는 사역과 머리이신 그리스도 아래로 [함께] 복종함을 이루고 유지할 수 있겠는가?…… 마지막으로, 혼자서는 모든 영적 은사(*χαρίσματα*)를 받지 못하고, 성령은 각자의 신앙 분량에 따라서 은사를 나누어주신다[롬 12, 6]. 이 때문에 함께 사는 삶 가운네 각자에게 나누어진 은사는 모든 자에게 공동선이 된다…… 왜냐하면 각자는 자기가 가진 것을 자기 때문이라기보다는 다른 자들 때문에 받았기 때문이다.

b) 나찌안스의 그레고리(Gregor von Nazianz)의 추모사에 나오는 바실리우스 수도원의 사회적 의미(강론 43, 63)

(63, 1) …… 잠시 도시[가이사랴]에서 빠져 나와서 새로운 도시, 경건성의 저장고, 넘쳐나는 부와 심지어 [심심치 않게] 아주 시급히 필요한 것들이 보관되어 있는 소유자들 공동의 보물창고를 보라. 곧 그[바실리우스]의 경고의 결과를: 더 이상 좀이 슮이 없고, 도둑들의 눈요깃감이 없고; 질투심이 솟아오르는 경쟁에서

이탈하고, 시대의 퇴폐에서 빠져 나온 모습: 곧 병을 철학적 빛에서 주시하며, 불행을 축복으로 이해하고 동고동락을 시험해 보는 곳 말이다. (2) …… (3) …… (4) …… [거듭 거듭] 인간이기를, 곧 동료 인생을 업신여기지 않고 모든 사람의 머리되신 그리스도를 동료 인생들의 비인간적인 행동으로 말미암아 모독하지 않기를 원하는 자들 가운데 들어간 첫 번째 사람이 그[바실리우스]이다; 그들에게는 오히려 다른 사람의 불행을 자기 운명을 안전하게 하는 기회로 삼고, 그들 스스로가 하나님의 손에서 받아야만 하는 그 자비를 빌려주신 하나님께 드리는 것이 당연하였다. (5) 이 때문에 그는 병[곧 문둥병]을 자기 입술로 높이는 것을 가벼이 여기지 않았다. 곧 자기 자신처럼 고귀한 출신이고 빛나는 명망 있는 것으로; 오히려 그는 병자들을 친구로 환영하였다…… (6) 병자들을 돌보기 위해서 그들에게 다가갔고, 자기 철학의 귀결로서 그들에게 이렇게 함으로 말로만이 아니라, 침묵으로의 가르침이 주어지도록 하였던 첫 번째 사람이었다. [그렇게 함으로 나온 것은] 단지 그 도시[곧 가이사랴 성문 앞 “Basilias”] 안에서만이 아니라 농촌과 그 너머의 곳들에서도 볼 수 있다; 심지어 사회 지도층들까지도 인간애와 관대함을 가지고 그들[병자들]에게 다가가는 경쟁을 하였다. (7) 다른 사람들은 자기들의 요리사, 찬란한 메뉴들, 제과점에서 나온 예술적인 상품들과 맛난 것들, 선택한 동무들, 부드럽고 날아갈 듯한 연미복을 가지고 있다; 하지만 바실리우스의 관심은 병자들, 그들이 가진 상처들을 돌보는 것, 문둥병자들을 깨끗하게 하신 그리스도를 말로만이 아니라 행동으로 닮는 것이었다.

c) 성령의 신적 능력(성령론[375년] 9, 22f.)

(22) 자 이제 성령에 관해 우리에게 통용되는 개념들(*κοιναὶ ἔννοιαι*)을 다루어보자: 우리가 성경으로부터 모으고 교부들의 구

두전승(ἄγραφος)으로부터 우리에게 전달된 그에 관한 개념들 말이다.

누가 성령의 이름들을 들을 때 곧바로 그 영혼 안에서 고양되지 않겠는가; 누가 자기 생각을 가장 고귀한 본성을 향해 끌어 올리지 않겠는가? 왜냐하면 그를 "하나님의 영", "진리의 영", "아버지로부터 나오신 분"[요 15, 26], "의로운 영", "이끄시는 영"(시 50, 12-15)이라고 부르기 때문이다. "성령", 이것이 독특한 그의 가장 본래 이름이며, 모든 존재들 가운데 가장 비육체적인 존재, 가장 정결하게 비물질적인 존재이며, 존재하는 가장 단순한 존재의 이름이다. 이렇게 주님께서는 하나님을 정해진 한 장소에서만 섬겨야 한다고 믿는 여인에게 비육체적인 것은 제한되지 않음(ἀπερίληπτον)을 가르치셨다: "하나님은 영이시니"[요 4, 24]. "성령"이라는 이름이 발설되는 것을 듣는 자는 그 어떤 제한된 본성, 곧 변화에 내맡겨지고, 경우에 따르거나 모든 면에서 피조물과 같은 본성을 상상할 수 없다. 오히려 정반대이다: 자기 생각 안에서 최고 존재에게로 고양하는 자는 필연적으로 지성적 본질, 능력이 무한하며, 무제한한 크기, 시간이나 영원의 모든 잣대 니머에 있으며 자신이 가진 선을 허비할 정도의 관대함을 가진 본질에 관한 관념을 가지게 된다. 성화가 필요한 모든 자는 그에게로 돌아선다; 덕을 따라서 자기들의 삶을 꾸리려는 모든 자의 사모함은 그를 향한다. 그들은 그의 숨결로 마치 "새로 살게 되듯이" 자기들의 본성에 맞는 목적을 추구함에서 그의 도움을 경험한다. 다른 자를 완성으로 이끄는 능력을 가진 그에게는 부족함이 없다: 그는 자기 능력을 새롭게 하여야만 하는 생명체가 아니고 삶의 '지휘자'[플로틴, 엔네아드 6, 9, 9, 48을 비교하라]이다…… 모든 것을 그는 자기 능력으로 채우시지만, 오직 자기에게 합당한 자들[1)]하고만 나눈다. 물론 확실한 방식으로 통일된 기준을 따라서가 아니라, 신앙의 기준을 따라서 자신의 능력을 나누어준다. 자기 존재 안에서는 단순하지만 그는 자기 능력을 다양한 능력을 증명함[히 2, 4]으로 드러낸다; 게다가 모든 존재에게 나누어지지 않은 모습으로 임재하며 모든 곳에 온전히 계신다; 자신을 나누어주기를 아무런 손상도 겪지 않으면서 하시고, 자신은 변하지 않는 상태에서 모든 자를 자기에게 참여하게 하신다. 태양의 우호적인 빛이 모두에게 임하는 그 태양광선과 비교할 수 있다. 이것을 누리는 자는 마치 자기 혼자만이 누리듯이 누린다; 그렇지만 태양은 땅과 바다를 환히 비추고 자신을 공기와 섞는다. 이렇게 영도 모든 사람에게 임하고, 누리는 자는 만일 받을 만한 능력만 있으면 홀로 그렇게 누리듯이 누린다; 그 어떤 변화도 입지 않고 영은 모두에게 충분한 은혜를 퍼뜨린다……

(23) …… 성령을 통해서 마음들이 고양된다; 약한 자들의 손을 잡아준다; 진보를 위해 매진하는 자들은 완전해진다. 성령은 모든 더러운 것에서 자신을 깨끗하게 한 자들을 밝히신다. 그리고 자기와 나눔을 통해서 그들을 '영적인 존재로' 만든다. 맑고 투명한 몸이 광선을 만나면 빛나기 시작하듯이, 그리고 자기에게서도 새로운 광채를 발하듯이, 영을 모시고 다니는 혼들은 성령의 비추심으로 말미암아 '영적인 존재'가 되고 다른 자들 위로 은혜를 쏟아붓는다. 거기서부터 [모든 것이 흘러나온다]: 장래의 일들을 알며, 신비를 꿰뚫어 보며, 감춰진 일들을 이해하고, 은사를 나누어주고, 천상의 삶에 참여하고, 하나님 안에서 변치 않고 머물며, 하나님을 닮고 마지막으로 모든 인간이 열망하는 최고의 것: '하나님-됨' (*θεὸν γενέσθαι*).

d) 성령의 역사(같은 곳 19, 49)

이 무슨 역사란 말인가? 그 크기를 말할 수 없고 그 다양함은 형용할 수 없는 역사. 어떻게 우리가 하나의 표상을 만들어 낼 수 있겠는가,…… 이성 가진 존재가 있기 전에 그의 역사가 어디에 있었는가를; 장래 올 세대에 관해서 그가 그 어떤 능력에 가득찬 역사를 펼치고 있는가? 그는 그때에 있었고, 모든 다른 것들보다 먼저 존재하였으며, 모든 시간보다 앞에 계셨고, 아버지와 아들과 함께 계셨다. 그러므로 네가 시간 너머에 그[존재하는]것을 상상하고 싶다면, 그것이 영보다 나중이라는 것을 발견하게 되리라. 창조를 생각하는가? 하늘의 권세들이 성령으로 말미암아 확고하여졌다…… 그리스도의 오심? 그보다도 앞서서 성령은 자기 사역과 함께 나오셨다. 그리스도가 육체 가운데 계심? 성령이 그와 분리될 수 없도록 연합되어 있다. 이적과 치유의 은사? 이것들은 성령의 역사로 말미암아 일어났다. 귀신들이 하나님의 영으로 말미암아 복종하느니라. 사탄은 성령의 임재에서 자기의 모든 능력을 상실하였다. 죄는 성령의 은혜 가운데 용서되었다. 이는 "너희가 우리 예수 그리스도와 성령의 이름으로 씻음 받고 거룩하게 되었기 때문이다"[고전 6, 11]. 하나님과 가지는 신뢰에 찬 교제(οἰκείωσις)는 성령으로 말미암아 이루어진다. 하나님께서는 아들의 영을 우리 마음에 보내셨고, 그가 거기에서 부르짖는다: "아바 아버지!"[갈 4, 6]. 죽은 자들의 부활은 성령으로 인해서 일어난다. 이는 "당신이 당신의 영을 보내시며, 그래서 그들이 새로 만들어지며 지면을 새롭게 하기 때문이다"[시 104, 30]…… 사람이 [영을] 과노하게 명예롭게 함으로 얻은 것 그 이상으로 가려고 하는 염려가 실제로 있을 수 있는가? 반대로 아무리 우리가 사람의 생각과 사람의 말에서 나오는 가장 아름다운 말을 발견하려고 애를 쓴다하더라도, 마땅한 것에 미치지 못하는 것을 두려워하여야 하지 않겠는가?…… 네가 만일 "보혜사가 오면 그가 너희에게 모든 것이 생각나게 하고 진리로 너희를 인도하리라"[요 14, 26]는 말을 듣는다면, 방금 들은 것에 걸맞게, 이끌어주시는 역할에 대한 하나의 표상을 만들고, 그것에 관해서 사소하게 말하지 말아라……

e) *οὐσία*와 *ὑπόσταοις*의 의미 차이(편지 236, 6; 376년)

*οὐσία*와 *ὑπόστασις*의 구별은 공통적인 것(*τὸ κοινόν*)과 개별적인 것(*τὸ καθ' ἕκαστον*), 그러니까 예를 들면 동물과 특정한 사람(*ὁ δεῖνα ἄνθρωπος*) 사이를 구별하는 것과 같은 것이다. 이 때문에 우리는 신성에 관해서도 [유일한] 하나의 *οὐσία*를 고백함으로 [아버지, 아들, 성령의] 존재를 다양한 의미를 가지고 말하지 않게 하였지만, 위격은 개별적인 것으로 고백하면서 아버지, 아들 그리고 성령의 개체를 독특하도록 하였고 분명하게 하였다(*ἵν' ἀσύγχυτος ἡμῖν καὶ τετρανωμένη ἡ περὶ Πατρὸς καὶ υἱου καὶ Ἁγίου Πνεύματος ἔννοια ἐνυπάρχῃ*). 이는 사실: 우리가 아버지 됨, 아들 됨, 거룩하게 함 같은 각각[의 신적인 위격]의 독특한 특징들(*ἀφωρισμένοι χαρακτῆρες*)을 말하지 않고 [신적인] 존재의 공통적인 개념을 따라서 하나님을 고백하였다. 이렇게 신앙의 내용을 올바른 ['건전한'] 방식으로 제시하는 것은 불가능하기 때문이다. 따라서 개별적인 것(*τὸ ἰδιάζον*)을 공통적인 것에 덧붙이면서 우리의 신앙을 고백하여야 한다: 신성은 공통적인 것, 아버지 됨은 개별적인 것(*ἴδιον*); 둘을 합하여 우리는 이렇게 말한다: "하나님, 아버지를 내가 믿사옵고"…… [이 모든 것으로부터 확실해지는 것은] [성부, 성자, 성령의] 하나의 신성 고백에서 우리가 완전히 단일성을 확실하게 붙들 수 있다는 것이다. 그리고 동시에 [신적인 세 위격 중] 각 위격에서 인식하게 되듯이 개별성들(*ἰδιώματα*)을 구별하면서 인격들(*πρόσωπα*)에게 고유한 것을 고백할 수 있다는 것이다. 하지만 *οὐσία*와 *ὑπόστασις*의 개념들을 동일하게 취급하는 자들은 *πρόσωπα*[인격체들? 현현방식들?]의 다양성을 고백하여야 한다. 세 위격을 언급하기를 회피하면서는 사벨리우스주의[문자적으로: 사벨리우스]의 오류에서 벗어날 수가 없다. 그도 나름대로는 다양한 개념의 혼잡 가운데서 동일한 위격이 필요에 따라서 다른 형상을 취하였다고 말하면서 *πρόσωπα*를

구별하려고 하였다(τὴν αὐτὴν ὑπόστασιν λέγων πρὸς τὴν ἑκάστοτε παρεμπίπτουσαν χρείαν μετασχηματίζεσθαι).

원전 : MPG 31, Sp. 889ff. (Reg. fus. tract.); F. Boulenger, Grégoire de Nazianze, Discours Funèbres etc., Paris, 1908; B. Pruche, Basile de Césaré. Sur le saint-Esprit, SC 17, Paris, 1968[2]; Y. Courtonne, Saint Basile, Lettres, III, Paris, 1986.—참고문헌: L. Vischer, Basilius der Große, Basel, 1953; J. Gribomont, Histoire du texte des Ascétiques de s. Basile, Louvain, 1953; ders., Saint Basile, in: Théologie de la vie monastique, Paris, 1961, S. 99-113; H. Doerries, De Spiritu Sancto. Der Beitrag des Basilius zum Abschluß des trinitarischen Dogmas, AAG 3. 39, 1956; P. J. Fedwick, The Church and the Charisma of Leadership in Basil of Caesarea, Toronto, 1979; ders. (Hg.), Basil of Caesarea-Christian, Humanis, Ascetic, 2 Teile, Toronto, 1981; K. Koschorke, Spuren der Alten Liebe. Studien zum Kirchenbegriff des Basilius von Caesarea, Habil. Schr., Bern, 1990.

79. 울필라(Ulfila)와 서고트족의 기독교로 개종

(소크라테스(Socrates), 교회사 4, 33)

전통의 핵심에서 볼 때 주후 2세기에 북방의 고토(필경 북극)로부터 출발하여서 고트족은 3세기에는 흑해연안의 광대한 지역을 정복하였다. 거기로부터 그들은 새로운 인근의 유사한 종족과 연합하여서 로마제국 침공을 시작하였다. 고트족 선교를 위한 첫 번째 동기는 고트족들이 전쟁에서 생포하여 제국의 동쪽 지역으로 끌고간 기독교인으로서 전쟁포로가 된 사람들에게서 시작된 것으로 보인다.—정치적인 부차적 생각으로 윤색되지 않은 형태의 이 게르만족 전도 이전에 한 사람의 사역이 있었다. 그는 고트족뿐 아니라, 그들로 말미암아 얻게 된 게르만족에게 유일하게 중요한 의미를 가진 교회지도자라고 하여야 한다: 불필라("작은 늑대") 또는 그 스스로가 부른 대로라면 울필라. 311년경, 고트족에 의해서 끌려간 갑파도키아 기독교인들의 손자로서 이미 기독교인으로 태어났다. 그때부터 기독교인인 로마 황제의 궁전으로 고트족의 사절로 왔던 차에 콘스탄티우스 2세에게 교회적으로 신임을 받던 니코메디아의 유세비우스로부터 "고트족 국가 기독교인들의 감독"으로 서임을 받는다. 하지만 고트족 선교가 심각하게 후퇴하는 일을 겪고 나서, 황제 발렌스 때에 종족 간의 전쟁이 발발하고 나서야 다시금 60년대 말 아주 커다란 결단에 이르게 되었다. 여기에 관해서 교회사가 소크라테스(교회사 IV, 33, 1-9)가 아래와 같이 전한다:

다뉴브 북쪽에 정착하고 있는 고트족(*Γότθοι*)이라고 부르는 야만족들이 종족 간의 싸움 결과로 두 진영으로 갈라졌다: 한 쪽은 프리티게른(Fritigern)을 자기 지도자로, 다른 쪽은 아타나리히(Athanarich)를 지도자로 삼았다. 그런데 아타나리히가 우세하게 되자, 프리티게른이 로마인들에게 도주하여 적들과의 전쟁에 도움을 구하였다. 황제 발렌스가 듣고는 트라키아에 있는 방위군들에게 야만족들을 상대하고 있는 이 야만인들을 도와주라고 명령하였다. 그래서 그들이 다뉴브 강 북쪽 지역에서 아타나리히를 눌러 승리하고 적들을 몰아내었다. 많은 야만족들이 이것을 기독교인이 되는 기회(*πρόφασις*)로 삼았다. 자기가 받은 도움에 대한 감사를 표시하기 위해서(*χάριν ἀποδιδοὺς ὧν εὐηργετεῖτο*) 프리티게른은 황제의 종교를 받아들였고 자기를 따르는 많은 백성들에게 자기와 같이 하도록 부추겼다. 이 이유로 대다수의 고트족이 당시 황제가 호감을 갖던 아리우스주의에 귀의하고 지금까지 받아들이고 있다. 그 당시 고트족 감독인 울필라도 고트족의 문자를 발명하였고 성경을 고트어로 번역함으로 말미암아 야만족들로 하여금 하나님의 말씀을 대할 수 있게 하였다. 하지만 울필라는 프리티게른의 고트족들에게만 기독교를 전한 것이 아니라, 아타나리히의 고트족들도 개종시키려고 하였다. 이 때문에 아타나리히는 기독교로 개종한 자들이 조상들로부터 전해 온 예배 거부하는 것을 엄한 벌로 다스렸다. 그래서 당시 아리우스주의 신앙을 받아들인 야만인들이 순교자가 되었다…… 하지만 기독교를 단순하게 받아들인 야만인들은 그리스도를 향한 믿음 때문에 이 땅의 생명을 내려놓았다……

원전 : Sokrates KG, hg. v. G. Chr. Hansen (GCS NF 1), 1995, S. 269; W. Baetke, Die Aufnahme des Christentums durch die Germanen, in: Die Welt als Geschichte, 9, 1943 (unverändert. Nachdruck [!] 1962); H. Doerries, Germanische Natiionalkirchen, in: ders, Wort und Stunde, II, 1969, S. 76-111: K. Schäferdiek, Art. Germanenmission (arianische), TRE 12, 1983, S. 506ff.; H. Wolfram, Die Goten und ihre Geschichte, München, [4]2001, 특히 S. 43ff.

80. 국가종교로서의 기독교: 테오도시우스 1세의 칙령 "Cunctos populos" 380년 2월 28일

(테오도시우스 법전 16, 1, 2)

고트족과의 전쟁에서 황제 발렌스가 파멸하였다(378년 8월). 여기서 그의 군대는 완전하게 궤멸당하였고 그 자신도 사망하였다. 그 후 그의 조카이며 공동 황제인 그라티안(Gratian)은 스페인 장군 테오도시우스에게 고트족의 위험을 몰아내기 위해서 도움을 요청하며 그를 반 년 후에 동쪽을 다스리는 공동 통치자로 격상시켰다. — 이와 마찬가지로 테오도시우스가 제국 중에서 자기가 다스리는 부분에 있는 교회 상황을 주목하고 새로운 관련 규정들로 그가 어떤 방향으로 끌고 가려고 했는지는 칙령이 말해준다. 데살로니가로부터 콘스탄티노플 백성들을 향해 포고한 이 칙령은 자기의 모든 신하들을 위한 교회정치적 성명으로 생각한 것이었다. 이미 유스티니아누스 치하에서 로마 법 편찬자들은 이 칙령을 황제의 헌법 모음집의 머리 부분에 놓을 만큼 의미 있게 보고 있었다(유스티니아누스 법전 1, 1). 그리고 오늘까지도 "'기독교 국가'의 황제정치의 고전적 문서"로 간주되고 있다.[1)]

우리가 자비롭고 규모 있게 다스리고 있는 모든 백성들(Cunctos populos, quos clementiae nostrae regit temperamentum)은 신앙 가운데 확고하게 머물러야 한다는 것이 우리의 뜻이니라. 하나님의 사도 베드로가 가르쳐준 신앙(religio)이 보여주는 바와 같이 이 신앙은 그가 우리 로마인들에게 전하였으며, 대사제 다마수스[2)]와 또 알렉산드리아의 감독 베드로[3)], 곧 사도적인 거룩한 사람이 공개적으로 고백한 것이다: 곧 우리는 사도적인 가르침(disciplina)과 복음의 가르침에 따라서 동일한 권세와 거룩한 삼중성 가운데 계시는 성부, 성자, 성령 한 분 하나님(patris et filii et spiritus sancti unam deitatem sub parili maiestate et sub pia trinitate)을 믿는다. 이 법을 따르는 자들만이 공교회의 교인일 수 있음을 우리가 명하노라; 하지만 우리가 제정신이 아니고 광적이라고 간주하는 그밖의 사람들은 이단적 가르침이라는 비난(haeretici dogmatis infamia)을 걸머져야 한다. 또한 그들의 회합장소들(conciliabula)도 교회라고 부르면 안 된다. 결국 그들은 먼저 하나님의 보응을, 그리고는 하늘의 판결

(ex coelesti arbitrio)로 인해서 우리에게 맡겨진 우리 심판을 받아야 한다.

원전 : Th. Mommsen, [Nr. 52].—참고문헌: H. Berkhof, Kirche und Kaiser, 1947, S. 63f; W. Enßlin, Die Religionspolitik des Kaisers Theodosius d. Gr., 1953, S. 15ff.; N. Q. King, The Emperor Theodosius and the Establishment of Christianity, London, 1961, S. 28ff.; A. M. Ritter, Das Konzil von Konstantinopel und sein Symbol, 1965, S. 28ff., 221ff.; ders., in: Le IIe Concile Oecuménique, Chambésy 1982, S. 33ff. 45ff.; A. Lippold, Theodosius der Große und seine Zeit, Urban Tb. 107, 1968, S. 17ff.; K. L. Noethilichs, [Nr. 64], Sp. 1160ff.; P. Barceló-G. Gottlieb, in: FS f. A. Lippold, Würzburg, 1993, S. 409-423.

1) H: Berkhof, 위의 책, S. 64; N. Q. King, 위의 책, S. 29.
2) 위 Nr. 77을 보라.
3) 아타나시우스의 계승자(337-381).

81. 381년 콘스탄티노플 공의회의 결정

테오도시우스가 자기의 칙령 "Cunctos populos"로 내디딘 길을 계속 유지하지 않은 것은 추구하여 왔던 동방에서의 교회 입지를 공고히 하는데 기여하게 될 뿐이었다! 그는 교회의 투쟁을 법과 국가의 제제수단을 통해서 종결시키지도 않고 공의회적인 해결에 기대었다; 그뿐 아니라 원래 정통신앙의 유일한 보증인 로마와 알렉산드리아만을 향하던 원래의 입장을 고수하지 않고 대다수 동방 감독들이 담당해야 하는 논쟁적인 질문들을 해결하는데 힘을 기울였다. 이 목적으로 381년 5월 그는 콘스탄티노플로 제국 공의회를 소집하였다. 거기에는 서방지역의 감독들이 니케아에서 만큼도 오지 않았지만 5, 6세기를 거치면서 이 공의회는 니케아의 "318명의" 회의 다음이기도 하며 또 나란히 선 두 번째 권위 있는 ("에큐메니칼") 공의회로 관철되었고 오늘까지 그 명예로운 자리를 유지하고 있다. 그 중요한 교리규정들 - 교회법적 규정들이 아래와 같다:

a) 니케아 - 콘스탄티노플 신조(NC)

한 분 하나님, 아버지, 전능하신 분, 하늘과 땅 보이는 것과 보이지 않는 모든 것을 창조하신 분을 우리가 믿나이다. 그리고 한 분 주 예수 그리스도, 하나님의 독생자를 믿사오니, 그는 모든 시간보다 먼저 아버지로부터 낳으시고, 빛에서 오신 빛, 참 하나님으로부터 오신 참 하나님, 태어나셨지 만들어지지 않으신 분으로 아버지와 본질이 동일하시며(*θεὸν ἀληθινὸν ἐκ θεοῦ αληθινοῦ, γεννηθέντα οὐ ποιηθέντα, ὁμοούσιον τῷ πατρί* [N!]), 그로 말미암아 만물이 존재하게 되며, 우리 사람과 우리의 구원을 위해서 하늘로부터 내려오사 성령과 동정녀 마리아에게서 육신이 되셨고, 사람이 되셔서 본디오 빌라도 하에서 십자가에 달리셨고 고난당하시고 장사지낸 바 되셨다가 성경 대로 삼일만에 다시 살아나시고 하늘에 오르사, 아버지 우편에 앉아계시다가, 산 자와 죽은 자를 심판하시기 위해서 영광 중에 다시 오시리라; 그의 나라가 영원하리라. 또한 성령을 믿사오니, 이는 주님이시며 생명 있게 하시며, 아버지께로부터 발출하시며, 아버지와 아들과 동일하게 예배 받으시고 영광 받으시며, 선지자들을 통해서 말씀하셨나이다 (*καὶ εἰς τὸ πνεῦμα τὸ ἅγιον, τὸ κύριον καὶ ζωοποιόν, τὸ ἐκ τοῦ πατρὸς ἐκπορευόμενον, τὸ σὺν πατρὶ καὶ υἱῷ συμπροσκυνούμενον καὶ συνδοξαζόμενον, τὸ λαλῆσαν διὰ τῶν προφητῶν*); 거룩한 사도적 공교회를 믿나이다. 우리는 세례가 죄를 사해주는 것임을 고백하나이다; 죽은 자들의 부활과 장래에 올 세상에서의 삶을 기다리나이다.

b) 법령 1

비투니아 니케아에서 모였던 318명의 교부들의 신앙은 효력을 잃지 않고(ἀθετεῖσθαι) 앞으로도 계속되어야 한다; 모든 이단, 곧 유노미우스주의자 혹은 상이파 이단, 아리우스주의 혹은 유독시우스주의자들의 이단, 반아리우스주의자나 성령대적자들의 이단, 사벨리우스주의자들, 마르켈주의자들, 포틴주의자들, 아폴리나리스주의자들의 이단을 정죄하노라.[1)]

c) 382년 콘스탄티노플 지역 공의회의 공의회 기록에 따른 콘스탄티노플 공의회의 교서("Tomus")(테오도렛, 교회사 5, 9, 11)

…… [니케아에서 확실하게 제시된 복음에 합당한 신앙고백은] …… 참 신앙의 말을 왜곡하려 하지 않는 모든 자에게 충분할 수 밖에 없다; 하지만 그 신앙이 아주 옛 것이고, 세례 명령[문자적으로: 세례]에 걸맞으며, 우리에게 성부와 성자와 성령의 이름을 믿을 것을 가르친다. 곧 성부, 성자, 성령의 한 신성, 한 능력, 한 존재를 믿도록 하시며 세 분의 아주 완전한 위격 또는 세 분의 완전한 인격체 안에서 동일한 영광, 동일한 존귀, 동일한 영원히 다스리심을 믿도록 가르친다. 그렇게 함으로 위격들이 혼합되고 위격들의 개별 독특성이 제거되며 사벨리우스의 병이 자리를 잡지 못하도록 하였다. 또 유노미우스주의자들, 아리우스주의자들, 성령대적자들의 하나님을 모독하는 가르침이 힘을 얻지 못하도록 하였다. 이들을 따르면 본질이나 본성이나 신성이 나누어지게 되며, 또 만들어지지 않으시고 하나의 본질이시고 동일하게 영원한 삼위일체에 일종의 나중에 태어나고, 만들어지고 본질이 서로 다른 본성이 덧붙여지게 된다(*διδάσκουσαν ἡμᾶς πιστεύειν εἰς τὸ ὄνομα τοῦ πατρὸς καὶ τοῦ υἱοῦ καὶ τοῦ ἁγίου πνεύματος,* δηλαδὴ θεότητος καὶ δυνάμεως καὶ οὐσίας μιᾶς τοῦ πατρὸς καὶ τοῦ υἱοῦ καὶ τοῦ ἁγίου πνεύματος πιστευομένης, ὁμοτίμου τε τῆς ἀξίας καὶ συναιδίου τῆς βασιλείας, ἐν τρισὶ τελειτάταις ὑποστάσεισιν, ἤγουν τρισὶ τελείοις προσώποις……)

d) 법령 3

콘스탄티노플 감독은 이 도시가 새 로마이기 때문에 로마 감독 다음가는 명예(τὰ πρεσβεῖα τῆς τιμῆς)를 가진다.

원전 : G. L. Dossetti, [Nr. 56]; J. Alberigo u.a, [Nr. 56]; L. Parmentier-F. Scheidweiler, [Nr. 63]－참고문헌: 전체적 조망을 위해서 아래를 보라. A. M. Ritter, [Nr. 80]; ders., Art. Konstantinopel (Ökum. Synoden I), TRE 19, 1989, S. 518-524; J. N. D. Kelly, [Nr. 42], S. 294-361; D. L. Holland, The Creeds of Nicea and Constantinople reexamined, ChH 38, Nr. 2, 1969, S. 1-14; S. G. Hall, [Nr. 63]; R. Staats, Das Glaubensbekenntnis von Nizäa-Konstantinopel, Darmstadt (1996) ²1998.

1) "그 이단"의 정죄는 그러니까 "극단적－아리우스주의"적인 유노미우스(위 Nr. 68을 보라) 추종 무리들과 콘스탄티우스 2세와 발렌스 치하에서 지배적이었었으며 지금은 자기들을 이끄는 자들 중 하나인 궁정감독 유독시우스(Eudoxius, 마지막에는 콘스탄티노플 감독)를 따라서 유사파("아리우스주의자들")인 "좌파"로부터 삼위일체 논쟁 마지막 단계에서 "반－아리우스주의적인" 주된 대적자인 다양한 성향의 "성령대적자들"(위 Nr. 72a와 각주 1을 보라)을 중간에 두고, 니케아 진영 내에서의 다양한 이단적 흐름들, 곧 마르켈(위 Nr. 62를 보라), 그의 제자 포틴(위 Nr. 75b와 각주 2를 보라), 그리고 아폴리나리스(위 Nr. 75. 76을 보라)의 추종자들인 우파에까지 이른다.

82. 히에로니무스(Hieronymus)와 라틴어 성경 개정

(복음서 개정에 대한 서문)

로마의 다마수스 1세(366-384)는 불미스러운 감독 선출과정(위 Nr. 77을 보라)을 통해서 직책과 명예를 얻게 되었다. 그는 70년대에 가이사랴의 감독 바실리우스로부터 시작된 서방과 동방의 니케아주의자들 다수파, 사실 이들은 정말 어려운 토론 대상이었는데, 이들 간의 조정을 하는 노력에 한 역할을 하였고, 자기 교구에서 특별히 로마의 순교자 묘지(카타콤) 돌보는 일을 하게 하였다. 그가 얻은 가장 중요한 소득은 라틴어 성경번역의 개정을 주선하였다는 것이다. 이것을 그는 당시 자기 친구이며 비서였으며, 학식 있는 수도사인 달마티아의 스트리돈 출신 히에로니무스(340/350-42)에게 맡기고 꾸준히 후원하였다.—서방 중세 초기 이래로 유일하게 구속력을 가지고 있었고 트렌트 공의회(1546)를 통해서 신앙과 도덕을 가르치는데 기준이 된다고 선언된 불가타['보편적으로 보급된'(곧 라틴어 성경번역)] 작업의 첫 걸음에 관해서 히에로니무스가 383년 집필된 복음서 개정 서문에서 전해주고 있다.

당신은 나에게 옛 작품에서 새로운 작품을 만들어내고, 이 성경이 [오래전부터] 온 세상에 보급되고 나서는 그 성경의 판본들에 관해서 심판자의 역할을 하며, 혹시 차이 나는 곳에서는 [그것들이 제시하는 독법 중에서] 어떤 것이 진정한 희랍어 본문(Graeca veritas)과 일치하는지 결정하는 일을 하라고 강요하고 있다. 이것은 사랑스러운 헌신을 요구하지만, 위험스럽고 대담한(Pius labor, sed periculosa praesumptio) 시도이기도 하다: 다른 자들에 관해서 판단을 하고 동시에 모든 사람의 판단에 자신을 내어맡김; 옛 사람의 언어를 고치면서 파고들어가며 이미 옛 세계를 처음의 초기 시절로 되돌려 놓음. 혹시 배웠든 배우지 않았든지 간에 이 책을 손에 들고 자기가 거기서 읽은 것이 언젠가 자기가 취하였던 것의 맛에 전혀 맞지 않는다는 것을 분명히 보고는 내가 옛 책들에다가 어떤 것들을 첨가하거나 빼내어 버리거나 개선하는 만용을 부렸다고 나를 위조범과 신앙모독자로 비난하지 않을 사람이 하나라도 있을까? 이 와중에 나를 위로하고 이러한 악평을 내가 수용하도록 만드는 두 개의 생각이 있다: 하나는 모든 자들보다 우월한 지위에 있는 감독인 당신이(tu, qui summus Sacerdos es) 나에게 이것을 하도록 명하였다는 것; 다른 하나는 나를 비난하는 자들도 인정해야 하듯이 다른 독법들로는 진리에 부합하기가 어렵다는 것(verum non esse quod variat)이다. 라틴어 본문에 의지해야 한다면, 그들이 아래와 같이 질문할 수 있다: 어떤 것? 하지만 본문 형태들(exemplaria)은 거의 사본들(codices)만큼이나 많이 있다. 하지만 맞는 본문 형태(veritas)는 많은 본문들을 비교하는 데서 주어져야 한다. 그렇다면 왜 곧장 희랍어 원문으로 거슬러 가서 거기에 따라서 모든 오류들, 곧 혹시 신뢰할 수 없는 번역가의 탓이든지, 대담하지만 능력이 미치지 못하는 본문 비평가의 개악인지 아니면 주의가 깊지 않은 필사자의 첨가나 변경의 오류이든지 개선하지 않는가?…… [구약의 다양한 판본들의 문제에 관해서는 여기서 더 말하지 않겠다.] 지금은 [차라리] 신약에 관해서 말하리라: 본래 희랍어로 집필되었다는 것은 의심의 여지가 없다. 물론 사도 마태[의 작품]는 예외여야 한다. 그는 첫 번째로 그리스도 복음 집필을 감행하였고 유대 땅에서 히브리 문자로(Hebraicis litteris) 집필하였기 때문이다. 우리 말 가운데서도 있듯이, 간과할 수 없는 불일치가 있다; 강이 많은 수로로 갈라졌던 것처럼, 사람이 하나의 원천을 찾는 것은 피할 수 없다…… 우리는 이 작은 서문에서 겨우 네 복음서만을 제시하되, 말하자면 아래의 순서로 하겠다: 마태, 마가, 누가, 요한; 이들은 우리들에 의해서 희랍어 필사본, 그러니까 옛 판본들과 비교한 연후에 교정되었다. 하지만 우리가 익숙한 라틴어 본문(a lectionis Latinae consuetudine)과 너무나 큰 차이를 피하기 위해서 우리의 펜을 제어하였고 의미의 변화가 있었던 것으로 보이는 곳만 고쳤다. 반면에 모든 다른 것들은 과거의 모습대로 있게 하였다.

원전 : MPG 29, Sp. 525ff.—참고문헌: F. Cavallera, Saint Jerôme, 2 Bde., Louvain-Paris, 1922; F. Stummer, Einführung in die lateinische Bibel, 1928; M. E. Schild, Abendländische Bibelvorreden bis zur Lutherbibel, 1970; G. J. M. Bartelink, Hieronymus. Liber de optimo genere interpretandi, Leiden 1980; P. Jay, L'exégèse de Saint Jérôme d'après son "Commentaire sur Isaie", Paris, 1985; Jérôme entre l'Occident et l'Orient, hg. v. Y.-M. Duval, Paris 1988; St. Rebenich, Hieronymus und sein Kreis, 1992; R. Hennings, Der Briefwechsel zwischen Augustinus und Hieronymus……, 1994 (SVigChr 21).

83. 교리논쟁과 콘스탄티노플 시민

(니사의 그레고리(Gregor von Nyssa), 성자와 성령의 신성)

(고대 교회의 교리에 대한 본래적인 문제차이로 인해서) 당시 교리적 논쟁들은 지도적인 감독과 신학자들 안에서만 반향을 가진 것이라고 생각하면 그것은 오해일 것이다. 오히려 소위 "행인"도 언제나 문제에 최선으로는 아니라고 하더라도 거기에 참여했다. 여기에 대해 한 예로 니사의 그레고리가 383년 6월 콘스탄티노플에서 황제의 초대로 이루어진 "신앙대담"(아래 Nr. 84를 보라)에 참여한 자들 앞에서 행한 강연 De deitate filii et spiritus sancti에 있는 분노에 찬 주장이 말해주고 있

다. 여기서 그는 다른 것들 가운데서도 사도 바울이 아테네에 섰던 것(행 17, 16ff.)을 상기시키며 거기에 대해 언급한다:

내가 무엇 때문에 그 [성경] 구절을 말하였는가? 왜냐하면 오늘날까지도 "새로운 것을 말하고 듣는 것 말고는 다른 것을 위해서는 시간을 쓰지 않는"(행 17, 21) 그 아테네인들과 비슷한 자들이 있기 때문이다; 겨우 어제 그제 저속한 직업으로부터 신분이 상승해 가지고는 올바른 교육조차 없이 그들은 궁극적인 가치를 주장하면서 신학적 가르침을 편다. 어쩌면 우리 앞에서 말할 수 없는 것에 관해서 화려하게 명상하는 자들은 오히려 채찍이 마땅한 하인들이고 종의 직무로부터 도망쳐 나온 자들이다! 여기서 나의 말이 겨냥하는 자가 누구인지 너희는 정확하게 알고 있다. 왜냐하면 도시의 온 지역이 그런 사람들로 가득하기 때문이다: 좁은 길과 시장, 광장과 교차로; 옷감을 팔며, 환전 탁자 곁에 서 있으며 우리에게 생필품이나 파는 자들로 가득차 있다. 얼마냐고 물으면, 네 상대는 "출생한" 그리고 "비출생한" 것을 네 앞에서 명상한다. 네가 빵 한 조각의 값을 알고 싶어 하면, 너는 이런 대답을 듣게 된다: "성부는 더 크고, 성자는 그보다 아래에 있다." 네 질문이: "목욕이 벌써 끝났나요?"라면, 그들은 너에게 아들은 자기 존재를 무로부터 갖게 돼 라고 정의를 내린다……

원전 : Gregorii Nysseni Opera, X, 2, ed. F. Mann, Leiden, 1996, S. 120f.

84. 383년 7월 25일 테오도시우스 1세 (Theodosius I.)의 이단에 관한 법

(테오도시우스 법전 16, 5, 11)

모든 공의회의 결의와 황제의 관여에도 불구하고 기대했던 교회의 평화가 도래할 것 같지 않자, 테오도시우스 황제는 383년 6월에 콘스탄티노플에서 종교 강화를 주선하였다. 여기에는 니케아주의자들 말고도 이단들도 초청되었다.[1] 하지만 좌절되자 그는 모든 공교회적이지 않은 신앙공동체들에게 예외 없이 집회금지를 선포하였다.

각종 이단들의 오류에 감염된 모든 자들, 곧 유노미우스주의자들, 아리우스주의자들, 마케도니우스주의자들, 성령훼방론자들[2], 마니교도들, 금욕주의자들, 포기하는 자들, 거적살이하는 자들, 물로 성찬하는 자들[3]에게는 예외 없이 어떤 모습으로든 모이는 것을 금한다. 그리고 공교회 신앙에 해를 끼칠 수 있는 행위를 금한다. 그런데 이 분명한 금지들을 무시한 것 같은 자가 있다면, 바른 예배의 유지와 그 아름다움을 기뻐하는 모든 자들(quos rectae observantiae cultus et pulchritudo delectat)에게 모든 선한 [뜻을 가진] 자들의 회집에 의지하여 [그러한 법 위반자를] 추방할 것을 허락한다.[4]

원전 : Th. Mommsen 위. [Nr. 52]—참고문헌: 위 Nr. 80 (W. Enßlin, N.Q. King, A. Lippold); 나아가서 M. Wallraff, Der Kirchenhistoriker Sokrates (FKDG 68), 1997, 특히 S. 275-280.

1) Sokrates, Kirchengeschichte 5, 10, 6ff.; Sozomenus, Kirchengeschichte 7, 12, 1ff.를 참조하라.
2) 콘스탄티노플 공의회 법령 1의 이단명부를 참조하라(위 Nr. 81b).
3) 마니교도들에게만 국한시키면서 이미 381년 5월 8일 내린 명령(테오도시우스 법전16, 5, 7)에서 보여 주듯이, 여기서도 금욕주의자(Enkratiten), 포기하는 자들(Apotaktiten), 거적살이하는 자들(Sakkophoren) 그리고 [성찬에서 포도주를] 물로 대체한 자들(Hydroparastaten)이라는 이름들은—이 명칭들은 모두 이 분파들이 참 교회의 특징이라고 하는 엄격한 금욕에 관한 근본적인 관점을 가리키는 것들이다—여기서도 한 가지의 동일한 오류에 대한 다양한 명칭 정도로만 취급되고 있다: 즉, 오래전에 황제의 법제정으로 기독교 이단으로 취급되었고 70년대 이후 유독 엄격하게 핍박했던 마니교를 말한다.
4) 테오도시우스 법전은 16권 5장(이단들에 관하여)에서 이단들을 겨냥한 테오도시우스 황제의 13개의 칙령을 더 제시하고 있다—총 66개로, 그중 61개가 379년 8월 3일에서 435년 8월 30일 사이의 것이고 18개가 테오도시우스 황제 통치시절에 나왔다—이들로부터 그 칙령들의 효력에 대한 역추론들도 충분히 나올 수 있다.

85. 밀라노의 암브로시우스 (Ambrosius von Mailand)의 저녁 찬송

테오도시우스 제국교회에서 가장 영향력 있고 다면적인 교회 인물의 하나는 로마 귀족관료 출신이며 놀랍게 정주도시 밀라노 감독으로 선출(374)되기 이전에는 고위관료였던 암브로시우스였다. 이 압도적인 인물과의 만남이 자신의 기독교로의 헌신에 결정적인 의미를 가졌던 어거스틴에게는 구원으로까지 느껴졌던 암브로시우스가 희랍신학자(필로, 오리게네스, 바실리우스)들에게서 끄집어내어서—당시 서방에서는 익숙하지 않은—자기 설교의 기초로 삼았던 우화적인 성경해석을 빼놓고 가장 강한 인상을 끼쳤던 것이 있다. 그것은 암브로시우스가 밀라노에서 도입시킨 동방교회의 합창대가 서로 화답하는 시편찬송과 그의 예민한 찬송시였다(어거스틴, 고백록, 6, 3-5; 9, 6. 12를 비교하라). 여기에서 가장 유명한 예를 저녁 찬송이 보여 준다.

Deus creator omnium 오 하나님, 만물의 창조자이신 당신이여,
polique rector, vestiens 하늘의 운행자, 그는 낮을
diem decoro lumine 밝은 빛의 옷으로 수를 놓고,
noctem soporis gratia 자비로운 숨결로 밤을 덮도다,

artus solutus ut quies 잠든 영혼에 휴식을 주어
reddat laboris usui 일함의 책임을 질수 있으며,
mentesque fessa allevet 피곤한 영혼을 달래주고,
luctusque solvat anxios, 유혹의 두려움을 없애시도다,

grates peracto iam die 낮이 다 되어서 감사하도다,
et noctis exortu preces, 밤이 시작할 때 기도는
voti reos ut adiuves, 맹세한 책무를 위한 도움을 위해
hymnum canentes solvimus. 찬송을 부르며 당신을 향해 올라가나이다.

te cordis ima concinant, 당신을 찬양하도다, 심장의 가장 깊은 곳이,
te vox canora concrepet, 당신을 음성의 가장 풍성한 울림이 소리내도다,
te diligat castus amor, 당신을 정숙한 사랑이 감싸 안도다,
te mens adoret sobria, 당신께 기도하도다, 맑은 영혼으로,

ut cum profunda clauserit 깊고 깊은 어둠
diem caligo concrepet, 밤의 어둠이 날을 온전히 둘러싼다면,

fides tenebras nesciat 믿음은 황무함을 전혀 모르고
et nox fide reluceat. 밤은 믿음으로 밝아지리라고;

dormire mentem ne sinas, 당신은 영이 잠들지 않게 하지만,
dormire culpa noverit, 잠을 배우리라, 엄중한 잘못은,
castis fides refrigerans 믿음, 정결한 양심의 얼음은,
somni vaporem temperet. 잠의 무더운 몽롱함을 식혀주리라.

exuta sensu lubrico 암울한 억눌림으로부터 자유로운 당신을
te cordis alta somnient 꿈속에서 내면의 눈이 보며,
nec hostis invidi dolo 두려움이 휴식하는 자들을
pavor quietos suscitet. 사악한 시기하는 자의 계교로 흔들지 못하기를.

Christum rogamus et patrem, 그리스도께, 성부께 우리가 간구하나이다,
Christi patrisque spiritum, 그리스도와 성부의 영께:
unum potens per omnia: 장엄히 만물 위에 하나로 계시소서
fove precantes, trinitas. 간구하는 자를 붙드소서, 삼위일체시여!

원전 : W. Bulst, Hymni latini antiquissimi LXXV. Psalmu III, 1956.— 참고문헌 : E. Daßmann, Die Frömmigkeit des Kirchenvaters Ambrosius von Mailand, 1965; P. G. Walsh, Art. Hymnen, TRE 15, 1986, S. 757-762; M. Zelzer, Ambrosius von Mailand und das Erbe der klassischen Tradition, WSt 100, 1987, S. 201-226.

86. 암브로시우스(Ambrosius)와 제국교회의 확립

아주 후대에까지 암브로시우스는 자신을 훗날 제3제국에서의 교회 투쟁 하에서 기꺼이 "서방 교회의 자유"라고 불려지며 칭송의 선봉으로 역사의 기억에 각인시켰다. 하지만 황제는 주가 아니라 "교회의 아들"이라는 근본 규정에 따라서 "세속 권세"와 "영적 권세"의 구분이라는, 중세를 앞당겨 제시하는 그의 입장은 결국 다른 신앙 또는 비신앙인들을 겨냥한 억압정치의 근거가 되었다. 물론 이 억압정치란 그 범위로 본다면 비교가 되지 않지만 그 근거제시에서 본다면 콘스탄틴 이전 기독교 박해를 정당화하는 주장과 비교될 수 있으며 결국 뚜렷한 "로마적인 것"으로 느껴지게 되었다.

a) 빅토리아 제단 재건을 위한 심마쿠스(Symmachus)의 청원서(3, 3-10)

382년 항시 암브로시우스가 배후에 서 있는 황제 그라티안은 원로원 회의장, 곧 지위로 볼 때 제국의 가장 상부 조직의 반기독교적 행동의 상징인 curia Iulia 가운데 있는 승리의 여신 빅토리아의 제단을 제거하도록 하였다; 물론 이미 콘스탄티우스 2세 치하에서 한 번 있던 일이지만, 줄리안 황제가 즉시로 재건토록 하였던 일이었다. 현란한 웅변가 심마쿠스(약 345-402)를 필두로 하여서 이 명령을 거두어 달라는 일부 이교도 상원의원들의 반대는 그 당시 암브로시우스를 등장하게 만들지 않았다. 그런데 그라티안이 죽은(384) 이후 발렌티누스 2세(Valentinus II.)에게 새로운 충동을 하였다. 그에게 당시 로마 시 총독인 심마쿠스는 아래 발췌문에서 소개하는 관계(Relatio)를 제출하였다.

우리는 오래도록 국민이 최고로 행복을 누렸던 그 종교적 상태

(religionum status)의 회복을 간청합니다…… 승리 여신의 제단을 잃지 않은 것이 야만인에게 그토록 좋은 일이라고 누가 생각하겠습니까[모든 문명들에게는 다르지만]?…… 당신의 영원한 제국이 여신 빅토리아에게 과거에 감사했으면 더욱 감사하여야 합니다. 그 권능을 싫어하고, 한 번도 그 도움을 경험치 못한 자들에게 이것을 관계시키지 마십시오. 하지만 당신은 당신의 승리를 돕는 그 보호하심을 포기하셔서는 안됩니다……(4) 당신에게 맹세합니다. 우리로 우리의 제단에서 우리 후손들에게 우리가 아이들 시절에 받은 것을 전하도록 하여 주십시오. 위대하도다, 전래된 것을 사랑함이여(Consuetudinis amor magnus est). 신적인 콘스탄티우스의 행동[곧 빅토리아 제단을 제거함]은 잠시동안 가치가 있었습니다. 그러므로 당신은 아시는 대로 일시적인 그러한 전형 따르는 것을 절대로 피하셔야 합니다. 우리는 당신의 이름과 명성이 지속되기를, 그리고 다음 시대가 더 나은 것을 발견할 수 없기를 노심초사하고 있습니다.

제단이 제거되고, 그것이 지속된다면 거기서 했던 맹세의 선언도 소용없게 됩니다. 그 제단이 콘스탄티우스에 의해서 제거되었다고는 하지만 바로 그의 다른 예들을 전례로 삼아야 합니다(5-6).

(7) 당신의 영원한 제국은 당신이 따를 만한 콘스탄티우스 황제의 다른 행동들에 주의를 기울이기를 바랍니다! 그는 헌신한 처녀들[곧 Vestalinnen]의 특권들이 축소되지 않도록 했으며, 사제의 직분은 귀족 출신의 남자들에게 허락했고, 로마식 제례들에 드는 비용을 부담하는데 동의하였으며, 기쁘게 움직이는 원로원의 뒤에서 영원한 도시의 모든 길을 함께 했고, 자비의 눈으로 성전을 주시하였나이다; 기둥들에 제시된 신들의 이름을 읽으면서, 그 건물의 유래에 관해서 질문하였고 그 창건자들에 대해 탄복하였습

니다. 비록 그가 다른 종교를 향해 자기 신앙을 고백하였지만 그는 이[곧 우리의] 종교를 제국에 보존시켰습니다. (8) 왜냐하면 모두는 자기 자신의 도덕이 있고, 자기의 제례가 있기 때문입니다. 신적인 영(divina mens)은 도시들에 다양한 종교의식을 허락하여서 자신을 보살피도록 하였습니다. 모든 사람이 태어나면서 하나의 혼을 가지듯이 나라마다 자기들을 굽어 살피는 하나의 신성(Genius)을 가지게 됩니다. 게다가 신들을 중심으로 하여서 볼 때에 사람이 가장 믿을 만한 증거(quae maxime homini deos adserit)를 얻게 된다는 유익이 있습니다. 곧 우리의 이성이 어둠 속에 있으니 어떻게 우리가 신[그들의 도움]들에 대한 기억과 보이는 결과보다 더 나은 지식을 가질 수 있겠습니까? 오랜 세월이 하나의 종교를 인정하였듯, 우리는 수세기 동안 충성을 유지하여야 하며 우리의 부모들을 따라야만 합니다. 마치 우리 부모들이 자기들의 이전 세대를 따르듯이 말입니다. (9) 로마 스스로가 당신을 향해서 이렇게 말한다고 한 번 가정해 보십시다: "위대한 황제들이며 당신들이 다스리는 이 나라의 아버지들이여, 경건한 의식들이 나에게 이르렀던 많은 세월을 주의하여 보라. 나로 나의 방식대로 살게 하라. 왜냐하면 나는 자유로우니까. 이 제의가 세상을 내 법에 복종케 하였느니라…… 내가 보존된 것은 나의 제단에서 멸시받기 위해서였다는 말이냐? (10) 나는 사람들이 도입해야만 한다고 생각하는 것이 얼마나 가치 있는가 생각하는 것을 절대로 싫어하는 자가 아니다. 하지만: 제단에서 무엇인가를 변경하는 것은 이미 지난 일이고 비난받을 일이니라." 그러므로 "우리 땅의 신들"과 "우리 하계의 영웅들"[버질]에게 말미를 허락해 주시기를 간청합니다. 모두가 공경하는 것은 아주 보잘것 없는 하나로라도 보아주어야 합니다. 우리는 같은 별들을 보며, 하늘은 우리 모두에게 공통의 것이고, 같은 세상이 우리를 두루고 있습니다. 우리 각자가 그 어떠한 방식으로 진리를 추구하고 있다는 것이 무슨 문제를 일으킵니까? 우리가 그렇게 커다란 비밀을 향해서 같은 길을 따라 간다는 것이 불가능합니까.

b) 암브로시우스의 항의(편지 17, 1. 12-14)

(1) …… [국가의] 복지가 확고해지는 것은 각자가 참 하나님, 곧 만물을 다스리시는 그리스도인들의 하나님을 온전히 경외하는 길 밖에는 없습니다; 왜냐하면 그분만이 깊고 깊은 마음속에서 경외를 돌려야 할 유일하신 참 하나님이시기 때문입니다(Aliter enim salus tuta esse non poterit, nisi unusquisque Deum verum... veraciter colat; ipse enim solus verus est Deus, qui intima mente veneretur). (12) …… 어떤 것도 종교보다 중요한 것이 없고, 어떤 것도 신앙보다 고귀한 것이 없습니다(Nihil maius est religione, nihil sublimius fide). (13) 이것이 시민법적인 일이라면 법은 반대편의 반박 여지를 허용해야 합니다. 하지만 지금은 종교를 다루는 것입니다; 그래서 나는 감독인 당신에게 청원합니다…… 혹시 그 어떤 것이 이와 상반된 의미로 결정이 된다면 우리 감독들은 당연히 일심으로 그것을 수용할 수 없으며 그에 대해서 침묵할 수 없습니다. 당신이 어떤 교회든지 갈 수 있습니다. 하지만 당신은 거기서 사제를 만나지 못할 수도 있고 당신과 만나려고 작정한 사제를 만날 수도 있습니다. (14) 혹시 그 사제가 당신에게 "당신이 이교의 성전에서도 예물을 드렸기에 하나님은 당신의 예물을 원하지 않으십니다"라고 한다면 무엇이라고 응수하겠습니까; 그리스도의 제단은 당신이 우상들에게 단을 쌓았기 때문에 당신의 예물을 받지 않으십니다…… 주 예수께서는 당신이 우상을 섬겼기에 당신의 섬김을 받지 않으십니다; 그는 말씀하십니다: '너희는 두 주인을 섬길 수 없느니라' …… 다른 사람의 잘못을 우리가 함께 가질 수는 없습니다(Alieni erroris societatem suscipere non possumus).

c) 암브로시우스와 칼리니쿰 회당의 방화사건(편지 40, 6. 10)

주요 원인으로는 줄리안에 의해서 유대교에 혜택이 주어진 것에 대한 때늦은 반작용으로서 테오도시우스의 후견 하에서 다양한 반유대교적 사건들이 발생하였다. 제국 극동에 있는 칼리니쿰의 예와 같이. 이곳에서 그 지역 감독이 폭동을 선동하여 회당들이 수도사들의 무리에 의해서 소실되었다. 극도로 격해진 테오도시우스는 국가의 평화를 해치는 데에 상당한 처벌을 약속하면서 재건 비용은 칼리니쿰 교회가 부담하도록 하였다. 이에 대해서 암브로시우스가 항의하였다:

(6) 오리엔트 지역 태수가 그 지역 감독의 권고를 따라 한 회당이 불탄 것을 보고하였습니다. 당신은 다른 사람들은 처벌받아야 하고 감독은 개인적으로 회당 재건을 책임져야 한다고 명령하셨습니다. 나는 해당 감독의 보고를 기다렸어야 한다고 하지는 않습니다. 하지만 격분한 군중들을 막고 평온을 위해 애쓴 자들은 바로 감독들입니다. 그들 스스로도 하나님 모독 아니면 교회를 향한 비난으로 해서 흥분될 수도 있는데도 말입니다…… (10) [진심으로] 유대인들의 그 비신앙을 위해서 교회 돈으로 장소를 마련해야 합니까……? 그리스도의 은혜로 말미암아서 그리스도인들을 위해 얻은 유산이 비신앙인들의 재물을 키워주어야 합니까……? 유대인들이 이 명패를 자기들 회당 중앙에 놓아야 합니까· "불의의 성전, 그리스도인들로부터 빼앗은 재물로 세워지다"?

d) 이교인 웅변가 리바니우스(Libanius)의 강연 "성전의 보존을 위하여"(강연 30, 8f. 55)

이교와 기독교의 관계가 테오도시우스 황제 하에서 점차로 첨예하게 대립되었는데, 실제로는 총독 퀴네기우스와 같은 하위 단위의 독자적인 행동의 결과이기도 했다. 곧 그의 허락 하에 에데사와 아파메아 또는 알렉산드리아의 세라피온의 성전들이 파괴되었으며, 성소들이 수도사들에 의해서 파괴되었던 것이다. 이에 대해서 리바니우스는 390년에 작성한 성전 보호를 위한 강연 Pro templis에서 마음아파하고 있다.

(8) [테오도시우스 황제] 당신은 성전을 폐쇄하라고 명령하거나 발걸음을 금하지 않았습니다. 또 성전이나 제단으로부터 불이나 번제 드리는 것을 멀리하라고 하지도 않았습니다. 이렇게 한 것은 오히려 검은 치마를 입은 자들이었습니다…… (9) 이러한 종류의 폭력이 도시들에서까지도 난무하고 있습니다; 더 심한 것은 농촌에서 자행되고 있는 것입니다.

리바니우스는 감동적인 말로 농촌에 있는 신들의 성지가 조직적으로 파괴되는 것을 묘사하였다. 한 농장은 자기를 보호하는 성지를 빼앗기고, 사실 그것은 자기의 영혼이었기에 시체와 같이 놓여 있었다.

(55) 만일 내 주이신 당신이 성전모독을 명하고 허락했다면 우리는 비록 걱정스럽기는 하지만 감내하여야 하고, 당신이 원하시는 바와 같이 그렇게 우리는 복종하여야 하겠지요. 하지만 그 사람[즉 수도원에 있는 검은 치마 입은 자]들이 당신의 허락 없이 아직까지도 행하고 있거나 그 사이에 더욱 박차를 가하고 있는 일들을 저지르고 있다면, 이제 그 땅의 소유자들이 자기 자신들과 법을 스스로 방어하는 것을 알게 되리라는 것을 아시기 바랍니다.[1)]

e) 암브로시우스가 황제에게 속죄를 요구함(편지 51, 6f. 11-13. 17)

황제 군대들이 주둔하게 된 데에 분노하여서 390년 마케도니아의 수도 데살로니가 시민들이 도시 사령관을 살해하였다. 암브로시우스가 권면하였음에도 불구하고 테오도시우스는 보복을 명령하였는데, 그는 이것에 대해서 뒤늦게 후회하게 된다: 그의 명령에 따라서 아무것도 모르는 데살로니가 주민 수천 명이 공연장에 이끌려 왔고 군인들에 의해서 모조리 그리고 무참하게 살육되었다.

(6) 자 그 일이 발생하였습니다. 그 데살로니가의 참담한 일이! 사람의 생각이 닿는 한 그러한 일은 발생한 적이 없습니다. 나도 무기력하게 바라볼 뿐입니다……: 여기서 우리 하나님 앞에서 회개(reconciliatio)만이 필요할 뿐입니다! (7) 아니면 혹시 황제이신 당신은 왕이자 선지자인 우리 주님 가계의 조상인 다윗이 행동을 하는 것을 부끄럽게 여기시는가요……[삼하 12]? 이것을 쓰는 것은 당신을 부끄럽게 하기 위함이 아닙니다……[하지만] 죄는 눈물과 통회 외에는 달리 다룰 길이 없습니다…… (12) 그래서 권하고 간청하고, 주의하고 경고하는 바입니다. 이때까지 둘도 볼 수 없는 신앙의 본이었던 당신이 이제는 그 많은 무고한 사람을 죽인데 대해서 통회도 없이 바라보는 것이 괴롭습니다…… 당신의 의로움에 의지해서(ut usurpes) 행여나 이 죄에 두 번째 죄를 더하지 마시기 바랍니다…… (13) 물론 다른 면에서 말한다면 나는 당신에게 빚진 자이며 당신을 향해서 감사하지 않으면 안 됩니다…… 하지만 당신이 [성찬]제의에 참여하려고 계획하고 있다면 나는 거행하지 않을 것입니다. 무고한 한 사람을 죽인 후에도 거행할 수 없는 일을 수천 명을 죽인 후에 거행할 수 있겠나이까?…… (17) …… 당신이 믿음이 있다면 나를 따르십시오…… 믿지 않는다면 내가 행하고 있는 것을 용서하시기 바랍니다—하지만 저는 [황제보다] 하나님에게 우선권을 드려야 합니다……[2]

원전 : J. Wytzes, Der Streit um den Altar der Viktoria. Die Texte der betreffenden Schriften des Symmachus und Ambrosius mit Einl., Übers. u. Komm., Amsterdam 1936; MPL 16, Sp. 875ff. (Briefe); R. Foester, Libanii Opera, III, BT, 1906.—참고문헌 : H. von Campenhausen, Ambrosius von Mailand als Kirchenpolitiker, 1929; J.-R. Palanque, Saint Ambroise et l' empire Romain, Paris 1933; F. H. Dudden, The Life and Times of St. Ambrose, 2. Bde., Oxford, 1935; R. Klein, Symmachus. Eine tragische Gestalt des ausgehenden Heidentums, 1971 (광범위한 참고문헌 포함) F. Blanchetière, Aux sources de l' anti-judaisme chrétien, RHPhR 53, 1973, S. 353-398; A. M. Ritter, Erwägungen zum Antisemitismus in der alten Kirche, in: B. Moeller-G. Ruhbach (Hgg.), Bleibendes im Wandel der Kirchengeschichte, 1973, S. 71-91; R. Ruether, Nächstenliebe und Brudermord, Die theologischen Wurzeln des Antisemistimus, 1977; Colloque genevois sur Symmaque……, hg. v. F. Paschoud, Paris 1986; A. M. Ritter, Chrysostomus und die Juden-neu überlegt, Kirche und Israel 5, 1990, S. 109-122; C. Markschies, Art. A. v. M., in: Lexikon der antiken christlichen Literatur, 1998, S. 13/20(참고문헌 포함).

1) 테오도시우스 황제가 퀴네기우스가 죽은 후 이교도인 타티아누스를 그의 후계자로 오리엔트 총독 자리에 앉힌 것과 심지어 후에는 로마시 이교도의 가장 유명한 대표자인 심마쿠스와 함께 391년 통령권을 부여한 것, 390년 9월 2일 법령으로(테오도시우스 법전16,3) 수도사들이 시민 거주지역에 정주하는 것을 금하면서 그들에게 사막지역과 광야를 거주지역(deserta loca, vastae solitudines)으로 지정한 것 등은 이 보호를 위한 강연에 대한 반응일 수 있다.
2) 실제로 390년 말 방향을 선회하여서 황제는 최소한 한 번, 당시 교회의 관습이 요구하는 대로 회집한 공동체 앞에서 죄를 고백하기 위해서 모든 황제의 상징물들 없이 밀라노의 암브로시우스 교회에 통회자의 모습으로 나타났다.

87. 테오도시우스 황제 시대의 비기독교인들의 법적 지위

a) 이교적인 공식적 제의행위 금지(테오도시우스 법전16, 10, 10 [391년 2월 24일])

어느 누구도 제사를 통해서 자신을 더럽혀서는 안 된다, 어느 누구도 무고한 짐승을 제물로 죽일 수 없다, 어느 누구도 제물 바치는 성소에 접근해서는 안 된다, 어느 누구도 성전을 배회해서도 안 되며, 또한 신적이고 인간적인 형벌이 자기에게 미치지 않게 하기 위한 목적으로, 사멸할 존재의 노력으로 만들어진 신상에 경의를 표해서도 안 된다. 법관들도 동등하게 이 기준에 저촉받는다: 혹시 한 법관이 이교 제의에 굴복하여 어느 노중에서나 혹은 그 도시[로마]에서 성전을 찾았다면, 그는 즉시 금 15파운드의 벌금에 처하게 된다; 이와 동일하게 [해당] 법관에게 항의하고 곧바로 공식적인 맹세와 함께 그를 고발하는 일이 벌어지면 그 직책에 있는 자도 즉시로 동일한 액수의 벌금을 내어야 한다.

b) "유대 분파" – "법적으로 금지하지 않음"(같은 곳 16, 8, 9 [393년 9월 29일])

유대 분파(secta)가 법적으로 제한받지 않는 것은 앞으로도 확실하게 유지된다(satis constat). 이 때문에 그들의 모임이 어떤 지역들에서는 금지되고 있다는 사실은 우리를 심히 당혹스럽게 하였다. 그러니까 고귀한 직책을 감당하는 너[1]는 이 교시를 접한 다음에 아래의 수고를 하여야 할 것이다. 곧 기독교의 이름으로 허락되지 않은 일을 하며 회당을 부수고 탈취하는 일을 행한 자들의 만용에 마땅한 엄격함을 적용하여서 쐐기를 박아야 할 것이다.

c) 비기독교인들을 향한 폭력사용을 금함!(같은 곳 16, 10, 24 [423년 6월 8일])

마니교도 및 페피치스[2)]라고 불리는 자들 그리고 심지어 다른 모든 자들과 최고로 귀한 부활절에 관해서 다른 생각을 가지고 있는 점에서[3)] 다른 모든 이단들보다 지독한 자들에게까지도 우리는 단 하나의 동일한 벌칙을 내린다: 상술한 광신을 고집하는 즉시로 재산 몰수와 추방을 명한다. 하지만 실제로 기독교인이거나 기독교인이라고 하는 자들에게 우리가 특별히 요구하는 것은 [참된] 종교의 힘을 남용하지 말며(religionis auctoritate [non] abusi) 유대인이나 이방인들이 자기들의 삶을 조용히 꾸려나가며 소요를 일으키는 일을 하거나 법에 저항하지 않는 한 그들에게 손을 대지 말라는 것이다. 그런데 그들이 해롭지 않은 시민들을 습격하고 그들의 재산을 탈취하는 일을 한다면 그들은 손해배상을 하는 것뿐 아니라 그들이 훔친 것의 세 배 또는 네 배로 갚아 주어야만 할 것이다. 또한 속주 총독들, 그들의 신하와 속주 주민들이 분명히 알아야 할 것은 만일 그러한 일이 발생하게 된다면 그 범죄를 범한 자들과 동일한 방식으로 처벌받게 된다는 사실이다.

d) 병역과 고위 관직에서 이방인들을 제외함(같은 곳 16, 10, 21 [416년 12월 7일])

더러운 잘못이나 이교제의의 범죄로 자신을 더럽힌 모든 자들, 곧 이교도들은 군복무를 허락하지 않을 뿐 아니라, 공무원이나 법관의 고귀한 직책을 받을 수 없다.

원전 : Th. Mommsen a.o. [Nr. 52] a. O.—참고문헌: J. Geffcken, Der Ausgang der griechisch-römischen Heidentums, 2. Aufl. 1929, S. 178ff.; P.R. Coleman-Norton a.o. [Nr. 52] a. O., II, 1966; E. Baltrusch, Die Christianisierung des R. R., in: HZ 266, 1998, S. 23/46; 그 밖의 것들은 위 Nrr. 57 u. 64을 비교하라.

1) 수신자는 오리엔트 전 지역의 기병과 보병의 사령관(magister utriusque militiae per Orientem) 아데우스(Addeus) 이다.
2) 몬타누스주의자들을 가리킨다(위 Nr. 18c를 보라).
3) 이미 니케아에서 "유대주의자들"로 파문당한 유월절을 14일에 지키는 자들을 말한다(여기에 대해서 위 Nr. 56a를 비교하라).

88. 요한 크리소스톰(Johannes Chrysostomus)

암브로시우스에게서 볼 수 있는 제국 공교회 감독의 타입과는 전혀 다른 종류를 그의 동시대인인 요한 크리소스톰(약 347-407)에게서 볼 수 있다. 철학과 수사학을 공부한 후에(특별히 리바니우스에게 사사) 훗날 다소의 감독이며 안디옥 해석학교의 참 지도자였던 디오도르(Diodor von Tarsus)를 중심으로 한 금욕공동체에서 미래 자신이 담당할 활동의 기초를 닦았다. 388-397년에는 사제이며 자신의 고향인 안디옥 교회 감독의 오른팔이었다. 그때 그는 강단의 웅변가로서 영향력을 끼쳤다. 이것이 후세대에 그의 별명인 크리소스톰을 얻게 하였으며 불멸의 명성을 얻게 하였다. 동시에 그 자신이 원치 않는 제국의 수도 콘스탄티노플 감독의 명예를 주었다. 물론 여기에서 첫째로 외교적이 아닌 궁정 안에 있는 그로 하여금 자신의 타협 없는 개혁정신에 대한 저항들과 매정한 알렉산드리아 감독 테오필루스를 필두로 한 동료들의 음모 앞에 결국에는 감당할 수 없는 한계를 겪게 하였다. 404년, 결국 그는 추방당하였고 그의 마지막 추방지로 이동 중에 감시자들의 괴롭힘 때문에 죽게 된다.—보존된 그의 수많은 작품들—대부분은 상황에 맞춘 강연들과 거의 모든 성경을 망라하는 설교들, 그리고 애독되고 있는 "사제들에 관하여"와 같은 문서들은 그가 고대 말기 수사학의 고전적 인물인 것과 주목할 가치가 있는 주석가임을 증명한다. 그는 다른 희랍교부들 중에서는 거의 유래가 없이 사도 바울을 이해한 주석가였다. 또한 자기 시대의 사회적 손실들에도 불편부당한 눈을 가진 교회의 인물이었음도 그가 남긴 문서들이 증명한다.

a) 교회의 직제와 책무들(사제직에 관하여 3, 4. 7; 고린도전서 설교 8; 사제직에 관하여 4, 3f.)

개혁문서인 "사제직에 관하여"에서 크리소스톰이 문제로 삼은 것은 교회의 직제도 하나의 권력과 명성을 얻는 것으로 여기고는 많은 사람들이 자기를 찾아올 정도로 콘스탄틴 황제의 회심이 교회의 직제에까지도 영향을 끼치고 있는 상황에서 "자격이 되지 않는 자"들을 어떻게 하면 멀리 할 수 있을까 하는 것이었다. 아래 두 발췌문은 결정적인 판단기준을 정하며 나아가서 크리소스톰 자신뿐만 아니라 동시대 안디옥과 후에는 동방신학에까지도 특징이 된 성례전적 경건을 증거하고 있다: 성찬의 신비, 곧 하나님과의 연합의 결과로 확실히 볼 수 있고 경외를 불러일으키는 주님의 몸 앞에서의 경외심에 가득찬 두려움이 그것이다.

(사제직에 관하여 3, 4, 175) 사제직은 지상에서 행사하게 되지만 신적 질서에서 한 서열(*τάξις*)을 갖는다…… 보혜사 자신이 이 직제를 세우시고 육체 가운데 있는 인생에게 천사의 직무를 이해하도록 하신 것이다. 그러므로 사제로 헌신된 자(*ἱερώμενος*)는 바로 하늘에, 천사들의 권세들 가운데 있는 듯이 정결하여야 한다. (176) …… (177) 만일 네가 희생으로 바쳐진 주님이 거기 누워 계신 것을 보며 [감독으로서의] 집례자(*ἀρχιερεύς*)가 그 희생물(*θῦμα*) 앞에 서 있고, 모든 [성찬에 참여하는] 자들이 주님의 값진 피로 붉게 물든 것을 본다면 네가 여전히 사람 가운데 있고 땅

에 머문다고 믿겠는가? …… 성부와 함께 지극히 높은 곳에 앉으신 분이 그 [성찬의 희생] 시간에 모든 자의 손에 들려지시고, 자신을 붙들고 안기를 원하는 자들에게 자신을 주시는 것이다.

(3, 7, 200) 아무도 바울만큼 그리스도를 깊이 사랑하지 않았고; 누구도 그보다 더 큰 열심을 갖지 않았고, 누구도 은혜를 더 풍성히 감격하지 않았던 것은 사실이다. 그렇지만 그는 자기의 놀라운 우월함에 대해 개의치 않으면서 자기의 그 지도자 됨(ἀρχή)과 자기가 이끄는 자들을 볼 때 두려움과 조심스러움으로 가득했던 것이다……[고후 11, 3; 고전 2, 4 비교]…… (204) ……"나의 형제 곧 골육의 친척을 위하여 내 자신이 저주를 받아 그리스도에게서 끊어질지라도 원하는 바로라"[롬 9, 3]. 누군가가 이 말을 따라 할 수 있고 마음 깊은 곳에서 그렇게 기도할 수 있었는데, 그가 만일 스스로 [직책]을 벗어나는 경우에는 스스로에게 책임이 있는 것이다.

물론 그렇게 참담한 결과를 가져온다는 것은 사제의 전권이 그의 인격적 거룩함과 고귀함에 달려 있는 것으로 만든다는 것을 크리소스톰도 알았고, 그래서 예를 들어 다음 설교에서 뚜렷하게 할 수 있었던 것이다.

(고린도전서 설교 8, 1) …… 발람을 통해서도 하나님께서는 역사하시기를[민 22-24] 바로와 느부갓네살 왕에게 하나님께서 계시를 허락하셨던 것과 같이 하셨다; 또 가야바도 스스로 자기가 무엇을 말하는지 모르면서 예언하였다. 마지막에는 예수와 함께 하지 않는 다른 자들도 귀신을 쫓아내었었다. 왜냐하면 그러한 일은 그것을 일으키는 자들이 아니라 다른 자들 때문에 일어나는 것이기에, 그러한 일은 종종 "자격도 없는 자들"에 의해서도 일어났기 때문이다. 무엇이 놀랍다는 말이냐……? 바울이 말하지 않느냐: "만물이 다 너희 것임이라. 바울이나, 아볼로나, 게바나…… 생명

이나 죽음이나……"[고전 3: 21f.]; 또 다른 곳에서 말한다: "그가 혹은 사도로 혹은 선지자로, 혹은 복음 전하는 자로, 혹은 목사와 교사로 주었느니라"[엡 4, 11f.]. 만일 그렇지 않다면 모든 것이 [옛날에] 끝장나는 것을 무엇이 막을 수 있었겠는가! 세례도, 그리스도의 몸도 없을 것이고, 은혜가 자격(ἀξία)을 전제로 하였다면 저들[즉 사제들]에 의해서 성찬이 이루어지지 못한다…… 내가 이것을 말하는 것은 여기 있는 아무도 나쁜 마음을 먹고는 사제의 생활을 침소봉대하지 [결국에는 성찬의 구원능력에 대한 자기의 믿음 안에서 파선을 겪지] 않기를 원하기 때문이다. 인간은 이 성사에서 일어나는 것에 아무 것도 기여하지 못한다; 반대로 모든 것이 하나님 능력의 역사이며, 그가 바로 너희를 비밀들 속으로 바치시는 자(μυσταγωγῶν)이시다…….

제의의 기능을 최고로 높히면서도, 크리소스톰에게 있어서 교회직제의 본질적이고 의미를 가지는 직무가 어디 있는지는 마지막으로 아래 제시하는 그의 개혁문서가 분명하게 보여준다.

(사제직에 관하여 4, 3, 394) …… 아무 것도 말씀을 통한 가르침보다 중요한 것은 없다(ἡ διὰ τοῦ λόγου διδασκαλία)…… 이것이 없는 곳에는 다른 모든 것도 사라지게 된다……

(같은 곳 4, 4, 399) 그러므로 그리스도의 말씀이 우리 가운데 거하신다는 데에 큰 노력을 경주하여야 한다……[골 3, 16]

b) 수도원과 교회(창세기 설교 43, 1; 사제직에 관하여 6, 5, 10; 고린도전서 설교 25, 3)

(창세기 설교 43, 1) …… 도대체 [덕을 세우는 삶을 살려면] 세상으로부터 물러나야하며(ἀναχώρησις), 가정을 이끌고 부인을 두고 아이들과 식솔들을 돌보아야 하는 자들이 덕 있는 삶을

산다는 것은 불가능하다고 말하는 자들이 지금 어디에 있는가. 그러한 자들은 이 의로운 자[즉 롯: 창 19, 1ff.]를 주목하여야 한다. 그가 부인과 아이들 그리고 식솔들과 함께 그 도시에서 어떻게 살았고, 악하고 무법적으로 살아가는 사람들 가운데서 어떻게 행동했고, 어떻게 바다 가운데 등불같이 살았으며…… 그러나 꺼지지 않았던가를 말이다…… 내가 이 말을 하는 것은 세상으로부터 단절하는 것을 정지시키고 산이나 사막에 거하는 것을 부인하려는 의도에서 하는 것이 아니다; 바르고 경성하며 살려고 하는 자에게 이 모든 것들 가운데 어떤 것도[결혼도, 세상 가운데 사는 것도 덕스럽게 사는데] 방해가 되지 않도록 하려는 것이다…… 그러므로 또한 내가 원하는 것은 축복받아 마땅한 사람[곧 롯]같이 도시 가운데 살면서 덕을 세워서 다른 자들에게 누룩과 같이 되는 것이다.

(사제직에 관하여 6, 5, 531) 그 전쟁은 엄청나며, 수도승들의 고통은 겹겹의 고통이다. 하지만 그들이 치르는 그 아픔과 사제직의 양심적 수행과 비교를 해 본다면 둘 사이의 차이는 개인과 왕 사이의 차이만큼이나 크다는 것을 알 수 있다……

(같은 곳, 6, 10, 572) …… 이웃의 구원을 위해서 전혀 염려하지 않은 자가 구원받는다는 것을 나는 믿을 수 없다. 악하고 게으른 종은[마 25, 24ff.] 자기 달란트를 감소시켜서가 아니라 더 늘리지 않았던 것이 문제가 되어서 완전히 빼앗기게 되었던 것이다.

(고린도전서 설교, 25, 3) 이것이 완전한 기독교의 기준(κανών)이며, 이것이 분명한 정의이고 그 무엇도 능가하지 못하는 최고의 행위이다: 공동체가 필요로 하는 것을 구하는 것이다; [바울]도 [나를 본받는 자가 되라고] 권하면서 덧붙여서 분명하게 하였다: "내가 그리스도를 본받은 것처럼"[고전 11, 1] 그 어떤 것도 우리가 이웃을 돌보는 것보다 우리를 더 그리스도를 본받는 자

가 되도록 할 수 없다. 네가 금식도 하고 맨바닥에서 잠을 자며 [심지어] 너를 불사르게 내어줄지라도 네 이웃을 돌보지 않는다면, 너는 아직도 아무런 귀한 것도 이루지 못한 것이고 그러한 [금욕적] 행위들을 가지고도 여전히 그 위대한 모범으로부터 멀리 있는 것이다……

c) 사회악에 대한 비판과 사회 개혁 프로그램들(창세기에 관한 아홉 강연 R. 4, 5; 고린도전서 설교 40, 5; 선지자 다윗의 말씀[시 49, 17]과 손님 대접에 관하여 3; 디모데전서 설교 12, 4)

창세기 네 번째 설교의 주제는 "죄가 세 종류의 종 됨을 가져왔다"는 것이다. 그에 따르면 오직 죄의 결과로 오지 않고 자연 질서에 있는 한 가지 형태의 상하 질서가 있다: 자녀들 위에 있는 부모의 주인 됨을 말한다: "너를 부모님이 낳아 주셨듯이 그렇게 네가 부모를 낳을 수 없다!" 세 가지 종 됨에 대해서는 다섯 번째 설교(MPG 54, 599-604)에서도 언급하고 있다: 여자에게 본래의 "배필 됨" 대신 남성 아래에서 압제받고 있는 것과, 노예제도와 국가의 강제적 지배(*ὁ τῶν ἀρχόντων, ὁ τῶν ἐξουσιῶν* [*δουλείας τρόπος*]), 이 셋은 크리소스톰의 국가관과 그의 경험을 드러내고 있는데, 이 셋을 그는 노예 됨의 가장 압제적이며 최고로 두려워하여야 할 것들로 간주하고 있다. "왜냐하면 네가 거기로 눈길을 돌려 보면 너는 거기에서 날카롭게 벼린 칼날들과 매정한 법관, 처형, 고문, 처벌…… 을 볼 수 있을 것이다. 이러한 죄의 결과들은 그리스도 안에서 간단하게 사라지지는 않지만, 덕을 세우는 자에게는 결국 존재를 잃게 되며 그리스도로부터 약속받은 구원의 복들로 말미암아서 충분히 상쇄되는 것이다."—이것은 결코 주어진 현실로부터 "평화주의적"으로 시선을 다른 데로 돌리는 것이 아니며 사회적 폐단을 가리는 것이 아니라는 것을 아래 선택된 본문이 말해주고 있다.

(고린도전서 설교 40, 5) …… 실제적으로 그 어떤 필연성이 있어서 노예 계급(γένος)이 도입된 것은 아니다……; 오히려 이것은 죄에 대한 처벌로서 그리고 불순종에 대한 계도로서 인간들에게 왔다. 하지만 그리스도께서 오셔서는 이것도 제거해 버리셨다(ἔλυσεν). "그리스도 안에는 종도 자유자도 없느니라."[갈 3, 28]…… 정말 [노예들의 복리를] 염려한다면 너를 위해서는 [더 이상] 아무도 종으로 사용해서는 안 되며, 그들을 사서 그들에게 일을 가르쳐서 그들 스스로가 홀로 설 수 있게 하며 [자유롭게 되었으나 구걸하며 다니는 자들의 그 처참한 무리들이 더 많아지지 않도록] 그리고는 자유롭게 내보내 주어야 한다……

(선지자 다윗의 말씀…… 3) …… 어찌하여 너희는 [그 많은] 금과 은을 그렇게 값어치 없이 써버리는가? 그로 말미암아 너희 명성이 드높아지기 위해서 라고 말하고 싶은가? 너희는 이 말씀의 시작인 부요가 사람의 "영예"를 이루지 못한다는 말을 듣지 못하였느냐……? 이 찬란한 궁정은 그 소유자가 죽었어도 여전히 고소하는 소리를 드높이는 화해 불가능한 고발자이다…… 이 건물의 높이와 크기를 보는 모든 행인들은 자기에게나 이웃에게 말하리라: 얼마나 많은 눈물을 이 건물을 짓는데 흘렸겠는가? 얼마나 많은 고아들이 여기에서 착취당하였을까? 얼마나 많은 과부들에게 여기서 불의가 행해졌을까? 얼마나 많은 일꾼들이 여기에서 온전한 노임을 위해서 착취당하였을까?

(디모데전서 설교 12, 4) …… 하나님께서 태초에 하나는 부자로 하나는 가난한 자로 만들지 않으시고…… 모두에게 동일한 땅을 소유물로 주셨다. 이것이 모두에게 공동의 소유였다면 도대체 어디서 너는 그렇게 많은 땅을 소유하고 너의 이웃은 한 조각 땅도 자기 것이라고 할 수 없게 되는 일이 왔다는 말인가?…… 하나님의 다스리심(οἰκονομία)에 한 번이라도 눈을 돌려 보아라: 그는 어떤 것들을 공동의 소유물로 만드시면서 인류를 부끄럽게 하셨던

것이다: 예를 들어서 공기, 태양, 물, 땅, 하늘, 바다, 빛, 별들; 이 모든 것을 그는 형제들에게 하듯 동등하게 나누어 주셨다…… 또 그러한 공동의 것들에게 하등의 시기가 없는 것을 보아라; 반대로 모든 것이 평화스럽게 허락되었다. 하지만 한 사람이 어떤 것을 자기 것으로 착취하고 자기의 소유물로 만들려고 하듯 하면서, 즉시로 싸움이 벌어졌다. 그리고 자연 그 자체가 화를 내는 듯이 되면서, 하나님은 모든 수단으로 우리가 함께 지내는 것을 원하셨지만 우리는 갈라져서는 서로가 외면하였고 구별된 것들을 자기 것으로 착복하고는 "내 것", "네 것"이라는 싸늘한 말을 하게 되었다!…… 그런데 이런 말을 들을 수 없는 곳에는 전쟁도 싸움도 일어나지 않는다. 그러니까 재산공유제가 사유재산제보다 더 [하나님께서 우리에게 마땅하게 생각하신] 합당한 삶의 방식이며, 우리 본성에도 걸맞는다(*κατὰ φύσιν*)……

원전 : J.A. Nairn, *ΠΕΡΙ ΙΕΡΩΣΥΝΗΣ* (De Sacerdotio) of St. John Chrysostom, Cambridge 1906; MPG 54.55.61.62.—참고문헌: Chr. Baur, Johannes Chrysostomus und seine Zeit, 2. Bde., 1929/1930; G. Fittkau, Der Begriff des Mysteriums bei Johannes Chrystostomus, Theophaneia IX, 1953; I. auf der Maur, Mönchtom und Glaubensverkündigung in den Schriften des hl. Johannes Chrysostomus, Paradosis XIV, 1959; A. M. Ritter, Charisma im Verständnis des Johannes Chrysostomos und seiner Zeit, FKDG 25,1972; H.Dörries, Erneuerung des kirchlichen Amts im vierten Jahrhundert, in: B. Moeller-G. Ruhbach (Hgg.), Bleibendes im Wandel der Kirchengeschichte, 1973, S. 1-46; W. Jaeger, Die Sklaverei bei Johannes Chrysostomus, Ev.-theol.. Diss. Kiel 1974; R. Brändle, Matth. 25, 31-46 im Werk des Johannes Chrysostomus, BGBE 22, 1979; ders., Johannes Chrysostomus, Stuttgart 1999; A. Stötzel, Kirche als 'neue Gesellschaft', MBTh 51, 1984; M. M. Mitchell, The Heavenly Trumpet (HUTh 40), 2000.

89. 기독론 신학자 몹스베스티아의 테오도르 (Theodor von Mopsuestia)

콘스탄티노플 공의회(381)와 에베소 공의회(431) 사이에 아폴리나리스에 의해서 시작된 기독론 논의에 가장 풍성한 기여는 한 인물에게서 왔다. 그는 크리소스톰과 같이 안디옥에서 태어나서 디오도르와 리바니우스의 생도였고, 392년에 자그마한 길리기아 교구를 책임 맡기 전까지 오랫동안 그의 동반자였던 사람이다: 몹스베스티아의 테오도르이다(약 352-428). 동시에 그는 안디옥 주석학파의 주요한 주석가였고 여기를 대표하는 자들 중에서도 가장 전형적인 인물이라는 것은 — 철서하게 문자적인 의미에 충실하며 특별한 구절에서만 유형론적 해석을 성경 전체에 적용하는 그의 주석은 네스토리우스주의자들(아래 95번)에 의해서 "성경해석가"라는 칭호를 얻게 하였다 — 결코 우연이 아니며 오히려 기독론 논쟁은 해석학적 문제에 관한 싸움이었다는 짐작마저 갖게 한다.

a) 아리우스-아폴리나리스(Apollinaris) 방식의 "로고스-육신" 도식 비판(요리문답 설교 5, 9)

아리우스와 유노미우스[1] [추종자들]에 관해서 본다면, 그들은 그분이[그리스도가] 하나의 몸을 입으셨지만 영혼은 갖지 않으셨다고 말한다; 영혼 대신에 그들은 신적인 본성을 [그가 가졌다고] 말한다. 또한 그들은 독생자의 신적 본성을 어느 정도까지 평가절하하여 말하는가 하면 그분은 이 몸으로 들어오셔서 그것이 존재하도록 하기 위해서 모든 것을 행하시면서, 자기의 본성적인 크심으로부터 내려앉아서 영혼의 일들을 행하셨다고 말한다…… 하지만 [신성이] 영혼의 기능을 넘겨받으신다면 필연적으로 몸의 기능도 받으시게 되는 것이다. 그렇다면 그 잘못된 이단들의 말, 곧 그분은 모양으로만 인간이시지 실제적으로는 인간의 본성은 소유하지 않았다는 말이 맞다고 말하는 셈이 된다……

b) 테오도르의 기독론의 근본 이해(인간이 되심에 관하여 9권 단편 1; 요리문답 설교 5, 19; 8, 10. 13)

(인간이 되심에 관하여 9권 단편 1) 그러므로 우리는 이 구절에서[곧 요 1,14] "그가 되셨다"(*ἐγένετο*)는 말을 "나타나심으로만"(*κατὰ τὸ δοκεῖν*)으로 밖에는 달리 읽지 않는다. 하지만 이것은 로고스가 진짜 육을 입지 않으셨다고 해서는 안 되고 육체가 되지 않으셨다고 이해해야 한다…… 그렇다고 육으로 변화하신 것도 아니다(*μετεποιήθη*)……

(요리문답 설교 5, 19) 이와 똑같이 우리의 축복받으신 교부들도 "육체가 되셨다"고 말함으로써 너로 하여금 그분께서는 완전한 인간, [하나의 몸뿐 아니라 온전한 인간] 몸과 함께 죽지도 않으시는 이성적 영혼으로 형성된 인간을 취하셨다고 이해하게 한다. 그는 우리 구원을 위해서 인간을 취하셨고, 그 취하신 인간으로 말미암아 우리 생명을 위한 구원을 이루셨다……

(같은 곳 8, 10) 이렇게 성경은 그 두 본성의 차이를 가르치고 있다……: 취하신 자가 다르고, 취함을 받은 자가 다르다; 취하신 자는 우리를 위해서 만물을 창조하신 신적 본성이시고, [취해진 것은] 만물의 원인이 되신 자에 의해서 우리 때문에 취해진 인간의 본성이다. 그리고 [마지막으로 두 본성 간에] 형용할 수 없으며 영원히 해체될 수 없는 연합(*συνάφεια?*)이 존재한다…… (13) 두 본성의 차이는 결코 그 강한 연합을 없앨 수 없으며, 이 강한 연합이 두 본성의 차이를 없앨 수도 없다; 바로 이 구별된 본성에 그들 [각각]의 고유한 존재는 항시 있으며, 그들의 연합은 취함받은 것이 취하신 분의 명예와 영광에 참여하기 때문에 필연적으로 같이 존재한다; 하지만 하나님께서 바로 그 때문에 그가 취하기를 원하셨던 것이다.

c) 그리스도 안에서 두 본성의 하나됨(유노미우스(Eunomius) 반박 8권; 인간이 되심에 관하여 7권; 요한복음 주석 6권)

(유노미우스 반박 8권) '프로소폰'[2]은 두 방식으로 사용된다: 개체와 우리 각자를 뜻하는 것을 나타내기도 하고 영광과 존귀와 경배를 돌리는 데에 사용되기도 한다: 곧 '바울'과 '베드로'는 휘포스타시스와 그 [둘] 각자의 프로소폰을 나타낸다; 하지만 우리 주 그리스도의 프로소폰은 영광과 존귀와 경배를 나타낸다. 하나님이신 말씀이 인간 안에 자신을 드러내셨기 때문에 그는 자기 휘포스타시스의 영광을 보이는 것과 결합시키셨던 것이다. 그래서 그리스도의 프로소폰, 그것은 영광의 [한 프로소폰]이지, 두 본성[우시아]의 [한 프로스폰]이 아니다…… 왕에게 자색 옷이나 제왕의 옷이 의미하는 바가 하나님이신 로고스에게는 우리에게서 취하신 바로 그것이다. 그것은 나누일 수 없고 떼려야 뗄 수 없이 경배에서 공간적으로 떨어져 있는 것이 아니다. 왕은 본성적으로 자색 옷을 가진 것이 아니듯이 하나님이신 로고스도 본성적으로 육체를 갖고 계신 분이 아니다. 혹시 어떤 자가 하나님이신 로고스는 본성적으로 육신을 가지셨다고 주장한다면 육체로 말미암아서 하나님 존재(우시아)에 하나의 소외가 발생하게 된다. 왜냐하면 그분은[즉 로고스는] 하나의 본성을 더하심으로 말미암아서 변화에 저촉되는 셈이 되기 때문이다……(L. Abramowski)

(인간이 되심에 관하여 7권)…… 자기 본질(οὐσία)적으로 모든 것에 거주하는 자를 가리켜서 그는 모든 자들 안에 거주한다(ἐνοικεῖν) 하지 않고 자기가 호감을 가진 자들 안에만 거주한다고 한다. 바로 이와 같이 거주함에 대해서 말한다고 하면, [어디에서나] 같은 [종류의] 거주함을 찾아낼 수는 없다…… 그가 사도들 가운데 또는 의인들 가운데 거한다고 할 때, 그는 이 거주함을 의인들이 마음에 들어서 발생하는 거주가 되게 하는 것이다…… 이 반대로 그 자신 안에 거주함은 이런 종류의 거주가 아니고……, 한

아들 안에(ὡς ἐν υἱῷ) 거주하는 것이라고 우리는 말한다. 곧 그가 거처를 취할 때 취해진 것을 자기와 완전히 하나로(ὅλον ἑαυτῷ …… ἥνωσεν) 만드셨다는 말이다. 그리고 그 취하신 것에게 자격을 주어서(παρεσκεύασεν) 안에 거주하시는 자가 본성적으로 아들이라는 이유로 가지는 그 모든 영광에 자기와 함께 참여케 하셨다; 또 그분은 자신이 그와 하나됨에 따라서 그것이 자기와 [하나의] 프로소폰 되는 것을 완료하셨다고 우리는 말한다……

(요한복음 주석 6권[요 16, 14절]) …… [하지만] 육체의 본성에는 하나님이신 로고스와 하나되는 것이 없기에 그리스도께서는 육체 안에서 필연적으로 성령의 선물을 통한 매개가 필요하였다; 그리고 기름 바름에 따라서 그에게 주어진 그 온전한 은혜를 완전히 받으신 후에야 그는 인간 본성[스스로]에는 있을 수 없는 흠이 없는 삶을 사셨다. 하지만 이러한 방식으로 취해진 사람(homo assumptus)은 그분[곧 하나님 이신 로고스]에게 참여하게 되었는데, 이것은 동시에 모든 인생을 위한 모든 선함의 원천이 되는 것이다; 왜냐하면 그에게 주어진 것, 그것이 부활에서이든, 아니면 승천에서이든 우리 모두가 거기에 참여하게 되기 때문이다……

d) 마리아 - 하나님을 낳으신 자?(인간이 되심에 관하여 15권)

…… 마리아는 인간을 낳으셨는가 아니면 하나님을 낳으셨느냐(ἀνθρωποτόκος ἢ θεοτόκος)고 묻는다면 이렇게 응수할 수 있다: "둘 다 맞다!" 하나는 그 일 본성상으로 볼 때이고, 다른 것은 관계의 방식으로(ἀναφορᾷ) 이다. 그가 인간을 낳은 분이라는 것은 그의 자궁에 있는 그가 하나의 사람이고 그렇게 나왔기 때문이다. 하나님을 낳으신 분인 것은 하나님께서 [그녀로부터] 출생한 자 안에 계셨기 때문이다: 그 안에 계신 것은 그의 본성에 따라서가 아니라 자신의 의도적인 행동에 따라서(κατὰ τὴν σχέσιν τῆς γνώμης) 계신 것이다.

원전 : R. Tonneu-R. Devréesse, Les homélies catéchétiques de Théodore de Mopsueste, StT 145, 1949; H. B. Swete, Theodori Mopsuesteni in epistulas B. Pauli commentarii, Bd. 2, Cambridge, 1882 (Appendix A); L. Abramowski, Ein unbekanntes Zitat aus Contra Eunomium des Theodor von Mopsuestia, in: Le Muséon 71, 1958, S. 97-104; J. M. Vosté, Theodori Mopsuesteni commentarius in evangelium Johannis Apostoli, CSCO 115 (textus), 116 (versio), 1940.—번역: L. Abramowski, Zur Theologie Theodors von Mopsuestia, ZKG 72, 1961, S. 263-293(here, S. 263f.).—참고문헌: L. Abramowski, a.a.O.,; J. Liébaert a. O., S. 92ff.; A. Grillmeier a. o. [Nr. 75] a. O., S. 614ff.; L. Fatica, I commentaria a "Giovanni" di Teodoro di Mopsuestia e di Cirillo di Alessandria, SEAug 29, Rom, 1988; P. Bruns, Den Menschen mit dem Himmel verbinden, Leuven, 1995.

1) 여기에 대해서는 위 Nr. 68을 보라.
2) 테오도르 기독론(후에는 네스토리우스의 기독론)의 이 중심 개념 배경에는 현현 사상(그리스도의 인간성 안에 그의 신성을 볼 수 있다는 사상)이 있는 것으로 여겨지며, 다른 하나는 스토아의 존재론이 있는 듯하다(πρ. = 나타난 모양을 속성들의 총체로 보는 것으로서, 속성들을 통해서 일반적인 φύσις나 οὐσία가 구체적인 ὑπόστασις, 곧 개별적 존재가 된다).

90. 415년 발생한 여성 철학자 히파티아 살해

(소크라테스, 교회사 7, 15)

알렉산드리아에 철학자 테온의 딸 휘파티아라는 사람이 살았다. 얼마나 학문(παιδεία)에 뛰어났는지 당시 모든 철학자와 견줄 수 없었고, 플로틴에 의해서 세워진 플라톤주의의 최고봉이었으며,

그러한 것을 열망하는 자들에게 모든 철학 분야(*μαθήματα*)를 가르쳤다…… 교육을 통해서 얻은 고귀한 자유분방함 탓에 시의원들에 마주서서 자신을 남성들의 사회에 드러내는 것을 두려워하지 않았다. 왜냐하면 모두가 그의 비범한 지혜와 용기 때문에 경외심과 놀라움으로 대하기 때문이다. 그래서 이 여인은 당시에 질투의 희생물이 되고 말았다. 말하자면 알렉산드리아의 총독 오르테스를 자주 만났기에 [그곳의] 기독교인들 가운데 비방의 소문이 돌았다. 곧 그가 오르테스 총독이 감독 [퀴릴]과 친한 관계를 맺는 것을 방해하고 있다는 것이다. 그래서 베드로라는 독경사의 주도 하에 그를 상대로 한 무리가 형성되었다: 그가 어디서부터인지 집으로 갈 때 매복해 있다가 가마에서 내동댕이치고는 가이사리온(*Καισάριον*)이라는 교회로 끌고 갔다; 거기서 옷을 벗기고 돌을 던졌다. 그다음에 그의 사지를 찢고 토막을 내서는 키나리온이라는 곳에 모아놓고는 불을 질러버렸다. 이 잔인한 행동은 퀴릴이나 알렉산드리아 교회에게 아무런 비난도 가져오지 않았다. 그런데 사실 그리스도처럼 사는 자들에게 살인, 전쟁과 그러한 종류의 부끄러운 행위들보다 더 먼 것이 무엇이 있단 말인가? 이 일은 퀴릴 재위 4년, 황제 호노리우스는 열 번째, 테오도시우스 여섯 번째 집정관이던 해 3월 금식기간에 일어났다.

원전 : Sokrates, Kirchengeschichte, hg. v. G. Chr. Hansen (GCS NF 1), 1995, S. 360f.—참고문헌: Ch. Kingsley, Hypatia, 1853(역사적 사실과 유명한 소설과의 관계에 관하여 H. von Schubert in: PfJ 124, 1906, S. 11ff.을 보라); K. Praechter, Art. Hypatia, PW 9, 1, 1914, Sp. 242ff.; J.M.Rist, Hypatia, Phoe. 19, 1965, S. 214-225; J. Vogt, Begegnung mit Synesios, dem Philosophen, Priester und Feldherrn, 1985, S. 84-91.

91 어거스틴(Augustin)

아우렐리우스 어거스틴은 354년 오늘날 알제리에 있는 타가스테(Thagaste)에서 소시민적 속령의 환경과 절반은 이교적인 부모의 가정(어머니 모니카는 신앙심 있는 공교회 교인이었다)에서 태어나서 430년 8월 28일 아프리카 북쪽에 있는 작은 항구도시 히포 레기우스(Hippo Rhegius)의 감독으로서(395년부터) 반달족이 그 도시를 포위하고 있는 중에 숨졌다. 그는 고대 서방 교회의 가장 위대한 신학자의 명성을 누려야 할 뿐 아니라, 오늘까지도 영적인 권세를 떨치고 있는 유일한 교부라고 칭해야 한다. 또한 그의 삶과 지술에 대해서 우리가 그 어떤 다른 교부들보다 더 잘 알 수 있는 것은 무엇보다도 그 스스로의 공로이다: 397년부터 401년까지의 저작인 13권의 고백록(Confessiones)에서 그는 자신의 내면적인 발전과정(387년 어머니 모니카의 죽음까지)을 엿볼 수 있게 하였고, 427년 시작하여서 결국에는 미완성으로 남겨진 2권의 책 정정(Retractationes)에서 그때까지 자신에게 틀렸다거나 잘못 이해하였다고 여겨지는 것을 정정하고 설명하면서 자신의 집필활동에 대해서 진술하였다. 이 책에서 말하고 있는 232권으로 이루어진 95개 문서 중 겨우 몇 개만이 상실되었다.

A. 어거스틴의 발전과정

a) 수사학도와 키케로(Cicero)의 호르텐시우스(고백록 3, 4, 7)

[카르타고에 있는 고등학교에서 수사학을 공부하는 중] 일반화된 수업과정에서 나는 이미 키케로의 책에 접했었습니다. 그의 언어에 대해서는 거의 대부분은 탄복하지만 사실 [그 안에서 표현되는] 정신에 대해서는 그렇지 못하였던 것이 사실입니다. 하지만 이

문서는 철학으로의 권고를 내포하고 있으며, 호르텐시우스라는 제목을 가지고 있었습니다. 나의 감정(affectus)에 하나의 색다른 방향을 제시하였고, 오 주님이시여, 나의 간구가 당신 자신을 향하도록 하였고, 나의 소원과 갈망을 근본적으로 변화시킨 책이 바로 이 책입니다. 단번에 모든 허탄한 소망을 무용지물로 보이게 하였으며, 믿을 수 없을 정도의 심장박동이 나를 지혜의 불멸성을 사모하도록 하였고, 나는 당신을 향해 되돌아가기 위해서 거듭나기 시작하였습니다. 왜냐하면 나의 수사학 훈련을 완성시키려는 목적과 관계 없이 나는 그 책을 거듭거듭 읽었기 때문입니다; 어떻게가 아니라 무엇을 나에게 말하고 있는가가 나를 움직였습니다.

b) 마니교도의 일원(고백록 3, 5, 9-7, 12; 4, 1, 1; 5, 6, 10)

(3, 5, 9) [키케로의 호르텐시우스를 통해서 다시금 일깨워진 어린시절 기억에 힘입어서 성경을 향하였지만, 성경은 키케로의 가치와는 비교할 수 없도록 가치가 없어 보였다.] 즉, 나의 허영에 가득함은 [가능할 것 같지 않은] 그 방식 앞에서 질려서 움츠러들었습니다……

(6, 10) 그렇게 나는 교만함으로 가득찬 사람들에게로 굴러 떨어졌습니다…… [당신의 이름을 우리 주 예수 그리스도와 보혜사이신 우리의 위로자 성령의 이름과 함께] 그들은 항시 입에 달고 다녔습니다……; 하지만 그들의 마음은 진리에 대해서는 비어 있었지요. 그럼에도 불구하고 그들은 항시 울리고 다녔습니다: 진리, 진리! 그리고 거기에 대해서 나에게 많은 말을 하였습니다; 하지만 진리는 그들 어디에서도 발견할 수 없었고, 단지 틀려먹은 헛소리일 뿐이었습니다: 참으로 진리이신 당신에 대해서만이 아니라, 이 세상의 내용들, 곧 당신의 창조물들에 대해서도 말입니다. 사실 이것들에 대해서는 당신을 향한 사랑으로 인해서 철학자들이 올바르게 말했던 것들을 나 스스로가 뛰어 넘었어야 하는 것들인데 말

입니다.

(7, 12) 왜냐하면 [순 물질적인 것들과는] 다른 것들, 곧 참으로 존재하는 것일 수 있는 것들에 대해서는 [그 당시] 나는 아무것도 몰랐었기 때문입니다. 그리고 나의 용렬한 날카로운 생각은 나에게 악이 어디서 오는지[unde malum]를 알려면 내가 그 어리석은 사기꾼들에게 협력하여야 한다고 오도하였습니다.

(4, 1, 1) [이 시기에] 19살에서 28살이 되기까지 나는 오도당한 자였으며 동시에 오도하는 자였고, 기만당한 자이며 동시에 기만하는 자였습니다. 왜냐하면 [공식적으로는 소위 자유학예의 선생으로서] 허망한 많은 명예를 추구하였지만,…… [들어내지 않는 면에서는] 저 모든 고통으로부터 해방되기를 간절히 열망하였습니다. 곧 [마니교도에 의해서] 선택된 자들(electi)과 성인들(sancti)이라고 불리는 자들에게 음식을 가져다주어서 그들로 하여금 자기들의 부엌인 배에서(officina aqualiculi sui) 나를 해방시켜줄 천사들과 신들을 위해서 조리를 하게끔 하면서 말입니다.[1] 이런 식으로 추구하고 행하기를 나로 말미암아서 그리고 나와 함께 그 덫에 빠진 나의 친구들과 같이 하였습니다.

(5, 6, 10) 거의 꼬박 9년을 불안한 영에 속한 그들의 청문자로 보내었습니다.[2]

c) 바울에게로 인도한 플라톤주의자들의 문서 탐독(같은 곳 7, 9, 13f.; 20, 26-21, 27)

(7, 9, 13) …… 당신의 돌이키심에 힘입어…… 희랍어에서 라틴어로 번역된 플라톤주의자들의 문서들을 구하였습니다.[3] 여기에서 나는 비록 원어로는 아니라고 하더라도…… "태초에 말씀이 계셨으니……"[요 1, 1-5와 비교]와 인간의 영혼은 비록 "빛을 증거한다지만" "빛 자체는 아니라는 것"[요 1, 7-10과 비교]을 읽었습니다. 하지만 다른 것, 곧 "그가 자기 땅에 왔다……"[요 1, 11f.

와 비교] 이것은 거기에서 읽지 못했습니다. (14) 마찬가지로 말씀, 하나님이…… "하나님께로부터 나셨다"[요 1, 13]도 거기서 읽었습니다; 하지만 "말씀이 육신이 되어서 우리 중에 거하셨다"는 것은 거기서 읽지 못했습니다……

(7, 20, 26) 플라톤의 책들을 읽음으로써 지성적인 실재를 찾도록 권유받고는, 당신의 보이지 않는 존재를 창조물로부터 깨닫던 그때 [롬 1, 20과 비교]……, 나에게 하나는 확실하였습니다. 곧 당신은 계시며 무한하시다는 것이었습니다……; 또 하나 분명한 것은 당신만이 유일하게 실제로 존재한다는 사실입니다. 왜냐하면 당신은 영원히 동일하시고, 당신 존재는 그 어떤 점에서도 또 그 어떤 변화를 통해서도 다른 존재가 아니며, 다르게 되시지도 않기 때문입니다; 다른 모든 것은 당신으로부터 생겨났습니다. 여기에 대해서는 이것들이 있다는 사실 하나가 가장 확실한 증거입니다…… 이것[플라톤주의자들의 책]들이 아직 내가 당신의 책에 심취하기도 전에 나의 손에 들어 온 것은 당신이 뜻을 돌이키심으로 되어진 것입니다; 내가 기억하여야 할 것은 어떠한 영향이 그것들로부터 나의 내면에 끼쳐졌느냐는 것입니다; 하지만 훗날 당신의 책들을 통해서 평안에 도달하고 나의 상처들이 당신의 보듬어 안는 손가락으로 어루만져지게 되면, [철학적인] 가늠(praesumptio)과 [겸손한] 고백(confessio) 사이에 어떤 차이가 있으며, 사람이 어디로 가야하는가를 확실하게 보지만 거기까지의 길을 모르는 자들 사이에 어떤 차이가 있는지 아주 분명하게 다가올 것입니다.

(7, 21, 27) 이렇게 해서 당신 영의 그 고귀한 문서(stilus), 특별히 바울 사도의 것들을 향해서 끓어오르는 열정을 갖게 되었습니다…… 점차적으로 이제는 거기에서 [플라톤주의자들에게서] 읽었던 모든 참다운 것들을 여기서 다시금 발견하였지만, 여기서는 꼭 당신 은혜의 상급과 함께 발견하였습니다…… 무엇보다도 저

철학자들에게서는 전혀 읽을 수 없었습니다: 곧 "당신이 원하는 제물, 찢긴 영, 통회하며 상한 심령"[시 50 (51), 19]과 만백성을 위한 구원(populi salus)에 관해서 말입니다…… 누구도 거기서는 아래와 같이 부르는 분을 대할 수 없습니다: "수고하고 무거운 짐을 진 자들아 다 내게로 오라"[마 11: 28f.]; 그들은 "마음이 온유하고 겸손한" [마 11: 25] 분에 대해서 배우는 것을 경멸합니다……

d) 안토니우스의 모범(같은 곳 8, 6, 14-8, 19)

아프리카인 폰티키아누스가 383년 이후로 로마에서 활동하다 그 이듬해 수사학 선생으로 초빙받은 곳인 밀라노에 있는 어거스틴을 찾아 온 것을 계기로 어거스틴은 아타나시우스가 쓴 "안토니우스의 생애"(53b)와 이 책이 서방 세계에 수도원적 이상을 확산시키는 데 끼친 영향에 대해서 말하게 되었다. 그는 자기를 그렇게 깊이 흔들어 놓은 이 방문자의 이야기를 다음의 외침으로 마무리한다:

(8, 8, 19) 우리에게서 일어나는 것은 무엇인가?…… 배우지 못한 자들은 달려들어서 하늘나라를 침노하는데, 우리의 살과 피는 우리의 마음도 없는 교리와 함께 뒹굴고 있구나.

e) 회심(같은 곳 8, 12, 28f.; 10, 27, 38)

(8, 12, 28) ["하지만 오 주님, 그의 말이 나를 휘감는 동안 당신은 나를 돌이켜서 내 스스로 보기 싫어 나의 등이 향하고 있는 그 등 뒤에서 나를 이끄셨습니다." 격정이 치밀어 오름으로 어거스틴은 혼자서 정원으로 갔다] 무화과나무 아래에서 나를 땅에 던졌습니다. 이 일이 어떻게 일어났는지 모릅니다. 그리고는 눈물이 흐르도록 내버려두었고, 많은 것을 당신에게 아뢰었습니다. 정확

하게 아래와 같이 말하지는 않았지만 [내 아룀의] 의미는 이렇습니다: "아 주님이시여, 얼마나 오래[시 6, 4], 얼마나 더 오래, 얼마나 더 내일, 또 내일인가요? 왜 오늘이 아닌가요? 왜 이 시간이 내 수치스러움의 마지막을 대하면 안 되나요?" (29) …… 그런데 그 때 이웃집에서 음성을 들었는데, 소년의 소리인지 소녀의 것인지는 모르겠는데, 노래하는 소리를 들었습니다: "들고 읽어라, 들고 읽어라[Tolle, lege; tolle lege]"…… 걷잡을 수 없는 눈물을 억누르고 일어났습니다. [아이들이 그 어떤 장난에서 그러한 행동을 하는지 내가 아는 바가 없기 때문에] 하나님께서 나에게 [그때 손에 닿는 성경]책을 펴서는 내가 만나는 첫 구절을 읽으라고 명령했다고 밖에는 달리 해석할 수 없었습니다. 왜냐하면 안토니우스에 대해서 듣기를 그가 만난 복음서의 말씀, 곧 "가서 네가 가진 모든 것을 팔아서 가난한 자들에게 주라……"[마 19, 21]는 말씀을 자기를 향한 명령으로 받고는 이 하나님의 말씀에 따라서(oraculum) 즉시 당신께로 돌이켰다고 했기 때문입니다. 그래서 나도 서둘러서 내가 [정원으로] 달려 나갈 때 사도 바울의 책을 놓아 둔…… 곳으로 돌아왔습니다. 나는 그 책을 들고 펼쳐서 내 눈에 들어 온 첫 구절을 소리 내지 않고 읽었습니다: "방탕과 술 취하지 말며 음란과 호색하지 말며 쟁투와 시기하지 말고 오직 주 예수 그리스도로 옷 입고 정욕을 위하여 육신의 일을 도모하지 말라."[롬 13, 13f.] 더 이상 읽고 싶지 않았습니다; 필요하지도 않았습니다. 문장의 마지막과 함께 곧바로 조용한 확신이 빛과 같이 나의 마음에 흘러들어 왔고 우유부단함의 그림자는 제거되었습니다……

(10, 27, 38) 나는 늦게 당신을 사랑하였지만 당신은 원초적 아름다움이었고, 그러나 새로운 아름다움이었습니다(pulchritudo). 나는 늦게야 당신을 사랑했나이다(sero te amavi). 그런데 당신은 나의 안에 계셨고 나는 밖에 있었다니요, 그때 나는 당신

을 찾았지만 헛된 형상이었지요, 나는 당신이 만드신 아름다움의 형상에 나 자신을 던졌던 것입니다. 당신은 내 안에 계셨지만 나는 당신 곁에 있지 않았습니다. 당신 안에 없으면 실제로는 있는 것도 아닌 것들이 나를 당신에게서 멀게 만들었습니다. 하지만 당신은 부르셨고, 점점 더 크게 당신의 부름이 울려 퍼져서, 결국 당신은 나의 막힌 귀를 뚫고 들어오셨던 것입니다! 당신은 빛을 비추어 주셨고 그 비췸은 점점 더 밝게 되어서 나의 눈멂을 치워버리셨습니다! 당신은 나에게 입김을 불어 넣으시고 나는 당신의 향내를 빨아 마시며 이제는 당신을 향해 숨쉬고 있나이다; 그 맛을 알고는 지금은 허기져하며 목말라 하나이다; 당신은 나를 어루만지셨고, 이제는 내가 당신 안에 있는 평강을 향해 애타하나이다.

f) 사제직을 향한 준비(편지 21)

회심(386) 2년 후 아프리카로 돌아와서 어거스틴은 히포를 방문(391년 초)하면서 자기 뜻과는 반대로 사제로 서품되었다. 아래 편지에서 그는 자기 감독인 발레리우스(Valerius)에게 성경에 좀 더 친숙해질 수 있도록 도와달라고 부탁한다.

(1) 무엇보다 우선 아래의 사실을 기억해주실 것을 당신의 경건한 지혜에 부탁드립니다. 곧 이생의 삶, 특별히 우리의 시대에 감독직, 사제직 또는 집사의 직이란 그것을 일 자체만 생각한다면 그보다 더 가볍고 더 기쁘고 인생이 더 호감을 가질 것은 없지만, 하나님 앞에서는 그보다 더 불쌍하고 슬프고 저주스러운 일이 없다는 것을 말입니다…… (3) 이 일은 이제 성스러운 책들의 모든 약품들을 철저히 연구하며, 기도와 말씀묵상 가운데서 내 영혼이 이 위험에 가득한 일을 하는데 필요한 건강을 가지도록 그것들을 이끌어 와야 하는 임무를 나에게 주었습니다…… (4) …… 그런데

나 자신을 아는 것과 우리가 구원을 얻기 위해서 꼭 필요한 충만하고 흔들리지 않는 믿음이 결여되어 있습니다. 또한 이것을 획득한다 하더라도, 어떻게 하여야 "나의 유익을 구치 않고 많은 사람들의 유익을 구하여서"[고전 10, 33] 다른 자의 구원에 적용할 수 있겠습니까?…… 하지만 주님 스스로가 말씀하신 것처럼 구하고 찾고 두드리는[마 7, 7 참조] 것, 곧 기도, 성경봉독 그리고 애통하는(orando, legendo, plangendo) 것 말고 무슨 다른 길이 있겠습니까?……

g) 감독(설교 340, 1)

[자신의 감독 서품을 기념하는 날, 교인들을 향해서] …… 당신들에게 나는 감독이며, 당신들과 함께 나는 그리스도인입니다. 앞의 것은 내가 위임받은 직임을 말하고 뒤의 것은 은혜를 말합니다; 앞의 것은 위험이요, 뒤의 것은 구원입니다…… 나의 봉사(ministerium)로 풍성히 열매 맺도록 해주십시오. "너희는 하나님의 밭이라"[고전 3, 9]. 외적으로 당신들은 심고 물주는 자를 받아들이시지만, 안으로는 자라게 하시는 분을 받으십시오[고전 3, 6 참조]…… 싸우는 자는 화평할 것이고, 없는 자는 돌봄을 받을 것이요, 압제받는 자는 자유하게 될 것이고, 선한 자는 칭찬받아야 하고 악한 자는 받아들여져야 하며, 모두가 사랑받아야 합니다…… 당신들의 기도와 기꺼운 마음으로 우리를 도와서 우리가 당신들 앞에서 군림하기보다(praeesse) 유익하게 되는(prodesse) 기쁨을 얻게 해주십시오.[4)]

h) 수도사 신학자(어거스틴 수도규율)

자신의 회심에 안토니우스의 모범이 중요한 역할을 했던 어거스틴은 그 후에도 수도원적 이상에서 멀어지지 않았다. 아래 인용하는 구절이 담

긴 수도사들[5)]을 위한 생활지침은 그가 남긴 것이 거의 확실시 된다:

(1, 1) 너희가 수도원에서 지켜야만 하는 것은 이것이다. (2) 공동생활의 제일의 목적은 융화를 이루어 동거하여야 하며 하나님 안에서 "한 마음"과 "한 뜻"을 가지는 것[행 4, 32 참조]이다. (3) 아무 것도 너희 소유라고 말하지 말고 모든 것이 너희 모두의 공유물이 되어야 한다. 그리고 너희 원장에 의해서 너희 각자에게 음식과 옷이 나누어져야 하는데 모두에게 동일한 방식으로가 아니라…… 각자가 필요한 만큼으로 이루어져야 한다. 그렇게 너희는 사도행전에서도 읽을 수 있다[4, 32. 35]…… (4) 세상에서 무엇인가 가졌던 자는 수도원에 들어온 이후에는 그것이 공동의 재산이 되는 것을 당연하게 여겨야 한다. (5) 반대로 세상에서 아무 것도 가지지 않았던 자는 수도원에서 그가 밖에서 가지지 못했던 것을 얻으려고 해서는 안 된다; 하지만 그들의 연약함 때문에 필요한 것은 가질 수 있어야 한다……

(5, 2) 아무도 자기를 위해서 무엇을 해서는 안 되고 너희의 모든 수고는 공동의 이익을 위한 것이어야 한다…… 왜냐하면 사랑(caritas)은 "자기의 유익을 구하지 않는다"[고전 13, 5] 고 기록되었듯이 개인의 유익보다 공동의 유익을…… 우선하는 것이라고 이해하여야 하기 때문이다. 그러므로 너희가 [선한 일에] 정진하면 할수록 너희 자신의 복지보다 공동의 유익을 염려한다는 사실을 알아야 한다; 말하자면 이 썩어질 인생의 제한 가운데에 어쩔 수 없이 속한 그 어떤 것도 언제까지나 "떨어지지 아니하는"[고전 13, 13절 참조] 사랑이 지배하느니라.

(7, 1) 원장에게 복종하기를 아비에게 하듯 하며 그의 명예를 실추시키지 않도록 하여서 그 안에서 하나님께서 멸시받지 않도록 하여야 한다; 특별히 이것은 너희의 모든 염려를 담당하는 사제들에게 적용되어야 한다. (3) 하지만 너희를 다스리는 자는 기꺼이

스스로를 직책으로 군림하는 자가 아니라 사랑으로 섬기는 자로 여겨야 한다(non…… potestate dominantem, sed caritate servientem). 사람 앞에서(coram vobis)의 그의 귀한 위치에 따라서 그는 너희 위에 있지만 하나님 앞에서(coram Deo)는 두렵고 떨림으로 너희 발에 엎드려야 한다. 모든 자 앞에서 그는 자신을 선한 일의 모범이고, 소요를 일으키는 자는 계도하고, 낙심한 자는 위로하고, 약한 자는 감싸주고 모든 일에 인내를 보여야 한다…… 이 둘[수도규율엄수와 위엄을 갖춤(metus)]은 필수적이지만 그가 더 추구해야 할 것은 자신이 하나님 앞에서 너희를 책임 맡은 자라는 사실을 항상 잊지 않으므로 너희들로부터 사랑과 경외를 받아야 한다는 것이다.

(8, 1) 주님께서는 너희가 이 모든 것을 사랑으로 지키도록 허락하셨다: 영적인 아름다움을 사모하는 자들로서(tamquam spiritalis pulchritudinis amatores) 그리고 자신들의 선한 행실로 그리스도의 향기를 퍼뜨리는 자들로서 지키기를 원하신다; 율법 아래 있는 노예로서가 아니라 은혜 안에 있는 자유자로서 말이다.

B. 어거스틴의 가르침

I. 해석학과 인식론(fides, ratio, auctoritas)

i) 기독교 신앙론(De doctrina christiana)의 머리말

이 문서(3권 중간까지는 397년에 서술하고; 나머지는 426년경에 완성되었다)와 함께 어거스틴은 역사적으로 영향력 있는 해석학적 작업을 이루어내었다. 이 안에는 고대의 다양한 주석－해석학적 전통들이 혼합

되어 있다.―서문에서 그는 자신의 노력을 아래와 같이 정당화 한다:

(1) [거룩한] 책들과의 대화에는 뚜렷한 규칙이 있다. 이 규칙들은 내가 보기에 성경연구를 하는 자들에게 무익하지 않은 것들이다; 이들로부터 성경의 숨겨진 의미를 찾아 읽은 자들(operta aperuerunt)의 해석을 읽는 경우뿐 아니라, 자신이 다른 자들을 위해서 의미를 해석해주려고 하는 경우에도 유익하게 된다…… (4) [물론 그런 규칙이란 도대체가 필요하지 않다고 반박할 수 있다;] 심지어는 그 책들의 어두움으로부터 찬양할 방식으로 밝은 빛 가운데로 나오게 해야 할 그 모든 것들이 밝혀지는 것은 하나님이 은혜를 주심으로(divinum munus)도 가능하다고 할 수 있다. (7) [그러한 은사를 받은 자들은 그 은사를 바르게 기뻐할 줄을 안다;] 단지 그들은 자기들의 지식이 구전이든 문서적으로든 사람이 전해준 덕분이라는 것을 알아야 한다. (10) …… [덧붙여서:] 아무 것도 그렇게 부딪혀 오는 것이 없는 자는 그 이유로 자신을 그리스도인이 아니라고 해야 하는가? 아니면 자신이 성령을 받았는가를 의심해야 하는가? (11) 그렇지 않다. 오히려 각 사람은 교만(superbia) 없이 사람을 통해서 배워야 하는 것도 배울 수 있어야 한다; 다른 자를 가르치는 자는 교만이나 시기심 없이 자신이 받은 것을 전달하여야 한다. 우리는 우리가 믿는 자를 시험하려 하지 않는다; 그렇지 않으면 거스리는 자의 농간이나 스스로의 왜곡으로 말미암아 오도되어서 복음을 들어 알려고 교회를 더 징기간 찾거나 책을 읽거나 또는 사람의 해석이나 설교를 경청하지 않게 된다. 반대로 사도 바울이 말하듯이 "삼층천으로 이끌려가서"는 거기서 사람에게서는 말하지 못하는 것같은 "말로 할 수 없는 말"[고후 12, 2-4]을 들으려고 하게 된다. (12) 최고로 교만으로 이끌어 가는 그런 위험한 유혹으로부터 우리를 삼가야 한다. 그리고 우리가 생각해야 할 것은 사도 바울 자신도 비록 신적이며 하늘의 소리에 의해서 바닥에 엎드러졌고 깨우침을 받았지만 결국

에는 성례를 받고 교회에 속하게 되기 위해서는 한 사람에게 보내어졌다는 사실이다…… (13) 이 모든 것은 물론 한 천사에 의해서 일어났을 수도 있다; 하지만 이것이 인간 존재(human conditio)를 경하게 보는 곳으로까지 이끌어 간다면, 그것은 하나님께서는 마치 다른 인생에게 자신의 말씀을 전달(ministrare)하려고 할 때 사람을 사용하지 않으신다는 느낌을 갖게 할 수 있다. 만일 하나님께서 인간 성전으로부터[도] 대답을 주시지 않고 인간을 향한 자기의 모든 계시를 오직 하늘로부터만 그리고 천사를 통해서만 알려주시기를 원하신다면, 어떻게 "하나님의 성전은 거룩하니; 너희가 곧 그의 성전이라"[고전 3, 17]는 말씀이 참일 수 있겠는가? 마지막으로 사람은 서로를 통해서 배우는 것이 아니라고 하자. 그렇다면 인간을 하나로 묶는 사랑 그 자체도 영들이 서로 교제하게 하는, 곧 말하자면 서로가 한 덩어리 되게 하는 기회를 갖지 못하게 되는 것이다.[6)]

j) 신앙과 지식(편지 120, 3; 설교 43, 4. 9; 마니의 근본교서 반박 4, 5)

(편지 120, 3) 하나님께서 인간을 다른 동물들보다 더 낫게 만드신 바로 그것을 미워하신다는 것은…… 있을 수 없다; 이성을 받거나 그것을 추구하는 것을 포기하기 위해서 우리가 믿는다는 것은 있을 수 없다고 나는 생각한다; 심지어 우리가 이성을 갖춘 영혼을 갖지 못했다면 믿을 수도 없다. 그 어떤 구원과 관계한 일들은 어느 단계에서는 이성으로 깨달을 수 없다. 하지만 언젠가 깨달을 수도 있다. 이러한 일들에는 믿음이 이성보다 우위를 차지한다. [이 믿음은] 양심을 정결케 하여서 높은 이성의 빛을 파악하여 가질 수 있도록 한다. 이것 자체도 사실 이성적이다(rationis est)…… 그러므로 아래 선지자의 말씀도 이성적이다: "너희가 믿지 않으므로 너희가 깨닫지 못하리라"[사 7, 9 (70인경)]. 여기서

그가 둘[능력]을 구별하며 가르치기를 먼저 믿어서 우리가 믿는 것을 깨달을 수도 있도록 하고 있음이 분명하다. 그러므로 우리가 믿음을 이성보다 앞세우도록 가르침을 받은 것은 이성적이다…… 사실 관계가 이렇다면, 우리에게 이러한 질서를 밝혀준 이 하나의 이성은 비록 아주 작더라도 믿음보다 앞서는 것이 분명하다.

(설교 43, 4) …… 한 사람이 나에게 말한다고 하자: 나는 믿기 위해서 알기를 원한다(Intelligam, ut credam), 그러면 나는 응수한다: 알기 위해서 믿어라(Crede, ut intelligas)…… (9) [그럼에도 불구하고 반대의 주장도 아주 틀리지는 않다]. 그 이유는 이렇다. 어쨌든 내가 이렇게 말한 것은 아직 믿지는 않지만 믿기를 원해서이다; 하지만 내가 말한 것을 그가 이해하지 못한다면 그는 믿을 수 없다. 그러므로 혹시 믿기 위해서 알기를 원한다고 말하는 자도 사실 최소한 어느 정도는 옳다는 말이다.

(마니의 근본교서 반박 4) …… 나를 [공교회의 품안에서] 민족과 나라들의 하나됨이 붙잡아 주었으며, 그 안에서 이적으로 뒷받침 받고, 소망으로 양분을 얻고 사랑으로 풍성해지고 오랜 세월로 확고해진 권위가 나를 붙잡아 주고 있다; 주님께서 부활하신 이후에 자기 양을 치라고 명령한 사도 베드로의 감독 보좌에서 현재의 감독에 이르기까지 면면히 이어온 감독[사제]의 연속성, 그리고 마지막으로 그 많은 이단들 가운데서 이 교회만이 분명한 이유를 가지고 붙들고 있는 "공교회"라는 이름도 나를 확고히 붙잡아 준다…… 이것이 그러므로 수많은 강하고도 값진 그리스도인이라는 이름의 끈이다. 아직은 우리 인식이 나약한 데서 온 것이거나 아니면 우리 삶을 꾸려가는 것 때문에 진리가 완전히 분명한 상태로 드러나지는 않았지만 바로 이 끈이 믿는 자들을 공교회의 품속에서 올바르게 잡아주고 있다…… (5) …… 그래서 묻는다: "도대체 이 [너희의] 마니가 누구냐?" 너희는 대답하리라: "그리스도의 사도"라고. 하지만 나는 믿을 수 없다…… 그렇게 너희는 아마도 나

에게 복음서를 재인용하면서 거기로부터 마니라는 인물을 인증하려고 할 것이다…… 하지만 나는 그 반대로 공교회의 권위가 나를 이끌지 않는 한 나는 그 복음을 믿지 않을 것이다(ego vero evangelio non crederem, nisi me catholicae ecclesiae commoveret auctoritas). 그러므로 내가 만일 나에게 "그 복음을 믿어라"고 하는 자들을 따랐다면, 같은 사람들이 나에게 "마니교도들을 믿지 말라"고 할 때 내가 왜 그들을 따르지 않겠는가?……

II. 도나투스주의와의 논쟁에서 나온 교회의 신앙 구축

k) 교회의 단일성(페틸리안의 편지 반박 2, 77, 172; 세례론 3, 16, 21)

(페틸리안의 편지 반박 2, 77, 172) …… 그리스도의 사랑은 오직 교회의 하나됨 안에서만 검증될 수 있다; 너희들은[도나티스트주의자들, 너희가 분열 상태에 머무는 한] 그것 없이는 "아무 것도 아님"[고전 13, 1ff. 참조]을 알면서도 세례와 신앙도 붙들고는 그 능력 안에서 "산을 옮기기"를 원한다……

(세례론 3, 16, 21) 성령은 오직 공교회 안에서만 안수를 통해서 전달된다고 말한…… 것을 우리 선조들은 사도의 말씀이 갖는 의미 안에 이해하려고 했던 것이 분명하다: "하나님의 사랑이 우리에게 주신 성령을 통하여 우리 마음에 부은바 되었도다"[롬 5, 5]. 이것이 바로 공교회의 교제로부터 떨어져 나간 자들이 가지지 못한 사랑이다. 이 때문에 그들이 아무리 "사람의 말과 천사의 말을 할지라도……" 아무런 유익이 없는 것이다…… 교회의 하나됨을 사랑하지 않는 자는 하나님의 사랑을 가지지 못한다; 그래서 성령은 오직 공교회 안에서만 받을 수 있다는 주장이 올바르다는 것이 분명하다……

l) 교회의 거룩함은 그리스도의 선물(기독교 신앙론 3, 32, 45; 파르메니안의 편지 반박 2, 4, 9; 14, 32)

(기독교 신앙론 3, 32, 45) [티코니우스[7](Tyconius)의] 두 번째 규칙은 주님의 둘로 나뉘어진 몸(De domini corpore bipartito)에 관하여지만, 사실 그렇게 표현되어서는 안 된다. 왜냐하면 주님과 함께 영원히 통치하지 않을 것은 실제적으로도 주님의 몸이 아니기 때문이다. 차라리 "주님의 참되며 혼합된 몸"(corpus verum atque permixtum)이라고 하든지 아니면 "주님의 참되며 위장된(simulatum) 몸"이라고 말했어야 한다…… 왜냐하면 위선자들(hypocritae)은 아무리 그분의 교회에 있는 것처럼 보이더라도 사실은 영원히 그와 함께 있지 않을 뿐만이 아니라 지금도 그와 함께 있는 것이 아니기 때문이다. 그러므로 그 규칙은 "혼합된 교회"(De permixta ecclesia)라고 말한다고 이해해야 한다.

(파르메니안의 편지 반박 2, 4, 9) …… "내가 거룩한 것같이 너희도 거룩하라"[레 11, 45], 곧 우리를 자기 아들의 형상과 같게 하실 분의 선물이신 주의 영으로 말미암아서 영광에서 다른 영광에 이르도록 우리가 변화할(고후 3, 18 참조) 저 형상을 닮아야(secundum quandam scilicet imaginis similitudinem)……

(같은 곳 2, 14, 32) …… 말하자면 주님께서는 죽은 자를 일으키시고, 상처받은 자를 치유하시고 소경을 볼 수 있게 하시고[밝혀 주시고], 벗은 자를 입히시며, [죄로] 더러워진 자를 깨끗하게 하셨다……[이것을 그는 사람을 통해서 하신다], 하지만 [심지어] 유다를 통해서도 하신다. 그를 주님은 다른 사람[사도]들과 함께 복음전파를 위해 보내셨다. 또 바리새인들을 통해서도 그들의 입에서 나오는 좋은 것을 실행하는 자들에게 역사하셨다. 비록 그들은 자기[자신]들의 가르침을 따라 살지 않았더라도 말이다[마 23, 3 참조]……

m) 성례를 받음의 효력와 유용함(세례론 4, 17, 24; 페틸리안의 편지 반박 1, 6, 7-7, 8)

(세례론 4, 17, 24) …… "교회 밖에는 구원이 없다(salus extra ecclesiam non est"[키프리안]). 누가 이것을 문제 삼겠는가? 그러므로 교회의 본질에 속한 것으로 여겨지는 것들은 모두 교회 밖에서는 아무런[완전한] 구원 효과를 갖지 못한다(et ideo quaecumque ipsius ecclesiae habentur, extra ecclesiam non valent ad salutem). 하지만 어떤 것을 가지지 못하는 것과 효과있게 갖지 못하는 것(non habere-non utiliter habere)은 차이가 있다. 세례를 갖지 못한 자는 갖기 위해서 세례를 받아야 한다; 하지만 효과 없이 가지고 있는 자는 효과 있게 가지게 되도록 바르게 인도되어야 한다. 물이 이단들의 세례에서 위조될 수 없다. 왜냐하면 하나님이 만드신 피조물은 선하기 때문이다; 복음의 말씀이 잘못을 저지른 사람의 입에 있다고 해서 책잡힐 수 없다. 따라서 우리는 이단들과 세례를 공유할 수 있다. 마치 복음도 그들과 우리에게 공유될 수 있듯이 말이다. 그들의 잘못도 우리 믿음으로부터 그렇게 멀리 떨어져 있을 수 있다하더라도……

(페틸리안의 편지 반박 1, 6, 7): 따라서 신앙 있는 집례자에게서나 믿지 않는 집례자에게서 세례를 받을 수 있다고 해도 어떤 경우에서이건 온전한 소망을 그리스도를 향해 가질 수 있다……

(7, 8) 말하자면 그리스도는 항상 불신자가 그리스도인이 되도록 의롭다 하신다; 신앙을 항상 그리스도로부터 얻게 된다면, 그리스도가 거듭남의 근원이요 교회의 머리이다…… [그러므로 책망할 것 있는 사제가 어떻게 수세자를 허물 없게 할 수 있느냐는 반대에 부딪히면] 이렇게 응수하여야 한다: "오직 나의 죄 때문에 죽으시고 나의 의로움을 위해서 부활하신 자만이 의롭게 하신다. 왜냐하면 나는 세례 받도록 사용되는 일꾼을 믿는 것이 아니라 불신자를 의롭게 하시는 이를 믿으므로 그 믿음이 나를 의롭게 만들기

때문이다"[롬 4, 5 참조].

n) 말씀과 성례전(요한복음 연구 80, 3)

"너희는 내가 너희에게 말한 말씀 때문에 이미 깨끗하여졌느니라"[요 13, 10]. 왜 이렇게 말하지 않았을까?: "너희는 너희를 씻은 세례로 이미 깨끗하여졌느니라…… 만일 물 안에서마저도 깨끗하게 하는 것은 말씀이기 때문이 아니라면 말이다." 말씀을 뺀다면 물이 물 아니고 무엇이란 말인가? 말씀이 예물에 더하니 성례가 된 것이고 이것은 곧 보이는 말씀 아니겠는가(Detrahe verbum, et quid est aqua nisi aqua? Accedit verbum ad elementum, et fit sacramentum, etiam ipsum tamquam visibile verbum)…… 물이 몸에 닿을 때 동시에 마음을 깨끗하게 하는 물의 그 큰 능력(virtus)을 일으키는 것이 말씀이 아니라면 도대체 어디서 온다는 말인가? 곧 말하여지기 때문이 아니라 그 말씀이 믿어지기 때문에 말이다……. 이 말씀을 믿음은 믿는 자를 통해서 데리고 오고, 축복하고 감싸 안고 아직은 마음으로 믿어서 의롭게 되고 입으로 시인하여서 구원에 이르는 것[롬 10, 10 참조]을 믿을 수도 없는 작은 아이를 깨끗하게 할 정도로 역사한다……

III. 펠라기우스(Pelagius) 논쟁에서 보는 죄와 은혜에 관한 가르침

o) 본성과 은혜에 관한 기본 사상(본성과 은혜 3, 3-6, 6)

(3, 3) 인간의 본성은 사실 원래는 죄도 없고(primitus inculpata) 잘못도 없이 창조되었다; 반면 아담으로부터 나온 사람들의 인간성은 [자기 안에서] 건강하지 않기에 의사가 필요하게 되었다. 물론 [지금도 여전히] 자기가 생명과 감성과 의지를 최고

의 하나님 자기의 창조자이시며 조성자이신 분께 받으면서 지니고 있는 모든 선한 것들을 가진다. 하지만 이 본성적인 선한 것들을 어둡게 만들고 약화시켜서 [본성이] 비춰과 구원을 필요하게 만든 이 악한 것들은 사실 죄 없는 조성자로부터 받은 것이 아니라 자유의지(liberum arbitrium)에 의해서 저질러진 원죄(originale peccatum)로부터 온 것들이다. 그러므로 벌을 받게끔 된 본성은 철저하게 정의로운 벌을 받게 되었다. 우리가 이제 그리스도 안에서 "새로운 피조물"[고후 5, 17 참조]이 되었다면, 우리는 다른 것들과 똑같이 "본래 분노의 자식들이었다는 말이다; 하지만 하나님께서…… 우리를 그리스도와 함께 생명으로 일깨우셨으며 그의 은혜로 구원받게 된 것"[엡 2, 3-5]이다.

(4, 4) 그리스도의 은혜 없이는 아이도 어른도 구원받을 수 없는데, 이 은혜는 공로(merita)에 대한 삯이 아니라, 거저(gratis) 주어진 것으로 그래서 은혜(gratia)라고 한다……[롬 3, 24 참조] 이러한 이유로 저[은혜]를 통해서 구원을 얻지 못한 자들이 저주를 받은 것은 당연하다. 그들이 [은혜의 부름을] 그때까지 들을 수 없어서든지 아니면 순종하려고 하지 않았든지, 아니면 그들이 시대적인 이유로 [말씀을] 들을 수 없었기 때문에 중생의 씻음을 받아서 구원받는 가능성을 눈여기지 못하면서 [딛 3, 5 비교] 그것을 받지 못했든지 간에 말이다; 하지만 그들이 원래부터(originaliter) 죄를 가지고 있었든지 아니면 바르지 못한 생활로 죄들을 키웠는지 간에 죄가 없는 것은 아니다. "왜냐하면 모든 사람들이 죄를 지었고"—아담 안에서든 자기 자신 안에서든—"하나님 앞에서 가져야 할 영광을 상실하였기 때문이다"[롬 3, 23].

(5, 5) 온 만물(Universa…… massa)이 심판에 이르렀다; 마땅한 저주가 모든 자들에게 임하였다면 그것은 부당하게 발생한 것이 아니라는 데에는 의심이 없다. 그러므로 은혜로 인해서 거기

로부터 끄집어내어진 모든 자들은 자기 자신의 공로의 그릇들이 아니라 "자비의 그릇들"[롬 9, 23]이라고 부른다. 죄인들을 구원하시려고 그리스도 예수를 세상에 보내신[딤전 1, 15 참조] 자의 자비가 아니라면 누구의 것을 말하겠는가: 그가 미리 아시고 정하시고 부르시고 의롭다 하시고 영화롭게 하신 자들을 말한다[롬 8, 29f. 참조]……

(6, 6) 이것을 성경의 의미로 바르게 파악하려 한다면 기독교 은혜에 대항하는 논쟁으로 나아가면 안 된다. 그리고 어떤 주장들을 하면서 인간의 본성 자체는 어린 아이들 때는 잘못을 저지르지 않기에 의사가 필요 없으며, 성인들은 그들이 원하기만 하면 스스로 의롭게 될 능력이 충분히 있다고 주상해서는 안 된다. 이러한 주장은 제법 의미심장한 것같이 보인다; 하지만 그리스도의 십자가를 헛되게 하는[고전 1, 17f. 참조] "의미 깊은 말에 위로부터 오는 지혜"[약 3, 15]가 없다……

p) 행위의 법과 믿음의 법(성령과 문자 9, 21. 22)

(9, 21) 과연 [자신의] 명예를 포함시키는 행위의…… 법(lex operum)과 자기 영예를 제외시키는 믿음의 법[lex fidei] 사이에는 어떠한 차이가 있는지를 묵상하는 것은 노력할 가치가 있다…… (22) 그러니까 무엇이 차이인가?…… 행위의 법이 위협을 통해서 얻는 바 바로 그것을 믿음의 법은 믿음으로 얻는다. 전자는 "탐내지 말라!"[출 20, 17]고 한다; 후자는 말한다: "이제 나는 하나님께서 주신 한에는 욕심낼 수 없다는 것을 알았다. 즉, 이것이 누구의 은사인가를 안다는 것이 이미 지혜를 증명하는 것이다. 그래서 주님께 나아가서 간구하였다"[지혜서 8, 21]…… 행위의 법에서는 하나님께서 말씀하신다: 내가 명하는 것을 행하라! 은혜의 법에서는 사람이 하나님께 말한다: 당신이 명하는 것을 주시옵소서(Da, quod iubes)! 그러므로 율법은 믿음이 행하여야 하는 것을 우리

가 기억하게 하기 위해서 명령한다; 곧 명령을 받았지만 아직 이행할 능력이 없는 자는 자기가 무엇을 간구하여야 하는가를 알아야 한다. 그런데 그가 이행할 수 있고 순종으로 따라올 수 있는 자는 자기가 어떤 은혜의 덕을 입었는가를 바르게 알아야 한다. "우리는 이 세상의 영을 받지 않았다"고 그 지칠 줄 모르게 은혜를 전하는 자가 말한다. 오히려 "우리는 하나님께로부터 온 영을 받아서 무엇을 우리가 하나님으로부터 받았는가를 알아야 한다" [고전 2, 12]. 하지만 이 세상의 영은 저 교만(superbia)의 영과 무엇이 다른가? 하나님을 알았으나 하나님께 감사하며 그에게 영광을 돌리지 않는 자들의 미련한 마음을 어둡게 만든 영과 무엇이 다르냐는 것이다. 바로 그 [교만의] 영은 "하나님의 의를 모르고 자신의 의를 세우려고 하기 때문에 하나님의 의에 복종치 않는" [롬 10, 3] 모든 자들을 속인다……

내가 이것을 하나님께서 힘 주신 대로 연구하고 철저하게 다룬 이후에 결론을 내리게 되었다. 율법적으로 올바른 삶을 살기 위한 명령을 통해서 사람이 의로워질 수 있는 것이 아니라 오직 예수 그리스도를 믿는 믿음으로 의로워진다. 같은 말인데: 행위의 법으로가 아니라 믿음의 법으로다; 문자가 아니라 성령으로이며; 행위의 공로가 아니라 거저 주시는 은혜(gratuita gratia)로 인해서이다.

q) 하나님의 예정(성도의 예정 8, 16)

믿음은 그 완성과 똑같이 시작에 관해서 보더라도 하나님의 선물이다(Fides…… et inchoata, et perfecta, donum Dei est). 이 선물이 어떤 자들에게는 주어지고 어떤 자들에게는 그렇지 않은 것은 성령의 완벽하게 분명한 증거에 정면 도전을 하려는 자가 아니면 절대로 의심하지 않을 것이다. 왜 모든 자들에게 주어지지 않는지가 믿는 자들을 난처하게 만들 수는 없다; 모든 사람이 한 사람[곧 아담의 죄로]으로 말미암아 저주에 이르렀다는 것을 믿는다면, 설사 아무도 이 저주로부터 해방되지 못한다고 하더라도 하나님은 그 어떤 비판도 받을 수 없다는 것도 의심의 여지없이 정당한 것이 된다. [하지만] 많은 사람이 구원받는 것을 보고, 또 구원받지 못한 자들에게서 그들이 벌어들였을 것들을 발견하면서 자랑하는 자라면 그는 결국 저주에 속한 자들의 공로와 같은 것인 자기의 공로를 자랑하지 않고 주를 자랑하게 된다 [렘 9, 23; 고전 1, 31 참조]. 바로 이 사실에서 은혜의 충만함을 엿볼 수 있다. 그러나 [하나님께서] 왜 저 사람들이 아니라 이 사람들을 구원하시는가 하는 것은 측량할 수 없는 그의 계획과 찾을 수 없는 그의 길[롬 11, 33 참조]에 속한 것이다. 여기서도 역시 [그 사도의 말씀을] 들으며 [그를 따라] 고백하는 것이 나을 것이다: "이 사람아 네가 뉘기에 감히 하나님을 힐문하느냐?"[롬 9, 20] 마치 불의한 것을 하려고 하실 수 없는 하나님께서 우리에게 감추어지기를 원하시는 것을 자기가 아는 양 말하려고 하기보다는 말이다.

IV. 역사 신학: 두 왕국

도나투스주의에 반대한 교회론과 펠라기우스 논쟁(Nr. 92) 이전에 이미 근본 줄기가 확립된 은혜론을 가지고, 그리고 이와 함께 너무나 많이 오해되고 있는 "두 왕국론"을 가지고 어거스틴은 신학의 역사와 교회사에 결정적인 영향을 끼쳤다. 주된 원전은 서고트족에 의해서 로마가 점령당하는 충격 아래서 413년부터 426년까지 한 부분씩 나누어서 출판한 22권의 책 "하나님 왕국"이다.

r) 인류역사에 나타나는 두 왕국의 양립(초신자들 교육[De catechizandis rudibus] 31, 2; 신국 14, 28)

(초신자들 교육 31, 2) 인간의 시초부터…… 두 왕국[civitates]이 존재한다: 하나는 불의한 자들의 왕국이고 다른 하나는 성도들의 왕국이다. 그리고 그것은 세상 역사(saculum) 끝까지 갈 것이다; 외적으로는 ['육신적으로는'] 현재[도] 서로 뒤섞여 있으며, 추구하는 의도로 본다면(voluntatibus) [현재 이미] 서로 분리되어 있다. 심판의 날에는 외적으로도 서로가 나뉠 수밖에 없다.

(하나님 왕국 14, 28) 이 두 왕국을 만들어 낸 것은…… 두 종류의 사랑이다: 지상 왕국은 하나님을 멸시하는 정도까지 가는 자기 사랑(amor sui)이고, 하늘나라는 자기를 멸시하는 지경까지 이끌고 가는 하나님 사랑(amor Dei)이다. 한마디로 한다면: 하나는 자기를 높인다면 다른 하나는 주님을 높인다…… 전자는 자기 부하들이나 자기에게 지배받는 백성들 가운데 있는 지배욕망이 지배하고, 후자에서는 통치자들은 심혈을 기울여 가르치고 아랫 사람들은 순종을 하면서 서로 사랑으로 섬긴다.

s) 지상 왕국의 발생(같은 곳 15, 1)

…… 우리는 인류를 두 종류(genera)로 나누었다: 하나에는 인간 방식(secundum hominem)에 따라 사는 자들이 속한다면, 다른 하나는 하나님을 따라 사는 자들을 말한다. 신비적으로 말한다면 두 종류를 두 왕국, 곧 두 개의 인간 집단(societates hominum)이라고 칭할 수 있다. 그중 하나는 하나님과 함께 영원히 지배하도록 예정되었지만(praedestinata), 다른 하나는 마귀와 함께 영원히 고통받도록 예정되었다…… 이 온 세대, 곧 인종이 오고 가는 그 모든 시간은 우리가 말하고 있는 이 두 왕국의 궤도(excursus)와 맞아 떨어진다.—그러니까 먼저 저 두 인류의 조상으로부터 인간 왕국에 속한 가인이 태어났다. 그 다음에 하나

님 나라에 속한 아벨이 출생했다…… 먼저 이 세상 백성이 태어나고, 그 다음에 비로소 이 세상에서는 이방인이고 하나님 나라에 속해 있는 백성이 태어난 것이다: 은혜로 예정되었고(praedestinatus) 은혜로 선택받고, 은혜로 이곳에서는 이방인이고, 은혜로 저곳에서는 백성인 것이다. 왜냐하면 그와 관련해서 말한다면, 그는 근본적으로는 완전히 저주받은 그 동일한 집단으로부터 파생되었기 때문이다(ex eadem massa oritur, quae originaliter est tota damnata); 그럼에도 불구하고 하나님께서는 토기장이처럼…… [롬 9, 21 참조] 동일한 덩어리로부터 하나는 초라하게, 다른 하나는 영광스럽게 만드셨다…… 그러므로 가인에 대해서 말하기를 그는 성을 세운 자가 되었다고 한다(quod condiderit civitatem)[창 4, 17]; 반대로 아벨은 이방인으로서 아무런 도시를 건설하지 않았다. 성도들의 왕국은 저 너머에(superna) 있기 때문이다. 비록 여기서 백성들을 일으키고는 자기도 자기가 다스리는 시간이 올 때까지는 순례자로 머물기는 하지만 말이다……

t) 지상 왕국의 상대적 권세(같은 곳 4, 4; 15, 4; 19, 17. 21-26)

(4, 4) 정의(iustitia)가 존재하지 않는 한 국가(regna)란 폭력적 강도 집단(magna latrocinia)이 아니고 무엇이란 말인가?……

(15, 4) …… 그렇지만 이 [지상]국가가 추구하는 일들로부터 사물의 속성을 완전히 배제하는 것도 옳지 않다; 그 국가는 인간적인 방식으로 보아서는 나쁘지 않다. 말하자면 이 국가는 아주 열등한 일들(pro rebus infimis)과 관계해서 일종의 지상적 평화를 바란다……

(19, 17) …… 믿음으로 살지 않는 지상 국가도 이렇게 지상적인 평화를 추구한다. 그리고 명령과 복종의 관계에서 올바르게 백

성의 일치단결을 이끌어서는 이 땅의 삶에 속한 일들과 관계해서 볼 때 그 어떤 분명한 의지의 일치(quaedam compositio voluntatum)를 그들 가운데서 도출해 낸다. 하지만 하늘나라 혹은 이 땅의 삶에서는 순례자로 머물면서 믿음으로 사는 하늘나라의 한 부분도 동일하게 이 [지상적] 평화를 사용하여야 한다. 이러한 평화가 꼭 필요한 이 땅에서의 존재함이 끝날 때까지는 말이다…… 이렇게 볼 때 두 왕국 사이에는 이 사멸할 생에 속한 물건들 안에서는 일치가 존재한다. 왜냐하면 사멸할 존재가 바로 이 둘 사이에 공통적이기 때문이다…… 단지 신앙과 종교가 해를 당하지 않으면서 가능한 한[에서만] 말이다……

(21) ["국가"는 하나의 "국민의 일"이라는 키케로의 국가에 대한 정의를 근간으로 하여서, "국민"이라는 말을 "법적 일치와 동일한 관심으로 묶어진 인간사회"(coetus multitudinis iuris consensu et utilitatis communione sociatus)[8]라고 이해한다면, 로마는 한 번도 온전한 의미에서 국가가 아니었을 뿐 아니라 그러한 국가는 한 번도 존재하지 않았다]. 정의(iustitia)는 각자에게 자기의 것을 돌려주는 덕목이다. 그렇다면 정의가 사람을 참되신 하나님에게서 이탈시키고는 더러운 귀신에게 복종시키는 곳에서 어떻게 그 사람과 관련해서 정의를 말할 수 있겠는가?……

(24) [비록 조금밖에는 주장할 수 없다 할지라도, 아래 정의가 더 합당할 수 있다:] "국민은 이성을 갖춘 존재로서, 자기들이 귀하게 여기는 물건에 관해서 마음을 일치시킴으로 묶어졌다(Populus est coetus multitudine rationalis rerum quas diligit concordi communione sociatus)…… 어쨌든 불신자들의 정치적인 공동체에는 참다운 정의가 상실되었다; 왜냐하면 그들에게 하나님께서는 오직 자신에게만 제물을 드려야 하는 명령에 복종하는 자들에게 하는 그 명령을 하지 않기 때문이다. 그래서 그들에게서는 영혼이 몸을 지배하지도 못하고 이성이 감정을 지배하지도

못한다……

(26)…… [불신의 백성들도] 자기들에게 고유한 것이며 절대로 과소평가할 수 없는 종류의 평강을 기뻐하지만, 그러나 결국에는 소유할 수 없다. 왜냐하면 마지막까지 그 백성은 자기의 것을 정당한 방식으로 사용하지 않기 때문이다. 하지만 그들이 이 세상의 삶을 사는 동안에는 그것을 갖고 산다는 사실은 우리도 받아들인다; 왜냐하면 두 나라가 서로 뒤섞여 있는 동안에는 우리도 바빌론의 평화[pax Babylonis]를 사용하기 때문이다……[딤전 2, 2; 렘 29, 7]……

u) 하나님 왕국과 교회(같은 곳 20, 9, 1. 2)

(20, 9, 1) …… "누구든지 이 계명 중에 지극히 작은 것 하나라도 버리고 또 그같이 사람을 가르치는 자는 천국에서 지극히 작다 일컬음을 받을 것이요; 누구든지 이를 행하며 가르치는 자는 천국에서 크다 일컬음을 받으리라"[마 5, 19]…… 어떤 의미에서 천국은 '버리는 자'[곧 어거스틴에 따르면 자신이 가르치는 것을 행치 않는 자]도 들어가고 [자신의 가르침 대로] 행하는 자도 들어가는 곳으로 이해해야 한다……; 다른 의미에서 천국은 [계명에 따라서] 행하는 자만이 들어가는 곳이다. 따라서 그 두 종류 모두 존재하는 그곳에서 있는 교회는 바로 현재의 모습이다(qualis nunc est); 하지만 오직 그 [두 번째] 종류만이 있는 곳에 있는 교회는 한때 존재하게 될(qualis tunc erit) 것으로서 그 안에 더 이상 악이 없게 되면 존재하는 교회이다. 지금도 교회는 그리스도의 나라요, 하늘나라이다. 그리고 그와 함께 지금도 거의 성도들이 다스리고 있지만, 사실 나중에 다스리게 되는 것과는 다른 모습이다…… (2) [현재는 아직도 전쟁의 나라(regnum militiae)인데] 그 안에서는 원수가 없이 다스리는 완전한 평화의 나라(pacatissimum regnum)가 오기까지 질풍같은 격정을 억눌러야

하고 때로는 이미 억눌려진 모습으로서 다스림을 받아야 한다…… [이 나라에 뒤이어서 그리고 이미 동터오고 있는 계시록 20, 4에 나오는 천년 왕국에 관해서 요약하면서:] "또 내가 보좌들을 보니 거기 앉은 자들이 있어 심판하는 권세를 받았더라." 이것을 최후 심판의 의미로 이해하면 안 된다. 이것은 현재의 교회를 다스리는 (per quos nunc ecclesia gubernatur) 지도자들(praepositi)의 보좌와 지도자들을 말하고 있다. 그들에게 주어진 심판에 대해서는, 내가 보기에는, 아래와 같이 말하는 것으로 이해하는 것이 가장 맞는 것처럼 보인다: "무엇이든지 너희가 땅에서 매면 하늘에서도 매일 것이요, 무엇이든지 땅에서 풀면 하늘에서도 풀리리라"[마 18, 18]……

V. 사회윤리

아래 제시된 어거스틴의 생각들도 하나님 왕국(De civitate Dei)의 주제이다. 이 주제는 그 생각들의 기초로 되어 있는 기독교와 "세상"의 관계의 빛 아래에서만 온전히 이해될 수 있다. 동시에 이 관조들은 어거스틴의 "두 왕국론"의 한계들도 드러내 준다.

v) 산상수훈의 윤리와 로마의 정치적 윤리(편지 138, 9ff.)

(9) [이교의 변증가들이 단언한다], 국가 윤리(mores)와 그리스도의 선포와 가르침은 한 군데도 일치하지 않는다. 이는 그 계명이 다음과 같기 때문이다: 우리는 아무에게도 악을 악으로 갚아서는 안 된다……[마 5, 39-41 병행구]. 그들이 믿기는 이것은 국가의 윤리에 상반되는 것들이다. "어떤 사람이 자기의 것을 적에게 빼앗기는 것을 허락하겠으며, 누가 로마 속령을 유린한 자들에 대해서 그들의 악을 전쟁 방식으로 되갚지 않겠는가?"…… 하지만 도대체 어떤 방식으로 키케로는 국가를 통치하던 시저를 찬양하

여 이렇게 말하였는가? "저는 겪은 불의 외에는 아무 것도 잊는 법이 없었다[9)]"…… (10) 이것을 자기들의 문장가들을 통해서 읽으면, 그들은 요란한 박수갈채를 보낸다. 마치 윤리는 정치적인 공동체가 세우는 것으로 말하고 찬양하는 것처럼 보인다…… 하지만 악을 악으로 갚으면 안 된다는 것을 하나님의 권세 있는 명령으로 읽게 되면…… 종교는 즉시로 국가의 적이라는 비난의 대상이 된다. 이 반대로 종교에 귀를 기울여 어떻게 그러한 것을 하는가를 들어 보면, 종교는 로물루스, 누마, 브루투스[10)] 그리고 그 밖에 로마인 가운데 유명한 사람들…… 보다 더 국가를 확고하게 하며 성장케 한다. 국가(res publica)는 국민의 일(res populi)이 아니고 무엇이란 말인가?…… 정치적 공동체란 또 일정한 화합으로 묶어진 많은 수의 사람이 아니고 무엇이란 말인가(hominum mutitudo in quoddam vinculum redacta concordiae)?…… (11) [일치를 통해서 공동체가 이루어졌다는 기본 전제는 또한 악을 악으로 갚지 말라는 명령과도 꽤나 일맥상통한다. 이것을 따른다면] 정치적 공동체에 가장 잘 어울리는 일치를 통해서 뉘우치고 돌아오는 자(paenitens)를 얻게 된다면, 그것은 무지막지한 폭력이 아니라 [불의를] 겪은 자가 베푸는 자비를 통해서 얻게 되는 것이다……

w) 기독교인 황제의 이상(하나님 왕국 5, 24)

우리는…… 몇몇[!] 기독교인 황제를 복 받은 자들이라고 찬양하는데, 이는 그들이 오래도록 통치했기 때문이라거나 평안한 죽음을 맞이했다거나 또는 자기들의 자식들에게 통치권을 물려주었기 때문이 아니다…… 이 근심으로 가득찬 삶에서의 그러한 축복과 위로는 오히려 귀신을 섬기는 자들에게도 주어졌다…… 우리들이 그들을 복 받은 자라고 하는 경우는 아래와 같다. 그들이 정의롭게 통치하거나(si iuste imperant), 주변에 있는 갖은 아첨으로 하늘

높은 줄 모르게 하든가 바닥을 기듯 자신을 낮추는 말들 앞에서 기고만장하지 않고 자기들이 인생임을 잊지 않을 경우; 자기들의 권력을 하나님 권세를 섬기는 데에 내어 놓아서 가능한 한 하나님 높이는 것을 준비하는 경우(si suam postestatem ad Dei cultum maxime dilatandum maiestati eius famulam faciunt); 그들이 하나님을 두려워하며, 사랑하며 섬기는 경우; 자기들이 그 어떤 공동 통치자들을 두려워할 필요가 없는 저 나라를 더 많이 사랑하는 경우[!]; 처벌을 더디 하고 기꺼이 관용을 베푸는 경우……; 자기들의 죄를 위해서 자기들의 참 하나님께 겸손과 통회와 기도의 희생드리는 것을 멈추지 않는 경우를 말한다.[11] 이러한 기독교인 통치자들을 우리는 복 받은 자들이라 부르며, 우리가 붙들 그러한 자를 만나게 되면 실제로 그렇게 되기를 소망한다.

x) 신앙 강요의 정당화(편지 93, 2, 5; 5, 17. 16)

(2, 5) 당신[12]은 [커다란 잔치 비유에서(눅 14, 15-24)] 집 주인이 자기 종들에게 "너희가 만나는 모든 사람을 이리로 오도록 강권하라"(cogitare intrare)는 것을 읽으면서도, 누구도 강제로 정의에로 끌어올 수 없다(neminem debere cogi ad iustitiam)고 생각한다. 또 훗날의 바울인 사울 자신이 그리스도의 강권적인 역사로 진리를 깨닫게 된 것[행 9, 3ff. 참조]을 읽고도;…… "아버지께서 이끌지 않으시면 누구도 내게로 올 수 없다"[요 6, 44]는, 하나님을 두려워하므로 그에게로 돌아선 모든 자들의 마음에서 드러나는, 그 그리스도의 말씀을 듣고도 말이다……

(5, 17) …… 원래 나는[도] 이렇게 생각했다. 아무도 그리스도의 하나됨으로 강권되어서는 안 된다. 오히려 말씀이 그것을 이루도록 하여야 하며, 싸움이란 논쟁을 통해서 이루어져야 하며 승리는 이성의 근거들을 통해서 얻어져서, 우리가 노골적인 이단이라고 아는 자들로부터 위선적인 공교회 교인들을 얻지 않아야 한다

고 생각했다! 이 마음 때문에 나를 반박하는 자들에게 패하였다. 이뿐 아니라 오히려 그들을 정복한 놀라운 사례들로부터 반박되었다. 곧 우선적으로 내 자신의 동네[타가스테]를 나에게 들이대었다. 그 마을은 한때 도나투스주의자들의 당파였지만 황제의 칙령[13]을 두려워한 나머지 공교회의 하나됨으로 돌아섰다 …… 도나투스주의는 [잘못된] 확신이 공교회의 진리를…… 깨닫는 것을 더디게 만든 자들일 뿐이라고 여기면서 그들도 참 교회라고 여긴 자들은 얼마나 될까? 비방하는 자들의 [잘못된] 소문들이 얼마나 많은 사람들이 들어올 입구를 막았던가……? 얼마나 많은 사람들이 그리스도인이 어느 편에 서 있는가는 중요하지 않다고 믿고는, 자기들이 거기서 태어나고 또 누구도 그곳을 벗어나서 공교회로 넘어오라고 강요하지 않아서 도나투스파에 머물렀던가!

(5, 16) [아니면 만일 이러한 사례들에 그 어떤 증명의 힘이 주어진다면] 어떤 사람이 강요를 받게 된다는 사실은 결정적인 의미를 갖지 않는다. 오히려 어떤 것에 강요를 받는가가 중요하다: 선한 것에 의해서인가 아니면 악한 것에 강요를 받는가 말이다. 누군가가 자기 의지를 거스려서 선할 수 있다는 말이 아니다; 오히려 자기에게 닥쳐올 것을 두려워하게 되면서 과거에 자기를 방해했던 적대감을 포기하는 것이다. 아니면 두려움 때문에 과거에는 힘을 실어주었던 오류를 내어놓는다든지 혹은 과거에는 몰랐던 진리를 찾으며 왜 전에는 몰랐는가를 자발적으로 인정하면서 과거에는 몰랐던 진리를 인정하지 않을 수 없도록 깨닫는 것을 말한다……

y) 기독교와 사유재산(요한복음 연구 6, 25. 26, 편지 157, 4, 33과 비교)

여기서 어거스틴은 황제 호노리우스 하에서 제국의 이단법령포고로 교회 재산을 몰수당하고는 공교회 교인들에게 빼앗겼다고 하는 도나투스주의자들의 불평에 대해 논쟁을 한다.

(6, 25) …… 인간의 법이냐 아니면 하나님의 법에 의해서냐?…… 하나님의 정의를 우리는 성경에서 가지며, 인간적인 것은 왕들의 법에서 갖는다. 그러니까 무엇을 근거로 각자는 자기의 것을 가질 수 있는가? 명명백백하게 인간적 정의 때문이다. 왜냐하면 하나님의 법에 따르면 "땅은 그 안에 있는 모든 것과 함께 주님께 속하기 때문이다"[시 24(23), 1]. 가난한 자와 부한 자를 하나님께서 동일한 재료로 만드셨고, 가난한 자도 부한 자처럼 동일한 흙이 영양을 공급하였다. 하지만 인간의 법에 의해서 우리는 말한다: 이 택지(villa), 이 집, 이 노예는 내 것이다. 인간의 법, 그러니까 황제의 법에 의해서이다. 왜냐고? 하나님께서 바로 이 인간적 법 조항들을 이 세상의 황제와 왕들을 매개로 인류에게 주셨기 때문이다…… 그러니까 나에게 황제가 무슨 상관이 있냐고 말하지 마라…… (26) …… [네가 그런 식으로 말한다면] 소유로 할 수 있는 것이 무엇이란 말이냐? [오직] 왕들의 법 덕분에 소유권이라는 것이 있는 것이다(Per iura regum possidentur possessiones)……[14]

z) 기독교와 노예제도(하나님 왕국 19, 15; 시 124, 7 강해)

(하나님 왕국 19, 15) …… 정당하게도…… 사람들은 노예제도(servitus)를 죄를 범한 이후에 온 상황(condicio)이라고 생각한다. 이와 같이 우리도 성경 어디에서고 의인 노아가 자기 아들에게 그의 죄에 대한 벌로써 [비로소] 그 말을 쓸 때까지[창 9, 25] 노예라는 말을 읽을 수 없다…… 이 노예제도[그리고 인간을 인간이 지배하는 것]가 분명히 하나님의 역사가 아니고는 있을 수 없다. 불의가 있을 수 없고 인간들의 실수에 대해서 스스로 벌어들인 것에 따라서 천차만별의 벌 내리시는 것을 잘 아시는 그 하나

님의 역사 말이다. 높으신 주님께서 말씀하시듯이 말이다: "죄를 범하는 자마다 죄의 노예라"[요 8, 34]; 그러므로 분명히 많은 경건한 자들이 [이미 노예를 소유하고 있다는 사실에서] 자유하다고 할 수 없는 불의한 주인을 섬기고 있다; 왜냐하면 "누군가가 그 무엇에 지배당하고 있다면 그는 그것의 노예가 된 것이기 때문이다"[벧후 2, 19]. 어쨌든 욕망의 노예보다 사람의 노예 된 자가 행복한 자이다[Et utique felicius servitur homini quam libidini]. 왜냐하면 다른 욕정들을 말할 필요 없이 아주 잔인한 독재로 인생의 마음을 유린하는 것은 바로 지배욕[libido dominandi]이기 때문이다…… 하지만 하나님께서 처음에 인간을 만드신 것과 같이 그렇게 본래부터 다른 인간 또는 죄의 노예인 사람은 아무도 없다. 그럼에도 불구하고 벌로써 세워진 노예제도(poenalis servitus)가 자연 질서를 지키게 하고 깨뜨리는 일을 금지하는 바로 그 법을 통해서 세워졌음(ea lege ordinatur)을 눈여겨야 한다. 그러므로 사도 바울도 노예들에게 주인에게 복종하고 기꺼이 섬길 것을 명하고 있다[엡 6, 5 비교]. 그래서 어차피 주인들로부터 자유를 얻지 못한 경우에, 악이 사라지고 그러한 지배와 인간적인 강압이 제거되고 하나님께서 모든 것 안에서 모든 것이 되시는 때까지[고전 15, 24. 28] 스스로 두려움이 아니라 충성된 사랑으로 주인을 섬기면서 자신들의 노예 됨을 자유함으로 바꾸라는 것이다.

(시 124, 7 강해) …… 보라, 그[그리스도]는 노예를 자유자로 만드시지 않고 악한 종을 선한 종으로 만드셨다(Ecce non fecit de servis liberos, sed de malis servis bonos servos)……

원전 : M. Skutella, S. Aureli Augustini Confessionum libri XIII, BT, 1934 (재인쇄 1969); A. Goldbacher, S. A. Augustini

Hippon. episc. Epistulae, CSEL 34. 44. 57f., 1895-1923; A. Hamman, MPLS 2, 1960, Sp. 398ff. (설교 진본); L. Verheijen, La règle de s. Augustin, 2 Bde., Paris 1967; W.M. Green, S.A. Augustini…… De doctrina christiana libri quattuor, CSEL 80, 1963; J. Zycha, S.A. Augustini…… Contra epistulam Fundamenti……, CSEL 25, 1891; M. Petschenig, S. A. Augustini Scripta contra Donatistas, 1, 2, CSEL 51f., 1908f.; R. Willems, S. A. Augustini in Johannis evangelium tractatus CXXIV, CChr SL 36, 1954; C.F. Urba-J.Zycha, S.A. Augustini…… De spiritur et littera…… De natura et gratia ……, De praedestinatione sanctorum……, CSEL 42, 60, 1963; A. Wolfhard-G. Krüger, Augustin, De catechizandis rudibus, SQS4, 1893²; S. A. Augustini ep. De civitate Dei l. XXII, rec. B. Dombart-A. Kalb (BT), 1981⁵; E. Dekkers-J. Fraipont, S.A. Augustini Enarrationes in psalmos CI-CL, CChr SL 40, 1956.—참고문헌: F. van der Meer, Augustinus der Seelsorger, 1958; R. A. Markus, Saeculum, Cambridge 1970; U. Duchrow, Christenheit und Weltverantwortung, (1970) 1983²; P. Brown, Augustinus von Hippo, 1973; C. Andresen, Zum Augustingespräch der Gegenwart, Bd. 1, 1976²; Bd. 2, 1981; K. Flasch, Augustin, (1980) 1994²; H. -I. Marrou, Augustinus und das Ende der antiken Bildung, 1981; H. Chadwick, Augustin, 1987; J. von Oort, Jerusalem and Babylon, Leiden, 1991; H. Ruokanen, Theology of Social Life in Augustin' s De civitate Dei, 1993; E. Daßmann, Augustinus. Heiliger und Kirchenlehrer, 1993; A. M. Ritter, Gottesbürgerschaft und Erdenbürgerschaft bei Augustin und Photios, in: ZKG 113, 2002.

1) 인간은 빛을 가지고 있으며 영적인 지식을 선포함으로 그것을 기억하게 될 뿐 아니라 식물과 동물에게도 빛이 섞여 있으며 거기에서부터 분명하게 되어져야만 하지만, 이것은 덕성 있는 인간의 몸을 통해서만 가능하다는 마니교의 주장을 위하여 나온 극단적이고 꾸며낸 표현이다.
2) 어거스틴은 그러니까 무엇보다도 도저히 극복될 수 없는 마지막 유보 때문에 한 번도 완전한(electus) 마니교도가 아니었고, "청문자"(auditor)로만 머물렀다.
3) 여기서는 무엇보다도 마리우스 빅토리누스가 번역한 포르피리우스의 글과 몇 개의

플로틴의 논문을 말한다.

4) 이것은 어거스틴 규율에서 수도원장과 "우두머리"에 관하여 말한 것과 거의 문자적으로 일치한다(아래 h를 보라).

5) 어거스틴의 이름으로 전승되는 문제의 세 문서 가운데(이에 관해서는 R. Lorenz, ThR 40, 1975/6, 244 쪽 이하를 보라) 아래에서는 "regula tertia", "regula Augustini" 혹은 "Praeceptum" (오늘날 기준이 되는 L. Verheijen 판 = MPL 32, 1377-1384에 따라서)이라고 불리는 것만 인용하겠다.

6) 이 문서 자체 안에서 전개되며, 어거스틴 스스로가 말하기를 "오류가 없이 성경의 숨은 의미(occultus sensus)에 이르거나 최소한 뜻을 약하게 하며 왜곡되게 만들지 않는"(18) 해석학적 규칙들은 해석학의 근본체계로서 "상징"(signum)과 "실체"(res)의 구별에 기초를 두고 있다. 성경으로부터 교육의 목적이라고 강조되어야 하는 "실체"들을 1권이 다룬다; 다음과 같다: 삼위일체 하나님, 그리스도, 교회, 사랑의 이중계명, 이 이중계명은 "신앙규범"과 함께 성경에서 어떤 것은 문자적으로, 어떤 것은 상징적으로 이해해야 하는가 하는 문제에 기준이 된다. 2권은 "상징들", 곧 문자들과 개념들을 다룬다. 이들의 해석이 알려져 있지 않는 한, 세속 학문(artes liberales)을 이용하여야 한다. 3권은 "본래적" 및 "적용된" 상징들에 대한 기존의 이중의미(ambigua)를 어떻게 이해하고 접근해야 하며, 그러니까 해당되는 성경의 단어가 본래 의미한 것을 어떻게 확정지어야 하는가 하는 문제에 할애하고 있다. 4권이 비로소 설교 및 수사학을 제시한다.

7) 397년 제3권 중간에서 끝을 보지 못한 De doctrina christiana의 해석학 부분을 보충하면서 어거스틴은 개혁적 도나투스주의자 티코니우스가 380년경 저술한 규칙서(liber regularum)에서 제시했던 7개의 규칙을 대부분은 동의하였지만 비판적으로 검토하는 것 이상 나아가지 못했다. 이 규칙서는 라틴어로 된 첫 번째 성경해석학 총람이다.

8) 키케로, 국가론 1, 39.

9) 키케로, Q. 리가리우스(Ligarius)의 배려, 12, 35.

10) 로물루스, 로마전설에 따르면 도시의 창건자; 누마 폼필리우스(Numa Pompilius), 같은 전설에 의하면 두 번째 왕이며, 로마의 기본 법 제정자; 브루투스(L. Iunius Brutus, 약 기원전 500), 로마 공화국의 창건자이며 영향력 있는 국가법 및 제의적(sacral) 개혁의 발의자.

11) 분명히 테오도시우스 1세가 밀라노에서 행한 고해행위를 빗대어 말함(위 Nr. 86e m.A.2).

12) 어거스틴의 친구 빈센티우스를 향한 말이다. 그는 도나투스주의 내부의 로가티스트 분파 감독이다.

13) 404년부터 아프리카 공교회 교인들의 청원이 거듭해서 황제 궁정에 상달되어 도나투스 분리주의자들에 대한 강경한 방침을 요청했다. 여기에 어거스틴도 참여하였다. 뒤이어 선포된 법령들의 내용은 아래와 같다: 도나투스주의 성직자는 추방, 고집불통의 평신도들에게는 벌금, 교회는 공교회를 위하여 교회몰수. (411년 여

름) 카르타고에서 열린 종교회의가 공교회 교인들에게 유리하게 마무리된 이후에 국가적 압박이 강력하여졌고 10년이 지나지 않아 실제적으로 도나투스주의의 붕괴로 치달았다. 하지만 바로 그때서야 어거스틴은 온건하게 입을 열었다(예를 들어 412년의 편지 133 비교). 때문에 그를 종교재판의 아버지로 간주할 수 있는 가능성은 거의 없다.

14) 하나님의 법이 아니라 겨우 인간적인 의미에서(positiven) [개인] 소유를 합법적이라고 보는 어거스틴의 소유 이해에 대해서 편지 157을 비교하라. 거기에 의하면 어거스틴은 소유의 포기를 기독교 정신을 최고로 인정하는 것으로 본다. 어거스틴 자신도 "공산주의적" 구조라고 생각하는 원시공동체에서 실제로 이루어진 것처럼 말이다. 하지만 저 "명예로운 완전함"은 특별히 "높은 정신을 유지하는 자들", 곧 성직자들과 수도사들에게나 한정된다(위에 나온 어거스틴 규율에서 발췌한 h를 비교하라). "완전의 가르침"을 받는 데에 이르지 못하지만 자신들이 참 기독교인들이라는 것을 기억하는 그밖의 교회구성원들에게는 자발적인 사랑의 행위인 자선이 유일하게 이 "공산주의"를 실행하는 것이다(특히 편지 157, 4, 33을 보라).

92. 펠라기우스(Pelagius)

어거스틴의 은혜론은 펠라기우스(약 354-420)의 반박에 부딪혔다. 이 사람은 브리튼 출신으로서 384년경 로마에 나타났고, 여기서 금욕주의자와 성경주석가로서 커다란 명성을 얻었다. 곧 410년 서고트족을 피하여 아프리카로 도망하여 여기서 자기의 "죄와 은혜론"으로 어거스틴의 이론과 논쟁에 빠져들기 이전에 그러하였다(그의 주된 이론은 418년 카르타고 공의회를 통해서 정죄되었다). 그로 하여금 어거스틴을 대항하여 덕스러운 삶의 가능성과 경건한 사역의 공로를 주장하게 하고 이를 위해서 하나의 신학적인 근거를 바라보게 만든 것은 일차적으로 금욕적-도덕적 관심이었던 것이 분명하다.

a) "바울서신 해석"(Expositiones XIII epistularum Pauli)

(롬 3, 28절 해석) …… 어떤 사람들은 오직 믿음이면 [세례 받은 자에게] 충분하다고 하면서 이 구절을 의로운 행위를 폐기(destuctio)하도록 오용한다. 하지만 바로 이 사도가 다른 곳에서 말했다: "내가…… 모든 믿음을 가졌을지라도, 사랑이 없으면 내게 아무 유익이 없느니라"[고전 13, 2], 곧 그가 다른 곳에서 그 안에 율법의 완성이 들어 있다[롬 13, 10]고 맹세한 [그 사랑]을 말한다. 이것이 반대 주장들에 대해서 노골적으로 반박하고 있다면, 행위 없이 믿음으로 말미암아 의롭게 된다는 사도의 증언에서 어떤 [율법] 행위를 생각해야 하겠는가? 당연히 할례, 안식일 [정결법] 같은 것이지, 복을 받으신 야고보가 말한 의의 행위들이 아니다: "행함이 없는 믿음은 죽은 것이니라"[약 2, 26]. 하지만 사도 바울은 여기서 그리스도께로 와서 자기 믿음의 길 시작에서 오직 믿음으로만 구원받는 자(quid ad Christum veniens sola, cum primum credit, fide salvatur)를 말하고 있다. 하지만 그는 덧붙이기를: "율법의 행위"라고 하면서, [세례 받은 자가 해야만 하는] 은혜의 행위(gratiae opera)도 있다는 것을 분명하게 하고 있다.

(롬 5, 12절 해석) "이러므로 한 사람으로 말미암아 죄가 세상에 들어 왔고 죄를 통해서 사망이 왔느니라." 실례 또는 본보기로 인해서(Exemplo vel forma). 말하자면 죄가 그 이전에는 없었는데 아담으로 말미암아 온 것과 마찬가지로, 의로움도 거의 누구에게서도 발견되지 않던 것인데 그리스도로 말미암아 되찾게 되었다; 죄로 말미암아 죽음이 들어 왔듯이, 의로움으로 말미암아 이 삶도 새롭게 되었다. "이렇게 [죽음이] 모든 사람에게 건네졌다, 모든 사람이 그 자 안에서 죄를 지은"(in quo omnes peccaverunt) [그 자로부터]. 말하자면 그들이 그런 식으로 죄를 지으면서, 또한 같은 방식으로 죽는다. 왜냐하면 죽음이 아브라함, 이삭[과 야곱]에게

는 넘어가지 않았기 때문이다. [이들에 대해서 주님도: "그에게는 이들 모두가 살았느니라"(눅 20, 38)고 하기 때문이다]. 하지만 그는[바울은] 여기서 모든 자들이 죽었다고 하였다. 왜냐하면 죄인들의 무리에서 작은 수의 의인들이 예외가 되지 않기 때문이다…… [시 13, 1; 115, 11와 비슷하게]. 아니면 [이 구절은 이렇게도 해석하게 하였다:] 그[죽음]는 하늘의 방식(ritus)이 아니라, 인간적 방식으로 사는 모든 자들에게 넘어갔다.

(롬 8, 29절 해석) "[이는] 이들을 그가 사전에 알았기 때문이다." 이에 따라서 그의 의도는 자기가 그들이 믿게 되리라는 것을 미리 알았던 자들만을 믿음으로 구원한다는 것이다; 그리고 그가 거저(gratis) 구원으로 부른 자들을 그는 그들이 [자기들의 구원을 향해] 행하면 더욱 영광스럽게 하실 것이다. "그리고 그는 그들이 자기 아들의 [영광의] 모습과 같아지도록 예정하셨다." 예정은 예지와 같은 것이다(Praedestinare idem est quod praescire). 자기들의 삶[의 여정]에서 그들이 [자기 아들의 모습과] 같아지게 될 것을 미리 본 자들을 그는 영광 가운데서 [자기 아들과] 동일한 형상에까지도 이르게 하기를 원하셨다; "그는 미천한 우리의 몸을 자기 영광의 몸과 동일한 형상으로 변화시키실 것이다"[빌 3, 21 비교].

(롬 9, 16절 해석) …… 어떤 사람들이 생각하는 것처럼 [정말로] 우리의 원함과 달림에 있지 않다면, 그[바울] 스스로가 서둘러 말하며: "내가 달려갈 길을 마쳤노라"[딤후 4, 7], 다른 자들도 달릴 것을 이렇게 말하였겠는가: "너희도 [상급을] 얻도록 이와 같이 달음질하라"[고전 9, 24]? 여기서 그는 권하는 자의 표현을 쓰고 있지…… 부인하는 자의 표현을 사용하지 않고 있음이 나타난다. [아니면 그는 다음과 같이 주장하려고 할 것이다: 우리의 원함과 달림에만 있지 않고 주님의 도움에 달려 있다(Ita non volentis neque currentis tantum, sed et domini adiuvantis)].

b) 어거스틴과의 논쟁 시작(어거스틴, 견인의 은혜 20, 53)

내 작품들 가운데 "고백록"보다 더 일반적으로 알려졌고 더 많은 동료들을 발견한 것이…… 어떤 것이냐? 이 책도 사실 펠라기우스의 잘못된 주장이 나오기도 전에 발표하였지만, 여기서 나는 사실 우리 하나님께 말했고, 그것도 여러 번 말하였다: "당신께서 명령하시는 것을 주시고, 당신께서 원하시는 것을 명령하소서"(Da quod iubes, et iube quod vis).[1] 나의 이 말을 내 친구이자 동료 감독 가운데 한 사람이 로마에서 펠라기우스 면전에서 논하였을 때, 펠라기우스는 이를 받아들일 수 없었고 아주 흥분해서 반박을 하였고, 이것을 논한 사람과 싸움 직전까지 갔었다……

c) "자유의지론"에서 보는 의지의 자유(어거스틴, 그리스도의 은혜와 원죄 4, 5)

우리가 이 세 가지[능력: 가능성, 의지와 행위]를 말하면서 서열을 매긴다면 아래와 같이 셋을 구별한다: 첫째 자리에 가능성(posse), 둘째에는 원함(velle)을 세 번째 자리에는 존재(esse)를 놓는다. 우리는 가능성을 본성으로 돌리고, 원함은 우리의 결단력(arbitrium), 존재는 결과(effectus)로 본다. 첫 번째 능력, 말하자면 가능성은 본래(proprie) 그것을 자기 [은혜로] 피조물에게 주신 하나님의 것이다; 하지만 다른 둘, 곧 원함과 존재는 사람들의 자유로운 결단의 원천이기 때문에 사람에게 관련시켜야 한다. 그러니까 인간의 칭찬은 그가 선한 일을 원함과 행함에 있다; 아니면 심지어, 이 칭찬은 사람의 몫이며 또한 이 원함과 행함의 가능성을 주시고, 이 가능성을 꾸준히 자기 은혜의 도움으로 뒷받침해준(gratiae suae…… auxilium) 하나님의 몫이기도 하다. 하지만 인간이 선한 것을 원하고 이룰 수 있다는 것은 하나님의 역사일 뿐이다……; 반대로 우리가 온전하게 행하고 말하고 생각하는 것은, 이것을 우리는 악을 향하게 만들 수도 있기 때문에 우리의 업적이다. 이 때문에, 인간은 죄가 없을 수 있다고 우리가 말할 때 우리는 동시에,…… 할 수 있음이 바로 그의 관대함의 덕분이라고 감사하고 있는 그 하나님을 찬양하고 있는 것이다. 또한 하나님의 하시는 일만 다루는 여기에서는 인간을 칭찬할 여지가 있을 수 없다. 하지만 [지금 이 순간에는] 원함도 존재도 아니라 도대체 무엇인가가 가능한가만이 쟁점이다.

원전 : A. Souter, Pelagius's Expositions of thirteen epistles of St. Paul, II, Cambridge 1926; A. Zumkeller, Die Gabe der Beharrlichkeit, in: Aurelius Augustinus, Schriften gegen die Semipelagianer (lat-dt.), hg. v. A. Kunzelmann - A. Zumkeller, 1955; C. F. Urba - J. Zycha, S. A. Augustini…… De gratia Christi et de peccato originali……, CSEL 40, 1913. ―참고문헌: G. de Plinval, Pélage. Ses écrits, sa vie et sa réforme, Lausanne, 1943; T. Bohlin, Die Theologie des Pelagius und ihre Genesis, 1957; J. Ferguson, Pelagius. A. historical and theological study, London, 1957; R. F. Evans, Pelagius. Inquires and Reappraisals, New York, 1968; G. Greshake, Gnade als konkrete Freiheit. Eine Untersuchung zur Gnadenlehre des Pelagius, 1972; O. Wermelinger, Rom und Pelagius, 1975; B. R. Rees, Pelagius, Woodbridge 1988; R. A. Markus, The legacy of Pelagius, in: R. D. Williams, The Making of Orthodoxy, Cambridge 1989, S. 214-234.

1) 고백록 10, 29. 31. 37; 또한 위 Nr. 91p도 비교하라.

93. 5세기에서 7세기까지의 기독론 논쟁 역사

430년대 말(그러니까 의미심장한 4세기의 전주곡이 있고 난 후)에 발발하고 겨우 200년 이상이나 걸린 다음에 그것도 비잔틴 제국교회의 존립뿐 아니라 비잔틴 통치에도 중차대한 손상을 끼치고 난 후에야 기독론 논쟁은 마무리되었다. 이 싸움은 종종 알렉산드리아, 안디옥, 콘스탄티노플, 로마의 감독보좌를 거머쥔 자들 사이에서 제국교회 내에서의 지배권을 갖기 위한 권력다툼으로만 보아 왔다. 하지만 그밖에도 여기에는 두 개의 신학 방향 간에 타협의 여지가 없는 충돌이 있었다는 것도 지적되고 있다. 말하자면 기독론 논쟁은 신론 논쟁보다 너 징말로 강력한 신학 파벌 간의 싸움이었다(안디옥과 알렉산드리아 학파)! 결국에는 아주 기초적 신앙적인 동기와 관심이 학문적인 관심에 보태진 것이다. 그렇지 않았었다면, 이 싸움의 격렬함, 넓은 층의 백성들의 개입, 특히 동방의 수도원 권역에서의 반향을 서의 이해할 수 없을 것이다. 이들에게는 마리아의 "하나님의 어머니 되심"이라는 단순한 통속적인 관점만이 문제가 아니었다. 이 관심을 추적하는 것은 맞붙은 형식과 개념 파악만큼이나 이 논쟁 이해를 위한 중요한 전제일 것이다.—물론 이 싸움의 첫 번째 단계(소위 "네스토리우스 논쟁", 428-431)에서는 실제로 수도사인 네스토리우스에게 콘스탄티노플 총대주교좌에 있는 안디옥 학파의 대표 역할이 주어졌고, 곧바로 그가 마리아를 하나님을 낳으신 분이라는 통속적인 호칭을 중심으로 하는 중요한 싸움에 개입하게 되는 데에서 싸움이 일어났다. 이 때문에 알렉산드리아와 로마에 고발이 되면서 그는 이 교리적 동기로 투쟁적인 알렉산드리아 사람인 퀴릴에게 로마의 후원으로 자기의 권위를 확고히 하며 네스토리우스 실각을 추진할 절호의 기회를 제공하였다.

a) 네스토리우스(Nestorius)의 설교(설교 9. 12[Loofs, S. 262. 280])

(설교 9) …… 짊어지신 분 때문에 나는 업히신 분을 찬양한다; 감추어진 분 때문에 보이는 분을 예배한다. 보이는 분에게서 하나님은 분리되지 않으신다; 때문에 자신을 분리하지 않는 분의 영광을 분리하지 않는다. 본성들(*φύσις*)은 나뉘지만, 예배는 하나이다…… 어머니의 몸에서 형성된 것은 하나님 자신(*καθ' ἑαυτό*)이 아니며……, 무덤에 안장되신 것은 하나님 바로 그분이 아니다; 아니면 우리가 가시적인 인간을 예배하는 자들이 되며, 죽은 자의 숭배자들이 되고 만다. 오히려 취하여진 자 안에 하나님께서 계시므로, 취하신 자와 하나가 되었기에 취하여진 자는 취하신 자로부터 그와 함께 '하나님'이라는 칭호를 가지는 것이다(*συγχρηματίζει θεός*)……

(설교 12) 본성들의 하나됨은 분리되어지지 않지만, 결합된 자들의 *οὐσίαι*들은 분리된다…… 그리스도가 그리스도 됨에서는 나누어지지 않지만, 하나님 됨과 사람 됨에서는 이중이다; 그는 아들 됨에서는 단순하다, [하지만] 입으신 자 안에서와 입히신 자 안에서는 이중이다. 아들 안에서[1)] 그는 유일하지만, 두 눈을 가지고 있듯이, 인간 본성과 하나님 본성 안에서는 나누어진다. 왜냐하면 우리는 두 명의 그리스도나 두 아들과 두 독생자들과 두 주님, 곧 한 아들과 또 다른[희랍어: *ἄλλος καὶ ἄλλος*] 아들이 아니라, …… 피조되고 피조되지 않은 본성 안에서 바라보이는 하나의 동일한 분을 알기 때문이다……

b) 430년 1월/2월 퀴릴이 네스토리우스에게 보낸 두 번째 편지 (Schwartz ACO I, 1, 1, S. 26-28)

(3) …… [니케아 신조의 단어들과 가르침에[2)]] 우리도 따라야 하며 동시에 하나님께로부터 온[유래한] 로고스가 "육신과 사람이

되셨다"는 것이 무엇을 의미하는지를 생각해 보아야 한다. 우리는 로고스의 본성이 변화함(μεταποιηθεῖσα)으로 비로소 육신이 되셨다고 말하지 않으며, 그 본성이 혼과 몸으로 이루어진 완전한 사람으로 바뀌었다고 말하지도 않는다; 오히려 우리가 주장하는 바는: 로고스가 형용할 수 없고 알 수 없는 방식으로 자신을 이성적 혼으로 불어넣어진 육체[3]와 위격적으로(καθ' ὑπόστασιν) 결합[4]시키셨고, 그렇게 인간이 되시고 '인자'라는 이름을 가지셨다는 것이다. 하지만 마치 그가 그저 하나의 πρόσωπον을 취하신 것처럼 그렇게 [자기 자신의] 뜻과 호감에 따라 되신 것만이 아니다. 실제적으로 하나로 결합된 두 본성은 분명히 다르지만, 둘에서 한 분의 그리스도와 아들이 되시었다……

(6) 이러한 의미에서 우리는 한 분 그리스도와 주님을 고백할 것이다. 동시에 "함께"(σύν-)라는 단어를 나누어짐의 생각이 개입되지 못하도록 하기 위해서 로고스와 함께 있는 한 사람을 숭배하지 않고, 그분을 바로 그 동일한 분으로 숭배한다…… 그런데 우리가 위격적인 하나됨을 이해할 수 없고 마땅치 않다고 거부하면, 우리는 두 아들을 말하는 오류에 빠지게 된다…… (7) …… 우리가 알게 된 것과 마찬가지로 거룩한 교부들도 그렇게 생각하였다. 이 때문에 그들은 거룩한 동정녀를 하나님을 낳은 분(θεοτόκος)이라고 부르는 자유를 얻었던 것이다. 곧 로고스의 본성이나 자기의 신성은 동정녀에게 근원이 있는 것이 아니라, 로고스가 위격적으로 결합한 이성적 혼을 갖춘 거룩한 몸이 그녀로부터 태어났기 때문이며, 그래서 그는 육체로는 태어나셨다고 말할 수 있게 되었다……

c) 430년 6월 15일 네스토리우스가 퀴릴에게 보낸 두 번째 편지(같은 곳 S. 29-32)

(2) …… 마음이 있다면 [니케아의] 가르침을 한 번 자세히 보

라. 그러면 하나님의 교부들이 하는 합창은 [아버지와] 동일 본질인 [아들의] 신성이 고난을 겪을 수 있다고 노래하지 않았다. 또 아버지와 동등하게 영원한 [신성]은 얼마 전에 태어났다—혹은 그의 허물어진 성전을 일으켜 세운 그 신성이 죽은 자들로부터 스스로 부활하였다고 주장하지도 않았다…… (3) …… [오히려] 그들[니케아 교부들]은 우선 '주'와 '예수'와 '그리스도', '독생자', '아들', 그러니까 신성과 인성에 공통된 이름을 주춧돌로 놓고, 그 위에 인간이 되심, 고난과 부활을 세움으로…… [이런 식으로] 한편으로는 아들 됨과 주님의 위엄과 관계된 술어가 분리되는 것을 피하였고, 다른 한편으로는 본성들의 특성이 사라지게 만들고 하나의 유일한 아들 됨(*ἐν τῷ τῆς υἱότητος μομαδικῷ*)으로 귀결되도록 하였던 것을 주목하여 보라. (7) …… 성경이 주님의 경륜(*οἰκονομία*)을 논하는 곳은 어디에서고 탄생과 고난은 신성이 아니라 인간성의 몫으로 돌리면서 정확하게 표현해서 거룩한 동정녀가 "그리스도를 낳으신 분"이지 "하나님을 낳으신 분"(*Χριστοτόκος, οὐ θεοτόκος*)이라고 부르지 않게 하였다…… 그러니까 이렇게 고백하는 것이 합당하며 복음적인 전승에 걸맞는다. 곧 몸(*σῶμα*)은 아들의 신성의 전으로 이 전은 [그와 함께] 최상으로 신적인 연합(*συνάφεια*)으로 하나가 되어서 신성이 이 전 자체를 자기 것으로 만들(*οἰκειοῦσθαι*) 정도로 결합된 전이다. 그런데 이 "자기 것으로 만듦(*οἰκειότης*)"이라는 개념에서 [로고스와] 결합된 육체의 특성들: 태어남, 고난받음, 죽음들도 포함시키려고 하는 자가 있다. 말하자면 형제여, 이것은 희랍사고에 의해서 유혹되었든가 아니면 아폴리나리스와 아리우스의 얼빠진 짓에 의해서 감염된 생각을 증언하는 것이다…… 자기 것으로 만듦이라는 개념으로 유혹되는 자들은 하나님 로고스가 [아이 예수의] 조용함과 차츰 자라남에도 참여하였고, 고난의 순간에는 두려움을 가졌고, 천사의 도움도 필요했다고 말하지 않으면 안 된다. 할례,

[성전(θυσία)에서의] 말씀하심, 땀과 배고픔에 관해서, 우리 때문에 육체에 해당되는 이 찬양의 가치가 있는 모든 것들에 관해서는 침묵을 하면서; 하지만 이것을 그의 신성 몫으로 돌리는 것은 거짓이며 우리가 이 비방을 고발하지 않을 수 없다.

d) 퀴릴의 네스토리우스 이단판결문(같은 곳 S. 40-42)

네스토리우스의 이 교리적으로 매우 중요한 편지에 대한 답변이 바로 430년 11월의 알렉산드리아 공의회의 방대한 기록이다. 여기에 더하여 이미 쾰레스틴(Koelestin) 주도 하에 이루어진 로마 공의회에서 몇 달 전에 네스토리우스를 위협했던 정죄들과 같은 그 정죄에서 그가 벗어나려면 스스로가 무엇을 정죄하여야 하는가를 간결하게 말하는 12개의 저주문이 첨부되어 있었다.—안디옥 교인들에게 특별히 걸림돌이 되게끔, 이것이 바로 "양-성" 기독론의 적들이 거듭거듭 증거로 끌어대는 바로 그 퀴릴의 17번째 편지이다.

(1) 임마누엘[사 7, 14을 비교하라]은 진실로 하나님이며, 거룩한 동정녀는 하나님으로부터 오시고 육체가 되신 로고스를 낳으신 분이기에 하나님을 낳으신 분이라고 하지 않는 자는 저주를 받아야 한나.

(2) 하나님 아버지로부터 나온 로고스가 육체와 위격적으로 하나를 이루고, 그리스도는 자기의 것이 된 육체와 하나가 된 것, 곧 하나님이며 동시에 사람이라는 것을 고백하지 않는 자는 저주받아 마땅하다.

(3) 온전한 하나됨(ἕνωσις)이 있고 난 후에 하나의 그리스도 안에 있는 위격들을 나누며 이 하나됨을 존귀와 권세와 통치에서 되는 단순 결합(συνάφεια)을 통해서 이루어진 것이지, 본성적인 하나됨(καθ' ἕνωσιν φυσικήν)의 의미에서의 결합(σύνοδος)을

통해서가 아니라고 하는 자는 저주받아 마땅하다.

(4) 복음서와 사도문서들의 증언들을, 그것이 성도들이 그리스도에 대해서 했든지 그리스도 본인이 자신에 대해서 했든지, 두 인격(*πρόσωπα*), 또는 두 위격으로 나누며, 그중 하나는 하나님에게서 나온 로고스 곁에 있거나 그로부터 구분되었다(*ἰδικῶς*)고 생각하는 인간에게, 다른 하나는 하나님 아버지께로부터 나온 로고스에게만 해당하는 것이라고 하는 자는 저주를 받을지어다.

(5) 그리스도는 자기 안에 하나님을 모시고 다니는 사람(*θεοφόρος ἄνθρωπος*)이라고 주장을 하는가 하면, 심지어 로고스가 성경에 따라서 육체가 되었기에 그는 진짜 유일하고 본래 아들이라고 고백하지 않는 자는 저주를 받을지어다.

(11) 주님의 육체는 생명을 나누어주고 하나님 아버지로부터 나오신 로고스의 그 본래의 육체가 아니라, 그와 다르며, 위엄에 따라 결합되었거나 단순히 신적 거주하심(*ἐνοίκησις*)에 한 부분이 되신 인간의 육체라고 주장하는 자는…… 저주받을지어다.

(12) 하나님의 로고스가 육체로서 고난을 당하셨고, 육체로 십자가에 달리시고, 육체로서 죽음을 맛보셨고, 그가 하나님으로서 생명이시며 생명을 주시는 분이시기에 "죽은 자 가운데서 첫 열매"[골 1, 18]가 되셨다는 것을 고백하지 않는 자는 저주를 받을지어다.

e) 433년 일치신조(같은 곳 I, 1, 4, Nr. 123, 3=127, 5)

퀴릴이 세련된 방식으로 431년 에베소에서 네스토리우스를 정죄하며 하나님을 낳으신 분이라는 고백을 관철시켰음에도 불구하고 화해를 모색할 수밖에 없었다. 비잔틴과 로마로부터는 인정할 준비가 되어있는 안디옥과의 청산을 말한다. 이 청산은 그가 말한 것처럼 동정녀인 하나님 어머니에 대해서와 하나님의 독생자의 성육신 형식에 대해서 말하고 생각하는 문제와 관련해서 안디옥의 요한이 이미 제시한 일치형식에 서명하는 것이었다. 그 고백 형식은 아래와 같다.

> 우리는…… 우리 주 예수 그리스도 하나님의 독생자가 이성적인 영혼과 몸으로 이루어진 완전한 하나님이시고 완전한 사람이심(*θεὸν τέλειον καὶ ἄνθρωπον τέλειον ἐκ ψυχῆς λογικῆς καὶ σώματος*)을 고백한다. 시간 이전에 신성으로는 아버지로부터 낳으시고, 인간으로는 마지막 날에 우리와 그리고 우리의 구원을 위해서 동정녀 마리아로부터 [생겨나셨다]. 신성으로는 아버지와 동일본질이시고, 인성으로는 우리와 동일본질이시다. 두 본성의 결합(*δύο…… φύσεων ἕνωσις*)이 이루어졌다. 그래서 우리는 하나의 그리스도, 하나의 아들, 한 주님을 고백한다. 섞이지 않는 하나됨(*ἀσύγχυτος ἕνωσις*)의 개념을 따라서 우리는 거룩한 동정녀를 하나님의 어머니라고 고백한다. 왜냐하면 하나님 로고스가 육과 사람이 되었으며 잉태되는 순간 그녀로부터 얻은 성전을 자기와 하나로 하였기 때문이다. 하지만 우리는 신학자들이 주님에 대한 복음적이고 사도적인 언급을 한편으로는 한 인격(*πρόσωπον*)으로 끌어가면서 [두 본성에] 공통적으로 관련짓고, 다른 편으로는 두 본성에 관련시키면서 구별시키고 있음을 알고 있다. 그러므로 그들의 전승을 따라서 하나님에 걸맞는 호칭은 그리스도의 신성에 해당되며, 저급함의 언급은 반대로 그의 인성에 해당된다.

f) 교황 레오(Leo)가 "플라비안(Flavian)에게 보낸 교서" (Tomus) (같은 곳 II, 2, 1, S. 24-33)

440년대에 콘스탄티노플의 대수도원장인 유티케스(Eutyches)가 그리스도는 성육하시기 전에만 신성과 인성이 구별하여야 하며 일치된 이후에는 구세주의 신성이 인성을 자기 안에 끌어들인 것이라고 말함으로써 에베소에서 추구하였던 일치를 위협하고, 퀴릴의 후계자 알렉산드리아의 디오스쿠르(444-451)를 자기편으로 끌어들였다. 그러자 로마의 감독 레오 1세(440-461)가 449년 6월 13일 콘스탄티노플의 플라비안에게 자세한 교서를 보내면서 새롭게 달아오르는 교리논쟁(소위 "유티케스 논쟁", 448-451) 싸움판에 개입하였다. 그 개입 방식은 네스토리우스가 자기의 중요한 관심이 이해되었다고 느낄 정도였다.[5] 그 내용이 아래와 같다:

(2) …… 그 유일하게 놀랍고도 유일무이한 탄생[눅 1, 35]은 마치 이 태어남['만들어짐']이 유례가 없다(novitas)는 사실 때문에 [동정녀의 아들의 인간]성(genus)의 본래 특성(proprietas)이 제거된 것으로…… 생각해서는 안 된다. 왜냐하면 성령이 동정녀에게 생산성을 주셨기 때문이다; 하지만 실제적인 몸은 그녀의 몸으로부터 취하여진 것이다…… (3) 두 본성의 특성은 보존되었으며 한 인격으로 합쳐졌다(salva igtur pro-prietate utriusque naturae et in unam coeunte personam). 곧 위대함이 저급함을, 권세가 나약함을, 영원이 사멸성을 취하였던 것이다. 우리의 죄과를 없애기 위해서 그 상할 수 없는 본성이 고통받을 것과 하나가 되었다. 우리 구원을 위해서 필요하였던 만큼, 하나님과 인간 사이의 유일하신 중보자(mediator), 인간 그리스도 예수[딤전 2, 5 비교하라], 그는 한편으로는 죽고, 한편으로는 또한 죽을 수 없다. 축소될 수 없으며 참 인간의 완전한 본성 안에서 참 하나님이 태어나셨고 자기 안에서 완전하며 우리 안에서 완전하셨다. 우리 것이란 창조주가 원래부터 우리 안에 만드신 것을 말하며 그가 다시 회복시키려는(quae reparanda) 것을 말한다…… [이를테면:] 그는 우리의 나약함을 취한 것이지 우리의 죄과를 받으신 것은 아니다. 그는 우리 죄로 더럽혀지지 않으면서 종의 형체(forma servi)를 취했으며, 신적인 것을 감소시키지 않으시며 인

간적인 것을 높이셨다(humana augens). 보이지 않는 것이 보이도록 되며 만물의 주님이 죽을 것들 중의 하나가 되는 자기 비움은 자비를 내리부으시는 것(inclinatio)이지 권세를 감소시키는 것이 아니었다. 이렇게 하나님의 형상(forma dei)으로 머물면서 인간을 만드신 자가 종의 형체로서 인간이 되었다. 말하자면 각각의 본성은 자기의 특성을 없애지 않고 유지한다(tenet enim sine defectu proprietatem utraque natura)…… (4) 이처럼 하나님의 아들이 이 세상에 들어오셨고 자기의 하늘 보좌로부터 내려 오셨지만 자기 아버지의 영광을 떠나지 않으셨다…… 참 하나님이신 그가 동시에 참 인간이 되었다(qui enim verus est deus, idem verus est homo)…… 하나님이 자기의 [낮아짐에서 나타나는] 자비로 말미암아 변치 않듯이 [그리스도 예수 안에 있는] 인간도 [신적인] 영광으로 말미암아 삼켜지지 않는다. 두 본성['형상'] 각각은 [오히려] 다른 본성과 함께 자기의 특성을 온전히 이룬다(agit enim utraque forma [sc. dei et servi] cum alterius communione quod proprium est)…… (5) 두 본성에서 사람이 생각하게 되는 인격의 하나됨 때문에 기록되기를 인자가 하늘로부터 내려오리라[요 3, 13 비교하라]고 하였다. 반면에 하나님의 아들은 자기를 낳은 동정녀로부터 육신을 취하였다; 그리고 다시금 말하기를 하나님의 아들이 십자가에 못 박혔고, 장사되었다고 하였다. 반면에 그는…… 자기 인간적인 본성의 연약함에서 고난을 당하였다고 하였다……

g) 451년 칼케돈 공의회의 기독론 형식(같은 곳 II, 1, 2, S. 126-130)

레오의 개입은 처음에 아무런 효력이 없었다. 오히려 디오스쿠르(Dioskur)로 하여금 레오가 훗날 소위 "도적회의"라고 한 449년 에베소 공의회에서(군대와 광신적인 수도사들 무리의 협조 하에서) 유티케스를 정통으로, 플라비안은 폐위하기로 결정하도록 하였다. 하지만 그 이듬해 황제 테오도시우스가 죽으면서 새 황제 부부는 451년 10월 (보스포루스의 동쪽 해안에 있는) 칼케돈에서 공의회를 개최하였다. 고대교회사에서 가장 크고 휘황찬란한 교회 회의였다.—길고 긴 저항 끝에 교황 사절과의 연합으로 황제의 관료들이 서둘러서 결정된 이 회의의 교리형식은 우선 325년 니케아와 381년 콘스탄티노플의 신앙고백은 에베소에서 결정된 바와 같이 참되고도 충분하다는 것을 재확인하였다.[6] 하지만 새로이 등장한 네스토리우스와 유티케스의 잘못된 가르침 때문에 공의회는 복되신 퀴릴이…… "네스토리우스와 동방에 있는 자들[7]에게 보낸 공의회 서신"(*συνοδικαὶ ἐπιστολαί*)과 로마의 대주교 레오가 보낸 교리서신이 니케아 신앙에 대한 정통 해석이라고 받아들이는 것이 옳다고 생각하였다. 그 다음에:

거룩한 교부들을 따라서 우리 모두는 일심으로 우리 주 예수 그리스도를 바로 한 분 동일하신 아들(*ἕνα καὶ τὸν αὐτὸν…… υἱόν*)이라고 고백할 것을 가르치노라. 그는 같은 분이 신성으로도 완전하시고, 같은 분이 인성으로도 완전하시며, 이성적 혼과 몸으로 이루어진 동시에 참 하나님이시고 참 인간이시며, 신성으로는 아버지와 동일본질이시고 동시에 인성으로는 우리와 동일본질이시며, 죄를 제외하고는 모든 면에서 우리와 유사하신 분이시다. 신성으로는 시간보다 앞에 아버지로부터 낳으시고, 인간성으로 보아서는 동일하신 분이 마지막 날에 우리와 우리 구원 때문에 동정녀 마리아, 하나님을 나신 분으로부터 [나오셨다]. [우리는 그를 고백하기를] 하나의 동일하신 그리스도, 아들이시되 독생자인 그는 두 본성 안에서[8] 섞이지도 않고, 변화하지도 않고, 나누어지지도 않고 따로 분리되지도 않게 발견된다고 한다(*ἕνα καὶ τὸν αὐτὸν χριστὸν υἱὸν κὺριον μονογενῆ, ἐν δύο φύσεσιν ἀσυγχύτως ἀτρέπτως ἀδιαιρέτως ἀχωρίστως γνωριζομένον*). 동시에 절대로 두 본성의 상이함이 하나됨 때문에 없어지지 않고, 각각의 독특성(*ἰδιότης*)은 여전히 남아서 하나의 인격(*πρόσωπον*)과 하나의 개체로 결합된다. [우리가 고백하기를] 두 인격으로 나누어지거나 분리되지 않고, 하나의 동일한 아들, 독생자, 하나님, 로고스, 주님, 예수 그리스도라고 한다. 과거에 선지자들이 그에 관해서, 그리고 예수 그리스도 자신이 우리에게 가르쳐주셨고, 교부들의 신앙고백이 전해주었다.

마무리로 이와 나르게 가르치는 모든 자들이 비판되고 있다.

h) 482년 황제 제논(Zenon)의 "헤노티콘(Henotikon)" (에바그리우스(Euagrius) 주해, 교회사 3, 14)

또한 칼케돈 공의회는 기대했던 평화를 가져오지 못했다. 오히려 그 기독론 형식을 확고히 하고 해석함을 두고 처절한 쟁투가 벌어졌다(소위 "단성론 논쟁"). 그리고 이 쟁투는 국가 차원에서 교회와 세국을 위한 신앙의 일치가 강요됨으로 인해서 더욱 첨예화되었고 심하여졌다. 그런데 이번에는 이 와중에 민족감정이 일깨워지고, 특히나 이집트와 시리아에서는 황제에 의해서 강요된 신앙고백에 대한 저항이 비잔틴 제국의 지배로부터 벗어나려는 노력과 합쳐지면서 교회와 제국의 일치가 가장 심가한 위험에 빠지게 되었다. — 이 심각한 상황(밖으로 페르시아와 게르만으로부터의 위협과 함께!)은, 왜 칼케돈 이후에 그토록 황제의 입장에서 거듭 거듭 칼케돈의 추종자들과 반대자들(특히 알렉산드리아의 상황에서)을 중재하려고 했는가를 이해하려면 필히 고려되어야 한다. 제논(Zenon)과 콘스탄티노플 대주교 아카키우스(Akakius)가 만들어내고 이집트로 송부한 482년의 "연합신조"가 그러하였다. 이것이 우선 첨예하게 한 것은 누구든지 니케아에서 결정된 것을 고수하지 않는 자는 교회

공동체에서 제외된 것으로 간주한다는 것이었다. 그리고는 네스토리우스와 유티케스가 동등하게 저주받았고, 그 반대로 퀴릴의 무시무시한 12개 "장" 또는 저주문(위 d를 보라)은 받아들여졌다. 마지막 부분이 아래와 같다:

우리는 하나님의 독생자이시며 하나님, 참으로 인간이 되신 우리 주 예수 그리스도가 신성으로는 아버지와 동일본질이시고 동시에 인성으로는 우리와 동일본질이시며,…… 하나이지 둘이 아니라고 고백한다. 그의 이적도 그가 기꺼이 육체로 겪으신 고난처럼 한 분에게 해당하는 일이다…… 죄 없으시고 하나님을 낳으신 분으로부터 참으로 육신이 되심은 다른 한 아들을 더 만든다는 것이 아니다(*προσθήκην*). 그 [신적] 삼위(*Τριάς*)는 그 삼위 중 하나인 하나님 로고스가 육체가 되시지만 셋으로 남기 때문이다…… 하지만 달리 생각했다든지 아니면 지금 그렇게 생각하든지 아니면 이전 언제라도 칼케돈이든 그 어떤 공의회에서건 달리 생각하는 자를 우리는 저주한다……

i) 단성론자 맙북의 필록세누스(Philoxenus von Mabbug)의 신앙고백(Budge, S. XXXV)

서방은 로마의 지도 아래 "헤노티콘"에 대하여 그 작성자를 파문하면서("아카키우스 분열", 484-519) 저항하였다. 이것은 동방의 정치적-교회적 지도자들이 당면한 딜레마를 말해준다: 동방에 있는 수많은 칼케돈 대적자들에게 동화하면서 서방과의 교회일치를 위험스럽게 할 것인가, 아니면 "칼케돈 수호자"인 로마와 친화하면서 넓은 부분의 동방 기독교, 특히 이집트, 시리아와 소아시아의 비잔틴제국교회 안에서 일어난 분열을 확실한 것으로 만들 것인가.—알렉산드리아-퀴릴 전통에 있는 동방 신학자들의 칼케돈을 향한 저항에는 그 어떤 교리적 근거가 결정적이었던가를 아래 시리아인 맙북의 필록세누스(523 사망)의 글이 가르쳐준다. 그는 451년 이후 안디옥의 세베루스(Severus, 538 사망)와 함께 하나님-인간 안에 있는 둘을 거부하며 따라서 칼케돈을 극단적으로 부정하는 기독론을 위해 싸운 자 가운데 가장 중요한 사람이다.

우리는 칼케돈 공의회가 하나의 주님 예수 그리스도, 독생하신 하나님 아들 안에서 하나의 구분, 곧 본성들, 속성들과 행동들, 하늘과 땅의 특징들, 신적 인간적 특성들에 구분을 두기 때문에 이 공의회를 저주한다. 이 공의회는 그분을 마치 둘인 것처럼 보면서, 네 [인격을 삼위일체 안으로] 도입시켰다. 하나의 평범한 인간을 예배하며, 모든 개별적인 일들에서는 그를 피조물로 바꾸어버렸다; 저주받고 멸망하도록 결정된 그 파멸의 네스토리우스와 일치한다. 이것과 또한 많은 비슷한 이유로 우리는 칼케돈 공의회를 저주했으며, 앞으로도 [변함없이] 저주할 것이다(A. Adam).

j) 553년 콘스탄티노플의 제5차 에큐메니칼 공의회의 이단판결문(ACO IV, 1, 1971, S. 240-242)

다시 한 번 북아프리카의 반달족과 이탈리아의 동고트족의 지배권을 깨뜨리고 비록 잠시 동안이라지만 서방에서도 제국 재건을 하게 된 황제 유스티니아누스(527-565)는 자기 통치의 처음부터 칼케돈을 포기하지 않으면서 단성론자들을 다시금 얻으려는 목적으로 동방과 서방 간의 교회적 대화를 계획하였다. 이 목적에 기여한 것은 544년 단성론자들을 불쾌하게 만든 과거의 여러 명의 신학 교사들(몹스베스티아의 테오도르, 에뎃사의 이바스(Ibas von Edessa)와 싸이러스의 테오도렛)의 문서들인 소위 "삼장"에 대해 칙령을 선포한 것과 9년 후에 로마와 연계하여서 "삼장"을 영구히 파문하는 제국 공의회를 콘스탄티노플에서 소집한 것이다. 이 판정은 551년 황제의 칙령과 밀접하게 관련해서 14개의 파문 형

태로 귀결되었다. 그중 중요한 것들은 아래와 같다:

(3) 기적을 행한 하나님 로고스가 다르고, 고난을 당한 그리스도가 또 다르다, 혹은 주장하기를 하나님 로고스가…… 그리스도에게 또는 그분 안에 마치 하나 안에 다른 하나가 있는 것처럼(*ὡς ἄλλον ἐν ἄλλῳ*) 있다고 말하면서, 우리 주 예수, 육체와 인간이 되신 하나님 로고스가 동일한 분이시며, 같은 분께 기적뿐 아니라 그분 스스로 자발적으로 육체에 겪으신 고난이 속했다고 [고백하지] 않는 자는 저주를 받을지어다.

(5) 하나님 로고스가 육체와 위격적으로 결합되어(*σαρκὶ καθ' ὑπόστασιν ἑνωθῆναι*), 그 때문에 그에게는 오직 하나의 위격이나 하나의 인격(*πρόσωπον*)만이 있다, 이 의미에서 거룩한 칼케돈 공의회도 우리 주 예수 그리스도가 하나의 위격이 된다는 것을 고백했다고 인정하지 않는 자는 저주받아야 한다. 왜냐하면 성 삼위일체는 그중 하나인 하나님 로고스가 육체가 되셨을 때 한 인격이나 한 위격의 덧붙여지는 것을 겪는 것이 아니기 때문이다.

(7) 누군가 "두 본성 안에서"(*ἐν δύο φύσεσι*)를 말하면서도 우리 주 예수 그리스도는 신성과 인성으로 알게 된다는 것을 고백하지 않으면서 이로써 두 본성의 차이를 언급하려고 하는 자가 있다고 하자. 곧 이 본성으로부터 섞임도 없이 말로 형용할 수 없는 하나됨이 이루어졌으며, 로고스는 육체의 본성으로 변화되었거나 육체가 로고스의 본성으로 넘어가는(*οὔτε τοῦ λόγου εἰς τὴν τῆς σαρκὸς μεταποιηθέντος φύσιν, οὔτε τῆς σαρκὸς πρὸς τὴν τοῦ λόγου̂ φύσιν μεταχωρησάσης*) 것도 없이 이루어졌다. —둘은 말하자면 위격적인 하나됨이 이루어졌다고 하더라도 본래의 모습으로 남아 있다는 것이다. 혹시 그가 심지어는 이 표현[곧 "두 본성 안에서"]을 부분으로 나누는 방식으로(*ἐπὶ διαιρέσει τῇ ἀνὰ μέρος*) 그리스도 비밀을 나누어보려고 사용하거나, 동일

한 우리의 하나이신 주님 예수 그리스도, 육체가 되신 하나님 로고스와 관계해서 숫자적으로 [두] 본성을 고백하며, 결합되어진 둘 간에 하나의 상이함, 곧 그는 둘로 이루어진 하나 그리고 둘로 말미암아 된 하나이기 때문에 하나됨이 일어나고도 폐기되지 않는 그 상이함을 이론적으로만(*μὴ τῇ θεωρίᾳ μόνῃ*) 안 받아들이는 것이 아니라, 이 숫자를 두 본성이 구분되었고 제 각각의 위격을 가졌다는 것(*ὡς κεχωρισμένας καὶ ἰδιοϋποστάτους εἶναι τὰς φύσεις*)을 가리키려는 목적으로 사용하는 자는 저주받아 마땅하다.

(8) 누군가가 이 하나됨은 "두 본성"(*ἐκ δύο φύσεων*)[9], 신성과 인성으로 이루어졌으나 "육체가 되신 하나님 로고스의 한 본성"(*μία φύσις τοῦ θεοῦ λόγου σεσαρκωμένη*)[10]을 말하면서 이것을 거룩한 교부들이 가르쳐준 것처럼 위격적인 하나됨으로 신성과 인성으로 한 그리스도가 되었다고 이해하지 않고, 그런 말 표현으로 그리스도의 신성과 육신으로 이루어진 한 본성이나 한 본질(*οὐσία*)을 도입하려고 하면, 저는 저주받아 마땅하다.

(10) 육체 가운데서 십자가에 달리신 우리 주 예수 그리스도는 참 하나님이시며, "영광의 주"[고전 2, 8]이며 성 삼위 중 한 분이라는 것을 고백하지 않는 자는 저주받을지어다.

k) 680/681 콘스탄티노플의 제6차 에큐메니칼 공의회 신조 (ACO Ser. 2, II, 2, 1992, S. 774ff.)

동방에서는 553년 콘스탄티노플 공의회 결정으로 말미암아 제국교회로부터의 탈퇴와 단성론 민족교회의 형성(이집트의 콥트교회와 여기로부터 선교가 이루어진 이디오피아와 시리아 야콥 교회)이 단지 지연되었을 뿐이지 폐기되지는 않았다. 또한 서방에서도 교황(비길리우스)에게 강요된 그 "세 참사" 이단판정에 대한 동의는 추구했던 타협이 아니라, 그 반대로 형식적인 분열이라는 결과를 낳았다. 그럼에도 불구하고 비잔틴 황제와 총대주교는 계속해서 단성론과 양성론 사이에 있는 간격을 하나님 로고스 안에는 성육신 이후에 단일한 본성뿐만은 아닐지라도 최소한 단일한 하나님 인간의 행위(ἐνέργεια)나 단일한 의지가 있다고 생각해야 한다는 형식("단 에너지" 또는 "단 의지 논쟁")으로 메꾸어 보려는 시도를 하였다. 하지만 마지막에는 특별히 서방 또한 "고백자" 막시무스(Maximus Confessor)의 저항에 힘입어, 680/681 콘스탄티노플 공의회에서 뒤오텔레티즘(Dyotheletism, "두-의지-론")이 교리로 결의되었다. 이 공의회의 마지막 회담(681. 9. 16)에서 축제 분위기 속에서 낭독된 신앙고백에서는 아래와 같이 말하고 있다:

…… 거룩한 교부들의 가르침에 따라서(우리가 고백하기는) 두 개의 본성적인 의지의 움직임(θελήσεις) 또는 두 의지(θελήματα)가 그분[그리스도] 안에 있고, 두 본성적인 에너지(ἐνέργειαι)들은 갈라지지 않고, 변화하지 않고, 나누어지지 않고, 섞이지 않는다. 마찬가지로 우리는 두 개의 본성적인 의지는 그럼에도 불구하고 서로가 대적하며 마주 서 있지 않고, 그의 인간적인 의지는 자기의 신적이고 전능한 의지에 저항과 적대의 뜻이 없이 따르며 복종한다고 선포한다…… 말하자면 그의 육신은 하나님 로고스의 육신이라고 부르며 사실이 그러하듯이, 자기 육신의 본성적인 의지도 하나님 로고스의 의지의 것이라고 말하며 사실 그러하다……[나아가서] 그의 그 높고 높게 거룩하며 흠 없이 혼을 갖춘 육체는 신-화를 통해서 제거되지 않고(θεωθεῖσα οὐκ ἀνῃρέθη), 자기 고유의 특성과 조건을 잃지 않는다. 이와 같이 그의 인간적 의지도 신-화되지만 제거되지 않았고 보존되었다(σέσωσται)…… 하지만 우리는 두 개의 본성적인 에너지도 따로 떨어지지 않고, 변화하지 않고, 나누어지지 않고, 섞이지 않게 바로 그같은 동일한 분 우리 주 예수 그리스도 안에 있다고, 그러니까 하나의 신적이며 하나의 인

간적 에너지를 찬양한다…… 이제 아무런 제한도 없이 "섞이지 않고"와 "나누어지지 않는"을 확고하게 붙들면서, 우리는 그 전체를 간결하게 아래와 같이 표현한다: 우리는 우리 주 예수 그리스도, 우리의 참 하나님은 성육신 후에도 성 삼위일체의 한 분이심을 믿는다. 또 그 때문에 그에게서 두 본성이 자기의 한 위격 안에서 내 비쳐진다[11]고 말한다. 곧 그는 이 위격 안에서 자기의 전 구원 역사를 일으키는 삶(*οἰκονομικὴ ἀναστροφή*) 동안 기적들과 고난들을 이루셨던 것이다. 동시에 이 하나의 위격 안에서 본성들의 차이를 알게 되는 것은 각 본성이 다른 본성과 연합한 가운데 자기 자신의 것을 원하고 행하시는 데에서이다. 이 가르침을 따라서 우리는 인류의 구원을 위해서 마땅한 방식으로(*καταλλήλως*) 함께 역사하는 두 개의 본성적인 의지와 에너지들을 찬양한다(*δοξάζομεν*)……

원전 : F. Loofs, Nestoriana, 1905; E. Schwartz, Acta Conciliorum Oecumenicorum, tom. I, vol. I, 1927-1930; tom. II, vol. I, 1933; vol. II, P. 1, 1932; Euagri Scholastici…… ecclesiasticae historiae libri VI, MPG 86, 2; E. A. Wallis Budge, The Discourse of Philoxenus……, Bd. 1/2, London 1894; J. Straub, Acta Conciliorum Oecumenicorum, tom. IV, vol. I, 1971; R. Riedinger, Dasselbe, ser. 2, vol. II, pars 2, 1992.—번역: A. Adam, Lehrbuch der Dogmengeschichte, I, 1965, S. 356.—참고문헌: A. Grillmeier-H. Bacht, Das Konzil von Chalkedon, Bd. 1-3, 1951-1954 (개정 증보 1959와 1962); W. Elert, Der Ausgang der altkirchlichen Christologie, (hg. v. W. Maurer-E. Bergsträsser) 1957; J. Liébaert, [Nr. 75], S. 104ff.; A. Grillmeier, [Nr. 75], S. 637ff.; ders., Mit ihm und in ihm. Christologische Forschungen und Perspektiven, 1975, S. 219-385; ders., Jesus der Christus im Glauben der Kirche, 2/1. 2. 4, 1986, 1989, 1990 (표준작품); A. de Halleux, La définition christologique à Chalcédoine, RTL 7, 1976, S. 3-23. 155-170; P. T. R. Gray, The Defence of

Chalcedon in the East (451-553), Leiden, 1979; H. Arens, Die christologische Sprache Leos d. Gr., FThST 122, 1982; St. O. Horn, Petrou Kathedra: Der Bischof von Rom und die Synode von Ephesus (449) und Chalcedon, 1982; F. R. Gahbauer, Das anthropologische Modell, 1984; K. Beyschlag, Grundriß der Dogmengeschichte, II/1, 1991; L. R. Wickham, Nestorius/Nestorianischer Streit, TRE 24, 1994, S. 276-286; A. M. Ritter in: HDThG, I, [2]1999, S. 236-283.

1) 여기에 관해서는 위 Nr. 89c와 각주 2를 비교하라.
2) 아타나시우스의 생각에 따르면(위 Nr. 76을 보라) 니케아신조 안에는 이미 기독론도 구속력 있게 결정되었다. 겨우 "육신이 되신, 인간이 되신"이라고만 말하고 있지만.
3) 퀴릴은 이미 4세기에 행해지고 있던 아폴리나리스에 대한 비판을 그저 주목도 하지 않고 넘어가지는 않았다.
4) 이 표현 "위격적 결합"이 퀴릴에게서는 "본성적 결합"과 바꿀 수 있었기 때문에(아래 파문들 단락의 3을 보라), 안디옥 사람들의 눈에는 그의 기독론이 아폴리나리스적-단성론적인 모습으로 남았다.
5) 추방(431년부터) 중에 집필한 그의 방어문서(Liber Heraclidis)를 비교하라. 거기에는 이렇게 쓰여 있다: "나와 관련해서는 내가 이 문서[곧 epistula dogmatica Leos an Flavian]를 얻어 읽고는 로마에 있는 교회가 정통 가르침과 흠잡을 데 없는 신앙고백을 가지고 있다는 것에 감사하였다. 비록 이 교회가 나 개인에 관해서는 빗나간 결정을 내렸지만 말이다"(Liber Heraclidis에 대한 F. Nau의 불어 번역, Paris, 1910, S. 298). 로마는 여전히 네스토리우스의 복권을 생각도 하지 않았기 때문에, 네스토리우스는 이미 안디옥의 자기 동료들로부터 곤경에 처하였고 퀴릴과의 논쟁은 철저히 혼자 책임져야만 하였다!
6) 정확하게 본다면 431년 에베소 공의회에서는 니케아 신조의 충분성만이 선포되었다.
7) 틀림없이 퀴릴의 서신 왕래 중에서 네 번째(위 단락 b를 보라)와 아홉 번째 편지(위 단락 e를 보라)를 말하고 있다. 비록 "공의회 서신"이라고 할 때 열일곱 번째 편지(위 단락 d를 보라)를 생각하게 되지만 말이다. 거듭해서 네 번째 편지는 431년 에베소나 훗날 칼케돈에서 니케아 신조와 완전히 일치한다고 환영받았다.
8) 두 개의 희랍어 필사본(Schwartz의 본문 비평 부분을 보라)은 여기서 "두 본성으로"를 말하고 있다. 하지만 이것은 칼케돈의 가르침과 그 원안에 걸맞지 않는 것이 확실하다.

9) 여기에 관해서는 위 단락 f(서론)를 비교하라.
10) 위 Nr. 75c와 각주 5를 비교하라.
11) 희랍어 필사본을 근거로 가지는 라틴어 본의 모습이다.

94. 대 레오와 로마 교회의 수위권

(설교 4)

로마의 레오 1세는 동방의 기독론 논쟁에 개입함(위 Nr. 93f.을 보라) 뿐 아니라, 훈족의 왕 아틸라(Attila, 452) 또 반달족의 왕 가이제리히(Geiserich, 455)를 마주하여 두려움도 없었고 성공적인 마주섬을 통해서 괄목할 만한 명성을 얻었다. 심지어 로마 감독의 우선권 사상에 그 고전적인 표현을 제공하였으며 로마 교회의 수위권 발전을 마무리까지 한 사람도 그였다. 또한 콘스탄티노플 감독을 로마 감독과 위치적으로 동등하게 세운 칼케돈 공의회 28번 법령에 대한 저항은 성과가 없었다면, 서방교회를 자기 통지권 아래에 복속시키는 일은 달성하였다. 물론 이러한 발전에 대한 주장과 이론이 얼마나 탁월하였는지를 자기 서임 기념일(444. 9. 29)에 행한 설교의 발췌문이 가르쳐 준다:

(2) …… 온 세상에서 유일하게 베드로만 선택되었다. 그는 부름 받은 모든 백성과 모든 사도들과 교회의 모든 교부들의 머리여야 한다; 그 때문에 하나님의 백성 가운데에는 많은 사제와 목자들이 있지만 베드로는 참된 의미로(proprie) 최종적으로는 그리스도께서 다스리시는 그 모든 자들의 지도자이다. 하나님의 은혜는…… 자신의 권세에 참여함을, 곧 깊은 뜻이 담겨 있으며 놀라 마땅한 참여를 이 사람에게 주셨다. 그 뜻에 따라서 그밖의 [하나님 백성의] 지도자들에게도 어떤 것들은 그와 공유할 수도 있지만,

그 은혜는 다른 자들에게 허락하는 것이 무엇이 되었든 항상 그를 통해서만 주셨다(numquam nisi per ipsum dedit)……

이어서 이 주장은 무엇보다도 아래 성경구절들에 의해 뒷받침되었다: 마 16, 17-19와 눅 22, 31f. 결론은:

(4) 그러니까 우리는…… 하나님의 명령에 따라서 그토록 권세에 찬 도우심(praesidium)이 우리에게 계심을 본다. 때문에 이성적이고도 올바른 방식으로 우리 지도자(dux)의 공로(merita)와 위엄을 기뻐하려고 한다. 영원한 왕이요, 우리의 구원자, 주 예수 그리스도께 그러한 전권(potentia)을 그에게 주시고 그를 온 교회의 머리(princeps)로 만들어주신 것에 대해서 감사한다. 이에 따라서 오늘도 어떤 것이 우리에 의해서 온전한 방식으로 이행되고 처분된다면, 이것은 그[그리스도]가 아래와 같이 말씀하신 자의 역사와 이끌어주는 덕으로 돌려야 한다: "그래서 너는 돌이킨 후에 네 형제를 굳게 하라"[눅 22, 32]. 또 주께서 부활하신 후에 그가 한 세 번의 불변하는 사랑 맹세에 따라서 세 번을 그토록 의미심장하고 인상 깊은 부르심을 공표하셨다(mystica insinuatione ter dixit): "내 양을 먹이라"[요 21, 15ff.]. 이것을 그[베드로]는 의심의 여지 없이 오늘도 이행하고 있으며 충성된 목자로서 자기 주님의 명령(mandatum)을 준행하고 있다. 자기의 권고로 우리를 견고하게 하며 끝없이 우리가 시험에 들지 않도록 우리를 위해 기도하면서 하고 있다. 우리가 믿어 마땅한 바와 같이 그는 이미 모든 하나님의 백성에게 모든 곳에서 자기의 이 도고의 기도를 주었다. 그렇다면 돌보라고 부탁받은 자들(alumni)인 우리에게 황송하게도 자기의 도움을 얼마나 더 주시겠는가? 곧 우리의 머리였던 때의 바로 그 동일한 몸으로 거룩한 곳에서 복된 죽음의 잠 가운데서 함께 하시는 우리에게.

원전 : A. Chavasse, S. Leonis Magni…… tractatus septem et nonaginta, CChr 138, 1973.—참고문헌: E. Caspar, Geschichte des Papsttums, I, 1930, S. 423ff.; K. D. Schmidt, Papa Petrus ipse, ZKG 54, 1935, S. 267-275; W. Ullmann, Leo I and the theme of papal primacy, JThS NS 11, 1960, S. 25-51; B. Studer, Leo und der Primat des römischen Bischofs, in: FS f. H. Stirnimann, Freiburg, 1980, S. 617-630; P. Stockmeier, in: M. Greschat (Hg.), Gestalten der Kirchengeschichte. Das Papsttum I, 1985, S. 56-70; H. Frohnhofen, Der Eerstapostel Petrus in den Sermones II-V Papst Leos I., TThZ 94, 1985, S. 212ff.

95. 네스토리우스주의자들의 역사

(마르가의 토마스(Thomas von Marga), 지도자들의 역사[Budge I, S. 260])

431년 "거룩한 동정녀의 적"이고 "우리 주 예수 그리스도를 모독하는 자"로 정죄를 받고 이집트로 추방당한 네스토리우스에게 충성을 잃지 않는 자들은 제국교회 안에 겨우 소수에 불과했다. 하지만 그의 기독론은 이 424년 비잔틴 교회로부터 법적 독립을 선언한 페르시아에 있는 동시리아 교회에 의해서 곤데-샤푸르(Bet Lāpāṭ)와 셀류시아-테시폰(484년 및 486년) 공의회에서 공식적인 교회의 가르침으로 부상하였다. 문화적으로 고상하게 발전하고는 이 네스토리우스의 "동방 교회"는 고대 후기 유산을 이슬람에게 전달한 자가 되었다. 게다가 조로아스터교가 공식적 국가종교이었음에도 불구하고 네스토리우스교는 "세계가 만난 가장 열정적인 선교 교회"였다(J. Stewart). 대부분 상인들에 의해서, 그러나 직업적으로 사절단이 된 자들이 맡아 이행한 네스토리우스 선교는 특히 중앙아시아와 중국에서 생명력이 있었다.—여기에 대해서 이 문서 모음들의 마지막 문서로서, 네스토리우스주의의 수도원 역사를 위해서 가장 중요한 책인 마르가의 토마스(9세기)의 Superiorum의 발췌가 있다. 이 문서는 "길란과 다일롬의 대주교가 되도록 마르 슙칼리쇼(Mar Schubchali-scho)가 받은 안수"를 다루고 있다:

그는 거룩한 마르 티모테오스(Timotheos)[1)]에게 내려갔다. 티모테오스가 그에 관해서 모든 것을 알게 되었고 또 그가 시리아어, 그리고 아라비아어와 페르시아어로 교육받았다는 것을 알게 되었다. 그래서 그를 거룩한 기름으로 바르고, 그에게 목자의 지팡이를 주어서 야만족들의 목자와 교사로 파송하기로 결정하였다. 이들은 하나님에 관한 가르침의 고삐를 아직까지 받지 않았고 그들 지역에는 사도시대로부터 지금까지 하늘나라의 선포자나 복음 전하는 자가 가지 않았다. 티모테오스가 그에게 이[직무]를 받아들이고 주님을 의지하고 또 그의 이 직무로 부르심도 주님의 역사이기 때문에 동행하시고 그의 손을 통해서 방황하는 이 백성들을 돌이키실 하나님의 도우심에 의지하라고 가르쳤다. 그는 이것을 두려움과 기쁨으로 받아들였다. 이 거룩한 사람이 서품 받는 날은 온갖 즐거움에 가득찬 축제의 화려함으로 휩싸였다; 그가 이 족속들을 돌이키는 사명을 받아들였다는 소리를 들은 믿는 자들의 모든 지도자들은 그에게 많은 돈과 꼭 필요한 [화려한] 옷가지들을 선사하였다. 그는 하나님의 능력과 또 자기와 동행하는 명예로운 제자들과 함께 이 백성들에게 갔다. 이 모든 일에 관해서 진실로 거룩한 마르 아브라함, 곧 가톨릭코스[2)]가 분명하게 가르쳐주었다. 아브라함은 내게 말하기를 그는 거기서 화려하게 성장을 하고 입성하였다고 한다. 이는 야만족들은 세상의 화려한 것을 보기 원하기 때문에 그들을 유혹하여 기독교로 모으려고 하였기 때문이었다.

원전 : E. A. Wallis Budge, The Book of Governors, 2 Bde., London 1893.—번역: G. Wießner의 번역, 그는 또한 발췌도 하였다.—참고문헌: J. Stewart, Nestorian Missionary Enterprise, Edinburgh, 1928; K. S. Latourette, A History of Expansion of Christianity, 2, 6. Aufl. 1938, S. 263ff., 330ff., 463f., 467f.; F. Heiler, Die Ostkirchen, 1971, S. 303ff.(참고문헌!); W. Hage, [Nr. 61]; A. r. Vine, The Nestorian churches, New York, 1980 (1937년 런던판 재인쇄,); L. R. Wickham (위 Nr. 9를 보라).

1) 티모테오스 1세, 819/821년 사망.
2) 여기에 관해서는 위 Nr. 61과 각주 3을 보라.

번역된 원전 색인

성경 인용 색인

인명색인

본문주제색인